ARTISTIAID BENYWAIDD YNG NGHYMRU

HON

WOMEN ARTISTS IN WALES   2022

Editor Christine Kinsey

H'MM

10th ANNIVERSARY

Sadia Pineda Hameed

Sarah Younan

Sarah Rhys

Catrin Webster

Sian Parri

Christine Kinsey

Julia Griffiths Jones

Sarah Williams

Marian Delyth

Angharad Pearce Jones

First published in 2022 by the H'mm Foundation

The H'mm Foundation, Grove Extension, Room 426, Swansea University, Singleton Park, SA2 8PP.
The rights of the Contributors to be identified as authors of their contributions has been asserted
in Accordance with the Copyright, Design and Patents Act, 1988.

ISBN 978 1 9999522 6 6

A CIP catalogue record for this book is available from the British Library.

Design: Andy Dark
Typeset in Freight
Printed and bound by Gwasg Gomer, Llandysul, Ceredigion, Wales

www.thehmmfoundation.co.uk

Cynnwys/Contents

Rhagarweiniad *Menna Elfyn ac Ali Anwar*

Tybed a wnaethom yn ddiarwybod daro heibio i arddangosfeydd gan artistiaid mewn orielau gan gredu bod testun-ar-fur esboniadol yn ddigonol fel cyflwyniad i'w gweithiau? Yn amlach na pheidio, ni fyddem wedi oedi i ystyried cyn lleied oedd nifer yr artistiaid benywaidd o'i gymharu â'r dynion. Bu'r syniad o hunaniaeth rhywedd, 'artist o fenyw' neu 'fenywaidd' rywsut yn cyfleu'r gred y dylid pwysleisio'r gair 'benyw' o'i gyplysu gyda'r gair 'artist', gair a gysylltwyd yn hanesyddol â bodau 'gwrywaidd' yn unig.

Cyhoeddir y gyfrol hon ar achlysur dengmlwyddiant lansio Sefydliad H'mm, ac mae'r llyfr yn gwneud cyfiawnder â'r diffyg cydbwysedd sydd wedi bodoli nid yn unig o ran artistiaid sy'n ferched ond hefyd gan artistiaid o ferched sy'n perthyn i Gymru. Pan ychwanegwn y ddeuoliaeth i'r ddeinameg, yr ydym yn canfod nid yn unig 'genedl', sef benywod, ond rhai hefyd a berthyn i sawl cenedl a diwylliant. Yma, cawn leisiau sy'n mynegi a rhannu eu hymrwymiad cadarnhadol fel artistiaid yn ogystal â gwrthod elfennau o ystrydeboli— ar wahân i gael eu cydnabod yn fras fel artistiaid benywaidd yng Nghymru.

Yn *HON* 2022, maent yn rhannu profiadau eu bywydau a'u hymarfer gweithiol a thrwy wneud hynny yn cynnig mwy na chipolwg sydyn ar eu creadigaethau. Onid yw craffu ar eu bydolygon disglair yn fwy o reidrwydd nag erioed yn yr oes sydd ohoni? Yn wir, mae darlunio a phortreadu profiadau merched ar eu telerau eu hunain yn weithred hynod berthnasol. Er hynny, prin fu'r cyfleoedd i artistiaid benywaidd fynegi eu hunaniaeth oddi mewn i'n diwylliant gwahaniaethol a rhywiaethol heb sôn am gyflwyno eu gweithiau ar y cyd. Tybed ai dyna un rheswm pam na chaiff gwaith artistiaid benywaidd Cymru ei weld na'i werthfawrogi'n ddigonol, gan danseilio eu cynrychiolaeth yn genedlaethol ac yn rhyngwladol?

Nid oes diffiniad absoliwt ychwaith i'r gair ' Cymreig' neu ' Cymraeg' o fewn y tudalennau hyn a hynny am y cynhwysir y rhai a fagwyd ar aelwydydd â'r Gymraeg yn famiaith iddynt yn ogystal â'r

rheiny sydd wedi cyfoethogi ein gwlad drwy anwesu'r rhan hon o'r byd a elwir Cymru, rhai ohonynt yn ffoaduriaid o gefndiroedd etifeddol luosog. Yn yr un modd, mae ein gwlad wedi mabwysiadu nifer o hunaniaethau o safbwynt 'cenedl'. Er eu bod oll yn unigolion yn sefyll ar eu pen eu hunain, yn unigryw yn eu dulliau o greu celf, mae yna ymdeimlad er hynny eu bod yn asio mewn amryfal ffyrdd â'u gweithiau creadigol, gan droi cymhlethdodau yn rhyfeddodau godidog

Gellid dadlau eu bod hefyd yn canfod y byd mewn dull 'gweithredol' gan rymuso eu gweledigaethau a'u bwriadau unigolyddol. Gwelir hwy'n chwalu disgwyliadau, yn newid canfyddiadau gan ailddiffinio'r ffordd yr ydym yn dynesu at gelf. O ganlyniad, byddant yn dyfnhau ein canfyddiadau a'n dealltwriaeth o ddynoliaeth a'r byd o'n cwmpas. Mae'r ysgrifau a'r cofiannau byr yma yn adlewyrchu'r mentro a fu gyda phrosiectau astrus yn ogystal â rhannu'r gorfoledd wedi i'r gwaith gael ei gwblhau.

Yma, mae deg artist sydd yn rhannu eu gweledigaethau eu hunain a'u ffyrdd neilltuol o weld y byd gan ddehongli Cymru mewn geiriau a gweithiau. Yr ydym ni, fel gwylwyr a darllenwyr yn tystiolaethu i sylw Leonardo da Vinci y dylid gwybod sut i weld – *saper vedere* – yn well. Mae pob un yn ein galluogi drwy iaith weledol ac ysgrifau sy'n aml yn sgyrsiol eu naws i ymhyfrydu yn eu gwaith. Wedi'r cyfan, 'her' yn Gymraeg yw sialens, ac ymddengys *herlodesi* yn enw teilwng ar y menywod yma.

Weithiau, bydd artistiaid yn wyliadwrus ynghylch defnyddio geiriau i egluro ieithwedd weledol a ddatblygwyd ganddynt ac yn achlysurol yn mynnu y dylai'r gwaith fynegi ei hun yn ddieiriau. Yn aml, caiff ieithwedd weledol menywod ei chamgynrychioli gan eraill sy'n dod i gasgliadau wrth gamddehongli eu canfyddiad. Mynegodd nifer o bobl siom yn y gorffennol i Gwen John, gyda'i hunan-bortreadau mewn atig, gyfleu'r ddelwedd o'r artist feudwyol tra bod artistiaid gwrywaidd o'i chwmpas fel Rodin, yn gallu dewis ei wrthrychau yn ôl ei fympwy. *Object Lessons* oedd teitl llêngofiant y diweddar fardd o

Introduction *Menna Elfyn and Ali Anwar*

In the past, we may have passed by a gathering of artists in a gallery, believing explanatory wall-texts to be suffice as an introduction to their works. Often, we would not stop to reflect on the prevalence of male to female artists. It may not have been of general concern to many that there was a gap or an absence of women as creators in galleries or in public spaces. Neither would the word 'excluded' or lack of access and privilege been foremost in the eyes of the viewer. Even the gendered distinction of 'woman artist' seems to project the notion that it has to be emphasised in its deference to 'artist', a word historically occupied solely by one who is 'male'.

Published on the 10th anniversary of the launch of the H'mm Foundation, this is a book that redresses the imbalance that has existed not only of women artists but also for Welsh women artists. When we add both identities to the dynamic, we encounter not only gender but nationalities as well. Here are voices that present and share affirmation as well as a refusal to be categorised other than belonging or identifying loosely as women artists in Wales.

In *HON* 2022 they share their life-lines and working practice and in so doing provide us with more than a glimpse into their creations. To peer through the windows of their world does seem even more of a necessity in this day and age. However, women artists, asserting a sense of identity within the diverse culture of Wales have had few opportunities to collectively present their works. One wonders whether this is one of the reasons why the work of women artists in Wales is under-represented and undervalued both nationally and internationally?

The word 'Welsh' also has no fixed definition within these pages, for here we include those who were brought up as mother-tongue Welsh-speakers as well as those who have honoured our country by embracing this part of land we call Wales, some of whom were refugees from multi-heritage backgrounds. In the same way, the landscape of our country is enriched by the many identities of gender elucidated in this volume. Although they all stand alone as individuals, unique in the form of art they create, there is also a sense that they cohere in multifarious ways with their creations, turning complexities into magnificent wonders.

One could argue that they also perceive the world in an 'activist' kind of way, driving forward their visions and distinctive endeavours. They break norms, change perceptions, redefine the way we approach art and subsequently deepen our observations and understanding of humanity and the world. The narratives and memoir accounts here recall those risks taken with complex projects as well as share the ultimate joy of the work at its completion.

Here we have ten artists who share their own perceptions and their particular way of viewing and interpreting Wales through words and artworks. We as observers and readers bear witness to Leonardo da Vinci's contention of knowing how to see – *saper vedere* – better. All here have enabled us through visual language and the often conversational tone of herstories to be enthralled by their work. '*Her*' in Welsh means 'challenge' and that seems a fitting title also for the women here, as *herlodesi*.

Sometimes artists are cautious about using words to explain the visual language developed in their work and on occasion they will proclaim that the work should do the talking. Often, women's visual language is misrepresented by others who engage in filling the gaps, revisioning their sense of perception. Many have felt in the past a sense of dismay that Gwen John, her self-portraits in her attic flat, rendered herself as a solitary artist while all around her there were male artists and the likes of Rodin, able to choose at will his subjects. *Object Lessons*, the title of the late Irish poet Eavan Boland's memoir, insists that women should refuse to be an object or a symbol of the 'male gaze'. The Finnish artist Helen Schjerfbeck's 1912 self-portrait also sees her looking over her shoulder, intense and withdrawn. Quiet people in silent rooms was her lifelong

Iwerddon, Eavan Boland, a fynnodd y dylai merched wrthod bod yn wrthrych neu'n symbol 'trem y gwryw'. Mae hunan-bortread yr artist o'r Ffindir Helen Schjerfbeck yn ei dangos hithau yn edrych dros ei hysgwydd, yn ddwys ac ymgiliol. Pobl ddistaw mewn ystafelloedd tawel oedd uchelgais ei hoes, mae'n debyg, gan ddewis ei hun fel un o'r prif gymeriadau.

Ceir yma ddeg artist, sydd, yn eu ffyrdd amryfal heb edrych dros ysgwydd wrth syllu ar y byd ond sydd wedi ei ddiffinio yn ôl eu crebwyll. Beth sy'n drawiadol hefyd yw nad rhyw artistiaid unig ac enciliol mo'r rhain am hir; yn hytrach, maent yn canfod cysylltiadau, yn cerdded y byd ag ysgrifbin neu frwsh neu ddefnyddiau trymach mewn llaw. Maent oll yn ymgorffori, ie, y 'corff' cyfan, wrth ymlafnio am berffeithrwydd ac ardderchowgrwydd. Er i Aristotlys ledaenu'r gred yn y pum synnwyr, gwelwn i hynny gael ei ddisodli yn ein hoes wrth gydnabod synhwyrau eraill megis 'proprioception', sef ymwybyddiaeth o'r corff, yn ogystal ag 'equilibrioception', y synnwyr o gydbwysedd a maintioli a ddigwydd wrth greu celf. Mae'r synhwyrau cyfoethog hyn yn hyfyw ac yn dychlamu yma yn y testunau a'r delweddau.

Gellid dweud fod pob artist yn y gyfrol hon wedi 'cyrraedd' yn yr ystyr eu bod wedi profi beth yw gweld yn well gan ganiatáu i ni fel gwylwyr fod yn llygad-agored. Cyfleir yn eu cyfraniadau ddyfnder dealltwriaeth o'u dyheadau a'u gorchestion, eu credoau cymdeithasol a gwleidyddol a'u brwydrau, ynghyd â'r chwilfrydedd at fentrau newydd. Haerodd Iris Murdoch i'r artist da ein helpu i weld yr hyn sydd yn angenrheidiol mewn bywyd, rheidrwydd dioddefgarwch, a'r hyn sy'n gwneud ac yn datod gan ddistyllu ein dychymyg fel ag i fyfyrio uwch bydoedd go iawn (a orchuddir weithiau dan len o orbryder neu ffantasi) a chan gynnwys yr hyn sy'n arswydus ac yn abswrd.

Mae un artist – a golygydd y llyfr hwn – sef Christine Kinsey wedi bod yn tynnu sylw at y diffyg cynrychiolaeth o waith artistiaid o fenywod oddi ar ei chyfnod fel cyd-sylfaenydd Canolfan Gelfyddydau

Chapter yng Nghaerdydd, a'r fenyw gyntaf i fod yn Gyfarwyddwr Artistig arni. Mewn llyfr blaenorol a gyd-olygodd, *Imaging the Imagination: An exploration of the relationship between the image and the word in the art of Wales*, ceisiodd rannu ei gwybodaeth wrth ddethol artistiaid. Ei gweledigaeth ar gyfer y llyfr hwn yw cyflwyno HON fel canolbwynt i olygfeydd panoramig o Gymru, lle mae pob artist o wahanol gefndiroedd a phrofiadau bywyd, sy'n gweithio mewn amrywiaeth o ddulliau, yn adlewyrchu eu canfyddiad unigol neilltuol o Gymru mewn delweddau a geiriau. Y mae ei gwaith hi ei hun fel artist gweledol wedi ei ganolbwyntio ar *Dwyn Tystiolaeth/ Bearing Witness* i fywydau menywod yn genedlaethol ac yn rhyngwladol, yn ogystal â'r ymwybyddiaeth i ni weld cynrychiolaeth ddarluniadol o'r byd, ac yn arbennig merched, er oes y Dadeni, drwy'r dychymyg gwrywaidd yn bennaf. Ei nod hi yn ei delweddaeth weledol yn y llyfr hwn yw cyfrannu at fydolwg drwy'r dychymyg benywaidd.

Bydd y llyfr felly yn agoriad llygad i weithiau deg artist arbennig sydd hefyd yn uniaethu â, ac yn teimlo'n rhan o gymuned a chenedl sydd yn agored i syniadau newydd amrywiaethol. Cynrychiolant oll ddelfrydau gwlad flaengar sydd yn barod i herio a chyflawni rhyfeddodau gydag astudrwydd a syfrdandod. Yn y gorffennol, y syniad – ystrydebol braidd ond gwir i raddau – oedd mai gwlad y gân oedd Cymru, ond yma gallwn ddatgan hefyd ei bod nid yn unig yn rhan annatod o 'hen wlad fy nhadau ' ond yn 'hen wlad newydd ein merched' – artistiaid cyffrogarol bob un.

Un o'r dulliau sydd yn cysylltu Cymru â'r byd yw celf. Bydd y gyfrol hon yn gyfraniad hyfryd i'r casgliad o lyfrau a gyhoeddwyd gan Sefydliad H'mm dros y deng mlynedd diwethaf wrth ddathlu doniau awduron ac artistiaid gweledol.

Bwriad Sefydliad H'mm yw parhau i ymwneud ag artistiaid benywaidd yng Nghymru, gyda chynlluniau i gynnwys cyfraniadau gan artistiaid o fenywod ledled y byd yn y cyfrolau nesaf o HON. Bydd eu gweledigaeth unigryw, yn ogystal â'u hundod yn sylfaen gadarn i adeiladu pontydd-gobaith yn ein dyddiau dyrys ni.

ambition apparently, choosing herself as one of the protagonists.

Here, we have ten artists who, in their own way have not looked over their shoulders at the world, but redefined it according to their light. What is striking also is that these are not solitary artists for long; rather, they encounter connections, walk their world with pen and brush or heavier materials in hand. They embody, yes, the whole 'body' in striving for perfection and magnificence. Aristotle's long held belief in the five senses has been dismantled in recent times with other senses such as proprioception, an awareness of the body as well as equilibrioception, the sense of balance which comes into play in creating art. Both these senses are alive and pulsating here in the artists' texts and images.

All artists in this book have 'arrived' in the sense that they have known what it is to see better and allowed us as viewers to open our eyes. Their contributions have given us a depth of understanding of their aspirations and achievements, their social and political beliefs and struggles as well as a continued curiosity for new ventures. Iris Murdoch asserted that 'the good artist helps us to see the place of necessity in human life, what must be endured, what makes and breaks, and to purify our imagination so as to contemplate the real worlds (usually veiled by anxiety and fantasy), including what is terrible and what is absurd.'[1]

One artist Christine Kinsey, the editor of this book has been highlighting the lack of representation of work by women artists since her time as co-founder and first woman Artistic Director of Chapter Arts Centre in Cardiff. A previous book she initiated and co-edited, *Imaging the Imagination: An exploration of the relationship between the image and the word in the art of Wales*, sought to inform her choice of artists. Her concept for this book is to present 'HON' at the centre of panoramic views of Wales where each of the women artists from different backgrounds and life experiences and who work in a range of media, reflect their particular perception of Wales in images and words. Her own work as a visual artist has been centred around '*Dwyn Tystiolaeth/Bearing Witness*' to the lives of women both nationally and internationally, as well as an awareness that we have been viewing pictorial representations of the world and in particular of women, since the Renaissance, mainly through the male imagination. The aim in her visual imagery and this book is to contribute to a view of the world through the female imagination.

This book therefore will open our eyes to the testimonies of ten remarkable artists who also identify with and feel part of a community and nation that is open to new diverse ideas. They represent the ideals of a forward thinking country which is ready to challenge and achieve marvels with both 'sensation' and 'watchfulness'. In the past, the somewhat clichéd, if true, view of Wales was that of the land of song but here we also declaim it as being an integral part not only of *hen wlad fy nhadau* (land of my fathers) but *hen wlad newydd ein merched** – repossessing their artistic lives, forever, *am byth*.

One of the ways in which Wales can connect with the rest of the world is through its art. This volume will make a delightful addition to the collection of books published by the H'mm Foundation over the past 10 years, celebrating the talents of writers and visual artists.

The H'mm Foundation aims to continue its engagement with women artists in Wales, and plans to include contributions from women artists across the world in the next volumes of 'HON'. Their unique vision, as well as togetherness, that most needed of resilient aspirations, will build strong bridges-of-hope that will counteract the world's challenging and troubled times.

* 'old new country of our women'

1. Iris Murdoch, 'The Fire and the Sun: Why Plato Banished the Artists' in *Existentialists and Mystics: Writings on Philosophy and Literature*, ed. Peter Conradi (Penguin Books, 1997).

5

MARIAN DELYTH

NOH

Bet Tynddraenen yn festri capel Bethel,
Trefenter. Print Giclée. 2007.
Bet Tynddraenen in Bethel Chapel vestry,
Trefenter. Giclée print. 2007.

Rwy'n eistedd ar gamfa ar ben yr Esgair rhyw dri lled cae o fy nghartref a'r stiwdio ym Mlaenplwyf. Mae'r caeau lle bu fy nghyndeidiau'n amaethu i'w gweld islaw ac yna'r môr yn ymestyn o fy mlaen yn gynfas indigo tua'r gorwel pell. Os trof fy mhen tua'r chwith fe welaf yr arfordir yn ymestyn tua'r de hyd at Pen-caer ac i gyfeiriad Penrhyndewi. O droi wedyn tua'r dde fe welaf fynyddoedd y gogledd – Cader Idris, yr Wyddfa, yr Eifl ac yna braich hir Penrhyn Llŷn yn ymestyn tuag at Ynys Enlli. Bu'r llecyn hwn rhwng dau benrhyn gorllewinol Ynys Prydain lle buom ninnau'r Cymry yn byw am ganrifoedd yn allweddol i fy mherspectif ar y byd ar hyd fy oes. Tra bod fy nhraed wedi eu sodro'n gadarn yn naear Cymru lle mae fy ngwreiddiau, mae'r llygaid yn edrych allan tua'r byd mawr tu hwnt i'r gorwel. Wnes i erioed deimlo'n hollol gartrefol yn byw mewn llefydd lle nad oedd y llinell bell yma i'w gweld. Rwy'n dychwelyd i'r fan hon yn gyson i ail-osod y cwmpawd yn fy meddwl. Mae hi'n awr yn fis Ionawr 2021 a ninnau yng nghanol cyfnod clo yr argyfwng Cofid byd-eang.

Mae'r llonyddwch a'r misoedd o hunan-ynysu wedi rhoi cyfle i mi syllu'n ôl a dehongli llwybrau fy nhaith greadigol yn yr hen fyd yma ac mae'r allwedd iddi mae'n siwr gen i lle bu dechrau'r daith. Cefais fy ngeni yn 1954 yn Aberystwyth yn ail blentyn i T.R. a Megan Jones (née Tibbott). Lleolwyd ein cartref hanner ffordd rhwng Aelwyd yr Urdd a thafarn y Cooper's Arms. Yr oedd yr Aelwyd yn ganolog i'n bywyd cymdeithasol a'n diwylliant. Maes o law daeth y Cŵps

Storm yn cyrraedd Ynys Enlli. Print Giclée. 2013.
Storm arriving at Ynys Enlli (Bardsey Island). Giclée print. 2013.

'm sitting perched on a stile on the Esgair after having walked through a few fields from my home and studio in Blaenplwyf, Ceredigion. Below I see the fields that were farmed by my ancestors leading my eyes to the indigo stained canvas of the sea stretching towards the horizon. I turn my head to the left and see the coast stretching down in the direction of Pen-Caer and Penrhyndewi. Turning to the right I view the mountains of North Wales – Cader Idris, yr Wyddfa, yr Eifl and then the long arm of the Llŷn Peninsula reaching out to Ynys Enlli. This spot situated half way between the two arms reaching out of this westerly point of mainland Britain where people who choose to call themselves Cymry have lived for centuries has been crucial to the way that I view the world. I feel my feet rooted in solid ground but my eyes are constantly looking out towards the wide world beyond the horizon. I have never felt completely at home living in places where I can't see that long straight line. I often return to this place to reset the compass points in my head. It is now January 2021 and we are in the midst of a lockdown due to the Covid pandemic.

The solitude during months of shielding from the virus has given me the opportunity to travel on a retrospective journey along my creative paths. The key to their interpretation can be found at the beginning. I was born in 1954 in Aberystwyth, a second child to T.R. and Megan Jones (née Tibbott). Our home was situated in Llanbadarn Road, half way between Aelwyd yr Urdd and the Coopers Arms. The Aelwyd was the hub of our social life and culture. In time the Cŵps would become an important location for my documentation of contemporary Welsh culture, but it did not feature in our lives as a family during my childhood. Religion, Calvinistic Methodist, was important and Sundays were always busy attending the chapels of Blaenplwyf and Seilo in Aberystwyth. My brother and I were nurtured in a home that was busy with creative activity. My grandfather Dan Tibbott, a

carpenter, would often be working at his bench in the basement, my father, a teacher trained in arts and crafts would be sitting at the kitchen table creating his calligraphy. Music would be heard in the background as my mother, a music teacher, was giving a piano lesson or providing accompaniment for a singer preparing for an eisteddfod or concert. I inherited a responsible work ethic from all of them.

I received my early education through the medium of Welsh at Ysgol Gymraeg Aberystwyth. It was a wonderful school but unfortunately art was not considered a priority on the curriculum at that time. I then attended Ardwyn Grammar School and the medium of teaching changed mostly to English. Hywel Harries, a popular artist here in Wales, was my art teacher. Many of us are extremely grateful for his lively classes and his insistence that we should all write our analysis and describe our responses to the 'picture of the week' that was posted regularly on a notice board in the classroom. The art room was divided into two sections allowing the senior pupils to develop their work during any free time. By the sixth form I had developed a passion for literature and art. I loved that art room and I would spend all my free time there, sometimes reading ancient Welsh poetry or contemporary literature as well as creating my artwork. There were no borders in my mind between the means of expression of words and pictures. We all received a traditional academic education at Ardwyn. I remember being called to the headmaster's office one morning to discuss my refusal to fill an university application form because I had decided that I would like to attend a Foundation Course at an art college. In retrospect I can see that it was pastoral care that initiated the meeting but I always felt that the university town of Aberystwyth had its fair share of snobbery, and art colleges and occupational courses were considered inferior in the ivory towers of academia. We had a long discussion and I kept to my guns because I knew that I had the support of my parents who always

yn bwysig i mi fel lleoliad llawer o fy ngwaith ffotograffiaeth dogfennol o ddiwylliant cyfoes. Roedd crefydd yn bwysig yn fy magwraeth gyda gweithgarwch ein Suliau yn cael ei rannu rhwng capeli Blaenplwyf a Seilo, Aberystwyth. Cafodd fy mrawd a minnau fagwraeth ddiwylliedig mewn awyrgylch o weithgaredd creadigol ar yr aelwyd. Byddai fy nhad-cu, Dan Tibbott, yn brysur gyda'i waith coed yn y seler tra byddai fy nhad, athro a fu'n dysgu celfyddyd a chrefftau, yn aml yn creu ei lythrennu cain wrth fwrdd y gegin. Clywid cerddoriaeth yn y cefndir pan fyddai fy mam yn rhoi gwersi piano i blant neu'n cyfeilio i gantorion gael ymarfer ar gyfer eisteddfod neu gyngerdd. Etifeddais ethig waith gydwybodol ganddynt i gyd.

Derbyniais addysg gynnar drwy gyfrwng fy mamiaith yn Ysgol Gymraeg Aberystwyth. Euthum ymlaen wedyn i Ysgol Ramadeg Ardwyn gyda'r cyfrwng dysgu yn troi yn bennaf i'r Saesneg. Hywel Harries, ei hun yn artist poblogaidd, oedd yr athro celf yno. Rwyf innau fel llawer yn ddyledus iddo am ei wersi bywiog a'i 'picture of the week' a gyflwynodd weithiau'r meistri i bawb o'i ddisgyblion pan ofynnwyd i ni bob wythnos ddadansoddi llun a disgrifio ein hymateb iddo yn ein llyfrau bach. Rhannwyd yr ystafell ddosbarth yn ddwy adran gan adael gofod eang i'r myfyrwyr hŷn fynd yno mewn gwersi rhydd i ddatblygu gwaith. Erbyn i mi gyrraedd y chweched dosbarth roeddwn wedi datblygu cariad at feysydd llenyddiaeth a chelfyddyd. Yr hen 'art room' oedd fy newis yn aml i bori yng ngwaith y cywyddwyr neu lenyddiaeth gyfoes yn ogystal a chreu fy ngwaith celf, felly doedd dim ffin yn fy meddwl rhwng cyfrwng y gair a'r llun. Addysg academaidd draddodiadol a gawsom yn bennaf yn yr ysgol a cofiaf i mi gael fy ngalw i swyddfa'r prifathro un bore i gyfiawnhau fy mhenderfyniad i wrthod ceisio am le mewn prifysgol gan fy mod i wedi penderfynu yr hoffwn ddilyn cwrs sylfaen mewn Coleg Celf. Mae'n siwr mai gofal bugeiliol oedd yn gyfrifol am y cyfarfod ond tybiais fod yna elfen o snobyddiaeth yn perthyn i dref y brifysgol ac ystyrid addysg mewn coleg celf neu hyfforddiant galwedigaethol yn israddol yn nhyrau academia y cyfnod hwnnw. Cawsom drafodaeth hir ond daliais fy nhir drwyddi a gwyddwn bod gennyf gefnogaeth fy rhieni oedd yn hapus i mi ddewis a thorri fy nghwys fy hun yn y byd. Yr wyf yn fythol ddiolchgar iddynt am eu hymddiriedaeth ynof.

Bu blynyddoedd fy arddegau yn rhai cyffrous iawn yn Aber. Mae traddodiad o radicaliaeth yng Ngheredigion ac mae'r dref wedi bod yn bair o syniadau erioed. Yr oedd hynny'n sicr yn wir am y chwedegau. Yn y byd mawr roedd gwrthdystio yn erbyn rhyfel Fietnam yn codi stêm, ac yma ar stepen y drws yr oedd Boddi Cwm Tryweryn a chwalu'r gymuned yno i gyflenwi dŵr i ddinas Lerpwl yn gamwedd oedd yn ennyn dig. Roedd ymgyrchu am gyfiawnder i'r Iaith Gymraeg yn poethi yn sgil sefydlu Cymdeithas yr Iaith mewn protest yn y dref. Ar ben hynny yr oedd gwrthwynebiad i arwisgiad Charles yn Dywysog Cymru yn 1969 ac yntau'n treulio cyfnod yn y coleg ger y lli. Prin y byddai penwythnos yn mynd heibio na fyddai yna wrthdystiad yn y dref. Yn hynny o beth dyw'r lle ddim wedi newid fawr. Ffurfiwyd llawer o'm hegwyddorion sylfaenol am gyfiawnder cymdeithasol a thegwch yn y blynyddoedd yma.

Cefais fy nghyflwyno i'r grefft a thechnoleg ffotograffiaeth yn gynnar iawn. Roedd fy nhad yn ffotograffydd amatur brwd a byddai'n achlysurol yn troi'r atig yn ein cartref yn ystafell dywyll. A minnau yn blentyn bach chwilfrydig cofiaf ymestyn am fwlyn y drws gan ofni'r tywyllwch ac eto yn benderfynol o fentro i mewn i weld beth oedd yno. Rwy'n dal i gofio'r wefr a gefais wrth weld am y tro cyntaf ddarlun yn datblygu ar ddarn o bapur claerwyn mewn dysgl o hylif clir, gyda'r golau bychan coch yn y nenfwd yn ychwanegu naws gyfrin i'r broses. Llun ydoedd wedi ei greu gan olau, ychydig o wydrau a chemegau ond i mi roedd y cyfan yn gyffro o hud a lledrith. Ni phylodd y wefr honno ar hyd y blynyddoedd pan fyddwn yn printio llun da yn yr ystafell dywyll.

Cefais gyfle ar y Cwrs Sylfaen yng Ngholeg Celf Caerdydd yn 1973 i drin camera mewn modiwl oedd yn gyflwyniad i

encouraged me to choose my own path in the world. I am forever grateful for that support.

Aberystwyth was an exciting place during my teenage years. Ceredigion has a long history of radicalism and the town has always been a melting pot of ideas. That was certainly true of the Sixties. The protest against the war in Vietnam was escalating, and here in Wales the drowning of the village of Cwm Celyn and the destruction of its community to supply Liverpool with water was an emotive subject. Welsh language campaigning was gaining momentum following the founding of the Welsh Language Society following a protest in the town. The investiture of an English Prince of Wales was scheduled for 1969 and Charles was attending the university for a few weeks. There was a protest in town almost every week-end. In that sense the place has hardly changed throughout the years. Many of my principles of social justice were formed during these years.

I was introduced to the art and science of photography at a very young age. My father was a keen amateur photographer and occasionally he would turn our attic at home into a darkroom. I have a vivid memory of myself as a small child stretching to reach the door handle of that room, fearful of what lay inside but yet curious to explore. I still remember the thrill of seeing for the first time a picture appearing on a white sheet of paper in a dish of clear liquid, in the atmospheric dim red light. It was a picture created by light, some pieces of glass and chemicals, but in my mind it was pure magic. That excitement remained with me every time I saw what I considered to be a good picture developing in the darkroom in later years.

An introduction to photography by Julian Sheppard on the foundation course at Cardiff College of Art gave me the opportunity to reconnect with that early experience, and my first set of negatives, pictures taken in Cardiff in 1973 are still safely stored at the beginning of an archive that is almost 50 years old.

It was later at Newport College of Art that my passion and love for the medium flourished. I arrived at the college to study graphic design. My decision was influenced by the 'litho revolution' when offset litho reproduction was now offering exciting possibilities and small printer/publishers were being established in rural Wales. I believed that the industry would offer opportunities for work and would enable me to combine my passion for literature and visual art.

As fate or luck would have it David Hurn had set up his course in Documentary Photography that same year. I wasn't a student on that course but I attended their lectures and was excited by seeing works by major photographers and hearing contemporary photographers discussing their photographs. The college library had a wonderful collection of photography books and I would spend hours there. That is where I first picked up a copy of *Vietnam Inc.* and I saw that it was by a Welsh photographer called Philip Jones Griffiths. The book was crucial in changing the attitudes in the United States towards the Vietnam War. I saw that a photographer as witness had an opportunity to reveal inequalities and injustices. I began to understand the medium and its visual language and syntax. I appreciated that photography at its best is a synthesis of the intellect, the eye and a skilful hand operating the camera. I am grateful for the guidance I received from tutors during my college years at Newport to start my life of looking at the world through the lens, and to begin to understand the difference between looking and seeing.

My photographs of this period record my response to the urban landscape and city life – a new exciting experience for a girl from rural Ceredigion. There aren't many pictures of people in this early period because I was painfully shy, hiding behind the lens. I kept within a comfort zone of developing the skills of observation and composition, creating images that have a strong graphic presence. There are many images of empty streets and houses with signs of

ffotograffiaeth gan Julian Sheppard. Negyddion y ffilm gyntaf honno o luniau a dynnais yn y ddinas sy'n cychwyn fy ffeiliau o archif sydd bellach yn nesu at hanner cant oed. Yng Nghasnewydd serch hynny y taniodd fy mrwdfrydedd a fy nghariad at y cyfrwng. Mynd yno i ddilyn cwrs mewn dylunio graffeg wnes i. Dyma gyfnod y chwyldro mewn technoleg argraffu. Yr oedd argraffdai a chyhoeddwyr yn cael eu sefydlu gan bobl ifanc yn y broydd gwledig Cymraeg eu hiaith. Tybiais yn hirben y byddai angen sgiliau newydd ar y diwydiant hwnnw ac y byddai gweithio yn y maes yn fodd o gyfuno fy hoffter o gelfyddyd y gair a'r llun.

Ffawd neu lwc oedd fy mod i wedi cyrraedd y coleg yn yr union flwyddyn ag y gwnaeth David Hurn sefydlu ei gwrs mewn ffotograffiaeth dogfennol yno. Doeddwn i ddim yn dilyn y cwrs hwnnw ond fe fydden i'n sleifio mewn i'w ddarlithoedd ac yn cael gwefr o weld cyflwyniadau o waith prif feistri ffotograffiaeth a chlywed rhai o ffotograffwyr cyfoes y cyfnod yn trafod eu gwaith.

Tenby Street, Splott, Caerdydd. Print gelatin arian. 1975
Tenby Street, Splott, Cardiff. Silver gelatin print. 1975

Yr oedd yna gasgliad gwych o lyfrau ffotograffiaeth yn llyfrgell y coleg hefyd a byddwn yn treulio oriau yn pori ynddynt. Dyma lle cydiais am y tro cyntaf yn y gyfrol *Vietnam Inc.* a gweld mai Cymro o'r enw Philip Jones Griffiths oedd wedi creu'r gyfrol bwysig honno a gyfrannodd at newid y farn am Ryfel Fietnam yn America. Gwelais bod gan ffotograffydd swyddogaeth i ddatgelu gwirioneddau ac i gofnodi anghyfiawnderau'r byd. Dechreuais ddeall natur y cyfrwng a gweld bod iddo ei iaith a'i gystrawen unigryw weledol. Deallais hefyd mai cyfuniad o lif y meddwl, praffter golwg a'r gallu ymarferol i drin camera yw ffotograffiaeth ar ei orau. Mae'r llinyn cyswllt hwnnw rhwng y meddwl, y llygad a'r llaw yn un dw'i wedi mwynhau ei archwilio byth ers hynny. Rwy'n ddiolchgar am yr arweiniad a gefais yn fy nyddiau coleg i ddechrau ar fywyd o arsylwi a gweld y byd drwy lens. Ac i ddod i ddeall y gwahaniaeth rhwng edrych a gweld.

Mae fy lluniau cynnar o'r cyfnod yma yn gofnod o fy ymateb i'r tirlun a bywyd dinesig – amgychfyd hollol estron i ferch o Geredigion. Ceir lluniau o ardaloedd Splott ac Adamsdown yng Nghaerdydd a Pilgwenlli yng Nghasnewydd. Prin yw'r lluniau o bobl yn y cyfnod hwn gan fy mod i'n boenus o swil. Rown i'n fwy cyffyrddus yn datblygu sgiliau arsylwi, cyfansoddi a chreu delweddau oedd ag elfennau graffig cryf yn perthyn iddynt. Mae'r delweddau o dai a strydoedd gwag gydag olion o'r bywyd a fu yno yn gofnod o'r chwalfa gymunedol ddaeth yn sgil ail-ddatblygu trefol y cyfnod. Detholwyd un o'r gyfres 'ffenestri' gan Ron McCormick ar gyfer arddangosfa deithiol a chyfrol o waith gan ffotograffwyr ifanc y cyfnod ym Mhrydain *New British Image*.[1] Dyma gyfnod pan weddnewidiwyd dulliau hyfforddi y cyfrwng gan esgor ar genhedlaeth newydd o ffotograffwyr a gwaith newydd cyffrous. Penderfynais yr hoffwn ddatblygu fy niddordeb yn y cyfrwng a chefais gyfle i wneud hynny ym Mholytechnic Birmingham ar ôl ymadael â Chasnewydd gyda gradd dosbarth cyntaf mewn dylunio graffig.

13

Ffenestr. Pilgwenlli, Casnewydd.
Print gelatin arian. 1976.
Window. Pill, Newport.
Gelatin silver print. 1976.

Y Filltir Sgwâr.

Cyflwynais raglen o waith yr hoffwn ei chwblhau yn y deunaw mis a ganiataed ar gyfer gradd uwch i fy nhiwtor, Michael Hallett. Y brif elfen fyddai creu traethawd estynedig o luniau ar fywyd yn ucheldir cefn gwlad Ceredigion. Roeddwn i'n ymwybodol bod llawer o waith dogfennu yn digwydd yn Ne Cymru ond wyddwn i ddim am waith cyffelyb yn y Gymru wledig Gymraeg ei iaith. Roedd yr ardaloedd yma yn wynebu newidiadau demograffig pell-gyrhaeddol gydag all-fudiad o bobl gynhenid yn chwilio am waith, mewnlifiad o bobl yn dianc o ddinasoedd Lloegr i 'fywyd gwell' a llawer o'r tai gwag yn cael eu prynu i fod yn dai gwyliau haf. Lleolwyd y prosiect yn ardal Y Mynydd Bach sef ardal yn ymestyn o bentref Llangwyryfon i fyny am Drefenter a Blaenpennal. Mae'r gerdd 'Rhos Helyg' gan B.T. Hopkins, un o feirdd y fro yn un gyfarwydd ac yn cyfleu'r newid mewn ardal o dyddynod bychain lle doedd hi ddim bellach yn bosib i ennill bywoliaeth o'r tir.

> 'Lle bu gardd, lle bu harddwch
> Gwelaf lain a'r drain yn drwch
> A garw a brwynog weryd
> Heb ei âr a heb ei ŷd'
> (B.T. Hopkins)[2]

Bûm yn cofnodi tirwedd a bywyd yr ardal, ac yn portreadu ei thrigolion. Daw'r teitl 'Y Filltir Sgwâr' o'r term a fathwyd gan D.J. Williams i gynrychioli'r bro enedigol a'i chymuned glos yng ngefn gwlad. Defnyddiais ystyr llythrennol y geiriau i greu canolbwynt i'r arddangosfa. Chwiliais am hen fap degwm a marcio milltir sgwâr arno gan nodi pob anheddle oddi mewn iddi. Yna tynnais luniau cyfoes o'r safleoedd a'r trigolion. Roedd llawer yn ffermydd ac yn gartrefi parhaol, rhai yn wag, eraill yn dai haf, ac ambell adfail. O gwmpas y canol crewyd paneli o ddelweddau yn adlewyrchu bywyd y fro. Lluniau du a gwyn yw bron y cyfan o'r gwaith ac ymhlith y casgliad mae un o'r portreadau mwya trawiadol yn fy archif. Gŵr swil, yn byw ar ei ben ei hun oedd Thomas Evans neu Twm, Penllwynbedw. Cnociais ar ddrws ei gartref nid nepell o Langwyryfon un bore a mentro tynnu ychydig o luniau yn sydyn ar y rhiniog, oedd yn wahanol i fy null arferol o gysylltu ymlaen llaw i drefnu gyda phobl. Ymddangosai yn gyffyrddus gyda phresenoldeb y camera o'i flaen ac roedd yn hapus i sgwrsio gyda mi am sbel. Ambell waith mae'r cysylltiad yna ag enaid yn cael ei selio ar ffilm yn weddol ddi-ymdrech mewn eiliad. Rwy'n dal i dderbyn ceisiadau i gyhoeddi'r llun a bu'n destun ysgrif yng nghyfrol Peter Lord *Relationships with Pictures*.[3] Bûm hefyd yn cyd-weithio gyda'r bardd Owen Sheers yn yr ardal hon a dangoswyd fy nelweddau gyda'i gerdd hir mewn darllediad ar BBC2, 'A Winter's Tale'.

Ddeugain mlynedd wedi'r cofnod cyntaf treuliais gyfnod estynedig yn dogfennu'r ardal unwaith eto gan gofnodi'r newidiadau – y tro yma mewn lliw ac yn ddigidol. Derbyniodd Catrin M.S. Davies gomisiwn i greu ffilm ar gyfer S4C am y prosiect a darlledwyd 'Yr Ail Filltir' yn 2017. Mae'r lluniau yn tystio i gymuned fywiog yn glynu at draddodiadau gyda llawer o'r newydd-ddyfodiaid wedi eu cymhathu ac yn ymddiddori yn hanes y fro. Roedd Bet Tynddraenen yn un o hoelion wyth yr ardal, yn fardd gwlad ac yn un o ffyddloniaid hen gapel bach Bethel, Trefenter. Tynnais ei llun yno ar achlysur pasiant y Pasg. Bu Bet a'i theulu yn amlwg yng nghofnod y ddau gyfnod.

Daeth dyddiau coleg i ben yn 1977. Mewn trafodaeth ffarwel holwyd fi a chyd-fyfyriwr beth oedd ein huchelgais ar gyfer ein dyfodol. Atebais mai dychwelyd i Orllewin Cymru a medru cynnal fy hun yn greadigol a llawrydd yno oedd fy mreuddwyd. Bod yn filiwnydd erbyn cyraedd deg ar hugain oed oedd ateb y llall. Pawb at y peth y bo! Un peth sy'n sicr yw fy mod i erbyn hynny wedi llwyr ymserchu yn y cyfrwng hudolus yma oedd yn fy annog i edrych allan ar y byd a cheisio gwneud synnwyr o bopeth. Roedd yn rhoi mynegiant gweledol i fy syniadau a'm hemosiynau. Daeth ffotograffiaeth gyda threigl y blynyddoedd yn ffordd o fyw i mi.

previous lives and they document the dispersal of communities during the process of urban redevelopment. One of the series named 'ffenestri' (windows) was selected by Ron McCormick for an Arts Council travelling exhibition and book of images by young photographers in 1977 entitled *New British Image*[1].This was a period when the methods of teaching photography changed leading to a new era and exciting work by a young generation of photographers. I decided that I would like to develop my interest in the medium and had an opportunity to do so at Birmingham Polytechnic after leaving Newport with a first class degree in Graphic Design.

Y Filltir Sgwâr (The Square Mile).

I presented a programme of work that I hoped to achieve during the eighteen months allocated for an M.A. to Michael Hallett, my tutor. The main focus would be an extended photo essay on life in the upland region of Ceredigion. I was aware of documentary photographs of the South Wales valleys but I could not see any similar work being created in the rural Welsh-speaking Wales. These areas were facing demographic changes with an exodus of people seeking employment as small farms were becoming unsustainable, an immigration of city dwellers seeking 'the good life', and empty houses bought as holiday homes. These changes were having an impact on the heartlands of the Welsh language. After initial research I decided that the Mynydd Bach area would be the location for the work. One of the local poets, B.T. Hopkins whom I photographed remembered a thatched cottage near his home and describes the changes in the landscape in the well-known poem Welsh poem 'Rhos Helyg'.

'Once a garden, with beauty,
This strip of land, thick with thorns
A piece of earth of rough rushes,
Without corn nor ploughed furrow'.
(*B.T. Hopkins, Tr. Gwyn Griffiths*)[2]

I documented the landscape, and portrayed the community and its culture. The title 'Y Filltir Sgwâr' are words originally used by author D.J.Williams to describe the intimate connections people have with their places of birth and their tightly knit community, and it is a term commonly used in Welsh. I created a central focal point for the final exhibition by taking the literal meaning, marking a square mile on the oldest tithe map of the area, noting every dwelling contained in the space. I then photographed each location and its inhabitants – some were family farms and permanent homes, some were empty, some were holiday homes and a few were ruins. Surrounding the central panels I presented photographs documenting aspects of farming life, the community and their cultural activities arranged thematically on panels. The photographs are mostly black and white and amongst them is one of the most striking portraits in my archive – that of Thomas Evans. Twm, Penllwynbedw appeared to be a shy man, living alone in a stone house beside the narrow road that leads up to Mynydd Bach from Llangwyryfon. I knocked on his front door one morning, pointed my camera and took just a few photos as we chatted. It was not my usual style of working but he accepted my presence and the camera, and seemed to welcome my intrusion. Sometimes that connection with another soul is captured on film in an instant and feels effortless. I still receive requests to publish the picture, and it inspired an episode in Peter Lord's book *Relationships with Pictures*.[3]

I later collaborated with the poet Owen Sheers and he selected images to appear in his illustrated long poem entitled 'A Winter's Tale' that was presented as a film on BBC2. Forty years later I returned and photographed the area for a prolonged period once more, this time in colour and using a digital camera. TV producer Catrin M.S. Davies, who hails from the area, was commissioned to create a film documenting the project for S4C in 2017, 'Yr Ail Filltir'. The photographs record a thriving community keeping faith with

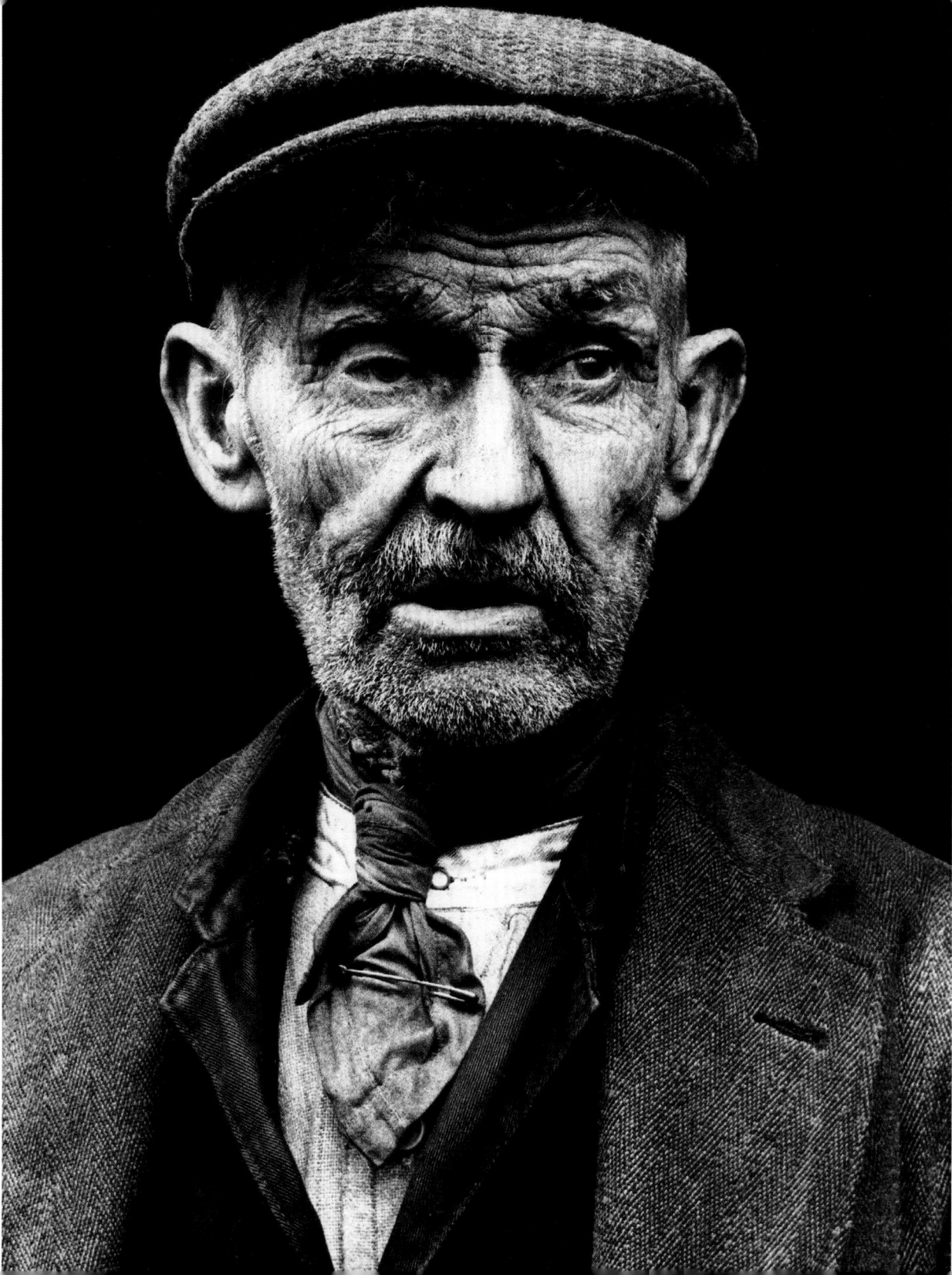

Thomas Evans. (Twm, Penllwynbedw). Print gelatin arian/Gelatin silver print. 1977.

16

tradition but embracing new technologies. Many newcomers were interested in local history and played an active rôle in the community. Bet Tynddraenen who featured in both periods of the project was a prominent member of the community, writing poems recording and celebrating life and events on Mynydd Bach. She and her family were faithful members of Bethel, the tiny chapel in Trefenter and she can be seen seated in the vestry of her beloved chapel in one of the photos of the latter period.

My college years came to an end in 1977. A fellow student and I were asked what ambitions did we have for our futures as we departed. I answered that returning to rural West Wales and living as a freelance creative artist was a dream. Becoming a millionaire before he was thirty was my colleague's answer. I had now become truly infatuated by this medium that encouraged me to look at the world through a lens, attempting to make a sense of it all. It allowed me to create visual representations of my thoughts and emotions and record life in all its wonder. With the passage of time photography would become a way of life – I rarely go out of the house without a camera by my side. However I did not imagine that within a couple of decades the technology of the medium would enter a new period of revolution and that the world wide web would enable us all to share information and send images to the far corners of the world instantly with a tap or a click.

I began my working life in an advertising studio in South Wales before returning soon afterwards to my home town to work as a graphic designer at the Welsh Books Council where I had the pleasure of working amongst passionate book-lovers and shared a studio with the designer Elgan Davies who gave the Welsh publishing industry a wonderful service during his long career there. The experience of working in these two busy workplaces gave me the skills and confidence to set up as a freelance graphic designer and photographer in my studio in Blaenplwyf in 1982. The following years have been a fascinating, challenging journey – the

visual arts my leading light.

The main incentive for becoming freelance was the freedom to divide my time and energy between my various interests in the visual arts. My main income in the early years came from commissions from the Welsh language publishing industry in Wales. That was ideal because it enabled me to combine my passion for literature and art. I collaborated with writers, poets, educators, editors, artists and other photographers to create books and magazines. One highlight was the opportunity that arose to edit and create a book of contemporary photographs portraying Wales – a book that I hoped would reflect the diversity of life in Wales through the eyes of photographers living and working here. *Cymru'r Camera* was published by Y Lolfa in 1983. The images by 37 photographers who responded to an open invitation to contribute to the book reflect their individual concerns. I designed the pages to allow the collective narrative to flow whilst protecting the integrity of each individual photographers work. An exciting project at the time, I did not expect it would be remembered today, but Paul Cabuts wrote a lengthy piece about the book in a recent edition of *Offline* magazine, marking it as a milestone in the development of photography in Wales.[4]

Another personal highlight was designing volumes of poetry – *Sbectol Inc* and *Poeth* were both awarded the Tir na n-Og prize for best book for children. I received commissions to design these books, and collaborating and directing work by artists combined with my photographic images resulted in vibrant visually exciting books. I also had the pleasure of working with the poet Iwan Llwyd in creating his book *Hanner Cant*.[5] I admired his work and creating visual imagery in response to poetry is a challenge that I relish. I aim to work in such a way that my visual image is an interpretation that creates an additional layer of meaning to a poem. As a photographer who also designs I am privileged because I am able

ngwaith yng Nghanolfan y Celfyddydau, Aberystwyth. 'Murluniau' oedd teitl yr arddangosfa o ddelweddau ar waliau. Yr wyf bob amser wedi cael fy nenu at elfennau graffig ar waliau, hen bosteri wedi eu rhwygo sydd fel haenau o bapur wal, pob haen â'i hanes sy'n troi'n ddelweddau swreal ar brydiau. Mae graffiti wedi bod yn destun cyson drwy'r blynyddoedd ac mae'r casgliad yn datbygu'n fwy gwleidyddol eu naws gydag amser gan adlewyrchu ymgyrchoedd pob cyfnod. Cri weledol yw'r graffiti a dynnwyd yn Ninas Dinlle. Mae'r adeilad sydd ar lan y môr yn nannedd y gwynt, a'i do yn dadfeilio yn gefnlen llwm i'r neges 'Dal dy dir!' Dyma un o'r broydd Cymraeg eu hiaith lle mae hi'n broblem barhaus i bobl ifanc lleol fedru prynu cartref oherwydd bod prisiau'r tai yn codi i lefelau afresymol o uchel gan brynwyr tai haf.

Bûm yn weithgar hefyd yn hybu'r celfyddydau. Yr oeddwn i'n ystyried mai peth hunanol oedd canolbwyntio'n llwyr ar ddatblygiad personol a bod gennyf gyfrifoldeb i hybu'r celfyddydau gweledol yng Nghymru. Yr oeddwn yn un o grŵp bychan wnaeth sefydlu oriel i arddangos a datblygu ffotograffiaeth yng Nghymru – Y Ffotogaleri yng Ngaerdydd yn 1978. Yn fuan wedyn cefais fy ethol i fod ar banel artistiad Cyngor y Celfyddydau dan arweiniad Peter Jones, cyfarwyddwr y Celfyddydau gweledol. Etholwyd Peter Lord yr un pryd a chawsom drafodaethau a dadlau tanbaid pan gyflwynodd ei bapur 'Cultural Policy'. Bûm yn cyd-weithio gyda Peter gan gofnodi ei waith yn creu Gardd Goffa Hywel Dda yn Hendy Gwyn ar Daf ac yn dylunio ei lyfrau cynnar. Yr wyf innau fel eraill wedi elwa o'i waith ymchwil i'r etifeddiaeth weledol Cymreig.

Taerineb nid gwrthdaro oedd yn nodweddu pwyllgorau Gweled, Cymdeithas y Celfyddydau Gweledol pan gefais i fy hun unwaith eto yn aelod o griw bychan a sefydlodd y gymdeithas honno yn 1984, a bodlonias i fod yn ysgrifennydd cyntaf, ac yn hwyrach yn gadeirydd. Crewyd y gymdeithas i godi ymwybyddiaeth a statws celfyddyd gweledol ac i annog trafodaeth drwy gyfrwng yr iaith Gymraeg. Prin iawn oedd y sylw a roed iddynt yn y wasg ac ar y

teledu ar y pryd. Cynhaliwyd gweithdai a chynadleddau gan annog cysylltiad gyda llenorion a beirdd. Cynhaliwyd darlithoedd blynyddol yn yr Eisteddfod Genedlaethol bob blwyddyn a chofiaf am gampwaith o gyflwyniad gan y diweddar Athro Dewi-Prys Thomas ar bensaernïaeth fel un o uchafbwyntiau'r cynhadleddau. Bu'r gymdeithas yn fodd i godi hyder ymhlith artistiaid Cymreig. Cyflawnodd Gweled lawer o'i amcanion ac ymhen amser daeth y gweithgaredd a'r gymdeithas i ben, ond cofiaf gyda llawenydd am y trafod bywiog a choffa da am y rhai a gyfrannodd yn helaeth ond sydd bellach wedi ein gadael, y cerflunydd John Meirion Morris ac Aneurin Jones yr artist. Sefydliad arall sydd yn hybu celfyddyd weledol yng Nghymru yw'r Eisteddfod Genedlaethol. Mae'r Lle Celf wedi datblygu i fod yn un o uchafbwyntiau'r calendr celf. Bûm yn gadeirydd y panel detholwyr pan gychwynnwyd y drefn o gael arddangosfa agored yn Aberystwyth yn 1992. Cefais fwynhad o fod yn aelod o'r pwyllgor Celf canolog am flynyddoedd a'i gadeirio oherwydd mod i'n argyhoeddiedig o bwysigrwydd yr arddangosfa sy'n denu hyd at ddeugain mil o ymwelwyr yn ystod yr wythnos. Yn y cyfnod diweddar detholwyd fy ngwaith i'w arddangos sawl gwaith ac enillais Wobr Ifor Davies a gwobr bwrcasu CASW am y gyfres 'Cilmeri' yn 2015. Rwy'n ymweld ac yn cofnodi'r eisteddfod bob blwyddyn ers 45 o flynyddoedd. Ymhlith y casgliad mae'r llun ysgafn a dynnais wrth ymadael â'r maes un prynhawn a gweld cynorthwyydd yn rhannu taflenni o flaen ffotograff gan Geoff Charles o'r archdderwydd Cynan a'i osgordd yn eisteddfod 1965. Un o nifer o luniau a ddangoswyd ar hyd a lled y maes o gasgliad y Llyfrgell Genedlaethol. Mae'r ddelwedd yn cyfuno dau gyfnod gwahanol iawn o'r eisteddfod ac yn deyrnged i ragflaenydd i mi fu'n dogfennu'r ŵyl.

Daeth trobwynt a newid pwyslais yn fy ngwaith ar droad y ganrif. Yr oeddwn wedi mwynhau cynorthwyo eraill i ddatrys heriau cyfathrebu gweledol am flynyddoedd. Teimlais reidrwydd yn awr i gyfeirio mwy o'm hegni a'm hamser at fynegiant o syniadau ac emosiynau oedd yn bwysig i mi gan datblygu gwaith yn fy stiwdio.

'Dal dy dir'. Dinas Dinlle. Print gelatin arian/Gelatin silver print. 2005.

many times, winning the Ivor Davies award and the CASW purchase award for the series 'Cilmeri' in 2014. I have also documented the eisteddfod for a period of forty-five years. The photographs record every eisteddfod, and collectively they reflect the changes during those decades. Geoff Charles was another photographer who recorded the event diligently during his life. Eisteddfod pictures from his vast archive held at the National Library were displayed on panels on the eisteddfod field in 2011. As I was departing one afternoon I saw an assistant distributing leaflets in front of his photograph of archdruid Cynan taken in 1965. I could not resist the temptation of snapping an image of the past and present in one photograph.

The period at the turn of the century marked a turning point in the direction of my work. I had enjoyed the challenges of assisting others with all forms of visual communication but I now wanted to devote more time for contemplation and developing my personal expression of concepts and emotions – to allow my soul to breathe in my work. My photography would remain grounded in the documentary tradition but I sought to explore new ways of expression. My new path coincided with the technological revolution of that period. Digital media and software were now presenting new ways of designing books and I had no desire to spend all my days in front of a screen endlessly clicking a mouse! After having designed over 500 book covers and many magazines and books it was time for change. Two books however deserve a mention – both showing the culmination of years of my photography. I was commissioned by Y Lolfa to collaborate with eminent historian Dr John Davies to create a book of 100 places to visit in Wales.[6] My task was to travel throughout the country to create images of his selected locations, reflecting their history.

Eisteddfod Genedlaethol Cymru. Print Giclée. 2011
National Eisteddfod of Wales. Giclée print. 2011.

Cymru: Y 100 lle i'w gweld cyn marw won the Book of the Year award, although Literature Wales decided that its prestigious award should only be given to one of us, the author of the words, because it was a literary prize. Objections were raised, and I personally saw this as yet another example of the lack of respect towards photography. The book was a synthesis of words and images and to award only one aspect seemed unfair. Despite my disappointment at the time I am still proud of the work. Soon after the saga I received a phone call from Gwenda Richards of Fflic inviting me to present slots in a television series describing my approach to photographing each location. *100 lle* became a popular series presenting the history of Wales and was broadcast frequently on S4C. The book has also been also published in English, the most recent edition entitled *Wales in 100 places*.[7]

During my work for the book an alternative series of images developed that has been exhibited many times, and at the Senedd building in Cardiff as 'Drych'. I had become fascinated by the

Drych, Mallwyd. Print Giclée. 2008
Mirror, Mallwyd. Giclée print 2008

reflections in safety mirrors at the roadside. The mirrors often display cameos of everyday life, depicting the lie of the land or the architecture of particular places.

Another book, Enlli – *Tu hwnt i'r Swnt*[8] was the culmination of fifteen years of visits to Ynys Enlli (Bardsey island). I had fallen in love with the island and it was my sanctuary away from the deadlines of work every year. The book is an extended photo essay and describes my response to the place and its history in words and images, and is a tribute to those who care for the island. An exhibition was held in Lekunberri in the Basque country and here at Penrallt gallery in Machynlleth.

During this second half of my career I have exhibited widely. As I approached my sixtieth birthday I decided that I would celebrate by creating an exhibition of sixty photographs to represent my creative journey during those years. It would be my personal selection and was by no means intended to be a comprehensive retrospective. '60' was shown at the National Library and I presented the work chronologically in a timeline of images. To aid my selection I concentrated on particular themes or exhibitions for each decade. Here are a few of them.

'A feddo gof...'

This is most intimate personal work that I have created. The series of photographs shown at Amgueddfa Ceredigion and Rhuthun Craft Centre explores the themes of inheritance, hiraeth (longing) and loss that developed from my experience of bereavement following the passing of family members and loved ones. I'm making connections with the past as I visit the family farms and the land toiled by my ancestors. It is a body of work where I'm presenting two periods of time in one image, exploring the very nature of time and space within the process of photography using film, and I processed and printed all the work in my darkroom.

Byddai dogfennu yn dal yn ganolog, a chyfrwng y lens oherwydd dyna yw sylfaen fy ngwaith, ond yr oeddwn am arbrofi ac ehangu fy ngeirfa weledol o fewn y maes hwnnw a ceisio gwthio ambell ffin yn y broses.

Roedd cyfeiriad newydd fy llwybr personol yn cyd-redeg gyda chwyldro technolegol y cyfnod. Gyda dyfodiad cyfryngau digidol a meddalwedd ar gyfrifiadur nawr yn hwyluso'r dasg o ddylunio, yr oeddwn yn benderfynol nad oeddwn am dreulio pob awr o'r dydd yn gwasgu botymau neu lywio llygoden o flaen sgrin! Gyda dros bum cant o gloriau a nifer helaeth o lyfrau a chylchgronau wedi eu dylunio gennyf yr oed hi'n amser i newid cyfeiriad. Dyma gyfnod hefyd pan gefais gyfle i roi cymorth i eraill ddatblygu eu sgiliau drwy gyfrwng gweithdai a bûm yn ddarlithydd rhan amser yng Ngholeg Meirion Dwyfor.

Serch hynny dyluniais ddwy gyfrol yn y cyfnod diweddar a'r rheiny yn benllanw blynyddoedd o fy ngwaith ffotograffig. Derbyniais gomisiwn gan Y Lolfa i gyd-weithio gyda'r hanesydd John Davies i greu cyfrol fyddai'n cyflwyno 100 lle i ymweld â nhw yng Nghymru.[6] Fy nhasg innau fyddai teithio Cymru benbaladr i gofnodi a dehongli hanes y lleoedd yn weledol. Enillodd y gyfrol Wobr Llyfr y Flwyddyn er mai awdur y geiriau yn unig gafodd ei wobrwyo gan Lenyddiaeth Cymru. Cywaith oedd y gyfrol ond derbyniais esboniad gan y sefydliad yn datgan mai gwobr lenyddol oedd Llyfr y Flwyddyn, ac mai un awdur fyddai'n derbyn gwobr, sef awdur y geiriau. Rown i'n ystyried hyn yn enghraifft o ddiffyg parch tuag at gyfrwng gweledol a'i gyfrif yn israddol mewn cyfrol oedd yn gyforiog o luniau. Bu cwyno yn y wasg ac er diflastod a siom y saga rwy'n ymfalchïo yn fy ngwaith ac yr oeddwn wedi ymdrechu i gyflwyno ystod eang o ddelweddau a manteisio ar gyfleoedd i gyflwyno dehongliad personol. Yn fuan wedyn derbyniais alwad ffôn gan Gwenda Griffith yn holi a hoffwn gyfrannu eitemau i gyfres deledu yn seiliedig ar y gyfrol sef '100 lle' ar S4C. Cytunais yn llawen gan fwynhau'r cyfle i gyflwyno fy ngwaith a'r grefft o

ffotograffiaeth. Cyfieithwyd y gyfrol i'r Saesneg ac mae'r argraffiad diweddaraf yn dwyn y teitl *Wales in 100 Places*.[7]

Datblygodd cyfres amgen o luniau yn ystod y broses o deithio Cymru benbaladr. Sylwais ar y drychau diogelwch ar ymyl y ffordd a gweld bod ynddynt adlewyrchiadau o'r tirlun a bywyd yn ein cymunedau amrywiol. Tyfodd y gyfres gyda'r blynyddoedd ac maent yn gameos bychain o fywyd a thiroedd Cymru. Dangoswyd arddangosfa 'Drych' yn adeilad y Senedd yng Nghaerdydd a detholiad ohoni yn Y Lle Celf ac mewn amryw o leoliadau eraill.

Cyfrol arall o fy ngwaith a gyhoeddwyd oedd *Enlli – Tu Hwnt i'r Swnt*.[8] Yr oeddwn wedi cael fy nghyfareddu gan yr ynys sydd ar ben draw penrhyn Llŷn ac wedi bod yn ymwelydd cyson â hi ers blynyddoedd. Mae'r gyfrol a gyhoeddwyd gan Wasg Carreg Gwalch yn draethawd ffotograffig sy'n cofnodi fy ymateb i'r ynys a'i hanes mewn gair a llun ac yn deyrnged i'r rhai sy'n ei gwarchod. Cynhaliwyd arddangosfeydd o'r lluniau yn Oriel Penrallt ym Machynlleth ac yn Lekunberri yng Ngwlad y Basg.

Yn y cyfnod diweddar yr wyf wedi arddangos fy ngwaith yn gyson. Penderfynais ddathlu fy mhen-blwydd yn drigain oed wrth gyflwyno arddangosfa o 60 llun i gynrychioli llwybr datblygiad fy ngwaith ar hyd y blynyddoedd. Nid arddangosfa ôl-syllol gynhwysfawr oedd y nod ond cyflwyno fy newis personol o ddelweddau. Cynhaliwyd '60' yn ein Llyfrgell Genedlaethol yn 2014. Cyflwynais y detholiad yn gronolegol mewn llinell amser o daith drwy'r delweddau. Er mwyn hwyluso'r dasg o ddethol fe wnes i ganolbwyntio ar brif themâu ac arddangosfeydd pob degawd. Dyma rai ohonynt.

'A feddo gof ...'

Dyma'r gwaith mwyaf personol dw'i wedi ei greu erioed. Mae'r casgliad yma o luniau a welwyd mewn arddangosfeydd yn Amgueddfa Ceredigion, Aberystwyth ac yng Nghanolfan Grefft Rhuthun yn ymdrin â'r themâu o etifeddiaeth, hiraeth a cholled, a

Mam-gu yn Cae Sgwâr. Print arian gyda seleniwm. 2002.
My grandmother in Cae Sgwâr. Selenium toned silver print 2002.

Cysgod. Print arian gyda seleniwm. 2003
Shadow. Selenium toned silver print. 2003

Mam-gu yn Cae Sgwâr

This image fuses two periods of time in a very direct way. I printed one of my father's negatives of his mother Margaret Jones with her Welsh Black cattle in Cae Sgwâr. She died before I was born and I think of her as my guardian angel. After identifying the spot where the original photo was taken in the field behind my home, I photographed myself holding the picture. The image records an emotional connection linking two generations and bridging a time span of fifty years within one space in the blink of an eye.

I experimented with other methods of creating images that combine two periods of time by exposing the same frame of negative multiple times, winding the film back after each exposure. I did not seek the control of manipulating a digital file on screen. The nature of the fusion of images inside the camera would be unpredictable and would be revealed after processing the film, as our memories are often random and beyond our control. My photo-essay 'Dilyn ôl troed' in an issue of *Planet* magazine describes this project in detail.[9]

Cysgod

This is one of the earliest examples of double-exposed images created at Ffoslas farm, one of the family farms of my ancestors perched near the edge of a cliff at a time when it was rapidly becoming a ruin. I saw the farmhouse as a symbol of the last bastion of Welsh language and traditional culture that once existed within its walls. It was now facing the barrage of Anglo-American cultural imperialism (the farm lies in the shadow of the Blaenplwyf television transmitter) as the building itself was being battered by the constant attack of the elements. The setting sun has cast my solitary shadow on the panelled door, and fused with an image of my ancestors standing in the farmyard it developed into a rather melancholy and slightly sinister picture. This picture created in Ceredigion has travelled to many parts of the world. I'm excited by the opportunities that arise in this twenty first century for artists to share their projects, connecting via the web. I responded to an invitation to collaborate with Agricola de Cologne in 2007, and this image has been shown internationally and exhibited in 'A show for Bethlehem, A show for peace' in Bethlehem, Palestine as well as here in Wales.

Eswatini

Most of my work is based in Wales but I have also travelled with my camera slung over my shoulder, observing other parts of the world. One experience that influenced my life and work was that of living and working in a remote valley in Eswatini (Swaziland) in 2004. Financial assistance from Wales Arts International enabled ceramic artist Meri Wells and myself to travel there. Meri worked with a group of highly talented local women potters and I documented their project using both film and digital cameras. I had also taken a boxful of disposable cameras and worked with a group of young people encouraging them to record their lives in that

Eswatini (Swaziland). Print giclée/Giclée print 2004.

ddeilliodd o'r profiad o alar a deimlais yn dilyn colli nifer o anwyliaid ac aelodau o'r teulu. Rwy'n archwilio gwreiddiau fy nheulu wrth i mi ymweld â'r ffermydd a'r tiroedd lle bu fy nghyndeidiau yn amaethu. Mae'n waith lle bûm yn arbrofi gyda dulliau o gyfuno dau gyfnod o amser mewn un ddelwedd a hynny drwy gyfrwng ffilm analog.

Mam-gu yn Cae Sgwâr

Mae'r llun 'Mam-gu yn Cae Sgwâr' yn enghraifft uniongyrchol lle dwi'n cydio mewn llun a brintais o un o luniau fy nhad o'i fam, Margaret Jones. Chefais i erioed y profiad o gydio yn ei llaw gan iddi farw cyn i mi gael fy ngeni, ac mae cydio yn y llun yma yn yr union fan lle tynnwyd ef yn brofiad emosiynol. Cofnodais y profiad hwnnw mewn llun newydd sy'n cyfuno dwy eiliad ac yn pontio dwy genhedlaeth mewn un ddelwedd. Bûm yn arbrofi gyda dulliau eraill o gyfuno dau gyfnod wrth i mi ddatgelu ffrâm o ffilm sawl gwaith oddi mewn i'r camera gan ddirwyn y ffilm yn ôl bob tro ar ôl tynnu llun. Y broses o ddatblygu'r ffilm fyddai'n datgelu natur y ddelwedd. Doeddwn i ddim eisiau rheoli'r haenau o amser fel y gellir ei wneud yn ddigidol ond yn hytrach roeddwn yn deisyfu yr elfen annisgwyl fel bod y dechneg yn adleisio'r modd y bydd atgofion yn brigo i'r wyneb yn annisgwyl yn sgil profiadau ac emosiynau. Cyhoeddwyd ysgrif gennyf mewn rhifyn o *Planet* yn esbonio'r gwaith mewn manylder.[9]

Cysgod

Dyma'r cynharaf o'r lluniau aml-haenog a greais. Y lleoliad oedd fferm Ffoslas, sydd wedi ei leoli ar ben clogwyn dafliad carreg o'r môr, ac un o'r ffermydd lle bu fy nghyndeidiau'n amaethu. Pan dynnais y llun roedd y ffermdy yn prysur ddadfeilio a thaenwyd fy nghysgod unig ar baneli'r hen ddrws gan y machlud tra bod delwedd o fy nghyndeidiau ar ffald y fferm i'w gweld wedi ei selio yng ngwead y pren. Rown i'n gweld yr hen ffermdy fel symbol o'r bywyd

a'r diwylliant Cymraeg gwaraidd a fu o fewn ei furiau yn wynebu hyrddiadau'r diwylliant Eingl-Americanaidd (mae'r fferm yng nghysgod y mast teledu), a minnau wedi byw dan gysgod y bygythiad hwnnw erioed yma yn y gorllewin. Llun melancoli oedd yn cyfleu'r anobaith a deimlwn ar y pryd. Mae'n enghraifft o waith sydd wedi ei wreiddio'n ddwfn yn naear Cymru ond wedi cael ei arddangos ledled y byd. Un o'r pethau sydd yn fy nghyffroi yn yr unfed ganrif ar ugain yw'r modd y mae'r we fyd-eang wedi hwyluso'r modd yr ydym fel artistiad yn medru cyd-weithio, a rhannu celfyddyd. Bu ymateb i'r cyfle i gyd-weithio gyda Agricola de Cologne yn fodd i'r llun yma gael ei arddangos yn rhyngwladol ac yn arbennig mewn arddangosfa 'A Show for Bethlehem, A Show for Peace' ym Methlehem, Palesteina.

Eswatini

Tra bod y gwaith sy'n fynegiant o etifeddiaeth wedi ei wreiddio yn naear Ceredigion, yr wyf hefyd wedi crwydro tipyn gyda fy nghamera dros fy ysgwydd. Un o'r prosiectau gafodd ddylanwad mawr arnaf oedd y profiad o fyw a gweithio mewn dyffryn anghysbell yn Eswatini (Swaziland oedd enw'r wlad bryd hynny) yn 2004. Gyda chymorth Celfyddydau Rhyngwladol Cymru teithiais yno i ddogfennu'r cyd-weithio rhwng yr artist serameg Meri Wells â'r gwragedd lleol oedd yn grochenwyr dawnus. Bûm hefyd yn cynnal gweithdai gyda phobl ifanc yno gan rannu camerâu ffwrdd a hi ac yn eu hannog i gofnodi'r hyn oedd yn bwysig iddynt yn eu bywydau yn y wlad fechan hardd yma oedd yn cael ei anrheithio gan Aids.

Yr oeddwn newydd fuddsoddi yn fy nghamera digidol cyntaf ac euthum â hwnnw yn ogystal â chamera ffilm. Does gen i ddim amheuaeth bod gweld y lliwiau cyfoethog yno yn y tir ac yn y gwisgoedd a'r tecstilau, a hynny mewn golau tanbaid o lachar wedi dylanwadu arnaf. Am y deng mlynedd ar hugain cyntaf, prin iawn yw'r lluniau lliw yn fy archif. Ers 2004 bûm yn gweithio mewn

beautiful small country that was being ravaged by Aids.

The vibrant colours of the landscape, textiles and clothes seen in bright sunshine left a lasting impression on my work. On the last day of our stay at the homestead the cards that contained my digital files were full and I had no means of downloading in that remote location. I was holding my film camera when a lady appeared from the shadows, indicating that she would like to be photographed. I obliged happily and took four frames. She then walked towards me pointing to the camera. My heart sank because she had evidently seen the joy displayed by the small children when they viewed thumbnail images of themselves on the screen of my digital camera, and was expecting the same experience. I remembered how some people resented being photographed because they believed that the camera would steal their soul. At that moment, knowing that I could not share the image and that I had no means of explaining why, I felt that I was a thief. A print was eventually sent and the photograph reminds me of the dignity and generosity of the people who had welcomed us into their world.

Capel

The theme of non-conformist religion features regularly in my archive as part of my documentation of the cultural life of Wales. The images record the communities of chapels, their services, funerals, pageants as well as the vernacular architecture. In recent times following the decline in organised religion I have been documenting chapels in Ceredigion that are for sale or have closed. The images are atmospheric, recording my response to the empty buildings as I search for any remaining evidence of the activity that existed there. The series of the windows of Mynydd Bach chapels has been exhibited at Canolfan Morlan, Aberystwyth and Y Lle Celf. Peering in through the windows I am fascinated by the atmospheric reflections created by the light entering these religious buildings. In 2016 I was amongst the artists selected to

work with Marc Rees at Tabernacle chapel in Llandudno in a CALL residency exploring alternative ways of documenting items found in the chapel. The work was exhibited at the chapel.

Radical

'Radical' was the title of the first exhibition of images of protest that I showed in Oriel Canfas in Cardiff in 2003. Activism and campaigning for peace and justice has been a constant theme in my work throughout the years. Documenting a protest or a rally is a matter of personal conviction for me. Some of the images are suitable for publication in the media but there are always pictures that reflect my personal response to the event. For the first twenty years before the age of mobile phones and social media, publishing the photos in magazines was a means of sharing stories that would not necessarily be of interest to mainstream news bulletins of the

Protest CND Aldermaston. Print gelatin arian/Gelatin silver print. 1983.

Ffenest Capel Bethel. Trefenter.
Print Giclée 2013
Bethel *Chapel window. Trefenter.*
Giclée print 2013

lliw yn bennaf.

Ar ddiwrnod olaf ein harhosiad yn y casgliad o gytiau pridd syml cefais un o'r profiadau sy'n datgelu fy agwedd at y dasg o greu portread. Roedd fy nghardiau digidol i gyd yn llawn a dim gobaith lawrlwytho yn y lle anghysbell hwnnw. Camera ffilm oedd yn fy llaw pan ddaeth gwraig ataf o'r cysgodion gan arwyddo y dymunai gael llun, a thynnais bedwar llun ohoni. Cerddodd ymlaen tuag ataf wedyn gan bwyntio ei bys at y camera. Suddodd fy nghalon oherwydd mae'n amlwg ei bod hi wedi gweld y plantos bach yn cael hwyl yn edrych ar y lluniau a dynnais ohonynt ar y sgrin ar gefn y camera digidol. Yr oedd hithau nawr yn disgwyl cael yr un pleser. Doedd gen i ddim geiriau i esbonio pam nad oedd delwedd ohoni yno. Cofiais am gred rhai pobl na ddylid tynnu lluniau ohonynt oherwydd byddai hynny'n dwyn eu heneidiau. Yr oeddwn wedi ei

hystyried hi'n fraint cael tynnu'r llun ond teimlwn yr eiliad honno fel lleidr gan wybod na fedrwn ei rannu gyda'r gwrthrych nac esbonio pam. Danfonwyd print maes o law ac mae'r llun yn f'atgoffa o urddas a haelioni y trigolion wnaeth ein croesawu i mewn i'w byd.

Capel

Bûm yn cofnodi agweddau o grefydd anghydffurfiol fel rhan o'r dasg o gofnodi bywyd a diwylliant cefn gwlad ar hyd y blynyddoedd. Mae rhychwant eang o ddelweddau o fewn fy archif yn amrywio o gymdeithas y capel i'r adeiladau gweigion sydd gennym erbyn hyn yn dilyn y trai ar grefydd gyfundrefnol. Bûm yn crwydro capeli yng Ngheredigion sydd yn wag ac ar werth yn dogfennu'r hyn sy'n weddill o'r bywyd a fu ynddynt. Mae llawer o'r lluniau o gapeli yn dangos lleoliadau lle mae amser fel petai wedi

Protest Cymdeithas y Cymod ar Fynydd Epynt. Print Giclée. 2011.
Cymdeithas y Cymod protest on Mynydd Epynt. Giclée print. 2011.

sefyll yn stond. Cynhaliwyd arddangosfa yng Nghanolfan y Morlan, Aberystwyth a gwelwyd detholiad o'r gyfres 'Ffenestri Capeli'r Mynydd Bach' yn Y Lle Celf. Un o'r gyfres honno yw ffenestr Capel Bethel, Trefenter. Mae golau arbennig yn creu adlewyrchiadau a naws arbennig wrth i mi syllu i mewn i gapeli a gweld awgrym cynnil mai addoldai ydynt yn y patrymau. Daeth cyfle yn 2016 i arbrofi gyda dulliau amgen o gofnodi a chreu gweithiau arbrofol pan benodwyd fi'n un o'r artistiaid i gyd-weithio gyda Marc Rees yng nghapel Tabernacl Llandudno am gyfnod yn dogfennu eitemau o'r capel.

Radical

'Radical' oedd teitl yr arddangosfa gyntaf i mi ei chreu o ddelweddau gwleidyddol a gwrthdystiadau, a gynhaliwyd yn Oriel Canfas yng Nghaerdydd yn 2003. Bu'r thema o brotest, ymgyrchu a gweithredu yn un gyson yn fy ngwaith ar hyd y blynyddoedd. Argyhoeddiad personol yw'r cymhelliad i fynychu gwrthdystiad a'i chofnodi. Bydd rhai o'r delweddau yn ateb galw'r wasg a'r cyfryngau ond mae gennyf bob amser ddelweddau sy'n cyfleu fy ymateb personol i'r achlysur. Am yr ugain mlynedd cyntaf cyn i gamera ffôn gael ei ddyfeisio a heb y we fyd-eang byddai cyhoeddi'r lluniau mewn cylchgronau yn fodd i rannu storïau na fyddent yn aml yn cyrraedd prif ffrwd newyddion y dydd. Mae'r lluniau bellach yn waddol o archif sy'n adrodd storïau am argyhoeddiadau a dyheadau pobl yn ystod y cyfnod yma ar gyfer cenedlaethau'r dyfodol. Mae'r lluniau cynharaf o brotest yn yr archif yn dogfennu rali gwrth-apartheid yng Nghaerdydd yn 1978. Mae'r gwaith yn datblygu trwy gydol y degawdau gyda'r themau yn adlewyrchu pryderon pobl ym mhob cyfnod. Bu cofnodi'r ymgyrchoedd dros hawliau'r iaith Gymraeg yn amlwg ar hyd y blynyddoedd a chyhoeddwyd llawer ohonynt yn y gyfrol sy'n gofnod o hanner can mlynedd o ymgyrchoedd iaith, *I'r Gad* gan Arwel Vittle.[10] Dw'i bob amser wedi gweld yr ymgyrchu yma yng Nghymru fel rhan o ddyhead byd-eang

am heddwch a chyfiawnder. Mae'r lluniau o griw bychan Côr Gobaith yn canu ar gornel stryd yn Aberystwyth ar fore Sadwrn, yr un mor berthnasol â'r lluniau a dynnais yn 2004 yn rali 'Stop the War' yn Llundain pan amcangyfrifwyd bod deg miliwn o bobl ledled Ewrop wedi gorymdeithio i wrthwynebu'r rhyfel yn Irac.

Comin Greenham

Un o'r lluniau cynharaf o ymgyrchoedd CND yw hwnnw o'r ddwy ferch ifanc mewn protest ger Comin Greenham yn 1983. Peth prin iawn oedd gweld wyneb wedi ei baentio yn y cyfnod hwnnw. Mae'r wynebau ifanc a'r casgliad o fathodynnau yn cynrychioli'r genhedlaeth newydd o ferched fu'n gweithredu yng Nghomin Greenham a'r modd yr oedd merched yn ymwroli ac yn brwydro dros gyfiawnder a heddwch. Fflachiodd y llun o flaen fy llygaid yn ddiweddar wrth i mi wylio'r teledu – mewn hysbyseb i'r cylchgrawn Golwg a gyhoeddodd y ddelwedd ar y clawr blaen.

Epynt

Does neb i'w weld yn y llun a dynnwyd yn y fynwent ffug yn y pentref ffug a grewyd ar fynydd Epynt pan feddiannwyd y tir amaethyddol gan y fyddin yn 1940 er mwyn ymarfer rhyfel. Diweddglo gwrthdystiad gan Gymdeithas y Cymod i wrthwynebu hyfforddiant ymosod gyda drônau dros diroedd Cymru sydd yma, a hynny ar brynhawn llwyd niwlog yn 2011. Ysgrifennwyd enwau pobl a laddwyd gan ymosodiadau o'r fath mewn sialc ar y beddau gan brotestwyr. Cofnodais y brotest i gyd ond y llun olaf wedi i bawb ymadael yw'r un sy'n gynnil a dirdynnol. Byddai'r glaw ymhen amser yn dileu enw'r plentyn ac yn golchi'r garreg yn lân ond erys y ddelwedd yn goffâd o'r brotest a'r bywydau a gollwyd.

Ie Cymru

Tynnwyd rhai o'r lluniau cynharaf sydd yn fy nghasgliad o gofnod taith Cymru tuag at at ymreolaeth mewn protest fechan yn dilyn

day. The photographs have developed into a substantial archive recording political campaigns and the dedication of those individuals who have the courage of their convictions to protest against injustices. It is a legacy for future generations. The earliest photographs were taken in an Anti-apartheid rally in Cardiff in 1978. The archive grows throughout the decades and the themes reflect the concerns and activism of each era. There is a comprehensive record of campaigning for the rights and status of the Welsh language and many of these pictures were published in a book of photographs recording fifty years of campaigns, *I'r Gad* by Arwel Vittle.[10] I have always regarded the campaigns here in Wales as an integral part of a world-wide desire for peace and justice. The photos of a small group of Côr Gobaith (The choir of hope) singing on a street corner in Aberystwyth on a Saturday morning are equally pertinent as the photos I took of the huge 'Stop the War' rally in London in 2004 when it was estimated that ten million people throughout Europe marched in protests opposing the War in Iraq.

Greenham Common

The photograph of the two young girls in a protest near Aldermaston, taken in 1983 is one of the earliest of my record of CND campaigns. It was unusual to see a painted face in those days. These young faces and the collection of badges represent the new generation of women seen at Greenham Common, empowered by their convictions they campaigned for peace and justice.

Epynt

No one is to be seen in the photograph I took in the fake cemetery in the fake village built on the Epynt mountain when the armed forces occupied the pasture land in 1940, evicting the inhabitants from their farms, in order to exercise the skills of warfare. The photograph was taken at the end of an event protesting against the training of drone warfare over the land of Wales. On a grey misty afternoon in 2011 Cymdeithas y Cymod, after their annual pilgrimage to the remains of Capel y Babell nearby, had walked up the hill to write the names of innocent civilians that had been killed by drones on the gravestones. I recorded the event in its entirety but the most poignant image in my mind was the one taken after the protesters had departed. The rain would eventually wash away the name of the child written in chalk. The image however remains captured for posterity as a record of the protest and in memory of lives lost.

A few black and white photographs of a small group of protesters carrying a makeshift black coffin through the centre of Cardiff, after the 'No' result of the first devolution referendum in 1979 are amongst the earliest images I have of the campaigns for self-government in Wales. That journey is documented in detail throughout the years. A spirit of optimism and confidence is evident in the recent large colourful rallies of the 'Yes Cymru' campaign for independence, in marked contrast to those early pictures. Looking through my viewfinder, a process of distillation occurs when I am amongst a large crowd of people in order to create an image that tells the story of the event. A photograph of thousands of people is suited for newspaper headlines but each one of those people has their own individual story. I will often turn away from the wide view to focus on a small detail in the crowd. Amongst the huge marching throng it was the little girl, a member of Cambria Band, clutching her flute with an expression of concentration and determination on her face, that caught my eye. It is one of a series of pictures that tells the story of the rally held in Merthyr Tudful in 2019.

'What is it to be a people? A gift
lodged in the heart's deep folds
What is love of country? Keeping house
among a cloud of witnesses.'
(*Waldo Williams. tr. Rowan Williams*)[11]

Band Cambria. Rali Ie Cymru, Merthyr Tudful. Print Giclée. 2019
Cambria band. Yes Cymru Rally, Merthyr Tudful. Giclée print. 2019

refferendwm 1979. Lluniau du a gwyn o brotest gan griw bychan o bobl yn cario arch ddu trwy ganol dinas Caerdydd. Mae naws hollol wahanol i raliau mawr diweddar yr ymgyrch dros annibyniaeth a drefnwyd gan Ie Cymru. Gwrthwynebiad fu testun y rhan fwyaf o'r protestiadau y bûm yn eu cofnodi ar hyd y blynyddoedd. Ond ysbryd o hyder ac optimistiaeth sy'n nodweddu raliau Ie Cymru gyda'r nifer sy'n mynychu yn cynyddu. Mae proses o ddistyllu yn un hanfodol i mi wrth syllu drwy'r lens mewn sefyllfa o'r fath i gael rhyw fath o drefn ar y bwrlwm o weithgaredd a chreu cofnod. Miloedd o bobl yw'r hyn sy'n denu penawdau'r newyddion ond mae pob un o'r rheiny yn unigolyn sydd â'i hanes i ffotograffydd. Byddaf yn aml yn troi o'r olygfa eang at fanylyn bach mewn torf. Yng nghanol holl dwrw'r miloedd o bobl yn yr orymdaith ym Merthyr Tudful gwelais y ferch fach o fand Cambria yn anwesu ei ffliwt gyda golwg oesol o benderfynol ar ei hwyneb. Mae'n un o gyfres o luniau sy'n adrodd stori'r diwrnod hwnnw.

'Beth yw bod yn genedl ? Dawn
Yn nwfn y galon.
Beth yw gwladgarwch? Cadw tŷ
Mewn cwmwl tystion.'
(*Waldo Williams.*)[11]

Dyma ddychwelyd eto i ben yr Esgair heno lle cychwynnais yr ysgrif yma am y llwybrau a droediais yn fy mywyd a'r 'songlines' gweledol a grewyd yn sgil hynny. Roedd y llwybr tua'r dyfodol yn glir yn fy meddwl tan i rwystr ddod ar ei draws yn ddiweddar pan gefais fy nharo yn gyntaf gan afiechyd difrifol ac yna daeth y pandemig i droi ein byd ben i waered. Edrychaf tua'r gorwel gan hiraethu am y dydd y gallaf barhau gyda phrosiect uchelgeisiol a gychwynnais bum mlynedd yn ôl. Ysgogwyd fi yng nghanol holl ddadlau Brexit i deithio ac archwilio'n weledol hunaniaeth a diwylliannau ar lannau eithaf Gorllewin Ewrop a'r cysylltiad fu rhyngom fel cenhedloedd bychain ar hyd y canrifoedd. Am y tro mae rhan fechan o'r gwaith –

Syllu tua'r gorllewin o'r Esgair. Print Giclée. 2021
Looking west from the Esgair. Giclée print. 2021

Gwaith sy'n datblygu.
Detholiad o luniau o Llydaw ar gyfer
y llyfr-ffoto *Gwenn-ha Du.*
Work in progress.
A selection of images of Brittany for
the photo-book *Gwenn-ha-Du.*

cyfrol 'Gwenn-ha-Du' o luniau du a gwyn o Lydaw yn waith sy'n datblygu.

Yn y machlud rwy'n teimlo anwes y ddwy fraich o dir sy'n ymestyn ar bob ochr i mi yma yn y Gorllewin a chofiaf eiriau y diweddar Athro Gwyn Alf Williams, y bûm yn cyd-weithio ag ef pan ddyluniais gyhoeddiadau i Blaid Cymru. 'The Welsh as a people have lived by making and re-making themselves in generation after generation, usually against the odds ...'.[12] Cefais y fraint o fod yn rhan o'r broses honno, ac i'w dogfennu mewn oes o arsylwi yn y cyfnod oedd yn pontio dwy ganrif. Mewn gig, eisteddfod, angladd, gŵyl a phrotest, crwydrais ar hyd a lled y wlad fechan hon gan chwilio am y golau i greu fy lluniau. Cefais fy arwain gan y goleuni oddi mewn i mi. Adlewyrchiadau ydynt o gyfoeth a chymhlethdod ein hanes diweddar y bûm yn freintiedig i fod yn dyst iddo, a gobeithiaf y bydd y gwaddol o luniau yn gyfraniad tuag at gof y genedl ar gyfer cenedlaethau'r dyfodol.

Mae bellach yn nosi ac mae'n amser dychwelyd i'r stiwdio.

Mae'r gwaith yn parhau...

1. Ron McCormick, *New British Image* (Arts Council of Great Britain, 1977).
2. B.T. Hopkins, *Rhos Helyg a cherddi eraill* (Cyhoeddiadau Modern Cymru, 1976)
3. Peter Lord, *Relationships with Pictures* (Parthian, 2013).
4. Paul Cabuts, 'Common Cause' yng nghylchgrawn *Offline #005*, Hydref 2020.
5. Iwan Llwyd, lluniau Marian Delyth, *Hanner Cant* (Gwasg Taf, 2007).
6. John Davies, lluniau Marian Delyth, *100 lle i'w gweld cyn marw* (Y Lolfa, 2009).
7. John Davies a Marian Delyth, *Wales in 100 Places* (Y Lolfa, 2016).
8. Marian Delyth, *Enlli Tu Hwnt i'r Swnt* (Gwasg Carreg Gwalch, 2015).
9. Marian Delyth, 'Dilyn Ôl Troed/Tracing Footsteps' *Planet* 172, Awst/Medi 2005.
10. Arwel Vittle (gol.), *I'r Gad* (Y Lolfa, 2013).
11. Waldo Williams.'Pa beth yw dyn? *Dail Pren* (Gomer@Lolfa 1991, Gwasg Gomer 1956) © Eluned Richards ar ran teulu Waldo.
12. Gwyn A. Williams, *When Was Wales?* (Black Raven, 1985).

of collaborating with him when I designed publications for Plaid Cymru. 'The Welsh as a people have lived by making and re-making themselves in generation after generation, usually against the odds...'[12] I have been privileged to be part of that process, to be a witness, and to document it in a life of observation during a period of time that bridged two centuries. I have explored all four corners of this land and chased the light to create my pictures, guided by the light within me. They are reflections of the richness and complexity of our lives and recent history. I hope that my legacy of images in some way contributes to our collective memory as a people.

It's getting dark and time to return to the studio.

The work continues...

I have returned this evening to the Esgair where I began this piece about the creative paths that I followed during my life and the visual songlines that were created during that time. The path towards the future was clearly marked in my mind when I suddenly found myself facing a life-threatening illness and as I regained my strength after intensive treatments the Covid pandemic turned all our worlds upside down. I look towards the horizon beyond the darkening sea longing for a time when I will hopefully be able to continue with the ambitious project that I started five years ago. During the Brexit campaign I escaped and travelled overseas to explore visually the identity and cultures of the shores of Western Europe, and to seek the connections that have existed between us as small nations throughout the centuries. Presently a small section of the work, a black and white photobook of images of Brittany 'Gwenn-ha-Du' is work in progress.

The last embers of the sun are slowly disappearing and as I sit tucked in between the two arms of land on either side of me, I remember the words of Prof. Gwyn Alf Williams. I had the pleasure

1. Ron McCormick, *New British Image* (Arts Council of Great Britain, 1977).
2. 'Rhos Helyg', tr. Gwyn Griffiths, in Gwyn Griffiths and Meic Stephens (eds.), *The Old Red Tongue* (Francis Boutle, 2017).
3. Peter Lord, *Relationships with Pictures* (Parthian, 2013).
4. Paul Cabuts, 'Common Cause' in *Offline #005*, October 2020.
5. Iwan Llwyd, lluniau Marian Delyth, *Hanner Cant* (Gwasg Taf, 2007).
6. John Davies, lluniau Marian Delyth, *100 lle i'w gweld cyn marw* (Y Lolfa, 2009).
7. John Davies and Marian Delyth, *Wales in 100 Places* (Y Lolfa, 2016).
8. Marian Delyth, *Enlli Tu Hwnt i'r Swnt* (Gwasg Carreg Gwalch, 2015).
9. Marian Delyth, 'Dilyn Ôl Troed/Tracing Footsteps' *Planet* 172, August/Sept 2005.
10. Arwel Vittle (ed.), *I'r Gad* (Y Lolfa, 2013).
11. Rowan Williams. 'What is man?' by Waldo Williams (tr.) *Collected Poems*. (Carcanet Press 2021).
12. Gwyn A. Williams, *When Was Wales?* (Black Raven, 1985).

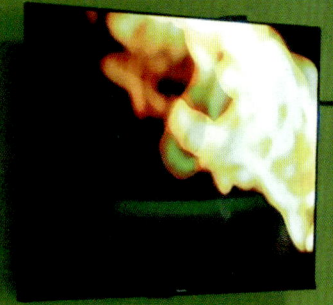

SADIA
PINEDA
HAMEED

it resonates like spalting wood.
Sadia Pineda Hameed and Beau W Beakhouse.
Detail; three channel film (15 mins loop)
2021. Arcade/Campfa, Cardiff

Mae fy ngwaith yn datgymalu cysylltiadau cymhleth rhwng iaith, lle a'r ôl-drefedigaethol trwy gyfrwng lleisiau o hanesion archifol a phersonol, ffuglen a straeon dyfaliadol. Mae fy ngwaith yn y celfyddydau gweledol wedi cynnwys gosodwaith, testun, ffilm, sain a pherfformiad, gan ddatblygu ffyrdd damcaniaethol ac ymarferol o danlinellu cysylltiadau rhwng gwireddu personol a newid cymdeithasol ehangach. Mae fy nghefndir mewn llenyddiaeth, yn fy ymarfer fy hun ac fel cyd-sefydlydd y project gwasg-fach, radio a churadu, LUMIN, wedi fy helpu i gynnwys ac ehangu ystyriaeth o iaith mewn amryw o ofodau ffisegol a rhithwir, ac mae fy ngwaith ar y cyd â'r artist Beau W Beakhouse wedi rhoi ffurf i waith a syniadau newydd o gwmpas gweithio torfol ac ar y cyd.

Y man cychwyn arferol i mi yw archwilio'r hysbys a'r anhysbys trwy gyfrwng geiriau. Yn 2018 dechreuais ddatblygu nofel fer arbrofol, *To Make Philippines*, sy'n defnyddio naratifau anecdotaidd a phersonol, atgofion, theori a ffuglen. Mater o alw i gof yw hyn, taith trwy gysylltiadau sy'n gwibio rhwng atgofion plethiedig tair cenhedlaeth. Dilynir edefynnau rhydd, wrth i'r storïwr blethu ynghyd straeon a adroddwyd a chyfrinach a ddatgelwyd gan ei mam er mwyn ei chysylltu â'i threftadaeth Philipinaidd. Gan berfformio'r hyn a alwai'r damcaniaethydd a'r awdur Hélène Cixous hwyrach yn 'wneud philipinau', mae'r nofel yn cychwyn gyda mabwysiadu'r enw a rennir, Pineda, ac yn dilyn y llwybrau semiotig sy'n dod i'r golwg. O'r fan yma, arweinir y storïwr i dramwyo breuddwydion, trawma torfol a synfyfyrion mewn montage cyfriniol sy'n dychwelyd ac yn ailadrodd beunydd. Helpodd y cynnwys a'r broses o sgrifennu'r testun hwn i roi ffurf i nifer o weithiau cyffiniol, gan blethu creadigaethau newydd, yn enwedig mewn ffilm, â'r broses sgrifennu. Ar sawl ystyr mae *To Make Philippines* yn ymgorffori fy agwedd at iaith ac at destun. Dwi'n ystyried iaith fel ffordd o ddatgelu hanesion neilltuol a dealltwriaeth reddfol, hyd yn oed os cyfleir y wybodaeth hon trwy

derfynau iaith. Tra bûm yn sgrifennu *To Make Philippines*, datblygodd dau waith ffilm pwysig, *Tiny Bubbles in the Wine* (2019) a *The Song of My Life,* (2020) syniadau tebyg yn canolbwyntio ar hanes mamlinachol.

Daw teitl *Tiny Bubbles in the Wine* o deitl y gân a berfformir yma gan yr actores a'r gantores Philipinaidd Nora Aunor. Mae'r ffilm yn ail-wampio lluniau archifol o ddawns Pinoy y *binasuan* yn ogystal â rhannau o ffilm *Cloud Canyons* yr artist David Medalla ac yn adrodd hanes fy mam yn dod i Lundain o Ynysoedd y Philipinau yn y 1970au. Mae testun yn sgrolio'n ysgafn ar draws y sgrîn dros faled Aunor, gan fynnu ar arafwch. Mae'r gân fympwyol, ddramatig ar adegau, yn gysylltiedig ag ailadrodd darniog fy mam o'i hanes hi ei hun. Dargyfeirir ein sylw a'n gallu i ganolbwyntio gan naratifau gweledol, testunol a chlywedol, gan awgrymu'r angen am ailadrodd. Adroddir ac ailadroddir y stori mewn rhannau, mor ysgafn ag awel i ddechrau ond gan araf ddatgelu ei thrasïedïau cudd. Mae'r ffilm yn seiliedig ar gysylltiadau, yn archwilio 'arwyddion' ailadroddus, y

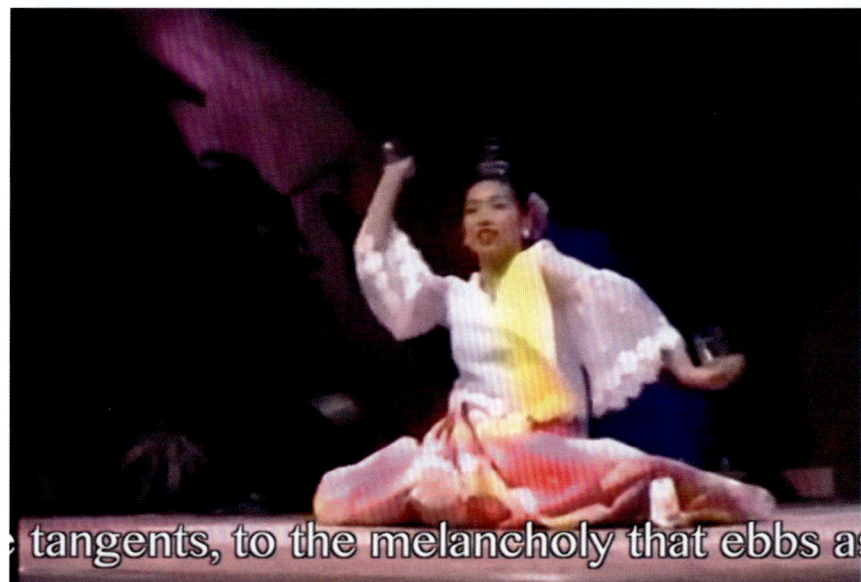

Tiny Bubbles in the Wine (Still) Film (5 mins) 2019.

My work disassembles complex ties between language, place and the postcolonial through voices of archival, personal, fictional and speculative histories. My work in the visual arts has incorporated installation, text, film, sound and performance, developing both theoretical and practical ways to draw out connections between personal realisations and broader social change. My background in literature, both in my own practice and as co-creator of small press, radio and curatorial project LUMIN, has helped me incorporate and expand considerations of language into a variety of physical and virtual spaces, and my collaborative practice with artist Beau W Beakhouse has shaped new work and thinking around collectivity and collaboration.

The starting point for me is usually an interrogation of the known and unknown through text. In 2018 I began to develop an experimental novella *To Make Philippines*, that draws from anecdotal and personal narratives, memoir, theory and fiction. The text is an evocation; a journey through associations that flits between the intertwined memories of three generations. Loose threads are followed, as the narrator weaves together stories told and a secret revealed by her mother in order to connect with her Filipino heritage. Enacting what theorist and writer Hélène Cixous might call 'making philippines', the novella begins with the adoption of a shared name, Pineda, and follows the semiotic passageways that emerge. From here, the narrator is led to traverse dreams, collective trauma and reverie in a mystical montage that always returns and retells. Spanning themes of migration, separation, oral histories and personal archives, both the content and the writing of this text have helped to inform a number of surrounding works, interweaving new creations, particularly in film, with the writing process. In many ways *To Make Philippines* embodies my approach to language and to text. I consider language as a way to uncover certain histories and intuitive understandings, even if this knowledge is gifted through language's limits. During the writing of *To Make Philippines* two important film works, *Tiny Bubbles in the Wine* (2019) and *The Song of My Life* (2020), took up similar ideas focusing on matrilineal history.

Tiny Bubbles in the Wine takes its name from the eponymous song, in this case performed by Filipina actress and singer Nora Aunor. The film repurposes archival footage of the Pinoy dance *binasuan* as well as footage of artist David Medalla's *Cloud Canyons* and tells the story of my mother's arrival in London from the Philippines in the 1970's. Scrolling text gently passes across the screen overlaying Aunor's ballad, a slowness that is insisted upon. The whimsical, at times dramatic, song is connected with my mother's fragmented retellings of her own history. Visual, textual and aural narratives divert attention and concentration, suggesting the necessity of multiple tellings. It is a story told and retold in parts, at first airy and light but slowly revealing its hidden tragedies. The film itself is association-based, exploring repeating 'signs', the

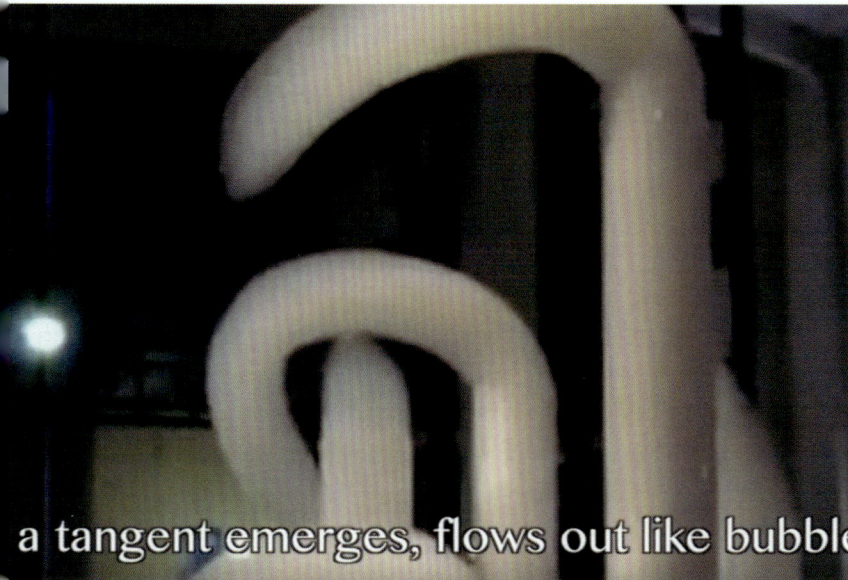

a tangent emerges, flows out like bubble

modd y gall dilyn yr arwyddion hyn ddatgloi'r hyn nas adroddwyd.

Cynhyrchwyd *The Song of My Life* pan gefais wahoddiad i arddangos fy ngwaith ochr yn ochr â chyflwyniad Sean Edwards o *Undo Things Done* yn y Bluecoat, Lerpwl, a ddangoswyd yn wreiddiol yn Biennale Fenis 2019. Mae ein gwaith ni'n dau yn ymdrin â syniadau am etifeddiaeth, yn enwedig y straeon a drosglwyddir o fewn teuluoedd, yn enwedig gan famau. Gan barhau â'r syniadau a ddatblygwyd drwy *To Make Phillipines* a *Tiny Bubbles*, dechreuodd *The Song of My Life* ddamcaniaethu'n fanylach parthed sut mae pob ailadrodd yn ffurfio'i batrymau dadlennu ei hun, gan ganiatáu cyfathrebu a throsglwyddo. Arddull sain a gweledol fideos karaoke pop, melodrama'r 1970au a baledi sydd gan *The Song of My Life*. Deuawd o absenoldebau sydd yma, a gyfleir gan bartner lleisiol coll a chan fylchau yn y trac cefndir newydd-ei-greu, fersiwn o gân Nora Aunor o'r un enw. Yn atmosfferig ac yn freuddwydiol, mae'r ffilm yn plethu ynghyd ddelweddau llesmeiriol o oleuni'n taro dŵr, tonnau ar y môr a blodau wedi'u goleuo, gyda darnau o ffilm cael o geir wedi'u malu a ffilm ramant. Mae'r delweddau gweledol yn cyfuno â sgript sy'n symud ein sylw rhwng yr hyn a glywn, yr hyn a ddarllenwn, yr hyn y gallaf i ei ddweud, fel yr artist, yr hyn na all fy mam ei ddweud yn uniongyrchol am ei bywyd, a'r distawrwydd rhyngddynt. Mae *collage* o'r elfennau hyn yn creu naratif darniog o golled a hiraeth. Yn y bylchau hyn yn yr ailadrodd, yr hyn a alwaf yn 'ofodau tawel a gamddeëllir', y gellir synhwyro neu awgrymu cyfrinachau a gedwir o fewn teulu. Yn y ffilm dynodir yn gliriach y cysylltiadau rhwng yr hanesion cyfrin hyn a hanes trefedigaethol; bu'r Philipinau o dan reolaeth drefedigaethol Sbaen ers mwy na thri chan mlynedd a bron i hanner can mlynedd o dan UDA, yn ogystal â thair blynedd o oresgyniad gan Japan. Ceir ymddieithrio rhwng cenedlaethau o ganlyniad i ddileu diwylliannau, ieithoedd, enwau, traddodiadau, hawliau, bywoliaethau, tir, ac ymfudo. Awgrymaf efallai y gall pob cenhedlaeth ganfod rhyddhad o faich y trawmâu torfol ac unigol arnynt mewn cadw'n ddistaw, hepgor a

chamarwain – mewn pethau nas gellir eu dweud yn uniongyrchol, ac eto y gellir eu deall o hyd. Mae'r camarwain gweledol sy'n cymryd lle'r hyn na all mam ei ddweud wrth ei merch am fywyd a cholled yn cynnwys y freuddwyd uwchreal am flodau lliw nos a ddatgelir gan oleuni artiffisial, a swigod yn popian ar y traeth. Yn doreth o gliwiau a chyfeiriadau mewn côd, mae gwylio ac ail-wylio *The Song of My Life* fel clywed stori'n cael ei hailadrodd, ag arwyddocâd newydd yn dod i'r amlwg bob tro.

Mae cyfathrebu yn bwnc pwysig i mi. Dwi'n dilyn yn llinach y dadadeiladwyr a beirdd arbrofol sy'n chwarae â therfynau iaith, gan ganiatáu ar gyfer llithriadau, ysgyrion ac ystyron newydd, yn ymwybodol o'r ffordd y mae iaith yn galluogi tra hefyd yn cyfyngu ar yr hyn y mae'n bosibl ei fynegi. Mae problemateiddio iaith fel hyn, yn enwedig ieithoedd a ddefnyddiwyd fel arfau trefedigaethol ac i ddibenion trefedigaethol, yn tynnu sylw at yr awydd i gymuno ac i rannu. Yn fy ngwaith ehangach mae'r syniadau hyn wedi rhoi ffurf i'm gwaith a'm ffordd o fynd ati, gan ddatgymalu'r syniad o ymarferydd unigol ac annog trafodaeth, cyd-awduraeth a chydweithio. Gwneir rhan sylweddol o'm gwaith ar y cyd â'r artist Beau W Beakhouse. Mae ei/eu hymarfer amlddisgyblaethol yn rhychwantu ffilm, testun, gosodwaith, gwaith coed a pherfformio, gan ymddiddori mewn iaith, theori ôl-drefedigaethol, dulliau addysgu amgen, technegau trosglwyddo a breuddwydio, a ffuglen ddyfaliadol. Gyda'n gilydd, rydym yn rhannu proses archwiliadol a greddfol o greu gwaith; yn unigol, mae'r broses hon yn dechrau gyda thestun ond fel deuawd cydweithredol, mae'r paramedrau'n fwy amwys. Sail ein perthynas gydweithredol yw dialog mewn gwahanol ffurfiau, o gydgyfnewid ac ymateb i rwydweithiau a chydweddiad greddfol; mae hynny wedi effeithio'n sylweddol ar sut y byddwn yn ystyried yr unigolyddiaeth a ddisgwylir mewn ymarfer celfyddydol; yn ein hachos ni, mae olion llais y llall, yn amlach na pheidio, yn bresennol yn ein gweithiau unigol.

Byddwn yn parhau â'n dialogau dros gyfnodau estynedig a chlòs

way that following these signals can unlock the untold.

The Song of My Life was produced when I was invited to exhibit my work alongside Sean Edwards's presentation of *Undo Things Done* at the Bluecoat, Liverpool, originally shown at the 2019 Venice Biennale. Both of our works address ideas of inheritance, particularly the stories that are passed down within families, especially from mothers. Continuing the ideas developing throughout *To Make Philipines* and *Tiny Bubbles*, *The Song of My Life* began to theorise in more detail the way that retellings form their own patterns of revealing, allowing for communication and transference. *The Song of My Life* takes its audio and visual style from pop karaoke videos, 1970s melodramas and ballads. It is a duet of absences indicated by a missing vocal partner and by gaps in the newly created backing track, a cover of Nora Aunor's song of the same name. Atmospheric and dreamlike, the film weaves together mesmerising images of light hitting water, waves on the sea and illuminated flowers, with found footage of crushed cars and a TV romance. These visuals combine with a script that shifts our attention between what we hear, what we read, what I am able to tell as the artist, what my mother cannot directly say about her life, and the silences in between. The collaging of these elements creates a fragmentary narrative of loss and longing. Here it is the gaps in the telling of the story, what I call the 'quiet and misunderstood spaces' where secrets held within a family may be sensed or implied. In this film, I more clearly draw the links between these secret histories and colonial history; the Philippines having been under colonial rule for over three hundred years by Spain and nearly fifty under the USA, as well as three years of occupation by Japan. Estrangement between generations is a consequence of the suppression of cultures, languages, names, traditions, rights, livelihoods, land and emigrations. I propose that the collective and individual traumas each generation carries with them may find their release in silences, omissions and decoys – in

the things that cannot be directly told yet may still be understood. The visual decoys here that stand in for what a mother cannot tell her daughter about life and loss include the hyperreal dream of flowers at night exposed by artificial light and the popping of bubbles on the shore. Abundant with clues and coded references, watching and re-watching *The Song of My Life* is like experiencing the retelling of a story, with new significances emerging over and over.

Communication is a significant subject for me. I draw on lineages of deconstruction and experimental poetry that play with the limits of language, allowing for slippages, fragments and new meanings, aware of the way that language both enables and delimits what it is possible to express. This problematising of language, especially languages that have been used as colonial tools and towards colonial ends, draws attention to the desire to commune and to share. In my wider practice these ideas have shaped the form and the approach to my work, taking apart the idea of a solitary practitioner and encouraging discussion, co-authorship and collaboration. A significant part of my body of work is made in collaboration with artist Beau W Beakhouse. His/their multi-disciplinary practice spans film, text, installation, woodwork and performance, and is interested in language, postcolonial theory, alternative pedagogies, techniques of transmission and dreaming, and speculative fiction. Together we share a similar exploratory and intuitive process of making work; individually, this process begins with text but as a collaborative duo the parameters are more fluid. The basis of our collaborative relationship is dialogue in different forms, from reciprocation and response to intuitive networks and kinship; and has significantly impacted how we regard the expected individualism of an arts practice wherein traces of the other's voice is, more often than not, present in our solo works.

Our dialogues are undertaken over extended and intimate

o ymchwil a datblygiad, megis yn achos project yn ystyried y gêm Pinoy *sungka* a sut y gallai weithredu fel dull uniongyrchol ac anuniongyrchol o gyfathrebu. Roedd hyn yn cynnwys dylunio a chreu cyfres o fyrddau, rhai traddodiadol ac unigryw, gan ddyfeisio ffurfweddau newydd i'w defnyddio fel dyfais i hwyluso cyfleu emosiynau, newyddion anodd neu deimladau cudd. Mae'r gosodwaith a ddeilliodd o hynny, *it resonates like spalting wood* (2021), yn cynnwys offer ar gyfer math o ddialog sy'n ceisio bodoli y tu allan i ofod trefedigaethol, gan bwysleisio dulliau cyffyrddol a chudd o siarad, rhannu a chynllunio. Mae'r tri bwrdd, a grogai o'r nenfwd yn ein harddangosfa gyntaf ar y cyd yn ArcadeCampfa, Caerdydd, yn adfywio'r gallu i fod yn rhugl mewn ieithoedd cyffyrddol, cynhenid. Mae'r cyfluniad byr, y cyfluniad gwreiddiol a'r cyfluniad seren yn hybu dialog, hwyluso chwarae ac yn arwyddo, yn y drefn honno, gan ganiatáu i ddau chwaraewr fynegi agosatrwydd nad yw'n bosibl mewn ieithoedd y mae eu geirfa o reidrwydd yn parhau i hyrwyddo a mynegi gormes. Gerllaw, mae boncyff o barc lleol wedi ei hollti fel bod y ddau hanner yn adlewyrchu ei gilydd, gan ymddangos fel llyfr agored sy'n pennu safle lle gellir cyd-ddyfalu. Yno, mae'n ymddiddan â hanes gwladychu trefedigaethol, imperialaeth fotanegol a'r ardd goed. I gyd-fynd â'r gweithiau hyn ceir ffilm tair-sianel lle mae safle, amseroldeb a ffuglen yn croestorri. Yng ngolau tair ffagl, mae ffigwr yn cadw canŵ yn llonydd ar lyn wedi rhewi, golygfa ddieithr sy'n ysgogi canfyddiad newydd o lonyddwch, gwrthsafiad a gorffwys. Mae *it resonates like spalting wood* yn ofod soniarus wedi ei lenwi â llewyrch gwyrdd iwtopaidd, sydd yn arddangos ein myfyrdod parhaus ar bosibiliadau cyfathrebu.

Mae eu harfer cydweithredol wedi cynnwys cyfnodau o ymchwil hefyd ar berfformio fel cyfrwng naturiol ar gyfer ein gwaith seiliedig ar ddialog, a ddatblygwyd yn ystod cyfnod preswyl gyda Catalyst Arts, Belfast, Jerwood UNITe g39, Caerdydd, ac fel rhan o Experimentica15 Chapter, Caerdydd. Aeth y perfformiadau hyn yn

ffordd o uno ffurfiannau o gyfryngau a syniadau sy'n ymddangos yn anghydweddol neu'n gymhleth – ymchwil i fudiadau gwrth-drefedigaethol yn Affrica ac Asia, ffuglen ddyfaliadol a gwyddonias, cyd-gymorth a phrojectau celf cymdeithasol, rhwydweithiau digidol ac archifau amgen – a chaniatáu i ni ailwerthuso'r gofod perfformio fel cyfrwng i ddwyn yr ymchwil hon ynghyd ond hefyd i feddiannu gofod, i fod yn bresennol yn y gwaith a gweld y perfformiad fel ffordd o amlygu'r prosesau llafur a aeth i mewn i greu'r gwaith. Defnyddiodd *Speculation* (2021) strwythur dros-dro y cyfnod preswyl, sef dwy wal yn sefyll ar wahân wedi'u gorchuddio â phapur sgrîn-werdd, yn ogystal â mynegiant gweledol ac ysgrifenedig o'n hymchwil, i gyflwyno perfformiad troslunio gwahanliw byw. Cafodd y ffrwd fyw ei ffilmio gennym a'i thaflunio ar drydedd wal ar gyfer y gynulleidfa, gan gynnwys y gosodwaith, ond hefyd yr oriel ehangach, y gynulleidfa a ninnau, yn ymddangos mewn gor-realaeth gyda darnau o ffilm archifol yn llenwi'r gofod sgrîn-werdd. Yn y cyfamser, darllenasom waith ysgrifenedig a ddisgrifiai etifeddiaeth drefedigaethol anthropoleg, a ffyrdd posibl o ad-drefnu cymdeithas i ddibenion tecach. Roedd *Speculation* yn caniatáu dealltwriaeth newydd o osodwaith fel safle ar gyfer dwyn ynghyd amrywiaeth o elfennau, wedi'u llwyfannu, eu hail-lwyfannu a'u byrfyfyrio, a allai fod yn fath o ddramateiddiad, lleoliadau ffuglennol ar gyfer dychmygu'n wahanol.

Mae fy ngwaith hefyd yn cwmpasu gweithiau cydweithredol ehangach, yn greadigol ac yn guradurol. Fel cyd-grëwr LUMIN gyda Beau W Beakhouse, byddaf yn arbrofi gyda fformat llyfr fel ffordd o gyflwyno gwaith newydd a chynnwys gwaith eraill. Mae *LUMIN Journal* yn creu gofod ar gyfer gwaith gwrth-drefedigaethol mewn amrywiaeth o gyfryngau, yn enwedig cerddi, theori a chelf weledol. Mae LUMIN hefyd yn gweithio gyda grŵp ehangach o artistiaid a mentrau cydweithredol, gan gefnogi'r rhai sydd wedi eu gwthio i'r ymylon gan fodelau'r byd celf cyfoes ac annog arbrofi traws-ddisgyblaethol â phrint. Mae LUMIN yn archwilio modelau

periods of research and development. This was the case with a project that considered the Pinoy game *sungka* and how it could act as both a direct and indirect means of communication. This involved designing and creating a series of boards, both traditional and unique, inventing new configurations for use as an implement to facilitate the communication of emotions, difficult news or hidden feelings. The resultant installation, *it resonates like spalting wood* (2021), comprises tools for a mode of dialogue that attempts to exist outside colonial space, prioritising tactile and latent ways of speaking, sharing and planning. Suspended from the ceiling in our first collaborative exhibition at Arcade Campfa, Cardiff, these three boards revivify fluencies in tactile, inherent languages. The short configuration, original configuration and star configuration function to prime dialogue, facilitate play and signal respectively, allowing two players to express intimacies not possible in languages whose vocabularies inescapably perpetuate and express oppression. Nearby a windfallen log, found in a local park is split and bookmatched using traditional green wood techniques, appointing a site for speculating together. It is in conversation with histories of settler colonialism, botanical imperialism and the arboretum. Accompanying these works is a three-channel film, another sequence of iterations through which place, temporality and fiction intersect. Lit by three torches, a figure maintains a canoe in stasis on a frozen lake, a defamiliarising scene of stillness, resistance and rest. *it resonates like spalting wood* is a resonant space filled with a utopic green glow, enacting both our already existing preoccupations with the possibilities of communication.

Our collaborative practice has also involved periods of research into performance as a natural medium for our dialogue-based work together, developed during the Catalyst Arts Spring Residency, Belfast, g39's Jerwood UNITe, Cardiff, and as part of Chapter's Experimentica, Cardiff. These performances have become a way of uniting seemingly disparate or complex formations of mediums and ideas; research into anti-colonial resistance movements in Africa and Asia, speculative and science-fiction, mutual aid and socially-engaged arts projects, digital networks and alternative archives, and allowed for a reappraisal of the performance space as a way to bring together this research but also to occupy space, to be present in the work and to see the performance as a way to manifest the labour processes within its creation. *Speculation* (2021) used the temporary structure of the residency space, two free-standing walls covered with green-screen paper, as well as the visual and written expressions of our research, to present a live chroma-key performance. The live feed was filmed by us and projected onto a third wall for the audience, which included the installation, but also the wider gallery, the audience and us, appearing in an augmented reality with additional archival footage occupying the space of the green screen. Meanwhile, we read a written work that described the colonial legacies of anthropology and potential ways of reorganising society for more equitable ends. *Speculation* allowed for a new understanding of installation as a site for bringing together a variety of elements, staged, restaged and improvised, that could enact a type of dramatisation, fictional settings for imagining differently.

My practice also encompases wider collaborative works, both creative and curatorial. As the co-creator of LUMIN, again with Beau W Beakhouse, I experiment with the format of the book as a way to present new work and to hold the work of others. LUMIN Journal creates a space for anti-colonial work in a variety of mediums, particularly poetry, theory and visual art. LUMIN also works with a wider group of artists and collectives, supporting those marginalised by current art world models and encouraging cross-disciplinary experimentation with print. LUMIN explores radical models of distribution, considering the history of small press organising, but also that of underground radio. The sound work Local 37 (2020), commissioned by MOSTYN, Llandudno,

it resonates like spalting wood. Sadia Pineda Hameed and Beau W Beakhouse. Installation; three channel film (15 mins loop), sculpture. 2021. Arcade/Campfa, Cardiff.

Detail; sculpture. 2021. Arcade/Campfa, Cardiff

dosbarthu radical, gan ystyried hanes trefniadaeth gweisg bychain, ond hefyd hanes radio tanddaearol. Creodd y gwaith sain *Local 37* (2020) orsaf radio danddaearol ffuglennol yn darlledu dialog a strategaethau ar gyfer yr artist fel gweithiwr. Wedi'i hysbrydoli gan yr Undeb Llafur Philipinaidd a sefydlwyd yn yr Unol Daleithiau ym 1933, a elwid yn ddiweddarach yn Local 37, a thestun byr Carlos Bulosan, 'The Writer as Worker', roedd y gyfres radio hon yn byw yn y croestoriadau rhwng creu, trosglwyddo, a gweithredu torfol gwrth-drefedigaethol a dosbarth-gweithiol. Defnyddiodd *Local 37* recordiadau sain amgylchynol, sgrifennu newydd, cerddoriaeth a chlipiau archifol, a chomisiynu gweithiau newydd hefyd gan yr artistiaid Gantala Press, Jade Montserrat, Hanan Issa (ar ran Undeb Gwrth-hiliaeth Celfyddydau Cymru), Josèfa Ntjam ac Isola Tong. Yng ngofod creadigol a churadurol LUMIN, dwi'n arbrofi gyda dulliau amgen, strategol o gyfathrebu a dosbarthu y damcaniaethais amdanynt yn fy ngwaith unigol yn ogystal â'm

gweithgarwch o fewn y sector celfyddydol ehangach.

Tywysir fy ngwaith gan siwrnai semiotig a chysylltiadol, gan ymddiriedaeth yn y broses reddfol, ac mae'n nodedig am ei fod wedi ei seilio ar ddialog, gweithredu torfol a pharodrwydd i ymateb i bobl, syniadau, cyd-destunau a bydoedd eraill. Yn y bon, dwi'n gweithio i ddiogelu ac anrhydeddu'r straeon rydym yn eu hadrodd, eu hailadrodd, neu efallai'n methu canfod y geiriau i'w cyfleu, er mwyn, rywsut, mewn modd amhosib bron, creu ffyrdd iddynt atseinio.

*Artist, awdur a churadur o Gymraes Somali yw **Umulkhayr Mohamed** sy'n gweithio yn bennaf trwy farddoniaeth, y ddelwedd symudol artistig a pherfformiad sy'n archwilio'r tyndra rhwng mwynhau'r weithred o grwydro rhwng amseroldebau rhyddhaol a'r angen ymarferol i leoli'r hunan yn y presennol.*

Sadia Pineda Hameed: ... am amser maith, allwn i ddim ddeall beth

Detail; sculpture. 2021. Arcade/Campfa, Cardiff. Photos: Sadia Pineda Hameed and Beau W Beakhouse

created a fictional underground radio station transmitting dialogue and strategies for the artist as worker. Inspired by the Filipino Labour Union founded in the US in 1933, later called Local 37, and Carlos Bulosan's short text 'The Writer as Worker', this radio series inhabited the intersections of creation, transmission, and anti-colonial and working-class collectivisation. Local 37 used ambient sound recordings, new writing, music and archival clips, and also commissioned new works from artists Gantala Press, Jade Montserrat, Hanan Issa, invited to respond by the Welsh Arts Anti Racist Union (WAARU), Josèfa Ntjam and Isola Tong. In the creative and curatorial space of LUMIN, I experiment with and enact the alternative, strategic modes of communication and distribution theorised in my solo work as well as my activism within the wider arts sector.

My practice is led by semiotic and associative journeying, a trust in the intuitive process; and is distinguishable for its groundings in dialogue, collectivism and responsiveness to other people, ideas, contexts and worlds. Inherently, I work to enshrine and honour the stories we tell, retell, or might not have the words for, to somehow, almost impossibly, create passages for those stories to reply in their resonances.

Umulkhayr Mohamed is a Welsh Somali artist, writer and curator. Her/their artistic practice involves primarily poetry, artist moving image, and performance that explores the tension between enjoying the act of wandering between emancipatory temporalities and a functional need to position oneself in the now.

Sadia Pineda Hameed: ... for a long time, I couldn't understand what my medium was, except for the process itself. And I guess that's where we're kind of similar, in that we start with writing not because our arts practice is in the form of text, but because it's the

oedd fy nghyfrwng, ac eithrio'r broses ei hun. A dwi'n dyfalu mai dyna lle rydyn ni'n debyg iawn, yn yr ystyr ein bod ni'n dechrau trwy sgrifennu nid am mai'r testun yw ein ffurf gelfyddydol ond am mai dyma'r ffordd fwyaf cyfarwydd i archwilio ein themâu, a mynd â nhw trwy broses. Ac i ni'n dwy, ailadrodd yw'r broses honno; ailadrodd dro ar ôl tro, nes gweithio'r peth allan. Fe ddwedsoch chi'n ddiweddar eich bod yn gweithio ar bynciau sy'n teimlo'n niwlog, yn hytrach na rhai rydych yn eu deall. A dwi wrth fy modd â hynny. Yn fy ngwaith i, mae'r pynciau'n dueddol o fod yn bethau y dylwn fod yn gyfarwydd â nhw ond nad ydwyf, fel cyfrinach neu wybodaeth nad oes neb yn cael ei dweud ar goedd. Mae mor hawdd troedio'r un llwybr dro ar ôl tro, a gweld y patrymau. A dim ond yn ddiweddar iawn y des i o hyd i ffyrdd o fynegi hynny'n fwy gweledol. Nid nad oeddwn i'n weledol cynt ...

Umulkhayr Mohamed: ... ond mae'r geiriau yn weledol yn eu ffordd eu hunain. Mae hynny'n beth amlwg iawn i'w ddweud, ond mae'n werth ei ddweud, oherwydd i mi, mae'n datgelu pam dwi'n troi at destun yn gyntaf. Dwi'n credu yn fy ngallu i gyrraedd at graidd yr hyn dwi am ei gyfleu gyda thestun, ac weithiau dyna fydd ffurf derfynol y gwaith celf. Ar adegau eraill, pan fo iaith ysgrifenedig yn teimlo'n annigonol, mae'n sylfaen i mi adeiladu arni mewn ffurfiau eraill.

Sadia Pineda Hameed: Ac mae'n ddiddorol gan fod ein gwaith ni'n dwy wedi'i wreiddio i'r fath raddau mewn dad-drefedigaethu, ac eto rydym yn wynebu llu o rwystrau am fod ein gwaith yn y Saesneg yn bennaf – mae'n gymaint o broblem! Felly dyma chwilio am ffyrdd eraill o fynegi, nid yn unig y tu allan i destun, ond hyd yn oed o'i fewn, mewn gwahanol ffurfiau ar iaith, y tu allan i'r disgwrs Gorllewinol caethiwus yma. Ac efallai mai dyna reswm arall pam yr holl ailadrodd; oherwydd efallai yr ail neu'r trydydd tro, gobeithio y bydd yn haws ei ddweud.

Umulkhayr Mohamed: I mi, y gofid mwyaf gyda'r iaith yw, dwi'n gwybod 'mod wedi cyrraedd lefel o eglurdeb lle gallaf fynegi syniadau eithaf cymhleth, meddyliau newydd a ffyrdd newydd o feddwl yn Saesneg. Ond alla'i ddim dod yn agos at wneud hynny yn fy mamiaith. Ond dwi'n teimlo y galla'i wneud trwy'r delweddau yn fy ngwaith, a thrwy rai ffyrdd neilltuol o ymateb i iaith sydd wedi'i seilio ar y traddodiad Somali. Mae sain, yn ogystal ag iaith, yn rhywbeth dwi'n dod yn ôl ato beunydd; mae'n caniatáu i mi amneidio at syniadau nad ydw i eto wedi dysgu'r geiriau ar eu cyfer. Ac o ran ailadrodd, dwi'n falch i chi grybwyll hyn gan i mi gael agoriad llygad yn ddiweddar ynglŷn â hyn o fewn fy ngwaith, sef teimlo fel pe bai ailadrodd yn ras – gras i mi fy hun, ond gras i eraill hefyd. Mae dweud yr un peth dro ar ôl tro, a gwneud hynny mewn gwahanol gyd-destunau, yn rhywbeth dwi'n hoff iawn o chwarae ag e; yr un neges, ond mewn cyflwr gwahanol ac mewn ffurfiant gwahanol, a sut y gallai hynny ddatgelu rhywbeth newydd, a newid y ffordd y gellir ei dderbyn. Mae hyn hefyd yn fy ngalluogi i roi cyfle i bobl ddal y pethau na allant eu dal ar un gwrandawiad neu ar un olwg. Y gras yn hyn o beth yw caniatáu rhywfaint o seibiant rhag newydd-deb a gorlawnder. I mi, hefyd, mae'n ras, oherwydd rwy'n dad-ddysgu ymdeimlad o brinder yn fy mywyd, ac yn gallu naddu gofod lle gallaf ddweud yr un peth dro ar ôl tro – mae hynny'n teimlo fel gwir foethusrwydd.

Ac mae'r ailadrodd hwnnw hefyd yn gwrthbwyso'r niwl o aneglurdeb sy'n fy arwain i wneud gwaith yn y lle cyntaf. Dyna beth sy'n ystyrlon i mi, y syniad y gallaf ddefnyddio'r gofod hwn i wneud pethau'n llai niwlog. Disgrifiais hyn o'r blaen fel distylliad barddonol. Mae'n broses sydd, i'r ddwy ohonom, am wn i, yn aml yn dechrau gyda sgrifennu, ond hefyd yn tueddu i edrych yn wahanol bob tro. Ond ar y diwedd, byddaf nid yn unig yn dweud yr hyn roeddwn am ei ddweud, ond yn ei ddweud mewn ffordd sy'n brydferth, sy'n rhoi ymdeimlad o ddiogelwch i'r profiad sy'n eich galluogi i elwa arno. Byddaf yn ei ddweud mewn ffordd gynnil iawn, gan y byddaf wedi

most familiar way to interrogate our themes, and take them through a process. And for both of us, that process is a repetition; we repeat ourselves again and again, until we figure it out. You recently said to me that you make work on topics that feel hazy, rather than topics you understand. And I really love that. At least in my work, the topics tend to be things I ought to know but feel like I don't, like a secret or a knowledge that no one's allowed to say out loud. It's so easy to tread the same path again and again, and see the patterns. And only very recently, I found ways to express that more visually. Not saying that I wasn't visual before--

Umulkhayr Mohamed: but the words are visual in their own way. That feels like a very obvious statement to make, but I think it's worth making, because for me it reveals why I turn to text first. I trust my ability to start to get to the essence of what I'm looking to articulate with text, and sometimes that is the final form of the artwork, and other times, when written language alone feels insufficient, it provides me with a foundation to build on in other forms.

Sadia Pineda Hameed: And it's interesting because both of our practices are so embedded in decoloniality, yet we come across a lot of barriers because our work is in English mostly - it's actually such an issue! So we're looking for other ways to express not just outside of text, but even in text in different forms of language and how to express outside of this Western, almost entrapping, discourse. And I think that may be another reason why we repeat ourselves so much; it's because maybe in the second or third telling, we hope it gets easier to say.

Umulkhayr Mohamed: I feel like the most upsetting thing with the language is, I know I've got to a level of being articulate where I can express pretty complex ideas, new thoughts and new ways of

thinking in English. And I can't come even close to doing that in my mother tongue. But I feel like I can, through the visuals I'm pulling from in my work, and through certain ways of relating to language that's based in Somali tradition. Sound, in addition to language, is something that I keep coming back to, it allows me to gesture to notions I've yet to learn the words for. And in terms of repetition, I'm glad that you've mentioned this as I've had a recent revelation when it comes to this within my work; that it feels like repeating is a grace. And what I mean by that is, it's a grace to myself, but it's also a grace to others. I feel like just saying the same thing over and over again, and doing so in different contexts, is something that I really like to play with; the same message, but in a different condition and in a different formation, and how that might reveal something new, shift the way it can be received. This also allows me to give people a chance to catch the things that they will never catch in just the one listening or viewing. The grace here comes in the form of some respite from newness and oversaturation. For myself as well, it's a grace, because I'm unlearning a sense of scarcity in my life, and being able to carve out space to just say the same thing again, and again - that feels like such a luxury.

And that repeating is also an antidote to the haziness that leads me to make work in the first place. That's what's meaningful to me, the idea that I can use this space to make things less hazy. I've described it before as a poetic distillation. It's a process that, I think for both of us, starts with writing often, but also has a tendency to look different each time. But at the end of it, I will not only be saying what I wanted to say, but I'll be saying it in a way that is beautiful, and that beauty lends a sense of safety to the experience that allows you to lean into it. I'll be saying it in a way that is very economical, as I'll have distilled it to its purest essence; what needs to be passed on.

Sadia Pineda Hameed: I love that description so much. With the

i look at the bed of flowers and make an
attempt to define the outlines as anything

last two film works that I've made [*Tiny Bubbles in the Wine* (2019) and *The Song of My Life* (2020)], I wanted them to feel like ambient films. Both works' soundtracks are melodramatic pop ballads by Nora Aunor because, without even engaging with the text or the visuals in a conscious way, the sound can be context enough, and essentially distills the whole piece. The long form text work I'm currently writing, *To Make Philippines*, of which *The Song of My Life* 'dramatises' an extract from, ends with the lyrics to another of Nora Aunor's songs actually. It's so important to honour the people that are viewing the work, in the same way that I would like to feel honoured when I view someone else's work.

And returning to your idea of repetition as a grace, I think that this might touch on why my work features a lot of Catholic imagery. In my house or if I go to mass with her, I'll watch my mum count her rosaries. I'll be sitting there admiring the devotional nature, the routine of it, then I might start imitating the motions, and eventually recite the *hail Mary's* in my head. And it makes me think about how, when there's an absence or an empty space, sometimes the only way to fill it is by recitation, retelling. Now the major process in all my work is repetition. It helps fill those absences of connection to my heritage, and traditions that grow more and more distant down generations and across colonialism, Americanisation, Hispanisation, migration, Westernisation - I have to do the work to build my own relationship with my heritage. I feel like repetition is another really interesting way to try to build that relationship.

Umulkhayr Mohamed: Oh, that's so interesting. Because for me, in terms of trying to connect to culture, it's decolonising but in a more subterranean way. When I would think about my culture and how I wanted to pull it into my work, which is something I feel was a much more conscious thought process a few years ago, it felt like I had this map that I was trying to read. It's kind of faded, and I

didn't really understand all of the symbols and words – and so what I was looking for were those little bits that I did have a connection to that I could decipher. I pulled those in so that I could at least maintain a connection with this image I held in my head of a decolonial self and how they would create. But because much of my work is in English, it builds in a degree of distance that I feel unequipped to overcome. It's also the evidence of the distance, causing me to perform around the parameters it places on me. I have to manipulate and outsmart it to say what it was never made to.

At the same time, from what I know from my culture, art is more woven into people's everyday life. It's not what it is here, separated from the mundane by being placed in institutions and grandiose buildings; it's not this thing that you have to gain access to, it's actually something that everyone has ownership of, and in more recent years I have reached an understanding of my practice as something that is born out of and shaped my positionality, but it's not an exclusive expression of this, nor does it seek to be. In early 2019 I was commissioned to write a poem called 'Life's Essence', which was a response to a poem of the same name by a very well known Somali poet called Hadrawi. And I told my mum about it, and I think she was really, quietly proud that I had chosen to continue in a lineage that she knew firsthand – like, '*yeah, of course I know that poet, because we all do*'. And I did it in my own way. I did it in a way where I was very much acknowledging that I was a member of the diaspora in the text itself. It was in English, and I was making my positionality very obvious because I feel like that is the context – that what I'm saying is not objective and therefore should not be understood to be. Who I am also very much dictates what I'm able to say. And there's certain things I am able to communicate and certain things that, because of my positionality, I'm not; the distinction between these two categories are important for me to acknowledge.

51

The Song of My Life. (install), Film (10 mins). 2020
The Bluecoat, Liverpool. Photo: Harry Meadley

ei ddistyllu i'w hanfod puraf; yr hyn sydd angen ei drosglwyddo.

Sadia Pineda Hameed: Dwi'n caru'r disgrifiad yna. Gyda'm dau waith ffilm diweddaraf [*Tiny Bubbles in the Wine* (2019) a *The Song of My Life* (2020)], roeddwn i am iddyn nhw deimlo fel ffilmiau amgylchynol. Mae traciau sain y ddau waith yn faledi pop melodramatig gan Nora Aunor oherwydd, heb i rywun hyd yn oed fynd i'r afael â'r testun neu'r lluniau yn ymwybodol, gall y sain fod yn ddigon o gyd-destun: yn y bôn, mae'n distyllu'r darn cyfan. Mae'r nofel dwi'n ei sgrifennu ar hyn o bryd, *To Make Philippines*, y mae *The Song of My Life* yn 'dramateiddio' darn ohoni, yn gorffen â geiriau un arall o ganeuon Nora Aunor. Mae mor bwysig anrhydeddu'r bobl sy'n edrych ar y gwaith, yn yr un ffordd ag yr hoffwn i deimlo wedi fy anrhydeddu tra'n edrych ar waith rhywun arall.

A dychwelyd at eich syniad o ailadrodd fel gras, gallai hyn ymwneud â pham mae fy ngwaith yn cynnwys llawer o ddelweddaeth Gatholig. Yn fy nhŷ neu os af i'r offeren gyda hi, byddaf yn gwylio fy mam yn cyfrif ei llaswyr. Eistedd yno yn edmygu'r natur ddefosiynol, y drefn, yna efallai y dechreuaf efelychu'r symudiadau, ac yn y pen draw adrodd *Henffych Fair* yn fy mhen. Ac mae'n gwneud i mi feddwl, pan geir absenoldeb neu le gwag, mai'r unig ffordd o'i lenwi weithiau yw trwy lefaru, ailadrodd. Y brif broses yn fy holl waith bellach yw ailadrodd. Mae'n helpu i lenwi'r bylchau rhyngof â'm treftadaeth, a thraddodiadau sy'n ymbellhau fwyfwy i lawr y cenedlaethau ac ar draws y trefedigaethu, Americaneiddio, Sbaeneiddio, mudo, Gorllewineiddio – rhaid i mi wneud y gwaith i adeiladu fy mherthynas fy hun â'm treftadaeth. Ymddengys ailadrodd fel ffordd arall ddiddorol iawn o geisio adeiladu'r berthynas honno.

Umulkhayr Mohamed: O, diddorol dros ben. Oherwydd i mi, o ran ceisio cysylltu â diwylliant, mae'n fater o ddad-drefedigaethu ond mewn ffordd fwy tanddaearol. Pan feddyliwn am fy niwylliant a sut roeddwn i am ei dynnu i mewn i'm gwaith, proses feddwl fwy ymwybodol ychydig flynyddoedd yn ôl, roedd fel pe bai gen i fap roeddwn i'n ceisio'i ddarllen. Roedd wedi pylu, a doeddwn i ddim yn deall yr holl symbolau a geiriau – ac felly yr hyn roeddwn yn chwilio amdano oedd y darnau bach hynny roedd gen i gysylltiad â nhw, y gallwn eu dehongli. Tynnais y rheini i mewn er mwyn cadw rhyw gysylltiad o leiaf â'r ddelwedd yma yn fy mhen o hunan dad-drefedigaethol a gweld sut y byddent yn creu hynny. Ond gan fod llawer o'm gwaith yn Saesneg, mae hynny'n creu pellter nad oes gen i'r gallu i'w oresgyn. Mae hefyd yn dystiolaeth o'r pellter, gan achosi i mi berfformio o gwmpas y terfynau mae'r iaith yn eu gosod arnaf. Mae'n rhaid i mi ei dylofi a bod yn fwy cyfrwys na hi i'w chael i ddweud yr hyn na orfodwyd iddi ei ddweud erioed.

Ar yr un pryd, o'r hyn y gwn i o'm diwylliant, mae celf wedi ei phlethu i mewn i fywyd bob-dydd pobl, nid fel y mae yma, wedi ei gwahanu oddi wrth fywyd cyffredin trwy ei gosod mewn sefydliadau ac adeiladau mawreddog. Nid yw'n beth y mae'n rhaid i chi sicrhau mynediad iddo, mae'n rhywbeth sy'n eiddo i bawb, ac yn y blynyddoedd diwethaf dwi wedi dod i ddeall fy ngwaith fel rhywbeth sy'n deillio o'm lleoliadaeth, ond nid dyna'r unig ffordd o fynegi hynny, ac nid yw'n hawlio hynny. Yn gynnar yn 2019 cefais gomisiwn i gyfansoddi cerdd o'r enw *Hanfod Bywyd*, ymateb i gerdd o'r un enw gan fardd Somali adnabyddus iawn o'r enw Hadrawi. Ac fe ddywedais wrth mam am y peth, a dwi'n meddwl ei bod hi'n wirioneddol falch, yn dawel bach, 'mod i wedi dewis parhau mewn llinach yr oedd hi'n uniongyrchol gyfarwydd â hi – fel '*ie, wrth gwrs mod i'n nabod y bardd yna, oherwydd mae pawb yn*'. Ac fe wnes i hyn yn fy ffordd fy hun. Fe'i gwnes mewn ffordd lle'r oeddwn yn cydnabod yn glir fy mod yn aelod o'r diaspora yn y testun ei hun. Roedd yn y Saesneg, ac roeddwn yn gwneud fy lleoliadaeth yn amlwg iawn oherwydd dwi'n teimlo mai dyna'r cyd-destun – nad yw'r hyn dwi'n ei ddweud yn wrthrychol ac na ddylid ei ddeall felly.

The Song of My Life. (install), Film (10 mins). 202
The Bluecoat, Liverpool. Photo: Harry Meadle

cars crushed into themselves under singular streetlights, as if presented in

Mae pwy ydw i hefyd yn pennu'r hyn y gallaf ei ddweud. Ac mae yna rai pethau y gallaf eu cyfleu a rhai, oherwydd fy lleoliadaeth, na allaf; mae'r gwahaniaeth rhwng y ddau gategori hyn yn bwysig i mi ei gydnabod.

Yn ddiweddarach ail-luniais y gerdd yn ddarn delwedd-symudol artistig, gan ddefnyddio delweddaeth y gerdd. Roedd hi fel pe bawn wedi creu'r darn hwnnw yn y ffordd reddfol gylchol hon dwi wedi ceisio'i hail-greu yn fy ymarfer o'r eiliad honno ymlaen. Caniataodd i mi erydu'r ffiniau rhwng sawl hunan, diwylliant ac amser 'gwahanol' i ddatgelu'r cyfanrwydd o dan y cyfan; mae'r arwahanrwydd yn teimlo fel anwiredd sy'n datgelu ei fod arwynebol iawn cyn gynted ag yr edrychwch arno mewn unrhyw ffordd arall heblaw yn syth o'ch blaen. Dwi wrth fy modd yn gweithio yn y ffordd honno lle gallaf darfu ar yr arwahanrwydd hwnnw.

Sadia Pineda Hameed: Dwi'n meddwl am eich disgrifiad o gychwyn ceisio ymgysylltu â threftadaeth fel ceisio darllen map sydd wedi pylu. Dyna oedd fy mhrofiad innau, a'r her fwyaf oedd cydnabod 'mod i'n defnyddio iaith archaeolegol, iaith fforwyr a darganfyddwyr ac, i raddau, concwerwyr.

Umulkhayr Mohamed: Oherwydd dyna'r iaith sydd gyda ni.

Sadia Pineda Hameed: Yn union, ac mae'n broses euog iawn hefyd, rhyw deimlo'n ddi-rym am mai dyma'r unig gyfrwng cyfathrebu y gallwn ei ddefnyddio'n rhwydd. Ond buan y dysgwn y gallwn ddefnyddio cyfryngau greddfol fel breuddwydio a dweud ffortiwn a strategaethu hyd yn oed os nad yw'r rhain yn bosib eu mynegi fel rheol, neu ddim yn digwydd yn yr hyn rydyn ni'n arfer eu deall fel y gorffennol, y presennol a'r dyfodol. A'r hyn sy'n peri i'm gwaith ymagor yw peidio â'i gyfyngu i hanes neu ofod neu amser go iawn. Mae'n agored i hanesion dyfaliadol a ffuglennol a phersonol sydd hefyd yn hanesion byd-eang yn eu ffordd eu hunain.

The Song of My Life. (still), Film (10 mins). 2020 The Bluecoat, Liverpool.

Umulkhayr Mohamed: Dwi'n credu bod gan y ddwy ohonom y cwestiynu yma o fewn ein harfer gwaith, sy'n gofyn, *ai dyma'r ffordd iawn o wneud hyn? Neu ai lens yw hwn y cefais fy nghyflyru i weld fy mhrofiad trwyddo? Ac a ddylwn i fwrw'r lens hwnnw ymaith am ei fod, fel mater o ffaith, yn cymylu'r llwybr tuag at yr hyn dwi'n ceisio'i gyrraedd?* Mae wedi bod yn siwrnai, yn bendant. Ar y dechrau, roedd fy ngwaith ond yn dweud sut oeddwn i'n teimlo, a'r hyn a godai o hyd oedd y teimlad yma o arnofio a bod ar goll. Hynny yw, stwff diaspora nodweddiadol [*y ddwy yn chwerthin*]. Bodoli yn y rhyng-ofod, y gofod trothwyol. Ond dwi'n credu ei bod wedi bod yn bwysig gwneud hynny, cydnabod hynny drosom ein hunain, yn hytrach na'i osgoi. Heb ddymuno ailadrodd y gweithiau celf hynny, gwn eu bod yn sylfaenol o ran symud o ymddiddori yn fy mhrofiad fy hun yn unig, a thuag at gymathu mathau eraill o hanesion. Ac er hynny, daeth yn gliriach i mi *nad ydyn ni byth yn mynd i wybod* a bod hynny oherwydd trefedigaethu; mae'r hyn na wyddom yn tystio i'r hyn a gollwyd. Fyddwn i ddim yn teimlo'n ddigon sefydlog i greu oni bai 'mod i'n credu y daw rhywfaint o hynny yn ôl i ni yn y ffyrdd eraill yma, pwyso ar y dychmygus, pwyso ar ein greddf ein hunain yn hytrach na modelau sy'n dweud wrthym sut *y dylem* deimlo, pwyso ar ein cyrff a gwrando, tra'n dal i dderbyn y bydd peth ohono ar goll am byth.

Sadia Pineda Hameed: Mae meddwl am dynnu mathau eraill o hanesion i mewn yn taro ar rywbeth a wnes i *The Song of My Life*

Later I reworked that poem into an artist moving image piece, pulling from the imagery of the poem. It felt like I created that piece in this intuitively cyclical way that I've sought to recreate in my practice from that moment onwards. It allowed me to erode the borders between multiple 'disparate' selves, cultures and temporalities to reveal the wholeness beneath it all; separateness feels like a falsehood that reveals itself to be very surface level once you look at it in any other way other than straight on. I really love to work in that way where I'm able to disturb that separateness.

Sadia Pineda Hameed: I'm thinking about how you describe the beginnings of trying to connect with heritage as trying to read a faded map. I went through that, and the biggest challenge was acknowledging that I'm using archaeological language, language of exploration and discovery and, to an extent, conquest.

Umulkhayr Mohamed: Because that's the language we have.

Sadia Pineda Hameed: Exactly, and it's a very guilty process too, to feel kind of disempowered because it's the only communicative tool we can easily access. But we quickly learn that we can also access intuitive tools like dreaming and fortune-telling and strategising even if these aren't possible to articulate normally, or don't occur in what we normally understand as past, present and future. And what really opens my work up is that it's not held to real history or space or time. It's open to speculative and fictional and personal histories that are global histories too in their own way.

Umulkhayr Mohamed: I think both of us definitely have this interrogation within our practices that asks, *is this the right way of doing it? Or is this a lens I've been conditioned to view my experience through? And actually, should I take that lens away because it's clouding the path to what I'm actually trying to reach?* It's definitely

been a journey. At the beginning, my work just said how I felt, and what kept coming up was this feeling of floating and being lost. And I mean, it's like very typical diaspora stuff [*both laugh*]. Existing in the in between, in the liminal space. But I feel like it was important to do that, to acknowledge that for ourselves, rather than bypass it. I'm less interested in reprising those artworks, but I know that they were foundational for me moving past just being interested in my experience, and towards drawing in other kinds of histories. And since then there has been more clarity that *we're never going to know* and that is because of colonialism; the unknown is evidence of what we've lost. I couldn't feel grounded enough to create if I didn't believe that some of that will come back to us in those other ways, in us, leaning into the imaginative, leaning into our own intuition rather than prescriptive models that tell us how we are *supposed* to feel, leaning into our bodies, and listening; while also being open to hearing that some of it will always be lost.

Sadia Pineda Hameed: Moving towards drawing in other kinds of histories really hits on something that I was nervous to do in *The Song of My Life*. In the work there are only two very short uses of archival, found footage – one of which is of a news report featuring President Duterte as he surveys a confiscated luxury car lot before watching them get crushed for scrapping. And that's stuck in the middle of the film, which is mostly this kind of speculative fiction, a dreamlike and romantic montage. And I was nervous about putting this footage in because, firstly, it was such a concrete grounding that really burst the dreamy bubble of the rest of the work. And secondly, it brought this political, contextual grounding that I thought wasn't relevant to the speculative. But I think the reason I kept it in is because, as you described, once you explore and grow comfortable with that liminal space, you have to start exploring how that sits beside other histories and realities even if they sit together in uncomfortable ways.

a'm gwnaeth i'n nerfus. Dim ond dau ddarn byr iawn o ffilm cael, archifol a ddefnyddir yn y gwaith – un ohonynt yn adroddiad newyddion am yr Arlywydd Duterte yn edrych ar faes parcio'n llawn o geir moethus a atafaeliwyd cyn eu gwylio'n cael eu malu'n sgrap. Ac mae hynny wedi'i wthio i mewn i ganol y ffilm, sydd gan mwyaf yn fath o ffuglen ddyfaliadol, *montage* breuddwydiol a rhamantus. Ac roeddwn i'n nerfus ynglŷn â rhoi'r darn yma i mewn oherwydd, yn gyntaf, roedd yn beth mor goncrid nes ei fod yn ffrwydro swigen freuddwydiol gweddill y gwaith yn llwyr. Yn ail, roedd yn dod ag elfen wleidyddol, gyd-destunol nad oedd yn ymddangos yn berthnasol i'r dyfaliadol. Ond dwi'n credu mai'r rheswm i mi ei gadw i mewn oedd, fel y dywedsoch, ar ôl archwilio a dod yn gysurus â'r gofod trothwyol hwnnw, mae'n rhaid i chi ddechrau archwilio sut mae hynny'n eistedd gyda hanes a realiti arall, hyd yn oed os mai cydeistedd mewn ffyrdd anghysurus a wnânt.

Umulkhayr Mohamed: Dwi'n disgrifio hyn fel neidio rhwng amseroldebau, ac un o'r amseroldebau hyn yw'r dychmygol, sydd i mi yn ei hanfod yn waredigaeth. Ond er hynny, dwi ddim yn ceisio byw yn yr amseroldeb hwnnw yn unig gan fy mod yn teimlo galw i'w seilio ar ryw fath o realiti sefydledig. Yn y pen draw, yr hyn dwi am ei gyflawni gyda fy ngwaith yw amlygu'r math dychmygol hwnnw o amseroldeb yn trosglwyddo i mewn i'n profiadau byw, i'r amodau materol y cawn ein hunain ynddynt. Felly dwi'n eu gosod mewn ymgom gyda'i gilydd fel ffordd o gydnabod mai dyma'r nod yr ydym yn gweithio tuag ati, ac mai dyma lle'r ydym, ac mai dyma'r pellter. Ond mae hefyd yn agosach nag a dybiwn. Dwi am i'm gwaith celf fod yn rhan o ymgom sy'n mynd y tu hwnt i fod â gwerth yng nghyd-destun 'byd celf' yn unig, yn mynd y tu hwnt i 'sgwrs gelfyddydol'. Dwi am iddo adael ei ôl, achosi rhyw fath o grych mewn realiti oherwydd fel arall, beth yw'r pwynt? Dwi'n teimlo fel, er mwyn dyn, ymhlith pethau eraill, rydym yng

nghrafangau cyfalafiaeth! Ac fe hoffwn, yn ystod fy oes, i beidio â bod. Felly mae'n rhaid i mi weithio tuag at hynny mewn rhyw ffordd; dyna pam dwi'n hoffi pontydd rhwng gofodau'r dychymyg a realiti materol.

Sadia Pineda Hameed: Mae cymaint o strategaethau go iawn yn cael eu datblygu yn y gofod hwnnw rhwng y dychmygol a'r ymarferol.

Umulkhayr Mohamed: Yn union, ond hefyd, mae'r hyn a ystyriwn yn ymarferol yn cael ei ffurfio gan gyfalafiaeth, mewn ffordd sy'n sicrhau bod cyfalafiaeth yn goroesi, a chithau wedi eich cyfyngu i feddwl am ddim ond y camau bach iawn y gallwch chi eu cymryd. Felly mae creu lle i chi eich hun i fynd y tu hwnt i hynny mor bwysig os oes gobaith i ni ryddhau ein hunain a'r blaned o hualau'r systemau dinistriol hyn a rhoi rhai cynhyrchiol, gofalgar yn eu lle.

Sadia Pineda Hameed: Ie, ac mae'r agwedd gudd mor bwysig hefyd, oherwydd yn hanesyddol dyna sut mae'r rhan fwyaf o strategaethau gwrth-gyfalafiaeth a strategaethau gwrthsefyll yn cychwyn: yn y dirgel, mewn cod, heb eu dogfennu. Roedd Beau a minnau yn meddwl am hyn wrth wneud y byrddau *sungka* ar gyfer ein harddangosfa, *it resonates like spalting wood* (2021). Roedden ni am greu teclyn i'n galluogi i strategaethu ar y cyd a gweithredu'n dorfol. Ond sut mae amlygu hynny mewn bywyd go iawn mewn ffordd uniongyrchol, ofalgar? Sut mae cynnal y sgyrsiau hynny mewn iaith gyda pherson arall? Dyna pam y lluniwyd y byrddau pren hyn ar ffurf un sy'n 'paratoi'r' chwaraewyr i siarad trwy gyffyrddiad, un arall i alluogi 'chwarae' fel seibiant rhag sgyrsiau anodd, a thrydydd bwrdd sy'n hwyluso'r ymgom gyfrinachol a chyffyrddol ac yn gweithredu fel safle i feithrin cydnawsedd heb 'oferedd' geiriau. Hwn oedd fy archwiliad cyntaf o sut y gellid gwireddu'r mathau hyn o strategaethau dychmygus a, fel y

Umulkhayr Mohamed: For me, I describe what you're saying as jumping between temporalities, one of those temporalities being the imaginative, which for me is inherently emancipatory. But despite this, it isn't a temporality I'm seeking to exclusively inhabit as I feel a calling to ground it in some sort of established reality. Because ultimately what I want to achieve with my work is to manifest that imaginary type of temporality transferring into our lived experiences, into the material conditions that we find ourselves in. So I place them in conversation with each other as a way to acknowledge that this is what we're working towards, and this is where we are, and this is the distance. But also, it's closer than you think. I want my art to be part of a conversation that goes beyond only holding merit in an 'art world' context, goes beyond an 'arts conversation'; I want it to have an impact, a kind of a ripple into reality because otherwise, what's the point? I feel like, God, among other things we are in the grips of capitalism! And I would like, in my lifetime, not to be. So I have to work towards that in some way, that's why I like bridges between spaces of imagination and material realities.

Sadia Pineda Hameed: So many real strategies are developed in that space between the imaginary and the practical.

Umulkhayr Mohamed: Exactly, but also, what we regard as practical is informed by capitalism. And it's informed by capitalism in a way that ensures capitalism survives and you're limited to just thinking about the very small steps that you can do. So giving yourself the space to go beyond that is so important if we are to liberate ourselves and the planet from these destructive systems and replace them with generative, caring ones.

Sadia Pineda Hameed: Yeah. I feel like the covert aspect is so important as well, because that's historically how most anti-capitalist strategies and strategies of resistance begin: completely secretive, coded, undocumented. Beau [W Beakhouse] and I were thinking about this when making the *sungka* boards for our collaborative exhibition; *it resonates like spalting wood* (2021). We wanted to create a tool to strategise together and collectivise. But how can you manifest that in real life in an immediate, caring way? How do you have those conversations in language with another person? That's why we configured these wooden boards, one that 'primes' the players to speak through tactility, another to enable 'play' as respite from difficult conversations, and a third board that facilitates the secret and tactile conversation and acts as a site to foster kinship without the 'uselessness' of words. This was my first exploration of how those kinds of imaginative strategies could become real because, like you said, they're so much closer, temporally and spatially, but also generationally and potentially. They're so much closer and we're just inhibited by the capitalist idea that they're very, very, very far away, that they're all the way in the past, dormant and buried with your ancestors, and that you can't access them.

Umulkhayr Mohamed: It's very much an intuitive, human thing, learning or communicating through play; and you lose touch with that as a potential way to learn as you grow older. People tell you to learn by accumulating information and memorisation, calculation and knowing the steps you need to take to make things happen. But play is equally valid and in many ways more interesting, and it's really beautiful that you and Beau made this space for other people to do that. Because the artwork is those sungka boards and they're very beautiful objects – they're very, very beautiful. But also, it felt very much like the artwork was the communication; I'm valuing *that* as an artwork. It's not a traditional medium, but it is the work. And, not that I like to create binaries, I really don't, but it feels like a very non-Western way to approach art where the process is the work, as

Speculation. (still), Performance, film. 2021. g39, Cardiff. Courtesy of the artists. Photo: Sadia Pineda Hameed and Beau W Beakhouse

Algeria'n Ymladd. Yn ystod cyfnod trefedigaethol Ffrainc, byddai'r orsaf radio danddaearol hon yn newid amleddau radio, a llywodraeth Ffrainc yn atal eu trosglwyddiadau bob tro, felly byddai'n rhaid i wrandawyr chwilio am yr amledd newydd yn gyson i glywed y darllediadau – fel math o gyfranogiad, chwarae rhan weithredol. Mae ein gwaith yn emosiynol lafurus, yn cymryd hydoedd, yn hynod bersonol ac yn drymlwythog ag ymchwil, felly wrth gwrs ein bod yn ei wir werthfawrogi. Ond yna mae'n ymddangos fel gwaith fideo neu sain ar-lein, ac yn bodoli yno hebddom ni, a gall hynny wneud i ni deimlo braidd yn wag ac yn absennol o'n syniadau ein hunain. Felly, hoffwn feddwl am berfformiad fel gofod lle mae rhan fawr o'r cyflwyniad yn anrhydeddu'r ffaith bod angen i ni fod yn bresennol er mwyn i'r gwaith ddigwydd. Mae'r gynulleidfa'n cymryd rhan weithredol wrth gydnabod ein presenoldeb, ond yn rhinwedd y ffaith ein bod ni, trwy berfformio, yn cydnabod eu presenoldeb nhw, fe â'n fwy o gyd-ofod ac mae'r gelfyddyd yn teimlo'n fwriadol iawn ac yn gyfranogol.

Umulkhayr Mohamed: Ydy, dwi'n teimlo bod iddi soniarusrwydd gwahanol. Mae fel pe bai amser yn bresennol iawn mewn perfformiad, mewn ffordd nad ydyw pan fyddwch chi yn creu gwaith mewn cyfrwng a all fod â'i fywyd ei hun ar wahân i chi. Dwi'n hoff iawn o'i natur fyrhoedlog: dyma'r perfformiad, a gellir, fe

performance, but it never feels the same. You can't ever replicate experiencing a performance firsthand. And I feel like that not only acknowledges your own personhood, but the personhood of everyone present.

Sadia Pineda Hameed: And also it acknowledges the labour it takes to be in that space, and that can't just be captured and reproduced.

Umulkhayr Mohamed: Yeah, absolutely. There was a performance that I did at an arts festival a couple of years ago called *Allah Olé* (2019). It was an instructional piece in the lineage of Fluxus. The instructions for the performance are: 'Perform a religious act in a theatrical way. Perform a theatrical act in a religious way'. That was the only time, at this moment, that I've thought about performance as going beyond my body and needing other people to make it with me, which I really want to explore more of in the future because it's really interesting how other people take on the work – because, those instructions leave so much space for interpretation, where each performer brings a different context. It plays with language and cultures interacting. *Olé* is a Spanish saying that people say as a kind of chant or encouragement when people are dancing, particularly if they're dancing energetically. And apparently the origins of this saying come from a cultural exchange with the moors and Muslims in Spain. When people got into a trance-like state while they were dancing, they would chant 'Allah, Allah' as an acknowledgement that being in this state is linked to a closeness to Allah. And then that morphed into the word *Olé* and it lost that religious sentiment but kept the context. And I thought, that's really interesting – that's the theatrical and the religious, two things that are seen as very separate but in reality there is an element of the theatrical inherent in many religious acts and vice versa. In the same way, there is a ritualistic element to art, even if you don't have a relationship with religion; the ritualistic as a property is shared with

religion. And I like blurring those lines.

Sadia Pineda Hameed: That's so interesting, because for the performance *Speculation* (2021), which Beau and I did during a residency at g39, we underwent a process in which we assembled our most recent areas of research and intuitively created a journey around the different ways they interlink. The key link that emerged was devotion and ritual, and dramatising and restaging, which all began with an image found in a Tagalog vocabulary book of an Easter Mass with the caption 'Mass: A Performance'. It's informed our whole outlook on performance, and the activating and imaginative power that dramatisation has.

Umulkhayr Mohamed: I don't know if you agree but it feels as though both of our practices have this need to 'activate' and 'enact'. I recently made *Reform (what the liberals want)* (2021), which is a sculptural work that takes the form of a noose with little pink toy cushions that I sewed as a sort of lining for the opening of the noose. The presence of the noose allows me to activate a feeling of unease which I think should be felt in relation to any and all forms of carceral punishment; at the same time, the satirical inclusion of the toy cushions builds in some distance for myself, with the playfulness as a way of enacting care for myself and others who are also affected by the impact of the sustained presence of the carceral state.

Sadia Pineda Hameed: I think you're right in that both our practices materialise feelings that we're already conscious of, complex feelings that, by enacting, cause new resonances. I think I'm beginning to understand how the kind of energy you've just described, its intentions but also its distances, transfer into the work, and now I'm wondering how they transfer from the work to other contexts and other people...

ellir dogfennu perfformiad, ond ni fydd byth yn teimlo'r un fath. Allwch chi byth ailadrodd y profiad o fod mewn perfformiad byw. A dwi'n credu bod hynny nid yn unig yn cydnabod eich personoldeb chi eich hun, ond personoldeb pawb sy'n bresennol.

Sadia Pineda Hameed: Mae hefyd yn cydnabod y llafur a gymer i fod yn y gofod hwnnw, na ellir yn syml ei ddal a'i atgynhyrchu.

Umulkhayr Mohamed: Ie, yn union. Fe wnes i berfformiad mewn gŵyl gelfyddydol ddwy flynedd yn ôl o'r enw *Allah Olé* (2019), darn cyfarwyddol yn llinach Fluxus. Y cyfarwyddiadau ar gyfer y perfformiad yw: 'Performiwch weithred grefyddol mewn modd theatrig. Perfformiwch weithred theatrig mewn modd crefyddol'. Dyna'r unig dro, hyd yma, i mi feddwl am berfformiad fel rhywbeth sy'n mynd y tu hwnt i'm corff a bod angen i bobl eraill ei wneud gyda mi, rhywbeth y carwn ei archwilio ymhellach yn y dyfodol oherwydd mae'n ddiddorol iawn sut mae pobl eraill yn mynd i'r afael â'r gwaith – oherwydd mae'r cyfarwyddiadau'n gadael cymaint o le i ddehongli, lle daw'r holl berfformiwr â chyd-destun gwahanol gyda nhw. Mae'n chwarae gyda rhyngweithiad iaith a diwylliannau. Mae *Olé* yn ebychiad Sbaeneg a ddywedir fel math o siant neu anogaeth pan fydd pobl yn dawnsio, yn enwedig os ydyn nhw'n dawnsio'n egnïol. Ac ymddengys bod tarddiad y gair yn deillio o gyfnewid diwylliannol gyda'r Mwriaid yn Sbaen. Pan fyddai pobl yn mynd i lesmair tra roedden nhw'n dawnsio, byddent yn llafarganu '*Allah, Allah*' fel cydnabyddiaeth bod bod yn y cyflwr hwn yn gysylltiedig ag agosrwydd at Allah. Ac yna aeth hynny'n *Olé* a cholli'r elfen grefyddol honno ond gan gadw'r cyd-destun. Mae hynny'n ddiddorol dros ben – y theatrig a'r crefyddol, dau beth sy'n cael eu hystyried yn gwbl ar wahân, ond mewn gwirionedd mae elfen o'r theatrig yn gynhenid i sawl gweithred grefyddol ac fel arall. Yn yr un modd, mae elfen ddefodol i gelfyddyd, hyd yn oed os nad oes gennych berthynas â chrefydd; mae'r defodol yn briodoledd mae'n ei rhannu gyda chrefydd.

Sadia Pineda Hameed: Mae hynny'n ddiddorol iawn, oherwydd ar gyfer perfformiad o *Speculation* (2021), a wnaeth Beau a minnau yn ystod cyfnod preswyl yn g39, aethom drwy broses o grynhoi ein meysydd ymchwil diweddaraf a chreu taith reddfol yn olrhain y gwahanol ffyrdd y maent yn cydgysylltu. Y cyswllt allweddol a ddaeth i'r amlwg oedd defosiwn a defod, a dramateiddio ac ail-lwyfannu, a ddechreuodd i gyd gyda delwedd a welsom mewn llyfr geirfa Tagalog o Offeren y Pasg gyda'r pennawd 'Offeren: Perfformiad'. Mae wedi dylanwadu ar ein holl agwedd tuag at berfformio a phŵer ymegnïol a llawn dychymyg y broses o ddramateiddio.

Umulkhayr Mohamed: Wn i ddim os ydych chi'n cytuno ond ymddengys fel pe bai gan ein harfer gwaith ni'n dwy yr angen yma i 'ymegnïo' a 'llwyfannu'. Yn ddiweddar fe wnes i waith o'r enw *Reform (what the liberals want)* (2021), ar ffurf dolen rhaff grocbren gyda chlustogau tegan bach pinc wedi eu gwnïo fel rhyw fath o leinin ar gyfer agoriad y ddolen. Mae presenoldeb y ddolen yn caniatáu i mi ysgogi rhyw anesmwythyd y credaf y dylai pawb ei deimlo mewn perthynas ag unrhyw ffurf o gosbi drwy garcharu; ar yr un pryd, mae'r elfen o ddychan yn y clustogau tegan yn creu tipyn o bellter i mi, gyda'r direidi'n ffordd o ofalu amdanaf i fy hun ac eraill yr effeithir arnynt gan bresenoldeb parhaus y wladwriaeth garcharol.

Sadia Pineda Hameed: Dwi'n credu eich bod yn iawn ar yr ystyr ein bod ein dwy yn gwireddu teimladau rydym eisoes yn ymwybodol ohonynt, teimladau cymhleth sydd, trwy eu perfformio, yn atseinio o'r newydd. Dwi'n meddwl 'mod i'n dechrau deall sut mae'r math o egni rydych chi'n ei ddisgrifio, ei amcanion ond hefyd ei bellteru, yn trosglwyddo i'r gwaith, ac yn awr dwi'n holi tybed sut maen nhw'n trosglwyddo o'r gwaith i gyd-destunau eraill a phobl eraill...

Speculation. (still), Performance, film. 2021. g39, Cardiff. Courtesy of the artists.
Photo: Sadia Pineda Hameed and Beau W Beakhouse

Speculation. Performance, film. 2021
g39, Cardiff. Photo: g39

ANGHARAD PEARCE JONES

Ffor'ma Plis: Gosodwaith rhyngweithiol ar gyfer Dal:
Hold, Curadur, Carwyn Evans, 2012.
This Way Please: interactive installation for Dal: Hold,
curated by Carwyn Evans, 2012. Photo: Betina Skovbro

Pam gwaith metel?

Pryd bynnag y bydd rhywun yn gofyn imi pam wnes i ddewis gweithio efo metel, fy ateb i ydi... *Flashdance*. Mi welais i'r ffilm yn Neuadd Buddug, fy sinema leol, yn 1983 a meddwl, 'Dwi am fod yn ddawnswraig fel Jennifer Beale'. Â dweud y gwir, y ffaith ei bod hi'n weldio oedd wedi dal fy nychymyg go iawn. Doedd merched ddim yn cael astudio gwaith metel yn yr ysgol, felly pan roddwyd tortsh weldio yn fy llaw ar y cwrs Sylfaen Celf ym Mangor yn 1987, dyna hi wedyn. Dros y tair blynedd nesa, wrth astudio cwrs gradd mewn gwaith Coed, Metel, Cerameg a Phlastigau yng Ngholeg Celf Brighton, roedden ni genod yn cael ein hannog gan yr artist-gof fechan ysbrydolgar, Avril Wilson, i roi cynnig ar ochr drymach gwaith metel, ac efo fy nghyd-Ogleddwraig Ann Catrin Evans ddwy flynedd o 'mlaen i, roedd popeth i'w weld yn bosib. Roedd Ann Catrin yn un rheswm mawr dros ddewis ymgartrefu yn y De ar ôl graddio. Roeddwn i'n teimlo bod y Gogledd yn rhy fach i ddwy of benywaidd a doedd gen i ddim awydd cael fy nghymharu â rhywun dwi'n ei hedmygu ac yn ei pharchu, felly mi gedwais i o'r ffordd, i dorri fy llwybr eclectig fy hun. A heddiw, dyma fi, mewn ffermdy 200 mlwydd oed ar odre'r Mynydd Du, ar gyrion Brynaman.

Plentyndod

Mi ges i 'ngeni yn y Bala a phan oeddwn i'n ddwyflwydd oed fe symudon ni o'r stad tai cyngor gyferbyn â'r ysgol gyfun i fyngalo hunan-adeiladu nodweddiadol o'r 1970au, gyferbyn â'r ysgol gynradd. Roedd y rhan fwyaf o'n ffrindiau'n byw ar ffermydd, felly o gymharu â'u tai carreg traddodiadol nhw, roedd ein bocs concrit bach to-fflat ni, efo un pen yn sgubo i fyny ar ongl lem, yn hollol weird. Peintiwr tirluniau oedd Dad, fel ei dad yntau o'i flaen, ond dysgu Lladin ac Astudiaethau Clasurol yn Ysgol y Berwyn oedd ei brif ffynhonnell incwm. Yn 85 oed, mae'n dal i allu troi ei law at unrhyw beth; y fo adeiladodd bob un cwpwrdd ac uned silffoedd yn

Angharad Pearce Jones yn ei stiwdio yn Garnant, 2013.
Angharad Pearce Jones at her studio in Garnant, 2013. Photo: The artist

y tŷ a gosod yr holl lwybrau yn yr ardd, ac ro'n i wrth fy modd yn ei helpu o i gymysgu concrit allan ar y dreif. Mi brynodd o camper van VW a'i ailwampio'n llwyr i gysgu 5 o bobl. Mi wnaeth o ddwy ffidil, esgidiau, bara, a dylunio gwisgoedd i gôr siambr Mam. Doedd 'na ddim pen draw ar beth allai o'i greu, ac wrth edrych yn ôl, mi gafodd y gallu hwn i wneud pethau ddylanwad dwfn arna i. Mam oedd yr athrawes piano a ffidil leol, ac yn ystod tymor yr ysgol roedd ein fan yn llawn dop o gesys feiolin du. Roedd pobol ifanc yn mynd a dod o hyd o'n tŷ ni am wersi piano, a thrac sain fy mywyd i oedd Mam yn ymarfer yn ddiddiwedd cyn cyfeilio i ryw ŵyl gorawl fawr neu Eisteddfod yr Urdd. O'n i'n chwarae'r ffidil fy hun ac mi ges i wersi yn ail gartref Bertrand Russell uwchlaw Penrhyndeudraeth. Lle hudolus oedd hwn, a Charles Darwin wedi bod yn ymwelydd yno lawer gwaith, a doedd y brif gegin heb newid

Why metalwork ?

Whenever someone asks me why I became a metalworker, I just say.... *Flashdance*. I saw the film at Neuadd Buddug, my local cinema, in 1983 and thought, 'I'm going to be a dancer like Jennifer Beale'. It was actually her welding that had really captured me. Girls weren't allowed to study metalwork at school, so when I was handed an oxyacetylene torch at the Art Foundation course in Bangor in 1987, that was it. Over the following three years, studying a degree course called Wood, Metal, Ceramics & Plastics at Brighton College of Art, the inspirational and diminutive artist-blacksmith, Avril Wilson, encouraged us girls to have a go at the heavier side of metalwork and with fellow North Walian, Ann Catrin Evans two years ahead of me, everything seemed possible. Ann Catrin had a lot to do with me choosing to base myself in South Wales after graduating. I felt that North Wales was too small for two female blacksmiths and I didn't want to be compared to someone I both admire and respect, so I stayed out of the way, to carve my own eclectic path. I find myself today, in a 200 year old farm on the side of the Black Mountain, just outside Brynaman.

Childhood

I was born in Bala, North Wales and when I was 2 years old, we moved from the council estate opposite the comprehensive school to a typical 1970s self-build bungalow, opposite the junior school. Most of my friends lived on farms, so compared to their traditional stone houses, our small, flat roofed concrete box with one end sweeping up at an acute angle, was really weird. My Dad was a landscape painter like his Father before him but his main income came from teaching Latin and Classical Studies at Ysgol Y Berwyn. At 86, he can still turn his hand to anything; he built every single cupboard and shelving unit in the house and laid all the paths in the garden and I loved helping him mix concrete out on the driveway. He bought a VW camper van and completely refurbished it into a 5-person sleeper. He made two violins, shoes, bread, designed costumes for my Mum's chamber choir. There was no end to what he could create and when I look back, this capacity to make things had a profound influence on me. My Mother was the local piano and violin teacher and during term time, our camper was packed full of black violin cases. Young people constantly came and went from our house for piano lessons and my Mum's incessant practicing before accompanying a major choral festival or the Urdd Eisteddfod, was the soundtrack to my life. I played the violin myself and had lessons at Bertrand Russell's second home above Penrhyndeudraeth. It was a magical place that Charles Darwin had visited many times and the main kitchen was unchanged from those times. I became quite a good violinist, and played in the National Youth Orchestra of Wales for several years. This gave me a diverse group of friends and I went off on residential courses several times a year.

It was a very cultured upbringing, full of music, art and stuff being made but we didn't have a television, which would apparently rot our brains, so I practiced the violin, listened to the radio, went running and cycling and played a lot of darts, as we had a dart board mounted on the wall of the living room. As a consequence, I am a complete telly addict and quite a decent darts player to this day. When I first left home, I bought the biggest, black and white second-hand tv I could find, and left it switched on 24/7, until the screen fuzzed over. Such is my love of the small screen that I don't seem to have developed a quality threshold, so can watch practically anything. It's as if I'm trying to make up for lost time. Many of the influences and titles for my work reference popular culture. 'DIY Mania' was inspired by the abundance of home makeover programmes in the early nineties and 'Who Wins...You decide ?' was a regular slogan from talent shows such as Pop Idol and later, the X factor.

dim ers yr oes honno. Mi ddois i'n feiolinydd eitha da, a chwarae yng Ngherddorfa Ieuenctid Genedlaethol Cymru am flynyddoedd. Trwy hyn mi ges i grŵp amrywiol o ffrindiau ac mi fyddwn i'n mynd i ffwrdd ar gyrsiau preswyl sawl gwaith y flwyddyn.

Magwraeth ddiwylliedig iawn oedd hi, yn llawn cerddoriaeth, celf a chreu pethau, ond doedd gennon ni ddim teledu, a fyddai, mae'n debyg, yn pydru'n hymennydd, felly mi fyddwn i'n ymarfer y feiolin, gwrando ar y radio, rhedeg a seiclo a chwarae lot fawr o ddartiau, gan fod gennon ni fwrdd dartiau wedi'i osod ar wal yr ystafell fyw. O ganlyniad, dwi'n *telly addict* llwyr ac yn chwaraewr dartiau reit dda hyd heddiw. Pan adewais i gartref gyntaf, mi brynais i'r set deledu du-a-gwyn ail-law fwya y gallwn i ddod o hyd iddi, a'i gadael ymlaen drwy'r dydd a'r nos heb ei diffodd byth, nes i'r sgrin fynd yn eira i gyd. Dwi wedi mopio cymaint ar y sgrin fach nes 'mod i heb ddatblygu ffin o ran safon, felly mi fedra i wylio unrhyw beth, fwy neu lai. Mae fel petaswn i'n trio gwneud i fyny am yr amser gollais i. Mae llawer o'r dylanwadau a'r teitlau ar gyfer fy ngwaith yn cyfeirio at ddiwylliant poblogaidd. Ysbrydolwyd 'DIY Mania' gan y toreth o raglenni trawsnewid tai yn y nawdegau cynnar ac roedd 'Pa Ferch? Dewiswch Chi' yn seiliedig ar slogan rheolaidd o sioeau talent fel 'Pop Idol' ac, yn ddiweddarach, 'The X factor'.

Dod yn artist

Oeddwn i'n dda mewn celf yn yr ysgol? Dwi ddim yn gwybod, ond roeddwn i'n mwynhau'r wers yn fwy nag unrhyw un arall a fedra i ddim cofio adeg pan nad oeddwn i eisiau bod yn artist, er nad oedd gen i syniad clir o beth roedd hynny'n ei feddwl mewn gwirionedd. Roedd gen i athrawon da yn Glyn Baines a Richard Morgan ac mi gwrddais ag artistiaid llawer gwell na fi yn y cwrs Sylfaen Celf. Yno, ces fy nhiwtora gan yr enwog Peter Prendergast a Paul Davies. Dysgodd Peter 'etheg gwaith' imi sy'n dal gen i hyd heddiw, a diystyrodd Paul Davies fy ymdrechion gwael i gerflunio mewn clai o fodel byw, gan gynnig blociau pren i gymryd lle'r blob

di-siâp roeddwn i wedi'i greu, ac mi lwyddais i lunio ffigur o ryw fath o'r rheiny. 'Adeiladwr wyt ti, nid modelydd, Angharad,' cyhoeddodd o flaen y dosbarth cyfan, a meddyliais i mi fy hun... 'wneith hynne'r tro i mi'.

Graddiais o Goleg Celf Brighton gyda sgiliau gwaith metel rhagorol ond efo corff o waith nad oedd yn gerflunwaith nac yn gelfyddyd gymhwysol, nac yn gelfyddyd gain na chrefft; gwrthrychau organig, di-swyddogaeth mewn pren a dur gyr, gyda rhyw naws dirluniol. Doedd o ddim yn ffitio'n dwt i unrhyw genre arbennig a dwi wedi llyddo i osgoi categoreiddio clir byth ers hynny. Ond mi wnaeth un dasg fach yn fy ail flwyddyn greu cynnwrf ymhlith fy nhiwtoriaid coleg. Hunan-bortread oedd o, wedi'i fodelu'n frysiog a'i gerflunio mewn mwd ar wreiddyn roeddwn i wedi'i godi o'r ardd yn ôl yn y Bala. Wedi'i wneud yn llythrennol o'r pridd lle magwyd fi, meddyliais y byddai'n briodol cyflwyno'r gwaith yn Gymraeg, er mawr syndod i 'nghyd-fyfyrwyr a 'nhiwtoriaid. Dyna pryd y sylweddolais i mai'r peth oedd yn gwneud imi sefyll allan ar wahân i bawb arall oedd y peth oedd yn fy ngwneud i'n fwy diddorol. Tan hynny, doeddwn i ddim hyd yn oed wedi ystyried y gallai fy hunaniaeth Gymreig fod yn anghyffredin ac y byddai llawer o 'nghyfeiriadau diwylliannol a chymdeithasol mor wahanol i'r Saeson oedd yn gyfoedion imi. Doeddwn i heb ystyried chwaith na fydden nhw'n ymwybodol o gwbwl o'r ffaith fod yna iaith Brydeinig frodorol, hŷn, oedd yn dal mewn defnydd cyffredin heddiw, ac nad Saesneg oedd hi. Felly pan raddiais, mi symudais yn ôl i Gymru i'r brifddinas, lle roedd rhywbeth yn cyniwair yn y gwynt, yn ddiwylliannol ac yn wleidyddol...

Dechrau fy musnes fy hun

A minnau'n dal yn ansicr ynghylch lle roedd fy ngwaith yn sefyll yn gelfyddol, penderfynais ddefnyddio 'ngalluoedd technegol fel gweithiwr metel a dechrau fy musnes fy hun. Clywais am hen weithdy metel segur, yn cynnwys yr offer i gyd, yn Ysgol Howardian

Becoming an artist

Was I good at art in school? I don't know, but I enjoyed it more than any other lesson and can't remember a time when I didn't want to be an artist, despite not having a clear idea what that actually meant. I had good teachers in Glyn Baines and Richard Morgan and I met much better artists than myself at Art Foundation. There, I was tutored by the renowned Peter Prendergast and Paul Davies. Peter taught me a work ethic I still possess today and Paul Davies discarded my poor attempts at sculpting in clay from a life model, exchanging my amorphous blob with blocks of wood, from which emerged a recognisable figure.

'You're a Constructor.... not a modeller Angharad', he announced in front of the whole class and I thought to myself... 'that'll do me'.

I graduated from Brighton College of Art with excellent metalwork skills but with a body of work that was neither sculpture or applied art, neither fine art or craft; organic, non- functional objects in wood and forged steel with a nod to landscape. It didn't slot neatly into any particular genre and I've managed to evade clear categorisation ever since. One small assignment in my second year, however, seemed to excite my college tutors. It was a hurriedly modelled self-portrait, sculpted in mud onto a root I dug up from the garden back in Bala. Made literally from the earth where I grew up, I thought it would be apt to present the work in Welsh, much to the surprise of my fellow students and tutors. I realised then, that the thing that stood me apart from everyone else was the thing that made me more interesting. Until now, I hadn't even considered that my Welsh identity could be extraordinary and that many of my cultural and social references would be so different to my English contemporaries. Nor had I considered that they would be completely ignorant of the fact that there was an older, indigenous British language still in common use today and that it wasn't English. So when I graduated, I moved to the Welsh capital, where something was brewing, both culturally and politically...

Starting my own business

Still not sure where my work sat artistically, I decided to utilise my technical abilities as a metalworker and start my own business. I heard of a fully kitted out, redundant metal workshop at Howardian School in Cardiff, now an adult learning centre. I made a deal, whereby I could use it, rent free, in exchange for supplying occasional blacksmithying and jewellery classes to adults. The classes were immensely popular, with women in particular, who would return home in the evening with coat racks, decorative mirror surrounds and in one case, a four-poster bed ! A resurgence in popularity of hand crafted, decorative ironmongery, hit South Wales at just the right time for me, together with the fact that a

Angharad Pearce Jones yn ei stiwdio yn Ysgol Howardian, Caerdydd, 1995
Angharad Pearce Jones at her studio in Howardian School, Cardiff, 1995
Photo: the artist

yng Nghaerdydd, oedd yn ganolfan addysg oedolion erbyn hyn. Gwnes fargen fyddai'n caniatáu imi ei ddefnyddio'n ddi-rent, yn gyfnewid am roi ambell ddosbarth gwaith gof a gemwaith i oedolion. Roedd y dosbarthiadau'n hynod o boblogaidd gyda merched yn arbennig, a fyddai'n mynd adre yn y nos gyda raciau cotiau, fframiau drych addurnol ac, mewn un achos, gwely pedwar postyn! Roedd adfywiad ym mhoblogrwydd gwaith haearn addurnol, wedi'i saernïo â llaw, wedi taro de Cymru ar yr union adeg iawn i mi, ynghyd â'r ffaith fod nifer fawr o dai Caerdydd yn cynnwys ffenestri bwa. Mae'r rhain angen polion llenni wedi'u gwneud i fesur ac ar un cyfnod roeddwn i'n gwneud nifer bob wythnos ac yn gwneud bywoliaeth go lew. Mi wnes i hyd yn oed gyflogi prentis, sef fy nghyd-artist a ffrind da, Elfyn Lewis.

Fodd bynnag, roedd 'na ddiffyg cydbwysedd rhwng fy mentrau busnes a'm gwaith i fy hun, heb fawr o amser ar ôl i greu a datblygu gwaith personol y tu allan i'r holl waith cynhyrchu nwyddau a dysgu. Roedd Elfyn Lewis eisoes wedi cofrestru ar y cwrs MA mewn Celfyddyd Gain yn Ysgol Gelf Caerdydd, i artistiaid gweithredol â'u stiwdios eu hunain, ac anogodd fi i wneud yr un peth. Roedd Ysgol Howardian yn cael ei gwerthu i ddatblygwyr, ac roedd arna i angen stiwdio newydd, felly dyma feddwl y gallai hyn fod yn amser da i fynd yn ôl i'r coleg. Symudodd Elfyn, fi a sawl artist arall i Stiwdios Kings Road yn Nhreganna, lle agorwyd pennod newydd o weithgaredd a chydweithfeydd artistiaid i mi. Roedd yr MA yn gwbl allweddol i 'natblygiad i fel artist. Dan gadernid deallusol a beirniadol llym y diweddar John Gingell a'r Athro Susan Butler, mi flodeuais. Dechreuais osod y sylfeini cysyniadol ar gyfer gwaith newyddach, disgleiriach, mwy, ac ychwanegu defnyddiau fel sbwng, papur wal, paentiau chwistrell, at gydrannau diwydiannol o ddur.

Cool Cymru

Hyn i gyd ar gefnlen Caerdydd y nawdegau. Roedd ein ffrindiau ni mewn bandiau ac roedd rheini'n tyfu'n fawr. Roedd y sîn gyfryngau

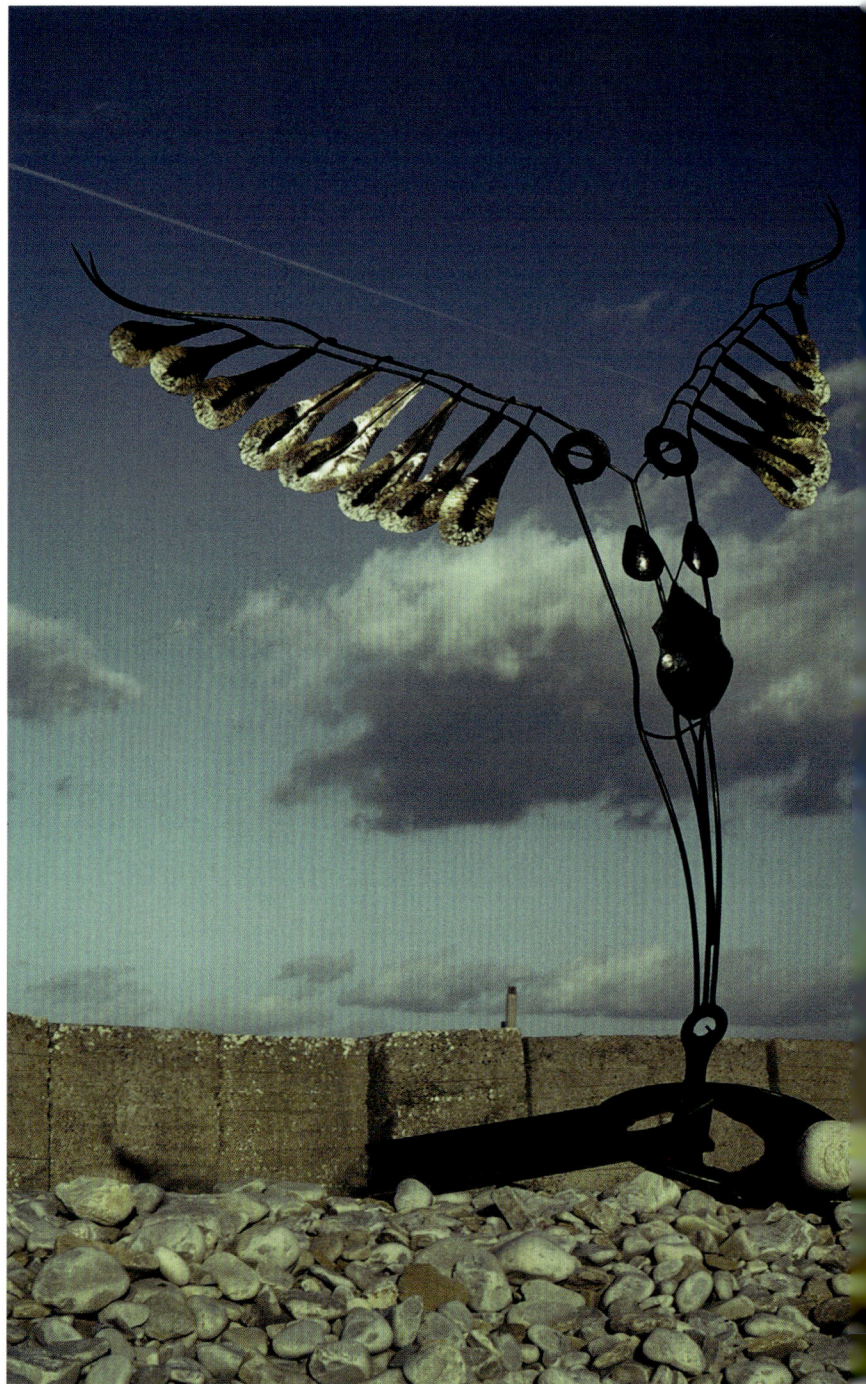

Blodeuwedd. Cerflun dur.
Blodeuwedd. Steel sculpture: Photo: Rhodri Glyn Davies

large number of Cardiff properties have bay windows. These need bespoke, made to measure curtain poles and at one stage, I was producing several a week and making a fairly decent living. I even took on an apprentice and employed fellow artist and good friend, Elfyn Lewis.

My business enterprises and my own practice, however, were out of balance, with little time left to create and develop personal work outside the treadmill of batch production and teaching. Elfyn Lewis was already enrolled on the MA in Fine Art at Cardiff Art School, for practicing artists with their own studios and he encouraged me to do the same. Howardian School was being sold off to developers and I needed a new studio, so I thought this might be a good time to go back to college. Elfyn, myself and several other artists moved to Kings Rd Studios in Canton, where a whole new chapter of activity and artists' collectives opened up to me. The MA was absolutely pivotal to my development as an artist. Under the rigorous intellectual and critical might of the late John Gingell and Professor Susan Butler, I flourished. I started laying the conceptual foundations for newer, bigger, brighter work and added materials such as sponge, wallpaper, spray paints, tiles, to industrial sections of steel.

Cool Cymru

All this against the backdrop of Cardiff in the nineties. Our friends were in bands and those bands were getting big. The Welsh language media scene was gathering momentum and everyone seemed to be on telly... all the time. A young journalist called Mary Braid, from the *Independent on Sunday*, came down to interview a group of us, including myself, under the newly branded slogan, 'Cool Cymru'. Elfyn Lewis's paintings featured on the covers of Catatonia's new albums and Cerys Matthews, the lead singer, needed somewhere to live, so a gang of us moved in to the infamous 35 Talbot St.

Despite being on the MA, I kept my business ticking over and was offered more interesting commercial projects than curtain poles. I produced flying dragons with monitors for eyes for the BBC's referendum election coverage. My sculpture of Blodeuwedd in beaten steel, featured on the front cover of the Western Mail, as it formed a Y shape, representing YES for a new Welsh Assembly and Cerys and her entourage, that was us, got invited to live televised events with politicians, celebrating the votes coming in for a new National Assembly for Wales. Visual arts and the Cardiff rave scene co-existed in perfect harmony. Five of us formed an artists' group called Quincunx, the Latin name for the formation of the five dots on a dice...and then we became six, but didn't change the name. Quincunx organised its own all night warehouse dance party, cleared up the debris and sleeping bodies the next day and put on an art show in the same space. The revellers from the night before returned in different attire for the opening. Cardiff's top DJ's created their own clothes label and I got to design and kit out their very first record and clothes shop called Woosh. Cardiff City embraced its young DJs and put on a huge rave at the City Hall. There were illegal ones too; my personal favourite being the clandestine gathering in the grounds of the Royal Mint in Llantrisant.

For my MA final show, I pulled out all the stops, in an installation called *DIY Mania*. An IKEA-esque triptych in pink, blue and white, symbolising gender specific colour palettes and a neutral. All the interiors were tiled and set up high, at eye level. The pink room had soft sponge and spiky, heavy agricultural machinery clothed in beautiful wallpaper and the blue room seemed initially cool and masculine but with a fluffy feather duster leaning against the wall. My fascination with subverting gender stereotyping through weird combinations of materials was just beginning . I also had my own anvil nickel plated, rendering it useless, no more than an item in a museum, a reference to the death of industry and hand crafted skills at the time. I installed the whole thing again, at the National

Cymraeg yn hel momentwm ac mi oedd hi fel petai pawb ar y teledu... drwy'r amser. Daeth gohebydd ifanc o'r enw Mary Braid o'r *Independent on Sunday* i lawr i gyfweld grŵp ohonon ni, yn cynnwys fi, dan y slogan oedd newydd ei fathu, 'Cool Cymru'. Ymddangosodd peintiadau Elfyn Lewis ar gloriau albwms newydd Catatonia ac roedd Cerys Matthews y prif leisydd angen rhywle i fyw, felly dyma griw ohonon ni'n symud i mewn i'r enwog 35 Talbot St.

Er 'mod i'n dal ar y cwrs MA, mi ddaliais i redeg y busnes a chael cynnig prosiectau masnachol mwy diddorol na pholion cyrtens. Cynhyrchais ddreigiau hedegog efo monitors yn eu llygaid ar gyfer rhaglenni refferendwm datganoli'r BBC. Cafodd fy ngherflun o Flodeuwedd mewn dur gyr ei roi ar dudalen flaen y Western Mail, gan ei fod yn ffurfio siâp Y, yn cynrychioli YES dros Senedd i Gymru, a chafodd Cerys a'i chriw, sef ni, ein gwahodd i ddigwyddiadau teledu byw gyda gwleidyddion, yn dathlu wrth i'r pleidleisiau ddod i mewn o blaid Cynulliad Cenedlaethol newydd i Gymru. Roedd y celfyddydau gweledol a sîn rêf Caerdydd yn cydfyw mewn harmoni perffaith. Ffurfiodd pump ohonon ni grŵp artistiaid o'r enw Quincunx, sef yr enw Lladin am batrwm y pum smotyn ar ddis... ac wedyn roedd chwech ohonon ni, ond wnaethon ni ddim newid yr enw. Trefnodd Quincunx ein parti dawns ein hun mewn warws i bara trwy'r nos, cyn clirio'r llanast a chyrff y cysgaduriaid drannoeth a gosod sioe gelf yn yr un gofod. Daeth pobol parti'r noson cynt yn eu holau mewn dillad gwahanol ar gyfer yr agoriad. Fe wnaeth DJs gorau Caerdydd greu eu label ddillad eu hunain a ches i ddylunio a ffitio eu siop ddillad a recordiau gyntaf un, o'r enw Woosh. Ymfalchïodd Dinas Caerdydd yn ei DJs ifanc a threfnwyd rêf enfawr yn Neuadd y Ddinas. Roedd 'na rai anghyfreithlon hefyd; fy hoff un i yn bersonol oedd y gymanfa gudd ar dir y Bathdy Brenhinol yn Llantrisant.

Ar gyfer fy sioe olaf i'r MA, mi es i amdani go iawn, mewn gosodwaith dan y teitl DIY Mania: triptych IKEA-aidd mewn pinc,

glas a gwyn, yn symbol o liwiau penodol i'r ddau ryw a lliw niwtral. Roedd y blychau mewnol wedi'u teilsio a'u gosod yn uchel, ar lefel y llygad. Yn yr ystafell binc roedd sbwng meddal a pheirianwaith amaethyddol pigog, trwm wedi'i bapuro â phapur wal hardd, ac roedd yr ystafell las ar yr olwg gyntaf yn edrych yn cŵl a gwrywaidd ond gyda brwsh plu del yn pwyso yn erbyn y wal. Dim ond dechrau fy niddordeb mewn gwyrdroi ystrydebau rhyw trwy gyfuniadau od o ddefnyddiau oedd hyn. Rhois haen o blât nicel ar fy eingion fy hun hefyd, fel bod dim iws iddi mwyach, ei bod yn ddim mwy nag eitem mewn amgueddfa, oedd yn gyfeiriad at dranc diwydiant a chrefftau llaw ar y pryd. Gosodais y cyfanwaith yn ei le eto yn yr Eisteddfod Genedlaethol yn Llanelli ychydig o flynyddoedd yn ddiweddarach, pan gafodd ei ddewis ar gyfer yr arddangosfa gelf a chrefft agored. Dyma'r darn cyntaf o waith ddaru galedu'r ddwy ochr i 'mhersonoliaeth – yr artist a'r gweithiwr metel. Y fenyw yn gweithio o fewn diwydiant oedd yn draddodiadol yn ddiwydiant gwrywaidd, ac yn mwynhau pob munud ohono.

Roedd wedi bod yn ddegawd prysur, ac wedi arwain at gymaint o gyfleon difyr, ond mi eisteddodd Cerys a mi ar ben tops y gegin un bore ar ôl noson hwyr arall, a dod i'r penderfyniad aeddfed nad oedd ein bywydau hedonistaidd yn gydnaws mwyach â chynnal gyrfa. Cytunodd gweddill y genod, a dyma fynd ein fford ein hunain, gan aros yn ffrindiau pennaf hyd heddiw. Roedd wedi bod yn amser bythgofiadwy, nid dim ond i ni, ond i Gymru, yn adeg pan oedd pob dim yn bosib, a bod yn Gymraes yn 'cŵl' o'r diwedd.

Sgaffaldiau wedi'u Papuro

Ar yr un pryd â fy sioe MA olaf, roedd gen i waith hefyd mewn arddangosfa naw artist yn y Ganolfan Gelfyddydau Gweledol oedd newydd ei hagor yng nghanol Caerdydd, yn un o ddim ond dwy artist benywaidd. Roedd rhai o'r artistiaid gwrywaidd, Cerith Wyn Evans, Keith Arnatt, Peter Finnemore, eisoes yn enwau adnabyddus. Ar gyfer yr arddangosfa hon, mi greais len o bolion sgaffald crog,

Manylun o DIY Mania. Eisteddfod
Genedlaethol Cymru 2000, Llanelli.
Detail from DIY Mania. National Eisteddfod of
Wales 2000, Llanelli.
Photo: Rhodri Glyn Davies.

DIY Mania. Sioe Gradd MA Coleg Celf Caerdydd, Gerddi Howard, 1999.
DIY Mania. MA Final Show, Cardiff College of Art, Howard Gardens, 1999. Photo: Rhodri Glyn Davies

Eisteddfod in Llanelli, a few years later, when it was selected for the open arts exhibition. It was the first piece of work that solidified both sides of my personality – the artist and the metalworker. The woman operating within a traditionally male dominated industry and loving every minute of it.

It had been a busy decade, and had led to so many interesting opportunities but Cerys and I sat on top of the kitchen surfaces one morning, following another late night and came to the grown up decision that our hedonistic lifestyles were no longer compatible with sustaining a career. The rest of the girls agreed and we went on our separate ways, remaining the best of friends to this day. It had been an unforgettable time, not just for us, but for Wales, a time where anything felt possible and being Welsh was finally 'cool'.

Wallpapered Scaffolding

At the same time as installing my final MA show, I featured in an exhibition of nine artists at the newly opened Centre for Visual Arts in the centre of Cardiff . One of only two female exhibitors, some of the male artists, Cerith Wyn Evans, Keith Arnatt, Peter Finnemore, were already established names. For this exhibition, I created a curtain of hanging scaffold poles, clothed in green flock wallpaper and called it *Llen* (Curtain) It was the culmination of several wallpapered scaffold pieces, the first one having been created for the post rave warehouse show.

Llen was much more than an interesting dialogue between two materials, it was a representation of a rapidly changing post-industrial Wales. My Mum was born in South Wales and every few months, we would make the long journey, down the A470, from

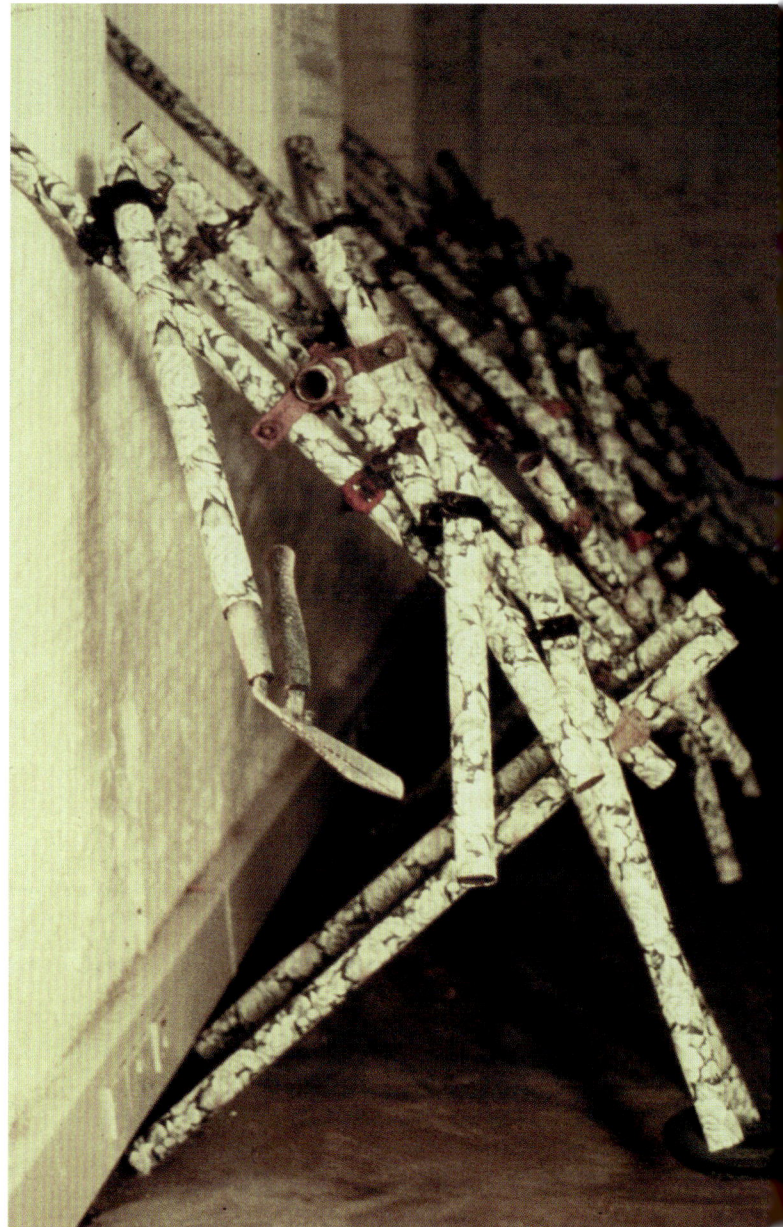

Angharad Pearce Jones gyda *Llen*, Canolfan y Celfyddydau Gweledol, Caerdydd, 1999
Angharad Pearce Jones with *Llen* at the Centre for Visual Arts, Cardiff, 1999
Photo: Bernard Mitchell

Gosodwaith *Scaffaldau a phapur wal*: Sioe Warws Quincunx, Caerdydd, 1998
Wallpapered scaffolding installation: Quincunx Warehouse Show, Cardiff 1998
Photo: Artist's own

74

Llen. Gosodwaith *Scaffaldau a phapur wal* ar gyfer Superstructure,
Canolfan y Celfyddydau Gweledol, Caerdydd 1999.
Llen. Wallpapered scaffolding installation for Superstructure at
Centre for Visual Arts, Cardiff 1999. Photo: John Davies

Bala to Pontypridd, to visit our Grandparents. When I was very young, I would know we were nearly there, as the dramatic landscape of North Wales changed to the rolling green hills of mid Wales, past the twin peaked Pen y Fan and BANG ! black sooty slag heaps everywhere. As the years went by however, the black was gradually greened over and the open-cast mines turned into astro turfed community football pitches. In my search for unique decorative surfaces, I heard of a small wallpaper shop in Dowlais, just outside Merthyr Tydfil. On the day I visited, the proprietor announced that his shop would be closing for good in the next few days, as he could no longer compete with the likes of B&Q and other DIY stores. It was a treasure trove of discontinued patterned wallpaper and in particular, flock wallpaper, so I bought as many rolls as my small red Ford Escort van could carry and still have plenty left to this day. I purposely chose the green flock for *Llen*, to reference the greening over of industrial Wales and the soft surface of the newly laid astro turf pitches. The scaffold poles, hanging limp from the ceiling rather than set rigidly on the ground were now redundant as industrial objects and as a whole, the thick green curtain reminded me of the heavily pelmeted curtains of the Miner's Halls in every community across South Wales, many redundant, a casualty of the closure of the coal mines.

This wallpapered scaffolding series was very popular and I made several different versions for venues across the Uk and abroad. In 2001, I created one for 'Certain Welsh Artists', a group show at the Glynn Vivian Art Gallery in Swansea, curated by Iwan Bala. In the same year, I installed a diagonal version in a group show in Zagreb, using Croatian scaffold poles with different clips to ours. It was curated by Alex Farquharson, the original curator at the Centre for Visual Arts and the present director of Tate Britain. In 2005, when I was seven months pregnant with my second son Bryn, I made my last scaffold piece, for an exhibition in Brno, the Czech Republic, curated by artist and co-founder of g39, Anthony Shapland. Brno

75

Llofnod Samuel Lapidge mewn blodau Betsan Brysur ar gyfer 'Ymchwiliadau' gan Cywaith Cymru yng Ngardd Fotaneg Genedlaethol Cymru, 2003.
Samuel Lapidge's signature in Busy Lizzies, for 'Explorations' by Cywaith Cymru.Artworks Wales at the National Botanic Garden of Wales, 2003. Photo: Graham Matthews.

bellach wedi'u cysylltu yn fy meddwl i gan y darn roeddwn i'n gweithio arno.

Roedd 'na brosiectau eraill hollol wahanol. Yn yr Eisteddfod Genedlaethol ym Mro Colwyn, 1995, cefais fy mhartneru yn rhaglen breswyl Cywaith Cymru gyda'r peintiwr o fri Catrin Williams, hithau hefyd yn gyn-ddisgybl Ysgol y Berwyn, y Bala. Fe greon ni berfformiad lliwgar, swnllyd, eclectig lle roedd Catrin, mewn gwisg Gymreig draddodiadol lawn, yn gweini teisen gri i bobl oedd wedi aros i weld beth oedd yn mynd ymlaen, tra roeddwn i'n defnyddio

fy mheiriant llifanu ongl i rwygo talpiau o ddur cyn eu weldio'n ôl at ei gilydd yn ffurfiau cerfluniol haniaethol o flaen cynulleidfa fyw a braidd yn syn. Roedd o fel rhywbeth allan o berfformiad syrcas Archaos, a'i fwriad oedd chwalu'r syniad traddodiadol canfyddedig o beth oedd Cymraes. Yn ddiweddarach, yn 1997, pan ddaeth y Brifwyl i 'nhref enedigol, y Bala, lluniais ddarn anferthol o gelfyddyd tir, o darpolin coch a hen beiriannau fferm, wedi'u gwasgaru dros lethr y bryn uwchlaw'r Maes.

Fy mhrosiect nesaf oedd gosodwaith ar dir yr Ardd Fotaneg

steel and welded them back together into abstract sculptural forms in front of a live and slightly bemused audience. It was like something from an Archaos circus performance and was intended to explode the perceived notion of a Welsh woman. Later, in 1997, when the National Eisteddfod came to my home town of Bala, I produced a giant piece of land art, from red tarpaulin and old farm machinery.

My next project was an installation within the grounds of the National Botanic Garden for Wales, a celebration of site-specific temporary public art called 'Explorations'. I chose the steep green bank on the side of Norman Foster's glass dome, as the backdrop to my work and proceeded to dig out and plant thousands of Busy Lizzies, in the form of a signature. The signature was that of Samuel Lapidge, the designer of the original gardens at Middleton Hall Estate, owned by Sir William Paxton. The signature, symbolised ownership and the colonisation of swathes of the Welsh landscape by wealthy incomers. I purposely chose the Busy Lizzie, as this slightly sickly bedding plant was once revered but is now frowned upon by modern day horticulturalists. I studied the falsely vertical sponsors' logos painted onto sports field, to map out the letters. As the bank was on a slope, the whole piece needed to be re-drawn in a backwards perspective so as to be readable. It was a painstaking exercise but worth it in the end.

By now, I was so conscious of keeping my 'serious' artwork separate from commercial projects, I had practically stopped using metal in my work at all but Tamara Krikorian, who had become both a friend and mentor, advised me to stop compartmentalising the different versions of myself and allow art to imitate life, and so began a series of almost autobiographical installations, looking at the whole situation of me. She also told me that I was a very poor photographer and that I needed to commission professionals to take images of my work from now on, a piece of advice I have passed on to many younger artists.

Marriage, Motherhood and Feminism

Back in 2000 I got married, to a sculptor called Tom, whom I had hand picked to be in my team of sculptors representing Wales at the International Snow Sculpting Championships in Colorado. It was Pete Telfer, the film maker and founder of Culture Colony/Y Wladfa Newydd who invited me to put a team together, as he had filmed several snow sculpting trips in the past. We grafted for 4 days and one night and produced an abstract, Hepworth-like form with a large hole in it, but it was no match for the Russian's representational carving of a child's hand holding a paper aeroplane ready to launch. I had no regrets that we didn't win, as I returned home with a boyfriend – and three years later a husband.

When my first son Gwilym, was born, I was quite shocked by the state of Motherhood and couldn't believe the amount of time a baby demanded. I regarded breastfeeding and driving as empty time and had most of my best ideas for new work whilst doing either of these things. I still use long driving trips to North Wales in this way. Tom and I bought our first house, in Grangetown, Cardiff and he worked tirelessly as an art director for his father, the production designer, Hayden Pearce. Baby Gwilym even featured as the new born Rhys Lewis in S4C's major costume drama series, *Treflan*. I took him everywhere, to meetings with Tim Davies and David Hastie about my new installation of dyed fleece and mesh for Locws International. The four month old Gwilym started screaming for food in the middle of our discussions and I wondered what the protocol was for breastfeeding in front of two guys in the middle of a planning meeting, so I just did it and to their credit, they didn't flinch. Gwilym also sat happily on a blanket at the Botanic Garden whilst I and my assistant dug Samuel Lapidge's signature out of the earth. At six months old, he was attending a nursery and my working day became more rigid and therefore more precious and consequently, more productive.

I still had a studio at Kings Rd but my metal workshop, for

Genedlaethol, dathliad o gelfyddyd gyhoeddus safle-benodol dros dro dan y pennawd 'Ymchwiliadau'. Dewisais y llethr gwyrdd serth wrth ymyl cromen wydr Norman Foster yn gefndir i 'ngwaith, cyn bwrw ati i balu a phlannu miloedd o flodau Betsan Brysur, ar ffurf llofnod Samuel Lapidge, y gŵr a ddyluniodd y gerddi gwreiddiol yn Stad Middleton Hall, oedd yn eiddo i Syr William Paxton. Symbol oedd y llofnod o berchenogaeth a choloneiddiad lleiniau o dirwedd Cymru gan fewnfudwyr cyfoethog. Dewis pwrpasol oedd y Betsan Brysur, gan fod y blodyn plannu neis-neis hwn yn arfer cael ei fawrygu ond bod garddwriaethwyr heddiw yn tueddu i wgu arno. Mi astudiais i'r logos noddwyr sy'n cael eu peintio ar gaeau chwaraeon i ymddangos fel pe baen nhw'n sefyll yn fertigol, er mwyn mapio'r llythrennau. Oherwydd 'mod i'n gweithio ar lethr, roedd angen ail-lunio'r holl beth gyda phersbectif am-yn-ôl er mwyn iddo fod yn ddarllenadwy. Gwaith llafurus, ond yn werth y drafferth yn y diwedd.

Erbyn hyn, roeddwn i mor ymwybodol o gadw fy ngwaith celf 'difrifol' ar wahân oddi wrth brosiectau masnachol, nes 'mod i mwy neu lai wedi rhoi'r gorau i ddefnyddio metel yn fy ngwaith o gwbwl, ond cyngor Tamara Krikorian, oedd wedi dod yn ffrind ac yn fentor imi, oedd y dylwn i beidio gosod y gwahanol fersiynau ohonof i fy hun mewn blychau ar wahân, a chaniatáu i gelf ddynwared bywyd, ac felly y dechreuodd cyfres o osodweithiau oedd bron yn hunangofiannol, yn edrych ar sefyllfa gyfan 'y fi'. Dywedodd wrthyf hefyd fy mod i'n ffotograffydd gwael iawn a bod angen imi gomisiynu ffotograffwyr proffesiynol i dynnu lluniau o 'ngwaith o hyn ymlaen. Dyna gyngor rydw i wedi'i basio ymlaen i lawer o artistiaid iau.

Bod yn Wraig, Bod yn Fam, a Ffeministiaeth

Yn ôl yn 2000 mi briodais i â cherflunydd o'r enw Tom. Roeddwn wedi ei ddewis fy hun i fod yn aelod o 'nhîm cerflunwyr i gynrychioli Cymru yn y Bencampwriaeth Cerflunio Eira Ryngwladol

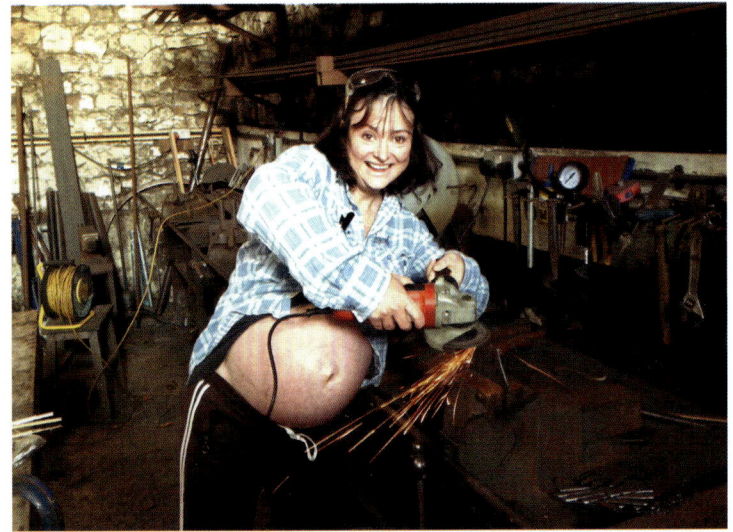

Angharad Pearce Jones yn feichiog gyda Eluned, yn ei stiwdio yn Garnant, 2013.
Angharad Pearce Jones, pregnant with Eluned in her studio in Garnant, 2013.
Photo: the artist

yng Ngholorado. Pete Telfer, y gwneuthurwr ffilmiau a sylfaenydd Y Wladfa Newydd/Culture Colony wnaeth fy ngwahodd i gasglu tîm at ei gilydd, gan ei fod o wedi ffilmio sawl trip cerflunio eira yn y gorffennol. Fe ymlafnion ni am 4 diwrnod ac un noson a chreu ffurf haniaethol, Hepworthaidd gyda thwll mawr ynddi, ond doedd hi ddim yn yr un cae â cherfiad cynrychiadol y Rwsiaid o law plentyn yn dal awyren bapur yn barod i'w thaflu. Doeddwn i'n difaru dim ein bod ni heb ennill, gan imi ddod yn ôl adre efo cariad – a thair blynedd yn ddiweddarach, gŵr.

Pan anwyd fy mab cyntaf, Gwilym, roedd cyflwr Mamoldeb yn dipyn o sioc imi a fedrwn i ddim credu cymaint o amser roedd babi'n ei hawlio. Roedd bwydo o'r fron a gyrru'r car yn amser gwag imi, ac mi ges i'r rhan fwyaf o'm syniadau gorau am waith newydd wrth wneud y naill beth neu'r llall. Dwi'n dal i ddefnyddio teithiau car hir i'r Gogledd fel hyn. Prynodd Tom a fi ein tŷ cyntaf, yn Grangetown, Caerdydd, ac roedd o'n gweithio'n ddiflino fel cyfarwyddwr celf i'w dad, y dylunydd cynhyrchiadau Hayden Pearce. Cafodd y babi Gwilym hyd yn oed ran fel y Rhys Lewis newydd-anedig yng nghyfres ddrama gostiwm fawr S4C, *Treflan*. Es i â fo efo fi i bob man, i gyfarfodydd gyda Tim Davies a David Hastie am fy ngosodwaith newydd o gnu lliwiedig a rhwyllwaith ar gyfer

commercial projects, was next door, surrounded by car mechanics and other tradesmen. The sexualisation of the blue collared working man in the Athena posters of the 80s and 90s had always fascinated me, and during the Talbot St years I enjoyed the male attention I received when I met the girls at The Apollo for a pint after work, with a soot smudged face and still wearing my work overalls. The mechanics next door would often call me over to perform a tricky weld or straighten a bent chassis, as I was the superior metalworker. Their walls were plastered with the bare breasts of glamour models on the pages of give-away trade calendars and yet they treated me with the utmost respect at all times. They understood the difference between objectification and reality and I began to see that sexism was far more complex than a pair of tits on a wall. Other young women, in unisex office based environments were having a much harder time than me. So it all culminated in a large scale installation for Fresh 3 at Chapter Art Gallery in Cardiff. I deployed Paul Jeff, head of photography at Swansea Art School, to photograph a young student and glamour model of perfect proportions, called Katie Wild, sitting topless on my anvil with a work belt strapped around her waist. I printed the photograph as large as I could and housed it in a shrine of tiles, Ikea shelving and metal workshop racking. I borrowed the tongue in cheek title from the famous collage by pop artist Richard Hamilton , exchanging the word 'homes', for 'workplace'.

'Just what is it that makes today's workplace so different, so appealing?'

The work encapsulated my mash-up of a feminine identity, in a slick, stylised, shop window display.

In 2005 I received a Creative Wales Award from the Arts Council of Wales, to push the girlie pin up

work further. I worked with the same model and hired photographer Warren Orchard and make up artist Vikki Owen, to realise a set of 12 glossy photographs, mounted in official Cardiff City Council voting booths, exhibited again at Chapter Arts Centre. Sitting somewhere between the Pirelli calendar and the topless images I'd seen on workshop walls, we re-modelled Katie into a beach babe, a chav chick on a motorcycle, a mother holding a baby, a topless violinist, a female GI, a rocket scientist. We had to have a wet T-shirt one, so she became a plumber and of course, the welder, harping right back to Jennifer Beale in Flashdance. Each booth interior was a mini installation in its own right and audiences were invited to vote for their favourite. They cast their ballot into an official black plastic ballot box, the irony being that it was the same girl in every shot.

There were so many layers to this piece but broadly, it was 2005

'Just what is it that makes today's workplace so different, so appealing? ...' Waith Gosodwaith ar gyfer Fresh 3, Canolfan Gelf Chapter, Caerdydd, 2002.
'Just what is it that makes today's workplace so different, so appealing? ...' Installation for Fresh 3, Chapter Arts Centre, Cardiff, 2002. Photo: Graham Matthews

Locws International. Dechreuodd y Gwilym pedwar mis oed sgrechian am fwyd yng nghanol ein trafodaeth a minnau'n meddwl tybed beth oedd y protocol ynglŷn â bwydo o'r fron o flaen dau ddyn ar ganol cyfarfod cynllunio. Ta waeth, mi es amdani, a chwarae teg iddyn nhw, wnaethon nhw ddim cyffroi blewyn. Bu Gwilym yn eistedd yn hapus ar flanced hefyd yn yr Ardd Fotaneg tra roeddwn i a 'nghynorthwywr yn tyrchu llofnod Samuel Lapidge allan o'r pridd. Yn chwe mis oed dechreuodd fynd i gylch meithrin ac aeth fy niwrnod gwaith i'n llai hyblyg ac felly'n fwy gwerthfawr ac, o ganlyniad, yn fwy cynhyrchiol.

Roedd gen i stiwdio o hyd yn Kings Road ond roedd fy ngweithdy metel, ar gyfer prosiectau masnachol, y drws nesa, ynghanol mecanics ceir a chrefftwyr eraill. Roedd y delweddau rhywiol o weithwyr coler las ym mhosteri Athena yr 80au a'r 90au wastad wedi fy nghyfareddu, ac yn ystod blynyddoedd Talbot Street mi fwynheais y sylw gwrywaidd a gawn i pan fyddwn i'n cyfarfod y genod yn yr Apollo am beint ar ôl gwaith, gyda huddyg ar fy ngwyneb ac yn dal yn fy oferôl gwaith. Byddai'r mecanics drws nesa'n galw arna i'n aml i ddod draw i wneud weldiad astrus neu i sythu chassis cam, gan 'mod i'n weithiwr metel gwell na nhw. Roedd eu waliau nhw'n drwch o fronnau noeth modelau glamour ar dudalennau calendrau oedd wedi'u rhoi am ddim gan gwmnïau, ac eto fe wnaethon nhw 'nhrin i â'r parch mwyaf bob amser. Roedden nhw'n deall y gwahaniaeth rhwng gwrthrycholi (*objectification*) a realiti a dechreuais weld bod rhywiaeth yn llawer mwy cymhleth na phâr o dits ar wal. Roedd merched ifanc eraill, mewn swyddfeydd lle roedd y ddau ryw'n cydweithio, yn cael amser llawer caletach na fi. Felly, penllanw hyn i gyd oedd gosodwaith mawr i Fresh 3 yn Oriel Gelf Chapter yng Nghaerdydd. Cefais Paul Jeff, pennaeth ffotograffiaeth yn Ysgol Gelf Abertawe, i dynnu llun myfyrwraig a model *glamour* ifanc perffaith o ran mesuriadau'r corff, o'r enw Katie Wild, yn eistedd yn hanner noeth ar fy eingion gyda gwregys gwaith wedi'i strapio am ei chanol. Printiais y ffotograff mor fawr ag y gallwn a'i osod mewn allor o deils, silffoedd Ikea a raciau gweithdy metel. Cymerais fenthyg y teitl tafod-yn-y-boch oddi wrth collage enwog yr artist pop Richard Hamilton, gan gyfnewid y gair 'homes' am 'workplace'.

'*Just what is it that makes today's workplace so different, so appealing?*'

Roedd y gwaith yn crisialu fy nghybolfa o hunaniaeth fenywaidd, mewn arddangosfa siop ffenest slic, arddullaidd.

Yn 2005 derbyniais Ddyfarniad Cymru Greadigol gan Gyngor y

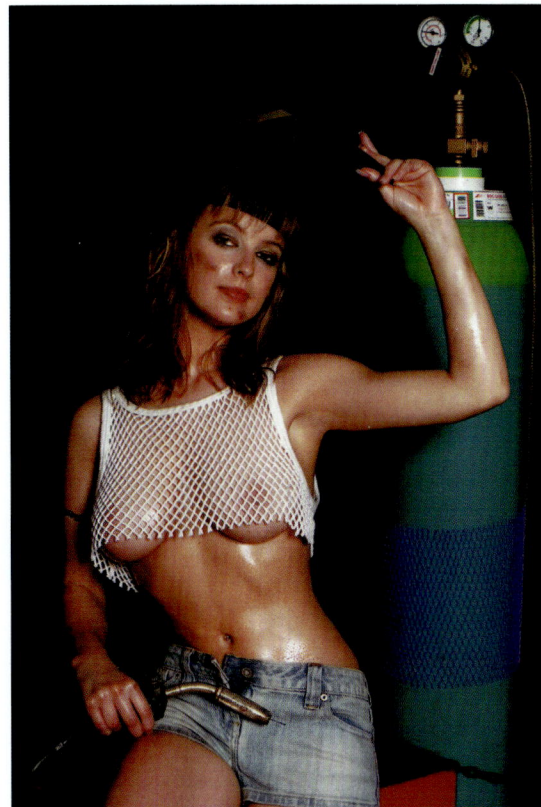

Ffotograff gwreiddiol 'Dynes Ddur' gan Warren Orchard ar gyfer Pa Ferch? Dewiswch Chi... Gosodwaith rhyngweithiol yng Nghanolfan Gelf Chapter, Caerdydd, 2005.
Original 'Iron Maiden' photograph by Warren Orchard for Who Wins? You Decide... Interactive installation at Chapter Arts Centre, Cardiff, 2005.

and whilst the newly elected Tony Blair surrounded himself with female politicians, labelled 'Blair's Babes', the highest demographic not to use their vote in general elections were young women between 18-25, a demographic most likely to vote in TV talent contests. I questioned whether the freedoms enjoyed by my fictitious women, to perform all manner of work and bear all, were what earlier feminists would have envisaged, when fighting for the female vote. It seemed that women were told they could do anything but you had to look gorgeous doing it.

I enjoyed the process immensely. I had my own living doll to style and transform into many of the roles that I myself performed on a daily basis and taking control of the objectification of Katie, with her full consent, was empowering. I even produced a small catalogue of all the images in the show, together with a commissioned essay by close friend and journalist Beca Brown, from whom I rented a room after leaving Talbot St. Younger women didn't like it – they thought it was another example of using the female body for brazen self-publicity. Older women, however, got the irony. The work was shown to a different audience in the summer of 2005, at the Faenol National Eisteddfod, near Caernarfon. In an interview with the renowned broadcaster Beti

George for BBC Radio Cymru, she strongly defended the work, putting a highly critical male contributor in his place. When I turned up to dismantle my installation at the end of the week, one image was missing... it was Miss Wales; the overall winner in both Chapter Gallery and at the Eisteddfod. I had never seen a really good, sexy image of a lady in Welsh traditional costume so I thought I would make one, complete with harp. It was too tempting for one security guard on night shift, however, so someone, somewhere, has it on their bedroom wall. Thankfully, I have the original.

'Miss Cymru' o Pa Ferch? Dewiswch Chi... Gosodwaith rhyngweithiol yng Nghanolfan Gelf Chapter, Caerdydd, 2005.
'Miss Wales' from Who Wins? You Decide... Interactive installation at Chapter Arts Centre, Cardiff, 2005. Photo: Betina Skovbro

Celfyddydau i wthio'r gwaith lluniau genod del ymhellach. Gweithiais gyda'r un model a llogi'r ffotograffydd Warren Orchard a'r artist colur Vikki Owen i greu set o 12 ffotograff moethus, wedi'u gosod mewn bythau pleidleisio swyddogol o eiddo Cyngor Sir Caerdydd, a'u harddangos eto yng Nghanolfan Gelf Chapter. Yn eistedd rywle rhwng y calendr Pirelli a'r lluniau hanner noeth roeddwn i wedi'u gweld ar waliau gweithdai, dyma ni'n ailfodelu Katie i fod yn babe ar draeth, yn hogan chav ar fotobeic, yn fam yn magu babi, yn feiolinydd di-dop, yn filwr benywaidd, yn wyddonydd rocedi. Roedd rhaid cael un mewn crys-T gwlyb, felly plymar oedd honno, ac wrth gwrs, y weldiwr, yn adlais o Jennifer Beale yn Flashdance. Roedd tu mewn pob bwth yn osodwaith bach ynddo'i

hun, ac roedd gwahoddiad i'r gynulleidfa bleidleisio dros eu ffefryn. Bydden nhw'n bwrw eu pleidlais mewn blwch pleidleisio plastig du swyddogol, gyda'r eironi mai yr un ferch oedd ym mhob llun.

Roedd cymaint o haenau i'r darn yma, ond yn fras, roedd hi'n 2005 a thra bod Tony Blair newydd ei ethol ac wedi'i amgylchynu'i hun â gwleidyddion benywaidd, 'Blair's Babes' fel y'u gelwid, y demograffig mwyaf i beidio â defnyddio'u pleidlais mewn etholiadau cyffredinol oedd merched ifanc rhwng 18 a 25, demograffig oedd fwyaf tebygol o bleidleisio mewn cystadlaethau talent ar y teledu. Ro'n i'n cwestiynu ai'r rhyddid yr oedd fy menywod dychmygol i'n ei fwynhau, sef rhyddid i wneud pob math o waith a chario pob baich, oedd yr hyn y byddai ffeminyddion y

Back to heavy metal

Then came a period of very hard work, trying to sustain a young family and pay a large mortgage. Tom and I were desperate to find a property with outbuildings, so that we could combine work and raising a family. We bought a derelict 200 year old farm near Brynaman in West Wales. Tom's father, Hayden Pearce passed away suddenly, after only a short period of retirement from the tv and film industry so Tom spent the next few years building his reputation as a production designer in his own right and worked with me in the metal workshop in between contracts. The small business I started back in 1991 had now grown into HAEARN – Designer Blacksmiths Ltd, subcontracting other skilled workers for large-scale projects. There was little time for making art for art's sake but a series of much smaller works were producing themselves. I had noticed for a while that the congealed metal dust on the large disc cutter in the workshop looked like mini Matterhorns so I assembled them into mini lunar landscapes. I also hacked off a larger patch of solidified iron dust from the stone wall behind the machine. Mounted on three steel legs on a plinth, it was Snowdonia! I showed them at a combined husband and wife exhibition, called 'Fo a Hi', in my home town of Bala. Being small, I was able to enter them for various group exhibitions around the country and they also appeared at the National Eisteddfod exhibition in Llandow, Vale of Glamorgan in 2012.

Working on large scale contracts, collaborating with architects, planners, structural engineers and finding myself on busy construction sites, rekindled my love of steel, both its industrial strength and versatility. A material that could be cold and rigid one moment and red hot and malleable the next. When Alex Boyd, then curator at Oriel Davies in Newtown, invited me to be part of a UK-wide touring show called 'Beyond Pattern', I produced a piece entirely of steel. *I-Beam* was a six foot long girder constructed from the hand forged logos of four of the world's most powerful construction companies intertwined. Whilst living in Grangetown, I witnessed the gradual, homogenised re-development of the dockland area, to look like any other European city. Swansea is doing much the same today. My *I-Beam*, electroplated in gold zinc, symbolised a globalised industry that often bulldozes over indigenous building styles and traditions, creating a one-fits-all urban revolution.

The Olympic Games

Anyone who knows me well, knows that I am a sport fanatic, particularly football and athletics, but I will also follow rugby, snooker, darts,

Tirlun o lwch haearn, 2011.
Landscape from congealed iron dust, 2011. Photo: Aled Rhys Hughes.

85

gorffennol wedi'i ragweld, wrth ymladd am y bleidlais fenywaidd. Y tebyg oedd mai'r neges i ferched oedd y caen nhw wneud unrhyw beth ond bod yn rhaid edrych yn brydferth wrth ei wneud.

Mi wnes i fwynhau'r broses yn aruthrol. Roedd gen i ddoli byw i'w steilio a'i throsglwyddo i lawer o'r rolau roeddwn i fy hun yn eu cyflawni o ddydd i ddydd, ac roedd cymryd rheolaeth dros wrthrychioliad Katie, gyda'i chydsyniad llawn, yn rymusol. Fe wnes i hyd yn oed lunio catalog bach o'r holl luniau yn y sioe, ynghyd â thraethawd a gomisiynais gan ffrind agos imi, y newyddiadurwr Beca Brown, y bûm i'n rhentu ystafell gyda hi ar ôl gadael Talbot Street. Doedd merched iau ddim yn hoffi'r sioe... iddyn nhw, dyma enghraifft arall o ddefnyddio'r corff benywaidd ar gyfer hunan-hysbysebu noeth. Ond roedd merched hŷn yn deall yr eironi. Dangoswyd y gwaith i gynulleidfa wahanol yn haf 2005 yn Eisteddfod Genedlaethol y Faenol, ger Caernarfon. Mewn cyfweliad ar Radio Cymru, fe siaradodd Beti George yn gryf dros y gwaith, gan roi cyfrannwr gwrywaidd hynod feirniadol yn ei le. Pan es i dynnu'r gosodwaith i lawr ar ddiwedd yr wythnos, roedd un llun ar goll, sef un Miss Wales; yr enillydd terfynol ym mhleidleisiau Oriel Chapter a'r Eisteddfod fel ei gilydd. Doeddwn i erioed wedi gweld llun da, rhywiol o ferch mewn gwisg draddodiadol Gymreig felly mi benderfynais wneud un, a chynnwys telyn hefyd. Ond roedd yn ormod o demtasiwn i un gard diogelwch ar shifft nos, mae'n rhaid, felly mae'r llun gan rywun, yn rhywle, ar wal eu llofft. Mae'r gwreiddiol gen i, diolch byth.

Yn ôl at y metel trwm

Wedyn daeth cyfnod o waith caled, wrth geisio cynnal teulu ifanc a thalu morgais mawr. Roedd Tom a fi yn dyheu i ganfod eiddo gyda thai allan, er mwyn gallu cyfuno gwaith a magu teulu. Fe brynon ni hen fferm 200 mlwydd oed ger Brynaman. Bu farw tad Tom, Hayden Pearce, yn sydyn, ar ôl dim ond cyfnod byr o ymddeoliad o'r diwydiant ffilm a theledu, felly treuliodd Tom yr ychydig

flynyddoedd nesa'n creu enw iddo'i hun fel dylunydd cynyrchiadau ar ei liwt ei hun, gan weithio gyda fi yn y gweithdy metel rhwng contractau. Roedd y busnes bach a gychwynnais yn ôl yn 1991 wedi tyfu bellach yn HAEARN – Designer Blacksmiths Ltd, yn is-gontractio gweithwyr crefftus eraill ar gyfer prosiectau ar raddfa fawr. Doedd fawr ddim amser i wneud celf er mwyn celf ond roedd cyfres o weithiau llawer llai'n cynhyrchu eu hunain. Roeddwn i wedi sylwi ers tro fod y llwch metel oedd yn casglu'n grawen ar y llafn disg mawr yn y gweithdy yn edrych fel Matterhorns bychain felly dyma fi'n eu cydosod yn dirluniau lleuad bach. Mi haciais i ddarn mwy o lwch haearn wedi caledu oddi ar y wal gerrig y tu ôl i'r peiriant hefyd. Wedi ei osod ar dair coes ddur ar blinth, wele Eryri! Fe ddangosais y rhain mewn arddangosfa gŵr a gwraig, dan yr enw 'Fo a Hi', yn ôl yn y Bala. Am eu bod yn fach, ro'n i'n gallu eu cyfrannu i ambell arddangosfa grŵp o gwmpas y wlad ac fe ymddangoson nhw hefyd yn arddangosfa'r Eisteddfod Genedlaethol yn Llandŵ, Bro Morgannwg yn 2012.

Wrth weithio ar gontractau mawr, cydweithio â phenseiri, cynllunwyr, peirianwyr adeiladu a chanfod fy hun ar safleoedd adeiladu prysur, ailddarganfûm fy nghariad at ddur, ei gryfder diwydiannol a'i amlbwrpasedd. Defnydd allai fod yn oer a chaled un munud ac yn eiriasboeth a hydrin y munud nesaf. Pan wahoddodd Alex Boyd, curadur Oriel Davies yn y Drenewydd ar y pryd, imi fod yn rhan o sioe fyddai'n teithio o gwmpas Prydain dan yr enw 'Beyond Pattern', cynhyrchais ddarn yn gyfangwbl o ddur. Trawst chwe throedfedd oedd *I-Beam*, wedi'i ofannu â llaw gyda chydblethiad o logos pedwar o gwmnïau adeiladu mwyaf y byd. Tra'n byw yn Grangetown, roeddwn i'n dyst i ailddatblygiad graddol, unffurf ardal y dociau, i ymdebygu i unrhyw ddinas Ewropeaidd arall. Mae Abertawe'n gwneud rhywbeth tebyg heddiw. Symbol oedd y Trawst, wedi'i electroplatio mewn zinc aur, o ddiwydiant byd-eang sy'n aml yn sathru arddulliau a thraddodiadau adeiladu brodorol i greu chwyldro trefol cyffredin unfath.

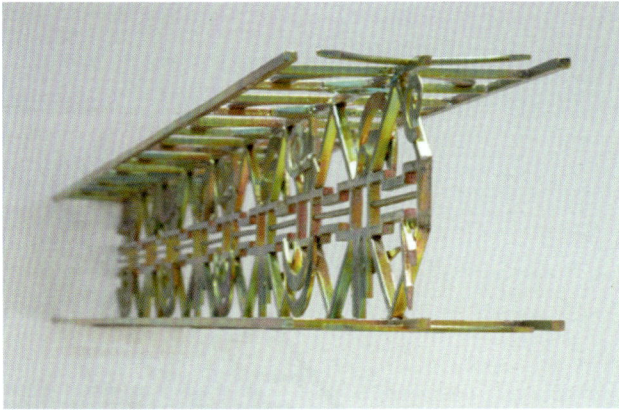

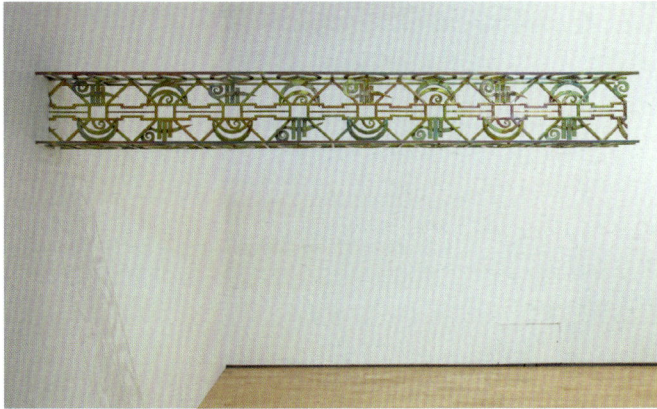

Trawst ar gyfer Beyond Pattern, Oriel Davies, 2009-2012. Sioe deithiol Cynghorau Celfyddydau Cymru a Lloegr, yn archwilio patrwm mewn cyd-destun newydd, curadwyd gan Alexandra Boyd.
I-Beam for Beyond Pattern, Oriel Davies, 2009-2012. An Arts Councils of Wales and England touring exhibition exploring pattern in new contexts, curated by Alexandra Boyd. Photo: Oriel Davies

curling... the lot ! I was a keen long distance runner at school and the lack of television meant I had ample time to train. I also enjoyed cycling and at the age of 15, together with my older sister and Anwen Williams from down the road, I set off on a cycle ride from Bala to Stratford Upon Avon. I wanted to see Sean Bean as Romeo in the RSC's production of *Romeo and Juliet* and harbour a crush on the footballer turned actor to this day. My parents had expected us to turn around in a few hours and give up... in actual fact, we didn't return for 10 days, staying in youth hostels along the way. When we did finally buy a television for the family home, a

highlight of our watching experience was the Olympic Games, so when the games came to London in 2012, this was my chance to take my boys to see a real live international athletics tournament. I registered online, a whole year before the event, kept up with all the notifications but was still denied tickets. The frustration and personal affront I felt at not being 'allowed' to attend, manifested itself in a piece of work called 'This Way Please'.

At football stadiums, I'm like an eagle-eyed health and safety inspector, scanning the metalwork, turnstiles, barriers for illegal head traps, sticky out bolts and other such dangers. The unquestioning flow of the crowd through fenced off pathways, like lambs to the slaughter, enthrals me. Couple this with the fact that my art class at Ysgol y Berwyn overlooked the local livestock market and that the art teacher had to compete with the auctioneer's rap every Thursday afternoon, to be heard. It wasn't until I returned to the Bala mart after producing the work, that I realised what a profound visual effect it must have had on me, it was almost identical! The installation was an interactive, myriad of brightly coloured gates and fences in painted steel. The public were faced with three swinging toilet doors at one end but only one actually took you through the turnstile at the other end. Choosing the wrong one would get you nowhere. It was a perfect combination of disappointment, football stadium turnstiles and the sheep pens at Bala mart.

The Pram in the Hall
One year later, whilst completing a rather large public commission to manufacture new sidings for a 50m railway bridge in Clydach, I began to feel unwell and to my utmost surprise, found that I was pregnant with my third child. In March 2013, I gave birth to Eluned, at home, to the accompaniment of the James Bond theme tune playing downstairs, as the boys were watching *Casino Royale*. The new arrival made me reflect on whether I would have made better

88

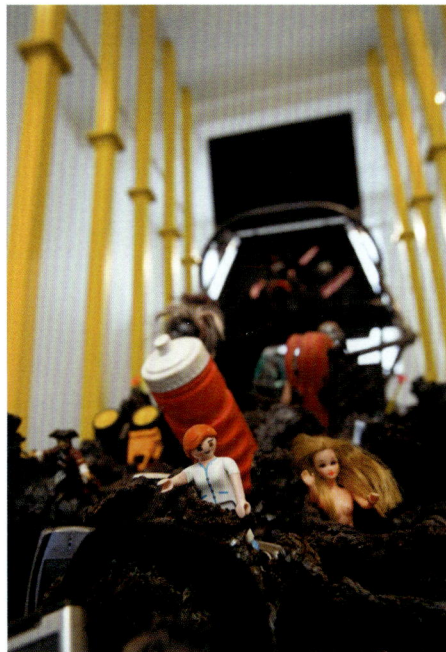

'Pram yn y Cyntedd'. Sioe unigol yn Oriel Myrddin, Caerfyrddin 2015. Ariennir gan grant creu Cyngor Celfyddydau Cymru.
'Pram in the Hall'. Solo show at Oriel Myrddin, Carmarthen 2015. Supported by An Arts Council of Wales production grant.
Photo: Betina Skovbro.

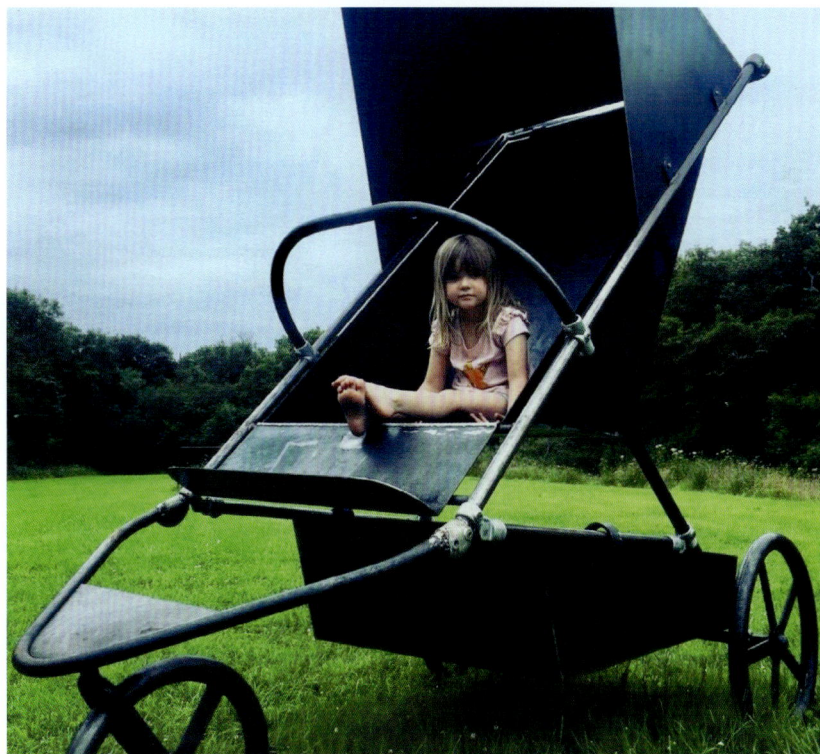

Eluned yn y Pram enfawr o 'Pram yn y Cyntedd'. Sioe unigol yn Oriel Myrddin, Caerfyrddin 2015. Ariennir gan grant creu Cyngor Celfyddydau Cymru.
Eluned sitting in the giant Pram from 'Pram in the Hall'. Solo show at Oriel Myrddin, Carmarthen 2015. Supported by An Arts Council of Wales production grant.
Photo: Aled Rhys Hughes.

Y Gemau Olympaidd

Mae unrhyw un sy'n fy nabod i'n dda yn gwybod 'mod i'n gwirioni ar chwaraeon, yn enwedig pêl-droed ac athletau, ond mi wna'i hefyd ddilyn rygbi, snwcer, dartiau, cwrlo... y cyfan! Roeddwn i'n rhedwr pell brwd yn yr ysgol a heb deledu roedd gen i ddigon o amser i hyfforddi. Ro'n i'n mwynhau seiclo hefyd, ac yn 15 oed, gyda fy chwaer fawr ac Anwen Williams o lawr y ffordd, mi gychwynnais ar daith feic o'r Bala i Stratford Upon Avon. Roeddwn i eisiau gweld Sean Bean fel Romeo yng nghynhyrchiad yr RSC o *Romeo and Juliet* a dwi'n dal i ffansïo'r peldroediwr a drodd yn actor fymryn bach hyd heddiw. Roedd ein rhieni wedi disgwyl inni droi'n ôl ymhen awr neu ddwy a rhoi'r gorau iddi... mewn gwirionedd, ddaethon ni ddim yn ôl am 10 diwrnod, gan aros mewn hosteli ieuenctid ar hyd y ffordd. Pan brynon ni deledu i'r cartref teuluol o'r diwedd, un o uchafbwyntiau ein profiad gwylio oedd y Gemau Olympaidd, felly pan ddaeth y gemau i Lundain yn 2012, dyma oedd fy nghyfle i fynd â'n hogie i weld twrnament athletau rhyngwladol yn y cnawd. Mi gofrestrais i ar-lein, flwyddyn gyfan cyn y digwyddiad, a thalu sylw i bob hysbysiad, ond chawson ni ddim tocynnau yn y diwedd. Arllwysais y rhwystredigaeth a'r sarhad personol a deimlais o beidio cael 'caniatâd' i fynd i mewn i ddarn o waith a enwais yn 'Ffordd Yma Plis'.

Mewn stadiwms pêl-droed, dwi fel arolygydd iechyd a diogelwch craff, yn chwilio'r gwaith metel, y giatiau troi, y bariau, am faglau pen anghyfreithlon, bolltiau ymwthiol a pheryglon eraill tebyg. Mae llif di-gwestiwn y dorf drwy lwybrau wedi'u ffensio, fel ŵyn i'r lladdfa, yn fy nghyfareddu. Ychwanegwch at hyn y ffaith fod fy nosbarth celf yn Ysgol y Berwyn yn edrych dros y farchnad da byw leol a bod rhaid i'r athro celf gystadlu i gael i glywed yn erbyn rap yr ocsiwnïar bob pnawn Iau. Dim ond wedi imi fynd yn ôl i farchnad y Bala ar ôl creu'r gwaith y sylweddolais i effaith weledol mor gryf gafodd arna i, roedd o bron yn union yr un fath! Gosodwaith rhyngweithiol oedd o, casgliad o giatiau a ffensys lliwgar mewn dur

wedi'i beintio. Roedd tri drws tŷ-bach pendiliog yn wynebu'r ymwelwyr ar un pen ond dim ond un oedd yn mynd â chi drwodd i'r giât tro yn y pen arall. Os dewisech chi'r drws anghywir fyddech chi'n mynd i unlle. Roedd yn gyfuniad perffaith o siom, giatiau stadiwm pêl-droed a chorlannau'r defaid ym mart y Bala.

Y Pram yn y Cyntedd

Flwyddyn yn ddiweddarach, tra'n cwblhau comisiwn cyhoeddus reit fawr i wneud seidins newydd ar gyfer pont reilffordd 50m yng Nghlydach, dechreuais deimlo'n sâl, ac er mawr syndod, cefais fy mod i'n disgwyl fy nhrydydd plentyn. Ym Mawrth 2013, ganwyd Eluned, gartref, i gyfeiliant arwyddgan James Bond i lawr y grisiau, gan fod y bechgyn yn gwylio *Casino Royale*. Gwnaeth y newydd-ddyfodiad imi fyfyrio a fuaswn i wedi gwneud gwaith gwell neu wahanol petawn i heb gael plant, felly dyma benderfynu herio datganiad Cyril Connolly, 'There is no more sombre enemy of good art than the pram in the Hall' trwy wneud pram anferth yn y cyntedd.

Safai'r pram tair olwyn anferth o lenddur mewn cyntedd a grëwyd o golofnau blwchdoriad tal wedi'u peintio'n felyn, mewn cyfeiriad at y gadeirlan o raciau stoc melyn eang yn fy siop gyflenwi dur, Dyfed Steels. Llenwais y pram a gweddill y cyntedd hefyd â chyfuniad o weddillion diwydiant a gweddillion plentyndod; talpiau o slag o beiriant torri plasma yn gymysg ag esgidiau pêl-droed, doliau plastig, playmobil a lego. Dangosais y gwaith mewn sioe un-fenyw yn Oriel Myrddin, Caerfyrddin yn 2015, gyda chymorth grant cynhyrchu gan Gyngor y Celfyddydau. Dangoswyd y pram cawraidd ei hun, fel cerflun unigol, yn arddangosfa'r Eisteddfod Genedlaethol ym Môn ddwy flynedd yn ddiweddarach.

Felly sut mae bod yn Gymraes yn dylanwadu ar fy ngwaith?

Fel gohebydd celfyddydau achlysurol i'r rhaglen deledu *Pnawn Da*, holais y dawnus a'r parod ei dafod Osi Rhys Osmond, wythnosau'n

or different work had I not had children, so I thought I would challenge Cyril Connolly's supposition that,

'There is no more sombre enemy of good art than the pram in the hall', by making a giant pram in the hall.

The enormous three wheeler in sheet steel, sat in a hallway made from tall, yellow, painted box section columns, in reference to the cathedral of giant yellow stock racks at my steel supplier, Dyfed Steels. I also filled both the pram and the rest of the hall with a combination of the debris of industry and the debris of childhood; lumps of slag from a plasma cutter littered with football boots, plastic dolls, playmobil and lego. I exhibited the work at a solo show in Oriel Myrddin, Carmarthen in 2015, supported by an Arts Council of Wales production grant. The giant pram itself, as a single sculptural object, featured at the National Eisteddfod exhibition in Anglesey two years later.

So how does being Welsh influence my work?

As an occasional arts correspondent for the Welsh language daytime programme *Pnawn Da*, I interviewed the talented and outspoken Osi Rhys Osmond, only weeks before he died. In this last televised interview, he said:

'Every day, I wake up... and I worry about Wales'

I realised that I shared his sentiment. The notion that you are sustaining, especially if you speak Welsh, a language and culture at the edge of the precipice of extinction, is an almost unbearable burden. I've brought up three new Welsh-speakers, I preach at them every day about how lucky they are to be part of this wonderful club as you can't be complacent, not for a moment.

I've never particularly set out to create work about my Welsh identity but Wales permeates everything I do. I respond to local and global events alike, but all from my unique Welsh perspective. The agricultural industry of the North and the heavy steel industry of the South are both represented in my work and my drive comes from the support and acceptance of a gang of Welsh women with whom I experienced the most exciting times in Wales's cultural and political development. It can be frustrating that Wales lacks wealthy philanthropists to sustain a commercial art scene such as that found in London, Glasgow, Berlin or Milan, and I remain unrepresented by either an agent or commercial gallery. What we do have, however, is an incredibly close knit network of public funded galleries from North to South and an artistic community that I regard as a family. The Lle Celf open exhibition at the National Eisteddfod has provided a platform for me and other artists to develop; our one week a year National Contemporary Art Gallery, a visual window on the world at a given time. Neither will Wales allow you to grow above your station... someone or something, will always bring you back down to earth.

Wales has provided me with significant opportunities on both a national and international level and the lack of a privately educated ruling class means that you remain close to the heart of decision making. In 2009, I was invited to design the entire look of the Wales exhibition at the Smithsonian Festival in Washington DC and in 2019 I travelled to Tokyo as part of the Welsh Assembly's trade mission to Japan. A month before the first Coronavirus pandemic lockdown of 2020, I installed three maps of Wales in plate steel at Y Senedd, the Welsh Parliament building in Cardiff Bay; all opportunities I would never have been given had I not decided to live and work in Wales.

As for now. I have come full circle. During the coronavirus pandemic, with galleries and arts venues closed to the public, steel gates and railings sustained me and my family. A new body of work called 'Impact' is brewing as a consequence of this defining event. The material I'm so tuned into, a material that can both protect and incarcerate, can also buckle under impact. I have been photographing distorted, damaged railings for a few years. Each site has its own tale to tell and there is a psychological and social

Map o Gymru mewn dur ar gyfer Y Senedd, Bae Caerdydd, 2020. Photo: the artist
Wales Contour map in steel for Y Senedd Welsh Parliament building, Cardiff Bay, 2020.

unig cyn iddo farw. Yn y cyfweliad teledu olaf hwn, dywedodd

'Bob dydd, rwy'n deffro… ac rwy'n becso am Gymru.'

Sylweddolais 'mod i'n rhannu ei deimlad. Mae'r syniad eich bod chi'n cynnal, yn enwedig os ydych chi'n siarad Cymraeg, iaith a diwylliant ar ymyl dibyn difodiant, yn faich annioddefol bron. Dwi wedi magu tri o Gymry Cymraeg newydd, a dwi'n pregethu iddyn nhw bob dydd mor lwcus ydyn nhw o gael bod yn rhan o'r clwb rhyfeddol yma, achos fedrwch chi ddim llaesu dwylo, ddim am eiliad.

Dydw i erioed wedi mynd ati'n arbennig i greu gwaith am fy hunaniaeth Gymreig ond mae Cymru'n treiddio drwy bopeth dwi'n ei wneud. Dwi'n ymateb i ddigwyddiadau lleol a byd-eang fel ei gilydd, ond i gyd o'm safbwynt Cymreig unigryw i. Mae diwydiant amaethyddol y Gogledd a diwydiant dur trwm y De ill dau wedi'u cynrychioli yn fy ngwaith a dwi wedi fy symbylu gan gefnogaeth a derbyniad criw o Gymraësau a fu gyda mi drwy'r amserau mwyaf cyffrous yn natblygiad diwylliannol a gwleidyddol Cymru. Mae'n gallu bod yn rhwystredig nad oes gan Gymru gymwynaswyr cyfoethog i gynnal sîn gelf fasnachol fel a geir yn Llundain, Glasgow, Berlin neu Milan, a does gen i'n dal ddim asiant nac oriel fasnachol i'm cynrychioli. Beth sydd gennym, serch hynny, ydi rhwydwaith anhygoel o glòs o orielau cyhoeddus o'r De i'r Gogledd a chymuned artistig rydw i'n eu hystyried yn deulu. Mae arddangosfa agored y Lle Celf yn yr Eisteddfod Genedlaethol wedi cynnig llwyfan i mi ac artistiaid eraill i ddatblygu; ein Horiel Gelf Gyfoes Genedlaethol un wythnos y flwyddyn, ffenestr weledol ar y byd ar adeg benodol. A wnaiff Cymru ddim gadael ichi dyfu'n uwch na'ch safle… bydd rhywun neu rywbeth bob amser yn dod â chi'n ôl lawr i'r ddaear.

Mae Cymru wedi rhoi cyfleon sylweddol i mi ar lefel genedlaethol a rhyngwladol, ac am nad oes yma ddosbarth llywodraethol a gafodd addysg breifat, rydych chi'n dal yn agos at galon y broses o wneud penderfyniadau. Yn 2009, cefais wahoddiad i ddylunio holl bryd a gwedd arddangosfa Cymru yn y

Smithsonian Festival yn Washington DC ac yn 2019 teithiais i Tokyo fel rhan o daith fasnach y Cynulliad Cenedlaethol i Japan. Fis cyn y cyfnod clo cyntaf dan bandemig y Coronafeirws yn 2020, gosodais dri map llenddur o Gymru yn y Senedd ym Mae Caerdydd. Dyma gyfleon na fuaswn i byth wedi'u cael petawn i heb benderfynu byw a gweithio yng Nghymru.

Beth am y presennol? Dwi wedi cwblhau'r cylch. Yn ystod pandemig y coronafeirws, ac orielau a chanolfannau celf wedi'u cau i'r cyhoedd, giatiau a reilins dur sydd wedi 'nghynnal i a 'nheulu. Mae corff newydd o waith o'r enw 'Ardrawiad' yn ffrwtian yn sgîl y digwyddiad diffiniol hwn. Gall y defnydd sydd mor gyfarwydd imi, defnydd sy'n gallu diogelu a charcharu, sigo hefyd dan ardrawiad. Dwi wedi bod yn tynnu lluniau reilins sydd wedi'u hystumio a'u niweidio ers rhai blynyddoedd bellach. Mae gan bob safle ei stori ei hun ac mae 'na ardrawiad seicolegol a chymdeithasol yn ogystal ag ardrawiad y ddamwain wreiddiol, felly dwi wrthi'n ddyfal yn eu hatgynhyrchu fel ffurfiau cerfluniol. Dwi hefyd wedi dechrau ymgolli mewn ffensys palis, sydd i'w gweld o gwmpas y stadau diwydiannol y bydda i'n mynd iddyn nhw wrth fy ngwaith bob dydd. Mae fy nghynllun i godi ffens balis ar draws gofod oriel yn deillio o effaith rwygol refferendwm Brexit 2016, pan ganfûm fy hun ar yr ochr arall i'r ffens i bobl roeddwn i'n eu nabod ac yn eu hedmygu yn fy nghymuned leol. Heb ddim orielau ar agor, codais y ffens drwy ganol fy nhŷ fy hun yn lle hynny, ac mi fagodd ystyr wahanol iawn a dwysbigol iawn. Wrth i fomentwm gynyddu o blaid annibyniaeth i'r Alban ac i Gymru, bydd y ffin hon rhwng pobl yn magu ystyr ychwanegol. Dydw i ddim yn ymddiheuro mwyach am orfod gwneud griliau diogelwch, polyn llenni neu gyllell hogi ar gyfer golygfa ymladd mewn ffilm, a dwi ddim yn potsian mwyach â labeli a genres. Mae'r cyfan yn adio i un cyfanwaith, a dwi'n hapus i fod yn artist sy'n ymdrechu i wneud synnwyr o'r byd, drwy ddur.

impact as well as the impact of the initial crash, so I'm painstakingly reproducing them as sculptural forms. I've also began a fascination with palisade fencing, found all around the industrial estates I visit in my daily working life. My plan to erect a palisade fence across a gallery space was born from the divisive impact of the 2016 Brexit referendum, when I found myself on the other side of the fence to people I both knew and admired in my local community. With no galleries open, I built the fence through the middle of my own house instead and it took on a very different and poignant meaning. As Scottish and Welsh independence gathers momentum, this border between people will take on an added meaning. I'm no longer apologetic about having to make security grills, a curtain rail or a cleaver for a fight scene in a film and I'm no longer concerned with labels and genres. It all adds up to a single whole, and I'm happy to be an artist trying to make sense of the world, through steel.

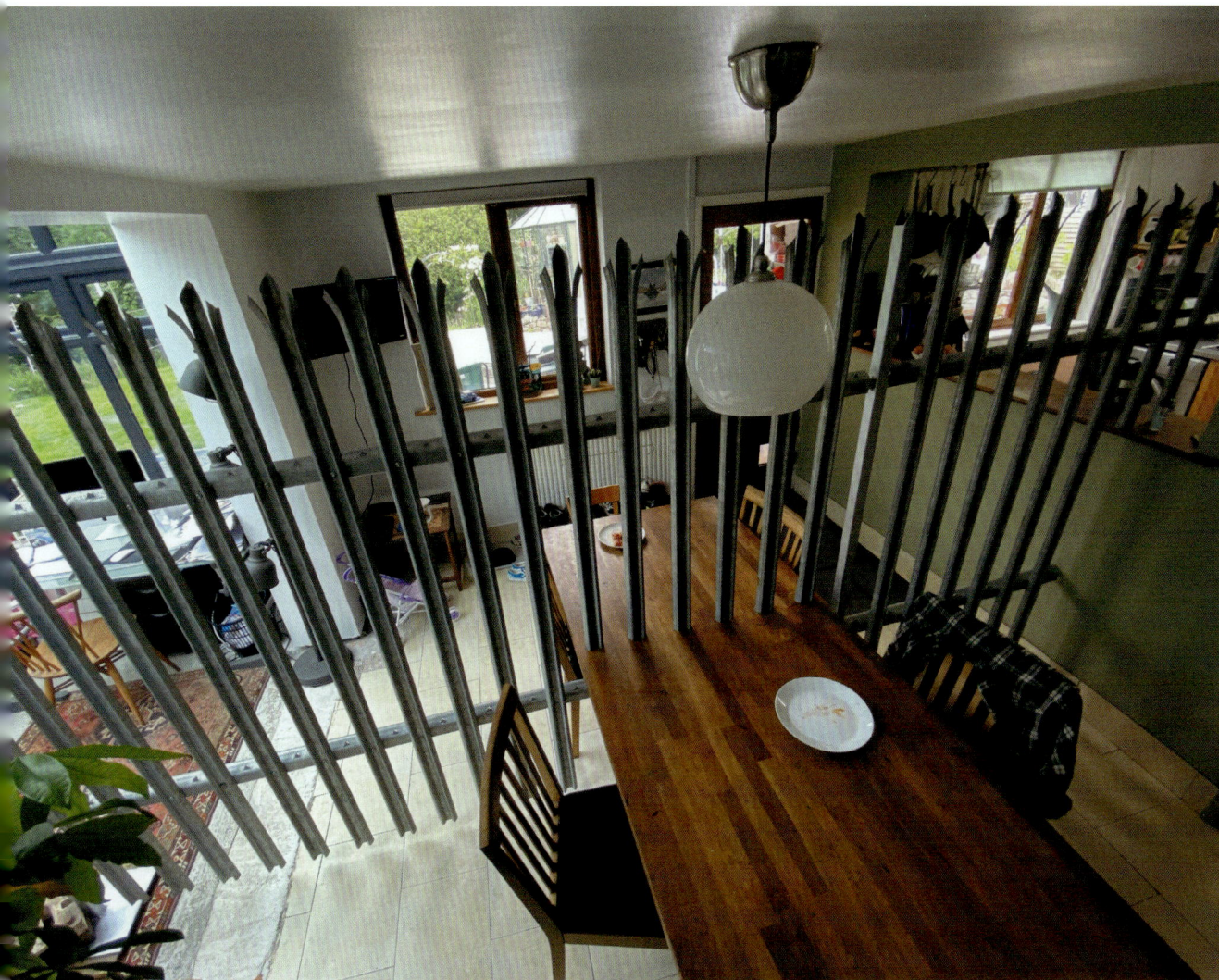

'Ar ba ochr wyt ti?' Gosodwaith yng nghartref yr artist yn ystod cyfnod clo pandemig y Coronafirws.
'Which side are you on?' Installation in artist's own home during 2020 Coronavirus pandemic lockdown.
Photo: the artist

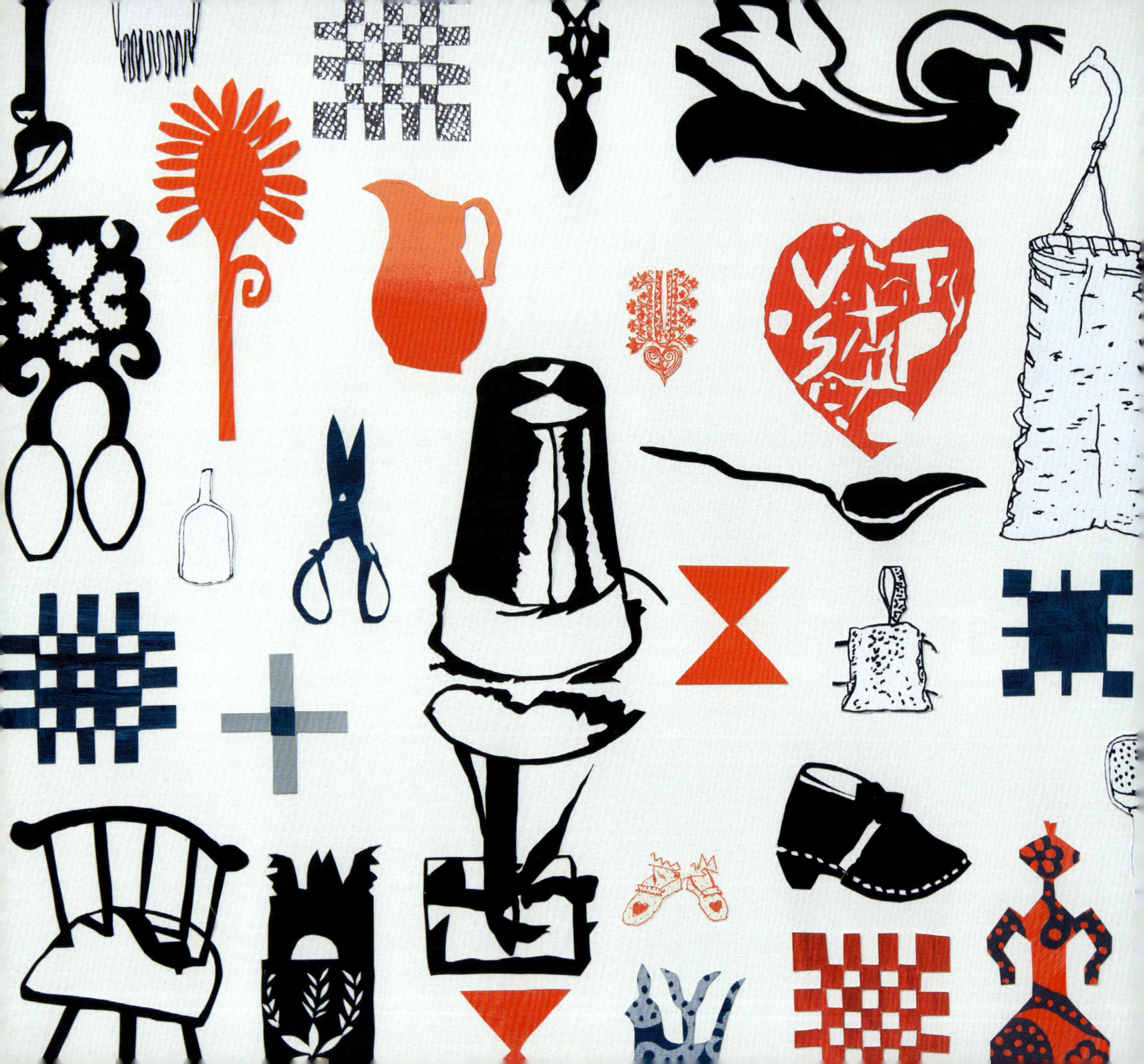

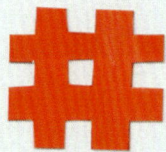

JULIA
GRIFFITHS
JONES

HON

Ym mha ffordd mae cymdeithas a diwylliant Cymru wedi dylanwadu ar fy ngwaith?

Mae fy mywyd a'm proses artistig wedi'u gwau o lawer gwlad. Mae fy nhraddodiadau diwylliannol wedi'u gwreiddio mewn cymunedau bychain. Ces i fy magu ym mhentref Cymreig Aberaeron ac, erbyn hyn, dw i'n byw mewn pentref arall, pentref Llanybri.

Fe'm ganwyd ym Mangor, Cymru, yn 1954. Roedd fy rhieni yn benseiri a phan o'n i'n blentyn dw i'n cofio esgus hwfro llawr y gegin gyda sgwâr-t bach fy mam: twlsyn pensair yn debyg i sgwaryn, yw sgwâr-t. Pan roeddwn yn tyfu lan byddwn yn edrych arni hi'n llunio cynlluniau adeiladu ar bapur dargopïo trwchus gan ddefnyddio pen riwlio ac inc India. Roedd fy nhad hefyd yn ddrafftsmon – pan roedd yn fyfyriwr, beiciodd o Aberdâr i Gaerfaddon i dynnu llun mesuredig o bont Paladaidd.

Mynychais yr ysgol yn Aberaeron lle y cefais wersi celf gyda John Jones, a oedd yn ysbrydoliaeth imi, ac ambell wers gyda'i wraig, yr artist enwog Mary Lloyd Jones. Yn y chwedegau roedd yn Aberaeron gymuned gynyddol o artistiaid, ac roedd hyn wedi fy annog i fynd i Ysgol Gelf. Gadawais Cymru yn 1972 i astudio ar gwrs Sylfaen yng Ngholeg Celf Hornsey yn Llundain. Yn dilyn hyn es i i'r Ysgol Gelf yng Nghaer-wynt ac yna i'r Coleg Celf Brenhinol, lle roeddwn yn arbenigo mewn tecstiliau printiedig.

Yng Ngholeg Celf Caer-wynt ces i fy hyfforddi i gynllunio a phrintio tecstiliau. Yn y broses o dynnu llun gyda phensil oedd fy niddordeb, felly roeddwn yn printio'r lluniau ar ddefnydd ac, oherwydd fy mod yn cyfeirio at y saithdegau, yn torri'r defnydd yn darnau, ac ail-osod y darnau mewn cymaint o ffyrdd gwahanol ag y gallwn. Yn ystod yr ail flwyddyn roedd y tiwtoriaid wedi awgrymu fy mod yn dychwelyd adref i Gymru am bythefnos i dynnu lluniau, a gweithio ar syniadau newydd! Dechreuais dynnu lluniau gatiau a reilins haearn gyr, gan lenwi'r gofodau gyda llawer iawn o fanylion.

Roedd ffurfiau llyfn y metal yn gweddu'n dda i fy amlinelliadau inc du.

Roedd y cyfnod hwn ar fy mhen fy hun y Sir Gaerfyrddin yn bwysig iawn. Roeddwn wedi fy ngwahanu o'm cymheiriaid ac roedd rhaid imi ddarganfod rhywbeth arbennig. Dw i'n dal i dynnu lluniau tebyg heddiw.

Roedd fy addysg ddylunio yn fy nysgu, er bod tynnu lluniau gwreiddiol yn bwysig, bod angen imi wneud llawer o ail-ddrafftio o'r lluniau os roeddwn yn bwriadu troi'r lluniau yn gynllun tecstil a fyddai, yn fwy na thebyg, yn cael ei ail-adrodd. Dyma'r cyfnod pan roeddwn wedi gwrthryfela ychydig, a ddim yn gallu ffitio i mewn. Nid oedd cynhyrchu patrwm ar ddarn o ddefnydd yn fy nghyffroi yn ddigonol.

Erbyn imi gyrraedd y Coleg Celf Brenhinol roeddwn yn archwilio pob math o ddeunyddiau, ac roedd fy sioe ar gyfer fy ngradd yn cynnwys llawer o arbrofi, gan gynnwys mentyll lamp, gwaith seramig a llyfr. Roedd y gwaith yma wedi'i ddylanwadu gan y lluniau roeddwn wedi cynhyrchu tra'n teithio drwy Wlad Pwyl a Tsiecoslofacia yn ystod haf 1977.

Roeddwn wedi darllen erthygl yn y cylchgrawn *Abitare* am fenyw yn Tsiecoslofacia a oedd yn brodio tecstiliau ac yn addurno tu allan y tai yn ei phentref ag adar a blodau. Penderfynais ymgeisio am wobr teithio i'm galluogi i ddod o hyd i'r fenyw yma ac, yn y pen draw, fe lwyddais gwneud hynny. Roedd yr antur hon wedi newid fy mywyd, yn enwedig oherwydd ei fod wedi ehangu fy ngorwelion ynghylch yr hyn roeddwn yn gall gwrireddu drwy dynnu lluniau ac ymchwilio. Cafodd fy iaith weledol ei gwreiddio mewn diwylliant, diwylliant dw i'n dal i gredu yw un o'r harddaf ar y ddaear hon. Yn ystod yr wythdegau cynnar bues i'n ymwchilio yng Ngwlad Pwyl, Hwngari a Rwmania. Roedd y cyfnod hwn yn aml yn gyfnod unig, ond yma dysgais sut i gael mynediad at gasgliadau mewn amgueddfeydd, ac i ddyfalbarhau. Roedd tynnu lluniau mewn cestyll rhewllyd, oherwydd bod yno esiampl wych o siaced wedi'i

Y dudalen flaenorol/Previous page:
Cymysgedd diwylliannol/Culture mash up
Cut paper. 150 cms x 50 cms. 2021
Photo: Aled Rhys Hughes

How has the society and culture of Wales influenced my work?

My life and artistic process have been woven from many countries. My cultural traditions are rooted in small communities. I grew up in the Welsh village of Aberaeron, and now live in another: the village of Llanybri. I was born in Bangor, Wales in 1954. My parents were architects, and as a child I remember pretending to hoover the kitchen floor with my mother's mini T-square: an architect's tool a bit like a set-square. Growing up, I would watch her drawing building plans onto thick tracing paper using a ruling pen and Indian ink. My father was also a draughtsman; whilst a student he once cycled from Aberdare to Bath to make a measured drawing of a Palladian bridge.

I went to school in Aberaeron where I was taught art by John Jones, who was an inspiration to me, and sometimes by his wife, the renowned painter Mary Lloyd Jones. In the sixties Aberaeron had a burgeoning artists' community, which encouraged me to go to Art School. I left Wales in 1972 to study on a Foundation course at Hornsey College of Art in London. Following this I went to Winchester School of Art and then to the Royal College of Art, where I specialised in printed textiles. At Winchester School of Art I was taught to design and print textiles. My interest was always in the drawing part, so I printed drawings onto cloth and, because I was referencing the seventies, cut up the results and reconstructed the pieces in as many ways as I could think of. During the second year the tutors suggested I go home to Wales for a fortnight to draw and get working on some new ideas! I began drawing wrought-iron gates and railings, filling in the spaces with masses of detail. The flowing shapes of metal lent themselves to my inky black line drawings.

This period of time on my own in Carmarthenshire was very important. I was cut loose from my peers and I had to come up with something special. I still draw in a similar way today.

Gwisg bob-dydd. Yr Amgueddfa Genedlaethol, Prâg
Everyday costume. National Museum, Prague. Ink and crayon. 30 cms x 21 cms. 1977

Menyw o Strasnice. Tsiecoslofacia
Woman from Strasnice. Czechoslovakia. Photograph. 1977

brodio a'i bod wedi'i harddangos mewn ffordd a oedd yn golygu fy mod yn gallu tynnu llun heb neb yn torri ar fy nhraws, yn rhoi pleser mawr imi.

Yn ystod yr wythdegau hwyr roeddwn yn teimlo'n ddi-gyfeiriad braidd. Penderfynais bod rhaid i'm lluniau ddod oddiar y dudalen: roeddwn eisiau teimlo, a dal fy lluniau. Es i i siop fanion gwnïo a phrynu weiar gwneud hetiau. Fy ymgais gyntaf oedd fersiwn o'r Dawnswyr Morus a welais yn yr Eisteddfod Ryngwladol yn Llangollen. Roeddwn yn gwbl gyffrous pan yn llunio'r eitemau hyn; roedd y weiar yn hyblyg ac ychwanegais ddarnau mawr o siapau pren wedi'u paentio i gynrychioli'r blodau lluosog ro'n i am eu hychwanegu. Ond sylweddolais na fyddai'r gwaith yma yn parhau oherwydd, wrth dorri'r weiar, roedd yr edau yn ymddatod o'r weiar, felly prynais sbot weldiwr a dechrau dysgu am weldio a weiar dur.

Roedd y fath ddull o droi llinell a dynnwyd ar bapur yn llinell barhaol yn anhygoel; roeddwn yn teimlo fy mod wedi gwneud datganiad beiddgar a chyffrous. Datblygodd darganfod weiar, o'r trwch cywir a fyddai'n copïo trwch y llinell yn y darlun, yn her dechnegol, her y sylweddolais yn eithaf cyflym, a fyddai naill ai'n hybu neu'r difetha fy nghynlluniau. Ond y peth pwysig oedd fy mod, o'r diwedd wedi dod o hyd i ddull creu, dull a oedd yn teimlo'n unigryw ac ystyrlon i mi.

Ar yr adeg hon, gyda fy ymrwymiadau dysgu cynyddol, nid oeddwn yn gallu cadw ymlaen i ddychwelyd i Ddwyrain Ewrop, ac fe'm perswadiwyd gan John Jones i astudio fy niwylliant fy hun mewn mwy o ddwysder. Roeddwn hefyd wedi dod yn drwm dan ddylanwad llyfr am gelf poblogaidd Seisnig, a dechreuais feddwl am le celf werin yn fy niwylliant i fy hun. Penderfynais deithio ar hyd a lled Cymru, yn tynnu luniau mewn amgueddfeydd ac mewn cestyll a mynwentydd, gan chwilio am dystiolaeth o ddeunyddiau a oedd wedi'u siapo a'u mowldio'n wrthrychau ystyrlon. Roedd fy llygaid wedi bod yn edrych mewn man arall, ond fe sylwais ar siapau'r wisg Gymreig, gwnïad cymhleth clytwaith, clocsiau, hetiau Cymreig, delweddau cennin wedi'u plethu ar flanced Castell Caernarfon, roedd y rhestr yn ddiddiwedd ac roeddwm mor gyffrous.

Yn fuan ar ôl hyn cwrddais â fy ngŵr, Peter, a dychwelyd i Gymru gydag ef i fyw a dechrau teulu. Anogodd fi i ddatblygu fy ngwaith ymchwil, a dechreuais lunio cwrwglwyr weiar, gyda chregyn a darnau plastig o'r traeth yn hongian y tu mewn i'w cwryglau. Roedd rhain yn boblogaidd iawn ac wedi rhoi imi'r hyder i ddechrau archwilio llenyddiaeth Cymru. Des i o hyd i waith Gillian Clarke, Lynette Roberts a beirdd Cymreig anhysbys o gyfnod llawer cynharach, a'r cyfan yn llawn syniadau i ysbrydoli darnau newydd o waith.

Yn 2005 cynhaliais yr arddangosfa 'Stories in the Making' yng Nghanolfan Grefft Rhuthun, Erbyn hyn, roedd y darnau o weiar wedi tyfu'n ddillad maint go-iawn, gyda rhai ohonynt yn darlunio gwaith fy hoff awduron benywaidd; roedd darnau eraill yn

My design education was teaching me that although original drawing was extremely important, it would always need a lot of re-drawing if it was going to be translated into a textile design, which more than likely would be in repeat. I suppose it was here that I rebelled a bit and couldn't fit in. I wasn't excited enough about producing a pattern on a printed length of cloth. By the time I got to the RCA my exploration of materials knew no bounds, and my degree show contained a lot of experiments including printed lampshades, ceramics and a book. This work was influenced by drawings made whilst travelling through Poland and Czechoslovakia in the summer of 1977.

I had read an article in *Abitare* magazine about a woman in Czechoslovakia who embroidered textiles and decorated the exterior of houses in her village with birds and flowers. I decided to apply for a travel award to enable me to find this woman, which I eventually did. This adventure changed my life not least because it widened my outlook on what drawing and research could achieve. My visual language became embedded in a culture, which I still find one of the most beautiful on this earth. During the early eighties I researched in Poland, Hungary and Romania. This was often a lonely time, but it was here I learned how to access museum collections and to be persistent. Drawing in freezing cold castles because there was a particularly good example of an embroidered jacket, displayed in a way that I could draw without interruption, used to give me immense pleasure.

During the late eighties I was feeling a bit directionless. I decided that my drawing had to come off the page: I wanted to feel and hold my drawings. I went to a haberdashery shop and bought millinery wire. My first attempts were Morris dancers who I had seen at the International Eisteddfod in Llangollen. These pieces were absolutely thrilling to make. The wire was malleable, and I added large chunks of painted wooden shapes to represent the many flowers I wanted to add. But I could see that this work was not going to last because the thread unravelled from the wire when it was cut, so I bought a spot welder and started learning about welding and steel wire.

This method of making a permanent line from a drawn line was compelling; it felt like a bold and exciting statement. Finding the correct gauge of a piece of wire to replicate the thickness of the line drawing became a technical challenge which I soon realised would make or break my pieces. Importantly I had at last found a material language, and one that felt unique and meaningful to me.

It was at this point, with ever increasing teaching commitments I could not keep returning to Eastern Europe, that John Jones persuaded me to look at my own culture in more depth. I had also become heavily influenced by a book on English Popular Art and began thinking about where folk art might be in my culture. I decided to travel the length and breadth of Wales drawing in museums as well as in castles and graveyards, looking for evidence of materials shaped and moulded into meaningful objects. My eye had been trained elsewhere, but it alighted on the shapes of Welsh costume, the intricate stitching of patchwork, clogs, Welsh hats, images of leeks woven into a Caernarfon Castle blanket, the list was endless and I was so excited.

Soon after this I met my husband, Peter, and returned to Wales to live with him and start a family. He encouraged me to develop my research and I began making wire coracle men with shells and plastic shapes from the beach hanging inside their coracles. These were very popular and gave me the confidence to start exploring the literature of Wales. I found Gillian Clarke, Lynette Roberts and much earlier anonymous Welsh poets packed with ideas for inspiring new pieces of work.

In 2005 I exhibited 'Stories in the Making' at Ruthin Craft Centre. My wire pieces were now life-size garments, some depicting the work of my favourite women writers: other pieces exploring the women in my family and their relationship to cloth.

archwilio'r menywod yn fy nheulu, a'u perthynas nhw gyda brethyn.

Pan¡yn adolygu'r arddangosfa yng ngylchgrawn *Crafts* Mawrth/Ebrill 2006, dyma oedd gan Jessica Hemmings i'w ddweud:

'Ond er gwaethaf y cyfan sydd i'w ddweud am y tecstil a'i berthynas â'r gwaith hwn, rhaid cydnabod eironi enfawr; ar eu gorau, mae'r gweithiau hyn yn gyfangwbl heb ddeunydd. Heb os, mae Griffiths Jones yn cyfeirio at, ac yn archwilio'r tecstil trwy gyfrwng y metal, ond pan mae'r cerfluniau hyn yn arnofio'n gredadwy trwy'r gofod – fel sydd yn digwydd yn aml yn yr arddangosfa hon – dyna pan mae rhywun yn teimlo presenoldeb hudol. Ac mae hynny'n grefft ynddo'i hun.'

Yn 2007 gofynnais i'r Amgueddfa Wlân Cymru yn Nrefach Felindre os gallwn fod yn artist preswyl yno. Derbyniais groeso cynnes iawn a dechrau tynnu lluniau yno. Cafodd y prosiect y teitl 'Drawing out the Collection'.

Roedd dyfyniad gan y cerfluniwr Antony Gormley, '*The place is really the material, allowing that place to emerge again...*' wedi fy nghalonogi.

Cymerais tipyn o amser i gynyrchu unrhyw luniau roeddwn yn fodlon arnynt. Yn raddol, sylweddolais fy mod yn astudio patrymau ac yn tynnu eu lluniau ar ffurf cynlluniau. Ac roedd yna linellau ymhobman – o estyll llawr y felin i ystofau'r gwŷdd. *Looming* oedd un o fy hoff ddarluniau, yn darlunio betgwn, siaced o siâp ysblennydd yn codi o wŷdd, fel petai'n dawnsio. Defnyddiais gasgliad cyfan yr amgueddfa i greu fy narluniau. Erbyn hyn, mae fy ngwaith o'r prosiect hwn yn llwybr addysgol cyfoes sydd wedi'i osod drwy'r amgueddfa. Mae'r ymwelwyr yn derbyn llyfr braslunio/ pamffled wedi'i gynllunio'n gelfydd fel eu bod yn gallu tynnu lluniau ac ymateb i'm gwaith, a chadw cofnod gweledol o'u hymweliad pan fyddant yn dychwelyd adref.

Roedd Amgueddfa Genedlaethol Cymru wedi prynu llawer o'm darluniau, ac wedi'u gosod ar grochenwaith a thecstiliau, a gwerthu'r cynnyrch yn eu siopau. Roedd dod i 'nabod y staff yn

Amgueddfa Wlân Cymru hefyd wedi rhoi imi'r cyfle, fel Darlithydd ar y cwrs Dylunio Patrymau Wyneb yng Ngholeg Celf Abertawe, i lunio cystadleuaeth ar gyfer myfyrwyr tecstil Cymreig i greu a dylunio cynnyrch yn seiliedig ar yr archif a'r lle pwysig ac unigryw hwn. Cynhaliwyd y gystadleuaeth hon yn flynyddol am ddeg mlynedd tan 2019, blwyddyn fy ymddeoliad o fyd addysg.

Yn 2012 dechreuais weithio ar 'Room within a Room', gwaith a ysbrydolwyd ar ôl ymweld ag Amgueddfa Abergwili yng Nghaerfyrddin, lle y mae cegin bwthyn o Dalog yn eistedd yn dawel mewn cornel o'r amgueddfa, y tu ôl i wal wydr. Roeddwn wedi fy nghyfareddu gan haearn smwddio trwm a osodwyd ar liain bwrdd gwyn, o flaen seld Cymreig, ac wedi fy swyno gan dirlun mewn ffenestr ffug wedi'i baentio ar wal yng nghornel y gegin. Tynnais nifer o luniau mewn inc du a choch ar bapur gwyn, i ddarlunio perthynas y siapau domestig hyn sy'n ffurfio cefndir a blaendir ein bywydau, gwrthrychau y mae eu siapau yn fy nenu atynt yn ddibaid. Roedd y profiad wedi fy atgoffa o sefyll ar drothwy bwthyn yn Slofacia, yn ymestyn fy ngwddf i syllu ar fywyd rhywun arall. Roeddwn hefyd wedi dod ar draws y dyfyniad isod yn y llyfr *Embroidered Textiles*, gan Sheila Paine:

'*Linen embroidery was made within the home and it lived its life within its home or one that was similar.*'

Mae fy arolwg o'r haearn smwddio, y lliain bwrdd neu'r jwg yn bresennol, ond mae'r deunydd yn eisiau. Byddaf ond yn dylunio llinell.

Roedd yr arddangosfa yn cynnwys darluniau a gwrthrychau domestig o Gymru a Dwyrain Ewrop, a ddatblygodd yn dirlun chwe-metr sgwâr o ddarnau o weiar wedi'u weldio yn hongian, ac wedi'u lliwio'n ddu, coch a gwyn yn bennaf; portread mewn metal o ddarlun mewn gofod. Roedd y cyfan yn gymysgedd llwyr o ddiwylliannau, a dathliad o'r teithiau lluosog roeddwn wedi'u cymryd. Roedd motiff yr haul yn amlwg iawn, yn cynrychioli'r symbolau crefyddol sydd mor aml yn cael eu naddu a'u peintio ar

Darnau patrymog a gwisg.
Amgueddfa Wlân Cymru
Pattern pieces and costume.
National Wool Museum.
Ink drawing
42 cms x 32 cms. 2007.
Photo: Aled Rhys Hughes.

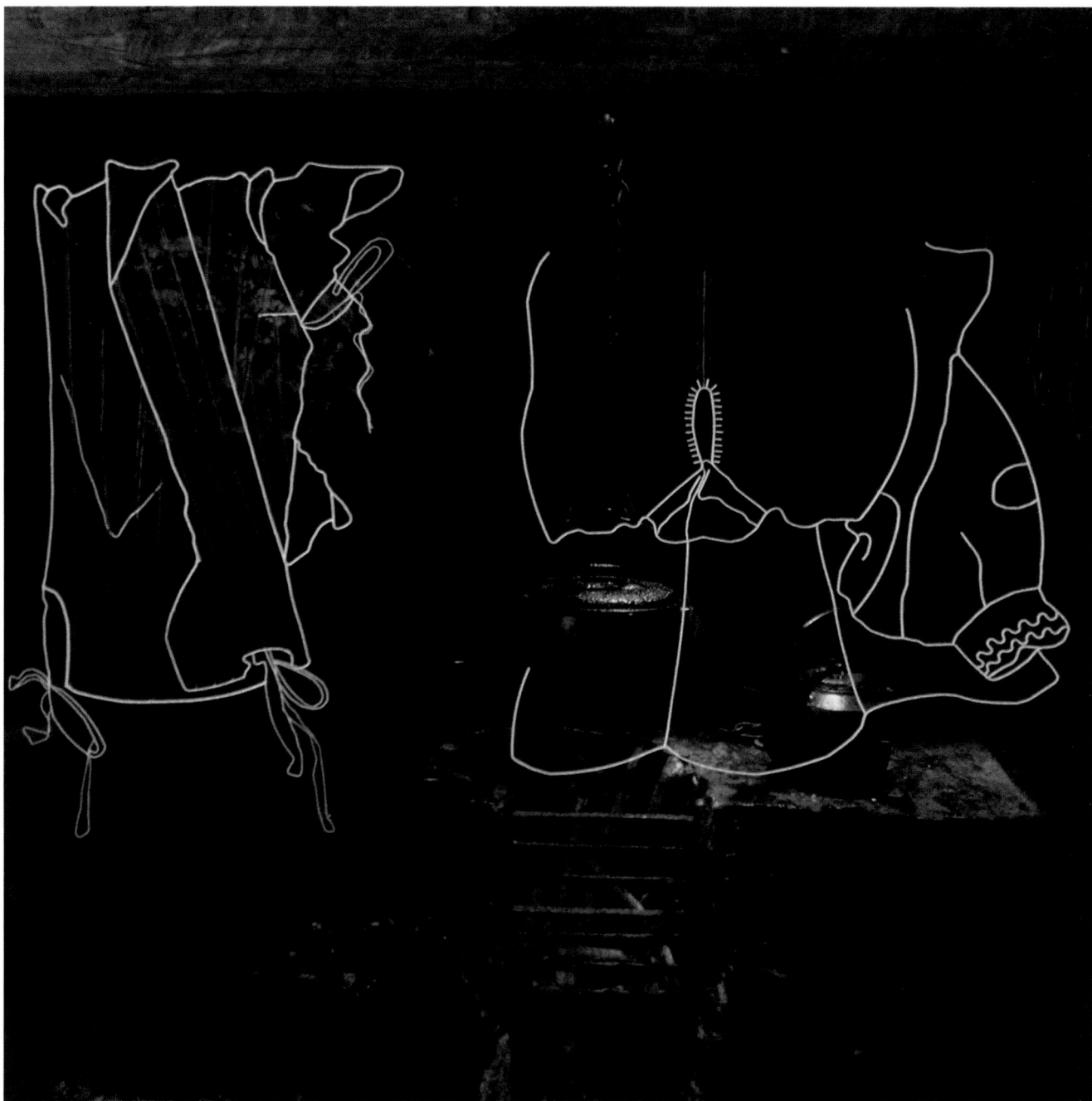

Drafers a Chrys. Gosodwaith yn
Y Gangell, Blaenycoed
Long johns and Shirt. Installation
shot at Y Gangell, Blaenycoed
Mild steel Wire
163 cms x 114cms. 2014
Photo: Toril Brancher

Reviewing the exhibition in *Crafts* March/April 2006, Jessica Hemmings said:

'But despite all there is to say about the textile and its relationship to this work, a huge irony must be recognised: at their very best these works are devoid of material altogether. Griffiths Jones undeniably refers to and scrutinises the textile through the medium of metal, but it is when these sculptures convincingly float in space – as happens often in this exhibition – that one feels the presence of magic. And that is a craft in itself.'

In 2007 I approached The National Wool Museum in Drefach Velindre to ask if I could be an artist in residence. I received a very warm welcome and started drawing there. The project became known as 'Drawing out the Collection'.

A quote by sculptor Antony Gormley encouraged me: 'The place is really the material, allowing that place to emerge again…' It took me a long time to make any drawings that I vaguely liked. Gradually I realised that I was looking at patterns and drawing them in the form of plans. And lines were everywhere from the floorboards of the mill floor to the warp on the loom. 'Looming', one of my favourite drawings, depicts a bed-gown, a spectacularly shaped jacket rising up from a loom, as if dancing. I used the whole museum collection in my drawings. My work from this project is now a contemporary educational trail installed throughout the museum. A beautifully designed sketchbook/pamphlet is given to visitors so that they can draw and respond to my work and take away a visual diary of their visit.

The National Museum of Wales bought many of my drawings, which they applied to china and textiles and sold widely in their shops. Getting to know the staff at The National Wool Museum also opened up an opportunity for me, as a Lecturer on the Surface Pattern Design Course at Swansea College of Art, to devise a competition for Welsh textile students to make and design products based on this uniquely important archive and place. This competition ran annually for ten years until 2019 when I retired from teaching.

In 2012 I began work on 'Room within a Room', which was inspired by a visit to Abergwili Museum in Carmarthen, where a repurposed kitchen from a cottage in Talog sits quietly in a corner of the museum behind a glass wall. I was mesmerised by the heavy black iron placed on a white tablecloth, in front of a full Welsh dresser, and charmed by a false window with a landscape painted onto the wall in the corner of the kitchen. I made numerous line drawings in black and red ink on white paper delineating the relationship of these domestic objects which form the background and foreground of our lives, and to whose shapes I am constantly drawn. This experience reminded me of standing in the doorway of a cottage in Slovakia, craning my neck to look into the life of someone else. I had also found this quote from Sheila Paine's book Embroidered Textiles…

'Linen embroidery was made within the home and it lived its life *within its home or one that was similar.*'

My scrutiny of the iron, the tablecloth or the jug is there but the material isn't. I only ever draw a line.

The exhibition took the form of drawings of garments and domestic objects from Wales and Eastern Europe, which became a six-metre square landscape of suspended welded wire pieces, predominantly coloured in black, red and white: a metal portrayal of a drawing in space. It was a true mix of cultures, and a celebration of the many journeys I had been on. The sun motif featured boldly, representing the sacred symbols so often carved and painted onto furniture and woven or embroidered onto cloth. Embroidery is thought to be even more ancient than literature and a perfect medium for preserving visual motifs.

In July, August 2015 I installed 'Room within a Room' in The Museum of the Slovak Village in Martin, Slovakia and later at the

gelfi, neu'n cael eu gwau neu frodio ar frethyn. Credir bod brodwaith yn hŷn na llenyddiaeth hyd yn oed, ac yn gyfrwng perffaith am gadw motiffau gweledol.

Yn ystod Gorffennaf ac Awst 2015 roeddwn wedi gosod 'Room within a Room' yn Amgueddfa y Pentref Slofacaidd ym Martin, Slofacia, ac yn ddiweddarach yn Amgueddfa Pentref Orava, sydd wedi'i leoli mewn man hyfryd yn ardal fynyddig Gogledd Slofacia. Ar y ddau safle cafodd y gwaith ei hongian o drawstiau bwthyn brodorol, ac roedd y cyhoedd yn syllu ar y gwaith drwy'r drws. Roedd hi'n deimlad cyffrous iawn i wybod bod y fath gynulleidfa amrywiol, ryngwladol yn cael gweld y gwaith. Roeddwn eisoes wedi arbrofi gyda'r syniad yng Nghymru, ym Mwthyn Llanon ac yn Y Gangell ym Mlaenycoed, lle ganed Elfed, y pregethwr a'r bardd o fri.

Pan enillais y Fedal Aur Crefft a Dylunio am 'Room within a Room' yn Eisteddfod Gendlaethol Cymru yn 2017, dyma a ddywedodd beirniad yr Eisteddfod, Ceri Jones..:

'Mae ffurfiau trawiadol ac atgofus Julia yn atseinio ar lawer lefel. Mae'r ffaith taw *tableau* domestig sydd dan sylw yn gwneud y syniad o absenoldeb yn fwy ingol fyth. Pwy fydd yn trin y tegell neu'n gwisgo'r sanau? Mae'r manylion yn awgrymog a'r cysgodion yn gyfeiriadol'.

Dw i wedi etifeddu olion o arwyddion y gorffennol, elfennau dw i wedi bod yn eu harchwilio yn ystod deugain mlynedd o ddarlunio yng Nghymru a Dwyrain Ewrop. Ar y dechrau, y gwaith a gynhyrchir gan fenywod, ochr yn ochr â'u dyletswyddau beunyddiol, oedd yn gwneud argraff arna i, ac yn fy nghyfareddu; ond, wrth imi archwilio ymhellach, datblygodd bywyd a llên gwerin i fod yr elfen hanfodol bwysig. Dw i'n gobeithio fy mod, yn fy ngwaith, wedi dangos sut y gall llên gwerin ddal i fod yn ddull, dull sydd wedi hen ennill ei blwyf, i gynrychioli a lledaenu diwylliant, gwleidyddiaeth a chenedlaetholdeb.

I orffen, mae'r stori ganlynol yn dangos yn dwt y ffordd roeddwn am arddangos fy Nghymreictod ar fy niwrnod cyntaf yng Ngholeg

Celf Caer-wynt yn 1973. Roeddwn wedi paratoi ar gyfer y diwrnod hwnnw drwy brynu pâr o glocsiau pren ym marchnad Caerfyrddin. Roeddwn yn byw dros filltir o'r Coleg ac wedi gwisgo'r clocsiau i gerdded yno, gan obeithio pan fyddwn yn cyrraedd y byddai rhywun yn sylwi fy mod o wlad arall, gyda fy etifeddiaeth fy hun. Ond doeddwn i heb eu gwisgo i mewn, a phan gyrhaeddais y coleg roeddwn yn dioddef poenau ofnadwy – a doedd neb hyd yn oed wedi sylwi ar fy nghlocsiau!

Cyfweliad rhwyng Gill St. John Griffiths aa Julia Griffiths Jones

Cwrddais i â Gill St. John Griffiths yn Athrofa Addysg Uwch Caerdydd yn 1990. Roedd y ddwy ohonom wedi dychwelyd i Gymru o Lundain i ddysgu'r opsiwn Tecstiliau/Ffasiwn ar y Cwrs Sylfaen. Gyda'n gilydd, roeddwn wedi dyfeisio rhai o'r prosiectau mwyaf anhygoel ar gyfer y myfyrwyr, ac fy hoff un oedd:

'Dewiswch wlad, ac ymchwiliwch ei bwyd, dillad, gwrthrychau ayyb. Bydd eich gwaith terfynol yn cynnwys stondin farchnad i arddangos yr holl eitemau 'rydych wedi'u cynhyrchu!'

Roeddem hefyd wedi treulio blynyddoedd gyda'n gilydd yn gweithio i Gydbwyllgor Addysg Cymru, yn gosod a marcio cwestiynau Tecstiliau a Ffasiwn Lefel A. Aeth Gill ymlaen i gymryd swydd fel Cyfarwyddydd y Cwrs Ymarfer Tecstiliau Cyfoes yn Athrofa Caerdydd, Prifysgol Cymru, cwrs yr oedd hi wedi'i ysgrifennu a dyfeisio.

Mae hi'n ymarferydd tecstiliau cyfoes, yn feistr athrawes Reiki ac yn gyfarwyddydd Cymdeithas Reiki y DU.

GSJG

Julia, gadewch i ni ddechrau gyda'ch profiad personol o'r ffordd y mae cymdeithas a diwylliant Cymru wedi dylanwadu ar eich gwaith. Gan adael eich bywyd yn Llundain ar ôl yn y nawdegau cynnar, sut deimlad oedd hi i osod eich dwylo a'ch traed yn ôl, yn

Orava Village Museum situated in a superb setting in the mountain region of Northern Slovakia. The work was suspended from the beams of an indigenous cottage on each site. The public could look at the piece from the doorway. It was thrilling to have such an internationally diverse audience to view the work. I had already tried the idea out in Wales at Llanon Cottage and at Y Gangell in Blaenycoed, the birthplace of Elfed, renowned Welsh preacher and poet.

When I won the Gold Medal for Craft and Design at the National Eisteddfod of Wales in 2017 for 'Room within a Room', Eisteddfod judge Ceri Jones said:

> 'Julia's striking and evocative forms resonate on many levels. That this is a domestic *tableau* makes the notion of absence all the more poignant. Who will tend to the kettle or slip on the socks? The details are suggestive and the shadows allusive.'

I have inherited traces and signs of the past, which I have explored across forty years of drawing in Wales and Eastern Europe. At the beginning it was the work that women made alongside their daily duties that impressed and fascinated me but, as I researched further, it was really folklore that became vitally important to me. I hope that in my work I have shown how folklore continues to be a tried and tested means for the representation and propagation of culture, politics and nationalism.

To end with, the following story sums up how I wanted to show my proud Welshness on my first day at Winchester School of Art in 1973. I had prepared for the day by buying a pair of wooden clogs from Carmarthen market. I lived over a mile away from the College and put them on to walk there, hoping to arrive and be noticed as someone from a different country, with a heritage all my own. However I hadn't worn them in. When I got there I was staggering in agony, and no one even noticed!

Interview between Gill St. John Griffiths and Julia Griffiths Jones

I met Gill St. John Griffiths at Cardiff Institute of Higher Education in 1990. We had both returned to Wales from London and were teaching the Textile / Fashion option on the Foundation Course. Together we invented some of the most incredible projects for students, my favourite being:

> Choose a country and research its food, clothing, objects etc. Your final piece will be a life-sized market stall where you have made all the items!

We also spent years together working for the Welsh Joint Education Committee setting and marking A-level Textiles and Fashion questions. Gill went on to be Course Director of the BA Hons Contemporary Textile Practice at the University of Wales Institute Cardiff, a course she wrote and devised. She is a contemporary textile practitioner and Reiki master teacher, and a director of the UK Reiki Association.

GSJG

Julia, let's begin with your personal experience of the way that the society and culture of Wales has influenced your work. Leaving your life behind in London in the early nineties, how did it feel to be putting your hands and feet physically back onto the soil of Wales?

JGJ

I immediately felt I belonged to the local community. After fourteen years in London I didn't know anyone in my street. Peter used to take me on walks to see Celtic gravestones, which I started drawing, and while we were cockle picking on the beach I found out about the Penclawdd cockle women. So wire versions of them soon followed. The late Welsh painter Osi Rhys Osmond and his wife, Hilary, lived close by and became friends. Osi employed me to teach on the Foundation Course at Coleg Sir Gâr straight away,

batrymau mewn ymgais i ddychmygu, gan ddefnyddio weiar, y ffordd mae'r bardd yn ymddangos, trwy gydol y gerdd ei bod yn ceisio hudo'r darllenydd yn gynyddol i ymweld â hi yn Llanybri. Cyn troi at farddoniaeth roedd Lynette Roberts, fel minnau, wedi astudio Tecstiliau ac yn ddiweddarach wedi bod yn werthwr blodau. Dw i'n teimlo cysylltiad mawr gyda hi; mae'n rhaid ei bod wedi gwthio ei phlant yn eu pramiau o gwmpas yr un lonydd a minnau.

GSJG

Mae eich llinach fabol yn britho â thecstiliau; ym mha ffordd aethoch chi ati i gynhyrchu'r darnau sy'n ymwneud â merched eich teulu?

JGJ

Roedd fy nwy famgu, Annie a Mya, yn hanu o Donypandy ac Aberdâr. Yn ddwy fenyw wahanol iawn i'w gilydd, roedd Annie yn lliwgar o ran ei gwisg ac yn medru brodio'r llieiniau bordydd roedd hi'n cynhyrchu i godi arian i'r eglwys. Nyrs oedd Mya, a dw i'n cofio dwli ar ei ffedogau meddal glân, wedi'u lapio o gwmpas ei chorff, ac wedi'u haddurno gyda blodau bychain. Dewisais ffedog i gynrychioli'r ddelwedd yma, ond gan ddefnyddio lluniau'r les o ffrog briodas Annie i ffurfio hanner gwaelod y darn, a chadw delwedd y bodis yn llawer llai o faint. Yn dechnegol, roedd hyn i mi'n arbrawf, ac yn ymgais i ymateb i lyfr Arline Fisch, *Textile Techniques in Metal*, llyfr a oedd yn gyfredol ar y pryd.

Gan edrych yn ôl ar y gwaith yma – gwerthwyd y cyfan yn y pen draw – un o'r darnau sy'n dal yn fwyaf trawiadol i mi yw 'Crys i'm Merch'; gresyn nad wyf wedi'i gadw, er fy mod yn gwybod ei fod wedi cael cartref da iawn.

Daeth hyn o gerdd Margaret Atwood, 'Shapechangers in Winter'. Mae'r gerdd yn disgrifio bod yn hapus a chlyd yn y tŷ, gyda holl drugareddau bywyd beunyddiol o gwmpas y lle. Ond mae'r tŷ wedi'i adeiladu ar afon gladdedig, ac mae ein tŷ ni wedi'i adeiladu ar ffynhonnau, ac 'rydym yn tynnu dŵr o'n ffynnon ein hun. Unwaith eto felly roeddwn yn teimlo cymaint o gysylltiad â'r darn yma o ysgrifennu fel fy mod wedi cerdded drwy'r tŷ yn tynnu lluniau o ddillad fy merch Sara yn sychu ar y gwresogydd, esgidiau wedi'u rhoi i'r naill ochr, pethau nad wyf yn aml yn tynnu lluniau ohonynt. Mae'r bardd yn sôn am 'eiriau sychion hen lythyrau', felly roeddwn wedi cynnwys cerdyn post a anfonwyd ata i gan yr awdures Celia Rees, lle y mae'n sôn am Watcyn fy mab. Mae hanner anorffenedig y crys yn llestr bwriadol i arwain at yr anhysbys, a dw i'n falch bod y ddau o'm plant yn rhan ohono.

GSJG

Cefais y fraint o'ch helpu chi i osod eich arddangosfa 'Room within a Room' yng Nghanolfan Grefft Rhuthun ac yn yr Eisteddfod, ac roeddwn i'n dyst i'ch hapusrwydd wrth ei greu, a'r pleser roedd yr arddangosfa wedi rhoi i'r rhai a ddaeth i'w gweld. Dw i'n ei weld fel crynodeb o'r holl dynnu llun, y teithio a'r casglu.

JGJ

Ydy, mae'n stordy o wybodaeth a gasglwyd dros flynyddoedd o deithio a thynnu lluniau. Ar y cychwyn, roeddwn wedi fy nylanwadu llawer gan y dyfyniad canlynol o'r gerdd 'The Signpost' gan R.S. Thomas:

I need a museum
For storing the dream's
brittler particles in[3]

Ac yna rhyw ddydd ffoniodd Philip Hughes o Ganolfan Grefft Rhuthun i ofyn imi beth roeddwn yn gweithio arno, a beth 'roeddwn yn meddwl amdano. Ar y pryd ro'n i'n coginio swper i'r plant, a dw i'n cofio mwmian rhywbeth ynghylch ystafell weiar. Cawson ni lawer o sgyrsiau eraill ynghylch y syniad, a phenllanw'r trafodaethau oedd imi lwyddo i dderbyn Gwobr Llysgennad Cymru Greadigol, Cyngor Celfyddydau Cymru. Roedd ennill y dyfarniad

deconstructing garment shapes?

JGJ

Yes. I drew a child's petticoat shape and made the structure in steel wire before in filling it with animals, fruit and flowers. It was also an evocation of the patterned clothes I remember wearing as a child. I was now unstoppable! Elin's other great gift to me was the anonymous ballad 'Crys Y Mab', 'A Young Man's Shirt'. The girl in the song is washing her lover's shirt under the bridge in Cardigan. What a beautiful image! A knight comes riding by and asks if he can have the shirt; she refuses and gives a long list of reasons why. I love a list, and this one gave me lots of imagery to use.I took the pattern from a traditional man's shirt from Slovakia, embossed dried herbs into pewter sheet, and attached much primitive symbolism together using decorative wire techniques I had recently discovered on a short residency to the Povazske Wire Museum in Northern Slovakia. Discovering that local wireworkers called tinkers had been trying to make wire resemble lace and knitting to create clothed figurative sculptures was one of the most exciting and important discoveries of my creative life and, suddenly, endless possibilities presented themselves.

GSJG

In the late nineties there was a lot of 'empty dress art' happening in Textile Art in particular, do you consider that movement was a support system for you?

JGJ

Yes, it was as I was embarking on the 'Stories in the Making' series of pieces. The initial concept – of alternating responses to literature, whether poems or fiction, with abstract portraits of my family – was conceived as a result of a book club choice, *Impossible Saints,* a fictional work by Michèle Roberts. The book is based on the life and death of Saint Josephine, in which alternate chapters tell the story of other female saints. My daughter Sara was four at the time, and I felt I needed this tight, but alternating structure to cling onto whilst juggling everything else.

One of the first pieces was inspired by Lynette Roberts' 'Poem from Llanybri'. During the Second World War, Roberts lived in Llanybri, and much of her writing appears to be about healing. The piece I made is part cloak and part forties dress, which is a direct response to information I had been given about the clothes Lynette Roberts wore. I have constructed layer upon layer of pattern in an attempt to visualise in wire the way the poet seems to be offering more and more enticements to visit her in Llanybri throughout the poem. Before becoming a poet Lynette Roberts studied Textiles as I did, and later worked as a florist. I feel very connected to her; she must have pushed her children in their prams around the same lanes as me.

GSJG

Your filial line is imbued with textiles, how did you approach making the pieces about the women in your family?

JGJ

My grandmothers, Annie and Mya were from Tonypandy and Aberdare respectively. Very different women, Annie was flamboyant in her dress and could embroider tablecloths which she made to raise money for the church. Mya was a nurse and I remember loving her soft washed wraparound aprons printed with tiny flowers. I chose an apron shape as the conduit for all this imagery, but used drawings of Annie's wedding dress lace in the bottom half of the piece, keeping the bodice imagery much smaller. This was technically an experiment for me, and I did try to respond to Arline Fisch's book *Textile Techniques in Metal* which was out at that time. Looking back at this body of work, which all

wedi fy ngalluogi i fynd â'r gwaith i Slofacia. Roedd hi'n wych dadbacio'r darnau weiar a gynhyrchwyd yn fy stiwdio yng Nghymru, a sylwi ar ymateb y curaduron wrth iddynt ddringo'r ysgolion i hongian y darnau yn ofalus. Roedd y cyfle a gefais i wylio'r arddangosfa, yn breifat, yn arbennig. Roedd cyfarwyddwr yr amgueddfa a'i deulu yn gwisgo eu gwisg genedlaethol ac roedd pawb wrthi'n chwarae eu hofferynnau, yn canu ac yn dawnsio y tu allan i'r arddangosfa. Roeddwn am roi araith, ond y cyfan roeddwn i'n gallu gwneud oedd crïo. Roedd pawb wedi dwli ar y gwaith.

GSJG
Sut lwyddoch chi ddodi'r cyfan at ei gilydd?

JGJ
Dechreuodd y gwaith wneud synnwyr ar ôl imi ymweld ag archif ddeunyddiau Amgueddfa Werin Sain Ffagan, a threulio ychydig ddiwrnodau yn tynnu lluniau o'r wisg Gymreig, yn benodol, sgert wlanen Gymreig hyfryd a oedd ag ymylwaith gylchol amlwg ar ei hem. Roeddwn wrth fy modd gydag edrychiad y brodwaith ac yn gwybod y byddai hyn yn cyd-fynd yn dda yn weledol gyda'r siaced frodiog o Rwmania. Roedd hongian y lluniau weiar, dau neu dri o flaen ei gilydd, yn fy stiwdio yn ennyd gyffrous, gan fod y darnau yn edrych yn gryf ac yn hyfryd o dawel.

Penderfynais ar leoliadau'r darnau wedi imi gynhyrchu'r seld gornel, a oedd yng nghefn yr ystafell, yn erbyn wal. Felly, fe weithiais o'r man hwnnw. Roedd gan y seld ddrôr agored, ac roeddwn ni wedi mapio, yn ddigidol, haenen o ddeunydd i'w osod ynddo. Dw i'n dweud ni – a dweud y gwir, Ant Dickenson oedd yn gyfrifol am y gwaith technegol. A doedd hyn ddim yn stopio yn y ddrôr; roedd gennym ffilm wedi'i fapio o gwmpas yr ystafell, a'r ffilm yn rhedeg mewn cylch. Pan gafodd ei osod yng Nghanolfan Grefft Rhuthun yn 2016, byddai'r plant yn eistedd o'i flaen gan aros i weld y stêm yn codi o'r tegell, a'r lleuad yn codi yn y ffenestr.

Roedd yn dod i ben gydag un gannwyll yn llosgi ar silff y ffenestr.

GSJG
Mae'n siwr eich bod yn gyffrous bod y gwaith yma wedi ennill y Fedal Aur? A oedd y gosodwaith yn wahanol yn Sir Fôn?

JGJ
Oedd, roedd e'n ddiwrnod gwych, ac mae'r fedal wedi'i gwneud o aur ac yn hyfryd iawn.

Doeddwn i ddim wedi defnyddio'r map digidol, gan nad oeddwn yn gallu gwarantu y byddai'r ffilm yn aros yn sefydlog yn adeilad Y Lle Celf, adeilad yr effeithir arno gan y tywydd. Roedd yn edrych yn ysblennydd yn ei ofod glân gwyn, ac roeddwn hefyd wedi ennill gwobr Josef Herman am yr arddangosfa fwyaf poblogaidd, gwobr y mae'r cyhoedd yn penderfynu arni. I gloi'r cyfnod rhyfedd hwn yn fy mywyd, yn 2018 cefais fy ngwahodd i ymuno â'r Orsedd, a hynny mewn seremoni wefreiddiol ym Mae Caerdydd.

GSJG
Julia, 'rydych chi'n casglu o amrywiol ffynonellau; ydych chi'n ymwybodol o unrhyw ddylanwadau diwylliannol cyffredinol sy'n bersonol i chi?

JGJ
Wel, wrth imi ddechrau darllen am y gwledydd roeddwn yn ymweld â nhw, dechreuodd cysylltiadau diwylliannol ddod i'r amlwg. Mae'r agweddau diwylliannol sy'n gyffredin i Gymru a Slofacia i'w gweld yn y mythau sy'n gysylltiedig â deunydd, motiffau a'r lliw coch.

Er enghraifft, un diwrnod roeddwn yn gyrru trwy bentref Ffos y Ffin yng Ngheredigion a gwelais fotiff chwe-petal fflat wedi'i blastro ar wal allanol tŷ. Mae yr un motiff wedi'i baentio ar wal yn ffermdy Kennixton yn Amgueddfa Werin Sain Ffagan. Mae'r motiff hwn, sy'n cynrychioli'r haul, i'w weld yn aml yn Slofacia, wedi'i naddu ar

sold eventually, one of the most striking pieces for me still is 'Shirt for my Daughter', which I wish I had although I know it is in a very good home. It came from Margaret Atwood's poem 'Shapechangers in Winter'. It describes being happily tucked up inside a house, with all the paraphernalia of daily living. But the house is built on a buried river, and our house is built on springs and we have our own well water. Again I felt so connected to this piece of writing that I walked through the house drawing my daughter Sara's clothes drying on the radiator, discarded shoes, things I rarely draw. The poet mentions 'the dried-up words of old letters' so I included the author Celia Rees' postcard to me where she mentions Watcyn my son. The unfinished half of the shirt is a deliberate vessel for the unknown, and I am glad both my children feature in it.

GSJG

I was privileged to help you set up the 'Room within a Room' exhibition at both Ruthin Craft Centre and the Eisteddfod and witnessed your joy in creating it and the pleasure it brought to those who viewed it. I see it as a summation of drawing, travelling, collecting.

JGJ

Yes it is a repository of information gathered over many years of travelling and drawing. In the beginning I was very influenced by this extract from 'The Signpost' by R.S. Thomas:

> I need a museum
> For storing the dream's
> brittler particles in[3]

And then Philip Hughes from Ruthin Craft Centre phoned me one day to ask what I was working on and thinking about. I was cooking supper for the children at the time and I remember mumbling something to him about a wire room. We had many other conversations about the idea, which ended up in a

successful application to the Arts Council of Wales for a Creative Wales Ambassador Award. This enabled me to tour the work to Slovakia. It was wonderful to be unpacking the wire pieces made in my studio in Wales and watch the reaction of the curators as they climbed up ladders to carefully suspend the pieces. They gave me a fantastic private view. The museum director and his family were dressed in national costume and they all played their instruments, sang and danced outside the exhibition. I tried to make a speech, but all I could do was cry. It was a universally loved piece of work.

GSJG

How did you put it all together?

JGJ

It all started to make sense when I went to the fabric archive in the Museum of History at St Fagans and spent a few days drawing pieces of Welsh costume and in particular a beautiful Welsh flannel skirt which had very bold circular edging on its hem. I loved the way this looked embroidered, and I knew that this line would work well visually with the embroidered jacket from Romania. Suspending the wire drawings two or three deep in my studio, was an exciting moment, as the pieces looked strong and beautifully silent. Deciding on the positioning of the pieces happened when I made the corner Welsh dresser, which was at the back of the room against a wall. So I really worked off that. It had an open drawer into which we digitally mapped a film of fabric. I say we, it was Ant Dickinson who technically made this happen for me. It didn't stop in the drawer; we had film mapped around the room, which played on a loop. When it was installed at Ruthin Craft Centre in 2016, children used to sit in front of it waiting to see the steam come out of the kettle, and the moon rising in the window. It ended with a single burning candle on the windowsill.

Julia Griffiths Jones yn '*Room within a Room*', Eisteddfod Genedlaethol Cymru, Sir Fôn
Julia Griffiths Jones in '*Room within a Room*', The National Eisteddfod of Wales,
Anglesey. Mild steel wire. Six square metres. 2017. Photo: Gill St. John Griffiths.

gistiau pren neu ar drawstiau mewn tai.

Hefyd mae nifer o fotiffau wedi'u paentio mewn paent gwyn ar du allan y tai pren ym mhentref Cicmany yn Slofacia: duwiesau, cyrn anifeiliaid a'r caeau ffrwythlon. Roedd y preswylwyr yn teimlo'n fwy diogel gyda'r amddiffyniad ychwanegol hyn o'u cwmpas.

GSJG

Ai chi, yr artist, sy'n cydleoli'r motiffau hyn gan ddefnyddio'ch iaith weledol, neu ydy hyn oherwydd eu bod yn deillio o'r cartref, a bod iddynt gyswllt mabaidd?

JGJ

Y ddau dw i'n credu. I roi esiampl o'r ffordd y mae motiff yn fy nghyfareddu, yn ddiweddar lluniais *collage* a alwaf yn gymysgedd diwylliannol; ond, yn ei wneuthuriad, mae'r cwestiynau o ofod negyddol a siâp yr un mor bwysig â dewis motiff.

GSJG

Mae'n rhyfedd deall bod motiffau bychain yn gallu bod mor bwysig, ond beth am rym y lliw coch?

JGJ

Mae'r rhan fwyaf o ddiwylliannau yn defnyddio'r lliw coch mewn ffordd ddeinamig. Roedd drysau ffermydd Cymru yn cael eu peintio'n goch i gadw ysbrydion drwg draw; y gred oedd bod ysbrydion yn meddwl bod y lliw coch yn arbennig o annymunol.

Ac, yng Nghymru, roedd gwlanen goch yn meddu ar rinweddau iachusol hudol. Credwyd bod darn o wlanen wedi'i gorchuddio â saim gŵydd yn gwella gwddw tost, a'r gobaith oedd y byddai pais wlanen goch yn hongian wrth y ffenestr yn gwella cleifion.

Yn Slofacia mae dillad coch wedi'u brodio yn dwysáu grym bywyd hanfodol y rhai sy'n gwisgo'r lliw, ac mae addurniad coch ar ddeunydd gwyn yn mynegi'n gryf y gobaith am ffrwythlondeb.

GSJG

Winning the Gold Medal for this work must have been so exciting for you. Did the installation differ in Anglesey?

JGJ

Yes it was a fantastic day, and the medal is real gold and very beautiful. I didn't use the digital mapping, as I couldn't guarantee that the film would be static in the Lle Celf building which is affected by the weather. It looked glorious in its pristine white space and I also won the Josef Herman prize for most popular exhibit, voted for by the public. To finish off this remarkable period of my life I was invited into the Gorsedd in 2018 at a very moving ceremony in Cardiff Bay.

GSJG

You collect from a variety of sources, Julia; have you been aware of any cultural universals that are personal to you?

JGJ

Well, as I began reading about the countries I was visiting, cultural links did start to pop up. Common cultural features between Wales and Slovakia are found in the use of myths surrounding cloth, motifs and in the colour red. For example, I was driving through the village of Ffos y Ffin in Ceredigion one day when I saw a flat, six-petal motif stuccoed to the outside of a house. The same motif is stencilled onto a wall in Kennixton farmhouse in the Museum of History in St Fagans. This motif, which represents the sun, is often carved onto wooden chests in Slovakia and on beams inside houses. Also the houses in the village of Cicmany in Slovakia had numerous motifs painted in white on the outside of their wooden houses: of goddesses, animal horns and the fertile field. Inhabitants felt safer in their houses with this extra protection.

GSJG

Is it you the artist who co-locates these motifs using your visual language, or is it because they are from the home and have a filial link?

JGJ

I think both. To exemplify my fascination with the motif, I recently made a collage which I call a cultural mash up, but questions of negative space and shape are just as important in its making as the choice of motif.

GSJG

It's fascinating to think that tiny motifs can be so meaningful, but what about the power of red?

JGJ

Again most cultures use red in a dynamic way. Welsh farmhouses had red painted doors to ward off evil spirits; the colour red was thought to be particularly distasteful to spirits. And in Wales red flannel has magical healing properties. It was reputed to ease a sore throat if worn coated with goose grease, and a red flannel petticoat hanging at the window hopefully would heal the sick. Red embroidered garments in Slovakia accentuate the vital life force of those who wear the colour and the red embellishment on white cloth strongly conveys a hope of fertility. My favourite finds have been myths relating to cloth:

* In Slovakia an apron was worn inside out when you were mourning, symbolised the soul being in disarray and its need of protection from magical forces.
* And I read that in 1380, on the death of a sultan, mourners wore rough, badly stitched garments inside out for forty days.
* And an illegitimate child from Romania was said to be 'of the apron' perhaps hidden from view.

Siaced frodiog Amgueddfa Werin Rwmania, Bwcarést.
Embroidered jacket Museum of the Romanian Peasant, Bucharest.
Ink drawing. 50 cms x 20 cms. 2012. Photo: Aled Rhys Hughes

mod, yn syml, yn gallu'i wneud.

Dw i'n mwynhau'r amrywiol brosesau yn ymwneud â pharatoi'r dur ac, unwaith bod popeth yn barod, dw i'n teimlo'r cynnwrf wrth imi ddechrau tynnu llun ar y ddalen ddur. Fel arfer dw i'n cyfeirio at lun sydd eioes yn bodoli ac yn dyfalu – a fydd y llun hwn yn edrych yn well ar ddur? Mae'r cyfan yn eithaf dirdynnol, ac unwaith bod y gwaith yn yr odyn am ddwy funud, mae'r cyffro ynddo i'n cynyddu nes fy mod yn agor drws yr odyn. I mi, mae gweld y llinell yn dod yn rhan barhaol o'r dur yn gwbl hudol. Dw i'n medru tynnu llun llawer mwy manwl gydag enamel nag y gallaf wneud gan ddefnyddio weiar, ac yn fwy na thebyg, dyma sydd yn fy hudo ar hyn o bryd.

GSJG

Ble nesaf, Julia?

JGJ

Ychydig cyn y clo mawr cyntaf yn 2020 roeddwn wedi arddangos fy ngwaith yn 'Collect' yn Somerset House. Roedd yr arddangosfa yn grynodeb o'r gwaith roeddwn wedi'i gynhyrchu o ganlyniad i gyfnod Preswyl Tecstil yn India yn 2017.

Ers hynny dw i wedi bod, fel petai, yn adolygu fy ngorffennol, yn rhannol oherwydd y cyfnodau clo a'r ffaith nad wyf yn gallu teithio. Dw i wedi bod yn edrych drwy fy archif – ar y dechrau gan feddwl y byddai'r broses yn rhy feichus, ond wedi dod i werthfawrogi taw hwn yw fy nghof dynol, y gallaf ei ail-ddefnyddio a'i ail-weithio. Gallaf weld y broses o'i greu, a'r ffordd y mae darnau unigol yn cyd-fynd â phrosiectau eraill, p'un ai drwy'r motiff, y lleoliad neu'r cyd-destun.

Digwyddais ddod o hyd i amrywiol doriadau papur sy'n berthnasol i'm teithiau ymchwil o gwmpas Cymru yn yr wythdegau hwyr. Roeddwn yn synnu fy mod wedi gallu torri papur mewn ffordd mor gywrain – dw i'n dwli ar yr het Gymreig ar ei stand, y garreg wedi'i naddu i siâp ffan yn y fynwent a'r llwy garu ddwbl. Nid oes iddynt gyd-destun, felly yn ddiweddar dw i wedi bod yn

ychwanegu atynt i ddod â nhw i'r presennol.

Mae'r man adolygu dw i wedi cyrraedd wedi fy ngwneud i sylweddoli fy mod yn gasglwr darnau, gwrthrychau sydd, fel arfer, wedi'u cynhyrchu mewn ffyrdd gostyngedig, ac yn aml i ddathlu bywyd ac esbonio ei fythau a'i ddirgelion. I ddychwelyd at y dyfyniad cynharach o waith R.S. Thomas, mae'n bur debyg bod angen imi greu amgueddfa ddychmygol. Fy ngobaith yw y bydd fy ngwaith nesaf yn ystyried y ffaith ein bod yn byw mewn cymdeithas fyd-eang, wedi'i chydblethu â syniadau a gwrthrychau digyfnewid. Dw i am weld os y gallaf greu arddangosfa a fydd, gan ddefnyddio technegau gofalus a chreadigol, yn agor fy archif, yn rhannu'r hyn sydd wedi'i gasglu, a'r ffordd y mae curadu wedi llywio fy ngwaith mewn weiar, enamel a thynnu lluniau.

Yn ei lyfr *Das Archiv*, mae Jurgen Partenheimer yn dweud:
'Nid Archif yw'r hyn sydd, y tu allan i ni ein hunain, yn gosod ffiniau arnom ond yr hyn sy'n amlygu ei hun yn ei holl gyfoeth ffractal. Trwy wrthod trefn y mae'r ddelwedd yn ymddangos ac yn ymgaledu.'[4]

Gill, mae recordio'r cyfweliad hwn gyda chi wedi bod yn brofiad amhrisiadwy, a dymunol iawn. 'Rydym nid yn unig wedi llwyddo i siarad yn helaethach trwy Zoom, ond mae hefyd wedi helpu fy syniadau cymysglyd. Diolch yn fawr am gytuno i wneud hyn, ac am fod yn ffrind a chydweithiwr mor gefnogol. Dw i'n teimlo taw nawr yw'r amser i gynhyrchu gwaith sy'n cyd-gloi elfennau o'r gorffennol gyda'r ffordd fy mod yn teimlo y dylai fy ngwaith edrych, a chael ei gynhyrchu, yn y dyfodol.

1. Gillian Clarke, *Letter from a Far Country* (Gwasg Carcanet, 1982) 6. Y darn o'r gerdd 'Letter from a Far Country' drwy ganiatâd caredig Carcanet.
2. Araith gan y Dr Elin Jones pan agorwyd yr arddangosfa 'Unwinding the Thread' yn Oriel Glynn Vivian, Abertawe (1997). Y darn hwn drwy ganiatâd caredig Dr Elin Jones.
3. R.S. Thomas, *Collected Poems* 1945-1990 (Phoenix, 1993) 344. Y darn o 'The Signpost' drwy ganiatâd caredig Grwp Cyhoeddi Orion.
4. Jürgen Partenheimer, *Das Archiv/The Archive* (Distanz, 2014) 22.

door. Seeing the drawn line become a permanent fired piece of steel is absolutely magical to me. I am able to achieve a much more detailed drawing on enamel than I can with wire, which is probably what is seducing me at the moment.

GSJG
Where next, Julia?

JGJ
Just before the first lockdown in 2020 I exhibited at Collect in Somerset House. This was a summation of work I produced as a result of a Textile Residency I undertook in India in 2017.

Since then I have been reviewing my past, in part forced by lockdowns and being unable to travel. I have been sifting through my archive, in the beginning thinking it was all too cumbersome, but latterly appreciating that it is my human memory which I can reuse and re-work. I can see the process of its creation and how individual pieces correspond with other projects, whether through the motif, place or context.

I unearthed various paper cuts from my research trip around Wales in the late eighties. I was surprised that I had been able to cut paper so intricately, I love the Welsh hat on its stand, the fan carved stone in the graveyard and the double love spoon. They have no context, so recently I have been adding to them to bring them into the present.

This reviewing place which I find myself in has made me realise that I am a collector of fragments, of objects usually made in humble ways often to celebrate life and to explain its myths and mysteries. To go back to the earlier R.S. Thomas quote, I probably need to create an imaginary museum. I am hoping that my next body of work will take into account that we are living in a global society interwoven with timeless ideas and objects. I want to see if I can make an exhibition which, with careful and creative display

techniques, opens my archive, sharing what I have collected, and how curating has informed my work made in wire, enamel and drawing.

In his book, *Das Archiv*, Jurgen Partenheimer says:
'The Archive is not that which, outside ourselves, delimits us but that which manifests itself in all its fractal richness. It is from the rejection of order that the image emerges and solidifies.'[4]

Recording this interview with you, Gill, has been an invaluable and pleasant experience. Not only have we been able to talk more via zoom, but also it has clarified my jumbled thoughts. Thank you so much for agreeing to do this, and for being such a supportive colleague and friend. I feel now is the time to make work which further interlocks strands of the past with how I feel my work should look and be made in the future.

Duwies yn ei gardd
Goddess in her garden
Vitreous enamel on steel. 90 cms x 90 cms. 2020
Photo: Aled Rhys Hughes

1. Gillian Clarke, *Letter from a far Country* (Carcanet Press 2007). p.6.The extract from 'Letter from a Far Country' is reprinted by kind permission of Carcanet Press, Manchester, UK.
2. Extract from a transcription of a speech made by Dr Elin Jones on the occasion of the opening of the exhibition 'Unwinding the Thread', at the Glynn Vivian Art Gallery in Swansea. The extract is printed by kind permission of Dr Elin Jones.
3. *R.S. Thomas Collected Poems 1945–1990* (Phoenix:1993). p.344. Extract from The Signpost is reprinted by kind permission of Orion Publishing Group,London.
4. Jurgen Partenheimer, *Das Archiv The Archive* (Distanz 2014). p.22.

CHRISTINE KINSEY

HON

Ymson 3 / Soliloquy 3
Olew ar gynfas / oil on canvas
152.5 x 152.5 cm

Cafodd lleisiau gweledol menywod eu hanwybyddu neu eu distewi gan mwyaf o fewn hanes diwylliant Cristnogol y Gorllewin a hynny oherwydd y dehongliad patriarchaidd o'r ysgrythur a ddewiswyd gan arweinwyr yr eglwys Gristnogol yn ystod ei blynyddoedd ffurfiannol. Hyd heddiw, y testunau beiblaidd hyn yw'r straeon canonaidd a adroddwyd wrthym drwy gydol y cyfnod Cristnogol, a chael eu trawsnewid, â gogwydd wrywaidd, yn beintiadau, darluniau, cerfluniau a gwydr lliw a fu, ers canrifoedd lawer, yn gyfrwng trosglwyddo'r stori Gristnogol i bobl na allai, ran amlaf, ddarllen na sgrifennu.

Comisiynwyd llawer o'r delweddau hyn gan hierarchaeth yr eglwys, a gefnogwyd gan noddwyr cyfoethog, i ddangos sut y dylai pobl, yn enwedig menywod, feddwl, ymddwyn a chredu er mwyn cael eu derbyn gan yr eglwys, cymdeithas a'r wladwriaeth. Mae'r dychymyg gwrywaidd wedi tra-arglwyddiaethu ar ddiwylliant gweledol Cristnogol y Gorllewin ers wyth canrif, yn cynnwys y cyfnod Modernaidd. Mae delweddu'r dychymyg mewn iaith weledol gan ddynion, yn enwedig yn ystod y Dadeni Eidalaidd o'r 14eg i'r 16eg ganrif, wedi bod yn ddylanwad mawr ar y ffordd y canfyddir menywod a sut yr ydym yn canfod ein hunain. Mae canlyniadau'r gynrychiolaeth weledol hon o fenywod a grëwyd gan ddynion ar gyfer yr eglwys a noddwyr cyfoethog yn parhau. Defnyddiwyd celf weledol Ewropeaidd gan ddynion fel modd o wrthrycholi menywod er mwyn dominyddu a mygu eu lleisiau yn ddiwylliannol, yn ddiwinyddol ac yn gymdeithasol. Am na chydnabuwyd gwerth iaith weledol menywod, y canlyniad yw na welir llawer o ôl dychymyg menywod a dehongliad benywaidd o'r straeon yn hanes diwylliant gweledol Cristnogol Gorllewinol.

Yn ystod y Dadeni, roedd myth creadigaeth Genesis yn hoff bwnc i beintiadau, pan ddangosid menywod noeth i sefyll am bechod a gwarth yn enw crefydd a moeswersi. Dros y canrifoedd, aeth menywod noeth i chwarae rôl rywiol, ac wrth i rywioldeb menywod eu gwneud yn wrthrych chwantau dynion, roedd

128

The visual voices of women have mostly been ignored or silenced within the history of Western Christian culture which is due to the patriarchal interpretation of scripture chosen by leaders of the Christian church during its formative years. These biblical texts have remained the canonical stories we have been told throughout the Christian era and have been transformed, with a male gender bias, into the paintings, drawings, sculpture and stained glass which for many centuries transmitted the Christian story to people who, in the main, could not read or write. Many of these images were commissioned by the church hierarchy, which was supported by rich patrons, to illustrate how people, in particular women, should think, behave and believe in order to be accepted by the church, society and the state. The male imagination has dominated Western Christian visual culture for the past eight centuries, which includes the Modernist period. Imaging the imagination in visual language by men, particularly during the Italian Renaissance 14th to the 16th century, has been a major influence on the way women are perceived and how we perceive ourselves. This visual representation of women created by men for the church and wealthy patrons still has repercussions today. Historically European visual art has been used by men as a means of objectifying women in order to dominate and suppress women's voices culturally, theologically and socially. Because the visual language of women has been undervalued the consequence has been that women's imagination and a female interpretation of the stories has been under-represented within the history of Western Christian visual culture. During the Renaissance, the Genesis creation myth was a favourite subject in paintings, when naked women were shown as harbingers of sin and degradation in the name of religion and morality tales. Over the centuries naked women took on a sexual role when nakedness became nudity and women's sexuality made them objects of men's desire, to commission and own a painting of a nude woman was to possess

her. The objectifying of women by male artists continued throughout the Modernist period. The majority of paintings about allegorical, classical and biblical mythology were made in artists' studios by men for men with wealth and power.

Although the names of a few women artists in the late Renaissance/Baroque period were known, such as Sofonisba Anguissola, Lavinia Fontana, and Elisabetta Sirani, their paintings and visual interpretation of Christian and other mythological subject matter has mostly been ignored and disregarded. Artemesia Gentileschi was the exception, but not initially for her extraordinary expert painting skills. She was born in 1593 and became a pupil of her father, Orazio Gentileschi, a successful Baroque painter in Rome. As a teenager she was apprenticed to the artist Agostino Tassi in her father's studio where she painted the prescient *Susanna and the Elders* in 1610, the year before she was raped by Tassi. She became well known not because of her skill and her remarkable paintings but because of the charges her father brought against Tassi and his trial for rape that began in 1612. These charges were not because he had raped her but due to the fact that he would not marry her. We know about the trial because of the detailed court records of the time, which show that Artemesia was subjected to humiliation and torture. As an artist she was treated as a curiosity for many years but she survived to go on to produce extraordinary paintings, including several versions of *Judith beheading Holofernes* that are equal to any of those by of male artists of the time. Although her paintings were mostly commissioned by male patrons, she was able to show her personal story by using herself as the model in the grand narrative of mythological paintings as well the allegorical self-portraits, all of which have a very strong contemporary resonance as the first *confessional* works by a woman artist. Recently, many more women artists of the Renaissance and the Baroque period have been recognised in Italy, which is due, in the main, to Jane Fortune, an

comisiynu a meddu ar noethlun o fenyw yn golygu ei meddiannu. Parhaodd artistiaid gwrywaidd i wrthrycholi menywod ar hyd y cyfnod Modernaidd. Gwnaed y mwyafrif o beintiadau am fytholeg glasurol a beiblaidd alegorïaidd mewn stiwdio artist gan ddynion ar gyfer dynion â chyfoeth a phŵer.

Er bod enwau ychydig o artistiaid benywaidd ar ddiwedd y cyfnod Dadeni/Baróc yn hysbys, megis Sofonisba Anguissola, Lavinia Fontana, ac Elisabetta Sirani, cafodd eu peintiadau a'u dehongliad gweledol o bynciau Cristnogol a mytholegol eraill eu hanwybyddu a'u diystyru gan mwyaf. Roedd Artemesia Gentileschi yn eithriad, ond nid am ei sgiliau peintio celfydd rhyfeddol i ddechrau. Fe'i ganed ym 1593 ac aeth yn ddisgybl i'w thad, Orazio Gentileschi, peintiwr Baróc llwyddiannus yn Rhufain. Yn ei harddegau fe'i prentisiwyd i'r artist Agostino Tassi yn stiwdio'i thad lle peintiodd ei *Susanna and the Elders* rhagweledol ym 1610, y flwyddyn cyn iddi gael ei threisio gan Tassi. Daeth yn adnabyddus nid am ei medr a'i pheintiadau hynod ond oherwydd y cyhuddiadau a ddygwyd gan ei thad yn erbyn Tassi, a'i achos llys am dreisio ym 1612. Nid am ei fod wedi ei threisio y dygwyd y cyhuddiadau hyn ond am iddo wrthod ei phriodi. Gwyddom am yr achos oherwydd cofnodion llys manwl y cyfnod, sy'n dangos bod Artemesia wedi dioddef cael ei gwaradwyddo a'i harteithio. Fel artist, cafodd ei thrin fel hynodrwydd am flynyddoedd lawer ond aeth yn ei blaen i gynhyrchu peintiadau hynod, gan gynnwys sawl fersiwn o *Judith Beheading Holofernes* sydd cystal ag unrhyw rai gan arlunwyr gwrywaidd y cyfnod. Er bod ei pheintiadau wedi'u comisiynu'n bennaf gan noddwyr gwrywaidd, gallai gyfleu ei hanes personol trwy ddefnyddio'i hun fel model yn naratif mawreddog peintiadau mytholegol yn ogystal â'r hunan-bortreadau alegorïaidd, y mae gan bob un ohonynt berthnasedd cyfoes cryf iawn fel y gweithiau *cyffesiadol* cyntaf gan artist benywaidd.

Yn ddiweddar, cafodd llawer mwy o artistiaid benywaidd y Dadeni a'r cyfnod Baróc gydnabyddiaeth yn yr Eidal, diolch yn bennaf i Jane Fortune, Americanes ddyngarol, awdur a newyddiadurwraig, a ddechreuodd edrych yn ofalus yn 2005 ar beintadau wedi eu difrodi a'u hesgeuluso mewn palasau, eglwysi ac amgueddfeydd, a chanfod 2,000 o beintiadau anghof gan fenywod o Fflorens yn unig. Er mwyn cychwyn ar y broses faith o enwi ac adfer y gweithiau celf, sefydlodd y Sefydliad Hyrwyddo Artistiaid Benywaidd a chyflogi tîm o fenywod sy'n adfer gweithiau celf. Cwestiwn perthnasol, i mi, yw sut y byddai'r canfyddiad o fenywod a'r ffordd y canfyddwn ein hunain wedi newid pe bai dehongliad gweledol dychmygus benywaidd o'r fytholeg Gristnogol, a ddylanwadodd gymaint ar agweddau tuag at fenywod yng nghymdeithas y Gorllewin, wedi bod ar gael yn flaenorol. Mae'n amhosib ateb y cwestiwn hwnnw, wrth gwrs, ond mae'n dangos pa mor bwysig yw cydnabod y dychymyg benywaidd/ffeministaidd yng nghelf weledol menywod heddiw er mwyn mynd i'r afael â'r dylanwad a fu – ac sydd o hyd – gan y dychymyg gwrywaidd ar fywydau menywod.

Dibrisiwyd gwerth iaith weledol ar bob lefel o bolisi addysg Prydain ers degawdau, fel y dibrisiwyd rôl y celfyddydau creadigol yn gyffredinol. Nid yw'r celfyddydau gweledol o fewn y system Addysg Uwch ym Mhrydain, ar y cyfan, wedi cefnogi nac annog menywod i ddatblygu eu dychymyg a'u lleisiau gweledol yn seiliedig ar eu profiadau corfforol a seicolegol eu hunain. Roedd llawer o'r colegau celf ac, yn ddiweddarach, ar ffurf adrannau prifysgol, o dan reolaeth dynion, fel y mae gormod o lawer ohonynt o hyd. Mewn rhai achosion, gwahaniaethwyd yn annheg yn erbyn menywod a'u hannog i beidio ag ymgeisio am gyrsiau Celfyddyd Gain gan eu bod yn aml yn cael eu cyfarwyddo i ymgeisio am y Celfyddydau Cymhwysol yn unig. Yn y 1960au cynnar bu newidiadau mawr yn y ffordd yr oedd y celfyddydau gweledol yn cael eu dysgu mewn sefydliadau addysg uwch yng Nghymru a Lloegr. Disodlwyd y dulliau traddodiadol o ddysgu lluniadu, peintio a sgiliau crefftwaith gan raglenni y tybid eu bod yn seiliedig ar y syniadau a oedd wedi

Llais 2 / Annunciate 2
olew ar gynfas /oil on canvas
182.88 x 121.92 cm

American writer, journalist and philanthropist, who in 2005 began to look carefully at some of the damaged and neglected paintings in palaces, churches and museums, identifying 2,000 forgotten paintings by women in Florence alone. To begin the long process of naming and restoring the works of art she set up a Foundation and employed a team of women art restorers. A pertinent question, for me, is how would it have changed the way women are perceived and the way we perceive ourselves if a female imaginative visual interpretation of the mythical Christian stories, which have been so influential on attitudes towards women in Western society, had been available before. That question is, of course, unanswerable, but it does illustrate how important it is to recognise the female/feminist imagination in the visual art of women today in order to address the influence the male imagination had and still has on women's lives.

Visual language has been undervalued at all levels of education policy in Britain for decades, as has the role of the creative arts in general. The visual arts within the higher education system in Britain has not, on the whole, supported nor encouraged women to develop their imagination and visual voices based on their own bodily and psychological experiences. Many of the colleges of art and later as departments of universities were dominated by men and far too many still are. In some cases, women were discriminated against and discouraged from applying for Fine Art courses as they were often designated to apply only for the Applied Arts. In the early 1960s there were major changes in the way the visual arts were being taught at higher education institutions in England and Wales. The traditional methods of teaching drawing, painting and craft skills were replaced by programmes that were reputed to be based on the ideas which had developed during the period of the Bauhaus, the German art school which taught Art, Design and Architecture and aimed to bridge the gap between art and technology. It was founded in 1919

datblygu yn ystod cyfnod y Bauhaus, yr ysgol gelf Almaenaidd a oedd yn dysgu celf, dylunio a phensaernïaeth â'r nod o bontio'r bwlch rhwng celf a thechnoleg. Fe'i sefydlwyd ym 1919 gan y pensaer Walter Gropius yn Weimar gyda'r athrawiaeth bod 'ffurf yn dilyn swyddogaeth', gan bwysleisio dealltwriaeth gref o ddylunio sylfaenol, yn enwedig cyfansoddiad, damcaniaeth lliw a chrefftwaith. Roedd y Bauhaus yn adnabyddus trwy waith tiwtoriaid gwrywaidd fel y peintwyr Paul Klee a Wassily Kandinsky, y peintwyr/dylunwyr Johannes Itten, Joseph Albers ac Oskar Schlemmer a'r peintiwr/ffotograffydd László Moholy-Nagy.

Nodai maniffesto'r Bauhaus na ddylai fod unrhyw wahaniaethu ar sail rhyw; mewn gwirionedd, eu gwthio i'r cyrion a gafodd y llu o fenywod a fu'n astudio yno a'u cyfeirio at feysydd gwehyddu a thecstilau yn hytrach nag at beintio, cerflunio a phensaernïaeth, lle'r oedd dynion yn ben. Y rheswm am hyn oedd haeriad Walter Gropius bod dynion yn meddwl mewn tri dimensiwn ac na allai menywod ond meddwl mewn dau. Mae'r mwyafrif o'r artistiaid o fenywod a astudiodd yn y Bauhaus wedi bod yn anweledig. Mae hon yn enghraifft wych o sut roedd dychymyg menywod yn cael ei fygu, ac wrth i ddylanwad yr ysgol ledaenu, roedd hefyd yn cyfleu i fenywod nad oeddent mor alluog â dynion o ran datblygu eu galluoedd creadigol.

Yn ddiamau, newidiodd y Bauhaus amgylchedd a diwylliant llawer o Ewrop gan gynnwys Prydain yn ystod yr 20fed ganrif. Dylanwadodd hefyd ar ddiwylliant ac amgylchedd adeiledig America lle, wedi i'r Natsïaid gau'r Bauhaus ym 1933, bu Walter Gropius yn dysgu ym Mhrifysgol Harvard, a Joseph Albers yng ngholeg hynod ddylanwadol Black Mountain yn Connecticut. Drwy fy mhrofiad o astudio yng Ngholeg Celf Casnewydd, Gwent yn ystod y 1960au ac yna dysgu am fwy na 30 mlynedd mewn ysgolion, colegau celf a phrifysgolion, dwi'n cydnabod bod llawer o egwyddorion gwerthfawr y Bauhaus wedi cael eu camddehongli'n enbyd pan gawsant eu cyflwyno i mewn i addysg gelf, yn enwedig

Gwlad – Troad Allan / Land – Expulsion
olew ar gynfas / oil on canvas
182.88 x 121.92 cm

by the architect Walter Gropius in Weimar with the doctrine that 'form follows function' emphasising a strong understanding of basic design especially of composition, colour theory and craftsmanship. The Bauhaus was known through the work of male tutors such as the painters Paul Klee and Wassily Kandinsky, painter/designers Johannes Itten, Joseph Albers, Oskar Schlemmer, and painter/photographer László Moholy-Nagy.

The Bauhaus manifesto stated there would be no sex discrimination, but in reality, the many women who studied there were marginalised and designated to the areas of weaving and textiles rather than the male dominated areas of painting, sculpture and architecture: the reason for this was that Walter Gropius asserted men thought in three dimensions but women could only think in two dimensions. The women artists who studied at the Bauhaus have been, for the most part, invisible. This is a prime example of how women's imagination was being suppressed and as the influence of this art school spread, it also relayed to women they were not as capable as men in developing their creative abilities.

The Bauhaus undoubtedly changed the environment and the culture of much of Europe including Britain during the 20th century. It also influenced the culture and the built environment of America where, after the Bauhaus was closed by the Nazis in 1933, Walter Gropius taught at Harvard University and Joseph Albers went to teach at the highly influential Black Mountain College in Connecticut. Through my experience of studying in Newport College of Art, Gwent during 1960s and then teaching for over 30 years in schools, art colleges and universities, I recognise that many of the valuable principles of the Bauhaus were grossly misinterpreted when introduced into art education, in particular the Arts Foundation courses in the 1960s when a non-personal analytical system was introduced. The repercussions are still reverberating in some colleges and universities and it has undermined the value of learning the basic visual language of art and design as part of the education process. The spiritual, psychological and metaphysical basis of much of the work of the principal artists in the Bauhaus has often been ignored in the work of Paul Klee, Joseph Albers, and Wassily Kandinsky whose books *Concerning the Spiritual in Art*[1] and *Point and Line to Plane*[2] shows how the spiritual and metaphysical aspects of his life were a central tenet of his work. What has continued under the influence of the Bauhaus system from the 1960s is the discriminatory attitude toward women engaged with the visual arts in national arts institutions, and although the situation has improved with more women role models, there is still a very long way to go.

In December 1968, I co-founded Chapter Arts Centre in Cardiff with Bryan Jones and Mik Flood. When Bryan and I met Mik and we discovered that he was also interested in the counterculture that had developed throughout the 1960s and was conscious of the lack of venues for the contemporary arts in Wales. During Christmas 1968 in Bryan's and my house in Pen-y-lan, Cardiff we began to discuss how we could improve this situation and decided a way forward was to form the Art Centre Project Group. Our aim was to publicise and raise enough money to set up an arts centre in Cardiff that could represent Wales, our first decision was to advertise the group in the *International Times*, an underground magazine/newspaper which had been founded in 1966 and covered politics, the arts and the counterculture in Britain. It was one of the first of its kind to recognise the spread of a socio-cultural revolution dubbed the Swinging Sixties, with its hippy generation and flower power, including its slogans of free love and peace. Our advertisement invited anyone who was interested in setting up an arts centre to join us. The only answer we received, which proved to be crucial, was from Peter Jones, the Assistant Director for Art in the Welsh Arts Council; without Peter's support we could not have developed our plans for an Arts Centre in Cardiff.

yng nghyrsiau Sylfaen y Celfyddydau yn y 1960au pan gyflwynwyd system ddadansoddol nad oedd yn bersonol. Mae'r ôl-effeithiau yn dal i atseinio mewn rhai colegau a phrifysgolion, a thanseiliwyd gwerth dysgu iaith weledol sylfaenol celf a dylunio fel rhan o'r broses addysg. Cafodd sail ysbrydol, seicolegol a metaffisegol llawer o waith prif artistiaid y Bauhaus ei anwybyddu'n aml, fel yng ngwaith Paul Klee, Joseph Albers, a Wassily Kandinsky, y mae ei lyfrau *Concerning the Spiritual in Art*[1] a *Point and Line to Plane*[2] yn dangos sut roedd agweddau ysbrydol a metaffisegol ei fywyd yn rhan ganolog o'i waith. Yr hyn sydd wedi parhau o dan ddylanwad system Bauhaus o'r 1960au yw'r agwedd wahaniaethol tuag at fenywod sy'n ymwneud â'r celfyddydau gweledol mewn sefydliadau celfyddydau cenedlaethol; er bod y sefyllfa wedi gwella gyda mwy o fenywod mewn swyddi dylanwadol, mae ffordd bell iawn i fynd o hyd.

Ym mis Rhagfyr 1968, cyd-sefydlais Ganolfan Gelfyddydau Chapter yng Nghaerdydd gyda Bryan Jones a Mik Flood. Pan gyfarfu Bryan a minnau â Mik, cawsom ei fod yntau'n ymddiddori yn y gwrth-ddiwylliant a oedd wedi datblygu drwy'r 1960au a'i fod yn ymwybodol o'r diffyg lleoliadau ar gyfer y celfyddydau cyfoes yng Nghymru. Yn ystod Nadolig 1968 yng ngartref Bryan a minnau ym Mhenylan, Caerdydd fe ddechreuson ni drafod sut y gallem wella'r sefyllfa hon, a phenderfynu mai'r ffordd ymlaen oedd ffurfio Grŵp Project y Ganolfan Gelf. Ein nod oedd rhoi cyhoeddusrwydd a chodi digon o arian i sefydlu canolfan gelfyddydau yng Nghaerdydd a allai gynrychioli Cymru. Ein cam cyntaf oedd hysbysebu'r grŵp yn yr *International Times*, cylchgrawn/papur newydd tanddaearol a sefydlwyd ym 1966 a oedd yn ymdrin â gwleidyddiaeth, y celfyddydau a'r gwrth-ddiwylliant ym Mhrydain. Roedd yn un o'r rhai cyntaf i nodi twf chwyldro cymdeithasol-ddiwylliannol a alwyd y 'Swinging Sixties', gyda'i genhedlaeth o hipis a phŵer blodau, a'i sloganau o gariad rhydd a heddwch. Roedd ein hysbyseb yn gwahodd unrhyw un oedd â diddordeb mewn sefydlu

canolfan gelfyddydau i ymuno â ni. Yr unig ateb a gawsom, a brofodd yn allweddol, oedd gan Peter Jones, Cyfarwyddwr Cynorthwyol Celf Cyngor Celfyddydau Cymru. Heb gefnogaeth Peter ni allem fod wedi datblygu ein cynlluniau ar gyfer Canolfan Gelfyddydau yng Nghaerdydd.

Yn ystod 1969 buom yn ymweld â labordai celf a chanolfannau celfyddydau a sefydlwyd yn Lloegr. Dim ond un o'r rhain, sef stiwdios SPACE yn Nociau St Katharine, Llundain oedd yn cynrychioli agwedd ar y ganolfan gelfyddydau roedd gennym mewn golwg. Yr un flwyddyn aethom ymlaen i drefnu digwyddiadau yng Nghaerdydd gan gynnwys gŵyl bob ddeuddeg-awr gyda Pink Floyd ar frig y rhestr. Llogwyd siop fawr ar Heol y Frenhines yng nghanol Caerdydd am bythefnos a darlledu cerddoriaeth a barddoniaeth allan dros y stryd ar yr oriau traffig brig; perfformiodd Theatre in Transit, grŵp theatr myfyrwyr Prifysgol Caerdydd, a oedd yn cynnwys Mike Pearson, fersiwn o'r *Odyssey*; roedd y digwyddiad hefyd yn cynnwys arddangosfa o beintiadau gan artistiaid Bwdhaidd o gymoedd de Cymru yn ogystal â cherfluniau chwyth Frank Triggs. Fel rhan o'r digwyddiadau hyn gofynnwyd i bobl lenwi holiadur a oedd yn gofyn pe sefydlid canolfan gelfyddydau yng Nghaerdydd, beth yr hoffent ei weld yn cael ei gynnwys. Defnyddiwyd hwn fel sail i symposiwm i drafod y canfyddiadau a gynhaliwyd yn theatr Reardon Smith. Trefnwyd hefyd i ddangos y ffilmiau *Don't Look Back* gyda Bob Dylan a *The Harder They Come* gyda Jimmy Cliff yn sinema'r Globe yn y Rhath, Caerdydd i gynulleidfaoedd mawr iawn. Ym 1970 cawsom ein comisiynu gan Peter Jones i redeg cynllun Pafiliynau yn y Parc yng Nghaerdydd a Chasnewydd, lle bu artistiaid o bob disgyblaeth yn cyflwyno gwaith mewn chwe phafiliwn hanner-silindraidd.

Wedi llwyddiant y digwyddiadau hyn, dyma gysylltu â Chyngor Dinas Caerdydd gyda chais i rentu adeilad segur er mwyn i ni allu datblygu ein cynlluniau ar gyfer canolfan gelfyddydau. Ar ôl edrych ar nifer o adeiladau, dyma ni'n penderfynu mai hen Ysgol Uwchradd

134

During 1969 we visited art labs and arts centres that had been set up in England. Only one of the organisations called SPACE studios in St Katharine Docks, London represented an aspect of the arts centre we were planning. During that year we went on to organise events in Cardiff including a twelve-hour pop festival with the Pink Floyd topping the bill. We took over a large shop on Queen St in the centre of Cardiff for two weeks and broadcast music and poetry out over the street at rush hour; Theatre in Transit the Cardiff University student theatre group, that included Mike Pearson, performed a version of the *Odyssey*; the event also included an exhibition of paintings by Buddhist artists from the South Wales valleys as well as inflatable sculpture by Frank Triggs. As a part of these events we asked people to fill in a questionnaire which asked – if there was an arts centre set up in Cardiff what would they like to see included? This was used as a basis for a symposium to discuss the findings which was held in the Reardon Smith lecture theatre. We also organised the films *Don't Look Back* with Bob Dylan and *The Harder They Come* with Jimmy Cliff to be shown in the Globe Cinema in Roath, Cardiff to very large audiences. In 1970 we were commissioned by Peter Jones to organise a scheme called Pavilions in the Park in Cardiff and Newport, Gwent where artists from all discipline presented their work in six half cylindrical pavilions.

After the success of these events we decided to approach Cardiff City Council with a request to rent a disused building to enable us to develop our plans for an arts centre. After looking at a number of buildings we decided the derelict and condemned old Canton High School with 42,958 ft² of floor space was the one where we could develop our plans to create a centre for the arts where creative work could be developed, produced and presented under one roof. Bryan and I who were artists and Mik who was a writer moved into the building that would become Chapter Arts Centre in December 1970 with no building nor managerial

Cylch Bywyd 1 / Life Cycle 1
olew ar gynfas / oil on canvas
182.88 x 121.92 cm

138

Yr Adwy 5 / The Gap 5
pensil-siarcol ar bapur/pencil-
charcoal on paper
81.1 x 59.4 cm

immediately as they walked in. We were fortunate that Chapter was at a stage where we had gained the support of more city councillors and after a great deal of discussion, I was able to persuade them that this painting should remain in the exhibition.

Modernism was viewed by many artists in the 1960s, especially women, as elitist, white male-dominated, and uninterested in minorities. Postmodernism was welcomed by many feminist artists internationally who were outraged by their continuing ostracism from the dominant modernist tradition, in particular from painting and sculpture. The multimedia approach of Postmodernist art practice was seen as a potentially radical intervention into what is still a ubiquitous male culture. The National Eisteddfod of Wales is an example of how many women artists exhibiting in Y Lle Celf continue to work in a wide range of media, which is a testament to how the Postmodernist phenomenon continues to influence their work. Women's visual art organisations struggled to be seen and heard, with some groups succeeding despite the difficulties. South Glamorgan Women's Arts Association, also known as Permanent Waves, organised the first annual International Women's Arts Festival in 1986, stating that the Association is 'committed to addressing the isolation and exclusion experienced by women in the arts and the wider community'. The funding that enabled the organisation to employ a member of staff was withdrawn in 2011; the reason they were given was that 'in the 1980s when the Association began there was a clear need to support such an organisation but today this isn't the case' – a conclusion which shows a clear lack of understanding by funding bodies of the continuing difficulties faced by women in the arts.

Exasperated by the marginalisation of work by women film-makers in an industry controlled by men, inside and outside Wales, a number of women in Chapter formed the South Wales Women's Film Group in November 1981, the first women's film organisation in Wales. The group's intention was to share skills, support ideas and enable women to play a more active role in film-making. Red Flannel Films, founded in 1986 by members of this group, told the story, through film, of the miner's strike in 1984-1985. The films represented women in the South Wales Valleys who had taken a lead in the miners' strike against pit closures. Chapter Video Workshop made a major contribution to the women's video movement and both groups supported film and video-makers, as well as offering opportunities to younger women. The Workshop evolved by teaching countless women how to make, as well as present, film and video in an industry that embodied female discrimination.

The extraordinary Magdalena Project: An International Network of Women in Contemporary Theatre was first discussed by a group of women theatre-makers at a festival in Italy during 1983. The Magdalena '86 festival was centred in and around Chapter and was the first international women in contemporary theatre festival in Wales. It was at this event that the Magdalena Project was founded in response to the lack of opportunity for women to represent themselves and have their own voice in theatre-making. This highly successful project supports festivals in countries across the world, giving a platform for women to tell their stories creatively when it might otherwise be dangerous to do so or there are no other opportunities possible. In 1999 the Arts Council of Wales withdrew their funding from the Magdalena Project; this misguided decision closed the infrastructure of the Cardiff base. It is tragic that this opportunity is no longer available to women in Wales, nor anywhere else in Britain.

In 1997 Archif Menywod Cymru/Women's Archive Wales was established at the then University of Glamorgan, Pontypridd, in order to encourage people to preserve archives relating to the history of Welsh women who come from all backgrounds and have contributed to industrial, rural, minority and LGBTQ+ communities in Wales. Since the late 1970s, books about the hidden history of

proffesiynol ym mhob ffurf ar gelfyddyd. Roedd arddangosfa o artistiaid gweledol benywaidd o'r enw *Five Women Artists: Images of Womanpower* yn cynnwys peintiad gan Monica Sjöö o'r enw *God Giving Birth* (1968) yn darlunio menyw ar fin geni plentyn, a lenwai gynfas mawr. Oherwydd bod y paentiad yn gableddus ym marn rhai, unwaith eto cafwyd bygythiad i gau Chapter i lawr oni fyddem yn tynnu'r gwaith o'r arddangosfa. Dynodwyd grŵp o gynghorwyr i archwilio'r peintiad a oedd yn crogi yn yr oriel bellaf ac y gellid ei weld ar unwaith wrth i rywun gerdded i mewn. Roeddem yn ffodus bod Chapter mewn cyfnod lle roeddem wedi ennill cefnogaeth mwy o gynghorwyr dinas ac ar ôl trafodaeth hirfaith, llwyddais i'w darbwyllo y dylai'r peintiad aros yn yr arddangosfa.

Roedd llawer o artistiaid y 1960au, yn enwedig menywod, o'r farn bod moderniaeth yn elitaidd, yn wyn ac yn wrywaidd, heb ddiddordeb mewn lleiafrifoedd. Croesawyd ôl-foderniaeth gan lawer o artistiaid ffeministaidd rhyngwladol a oedd yn gynddeiriog eu bod yn parhau i gael eu cau allan o'r traddodiad modernaidd tra-arglwyddiaethol, yn enwedig o feysydd peintio a cherflunio. Gwelid agwedd aml-gyfrwng celf ôl-fodernaidd fel ymyriad radical yn yr hyn sy'n dal i fod yn ddiwylliant gwrywaidd hydreiddiol. Mae Eisteddfod Genedlaethol Cymru yn enghraifft o faint o'r artistiaid benywaidd sy'n arddangos yn Y Lle Celf sy'n parhau i weithio mewn amrywiaeth eang o gyfryngau, sy'n tystio i sut mae'r ffenomenon ôl-fodernaidd yn parhau i ddylanwadu ar eu gwaith. Roedd yn frwydr feunyddiol i sefydliadau celf weledol menywod i gael eu gweld a chael gwrandawiad, gyda rhai grwpiau'n llwyddo er gwaetha'r anawsterau. Trefnodd Cymdeithas Celfyddydau Menywod De Morgannwg, a adwaenir hefyd fel Permanent Waves, yr Ŵyl Gelfyddydau Menywod Ryngwladol gyntaf ym 1986, gan ddatgan bod y Gymdeithas 'yn benderfynol o fynd i'r afael â'r unigrwydd a'r eithrio a ddioddefir gan fenywod yn y celfyddydau a'r gymuned ehangach'. Ataliwyd y cyllid a alluogai'r sefydliad i gyflogi aelod o staff yn 2011; y rheswm a roddwyd iddynt oedd 'bod yn yr

1980au, pan ddechreuodd y Gymdeithas, angen amlwg i gefnogi sefydliad o'r fath ond nid felly y mae heddiw' – sy'n dangos diffyg dealltwriaeth llwyr cyrff cyllido o'r anawsterau y mae menywod yn y celfyddydau yn dal i'w hwynebu.

Heb ddim amynedd â'r modd y câi gwaith ffilm menywod ei wthio i'r cyrion mewn diwydiant wedi ei reoli gan ddynion, yng Nghymru a thu allan iddi, ffurfiodd nifer o fenywod yn Chapter Grŵp Ffilm Merched De Cymru ym mis Tachwedd 1981, sefydliad ffilm menywod cyntaf Cymru. Bwriad y grŵp oedd rhannu sgiliau, cefnogi syniadau a galluogi menywod i chwarae rhan fwy gweithredol mewn gwneud ffilmiau. Adroddodd Red Flannel Films, a sefydlwyd ym 1986 gan aelodau o'r grŵp hwn, hanes streic y glowyr ym 1984-1985 ar ffilm. Roedd y ffilmiau'n dangos menywod yn y cymoedd a chwaraeodd ran flaenllaw yn streic y glowyr yn erbyn cau pyllau. Gwnaeth Gweithdy Fideo Chapter gyfraniad mawr i fideo menywod a chefnogodd y ddau grŵp wneuthurwyr ffilm a fideo, yn ogystal â chynnig cyfleoedd i fenywod iau. Esblygodd y Gweithdy trwy ddysgu menywod di-rif sut i wneud, yn ogystal â chyflwyno, ffilm a fideo mewn diwydiant a ymgorfforai wahaniaethu annheg yn erbyn menywod.

Deilliodd project hynod y Magdalena: Rhwydwaith Rhyngwladol o Fenywod mewn Theatr Gyfoes o drafodaeth gan grŵp o wneuthurwyr theatr benywaidd mewn gŵyl yn yr Eidal yn 1983. Lleolwyd gŵyl *Magdalena '86* yn Chapter a'r cyffiniau a dyna'r ŵyl menywod mewn theatr gyfoes ryngwladol gyntaf yng Nghymru. Yn y digwyddiad hwn y sefydlwyd Project Magdalena mewn ymateb i'r diffyg cyfle i fenywod gynrychioli eu hunain a chael eu llais eu hunain mewn creu theatr. Mae'r project hynod lwyddiannus hwn yn cefnogi gwyliau mewn gwledydd ym mhedwar ban, gan roi llwyfan i fenywod adrodd eu straeon yn greadigol pan allai fod yn beryglus iddynt wneud hynny fel arall, neu pan nad oes cyfleoedd eraill ar gael. Ym 1999 ataliodd Cyngor Celfyddydau Cymru ei grant i Broject Magdalena, a chaeodd y penderfyniad annoeth hwnnw

Yr Ymweliad / The Visi
olew ar gynfas / oil on canva
100cm x 100cm

women from Wales have been making many more lives visible; it is essential the momentum created by pioneers of the rights of women is built upon and this archive continues to record the remarkable history of women's lives in Wales. For example, in 1981 Ann Pettitt a ceramic artist from Llanpumsaint, Carmarthenshire organised a protest march from Cardiff to Greenham Common in Berkshire where American cruise missiles had been sited since 1979. She was instrumental in setting up the Women's Peace Camp which remained there until 2000. Other peace camps were established in Wales between 1984 and 1985 in Porth, Rhondda and Llanishen in Cardiff and also in Brawdy, Pembrokeshire, where I and other artists set up camp to create paintings of the surrounding landscape. The paintings were sold to support the women's peace movement – Women for Life on Earth.

Drawing on my imagination but firmly rooted in every day experiences I explore through images and words the relationship between an outer world and an inner world with the aim of making the invisible visible. I have developed a group of female characters who inhabit my imagery, and who follow the narrative line of a journey that began in my childhood. The layers of influence that have evolved from growing up female in the industrial eastern valleys of South Wales, a sense of *Cymreictod* (being/feeling Welsh) within a Christian culture forming a backdrop against which each character enacts a role. My images incorporate symbols and motifs which reinterpret the traditional symbolic representation of women, to reveal the characters continuing search to become the subject and not the object of the image, together with imagery that explores the interface between the material and the spiritual, through the imagination. Creating these women characters and worlds for them to inhabit enable them move through time and space, between the past, present and future often in continuous representation, becoming guides and messengers exploring these other worlds. The roles my characters play allows me to distance

myself from myself and articulate my ideas through them. I am aware the process of creating the women characters, who accompany me on this odyssey of self-discovery was a necessary way of resolving personal, moral and spiritual dilemmas and that this visual interpretation would form a psychological visual memoir. My creative process is underpinned by the development of a visual language born from a personal narrative, gathering information about the material world and assimilating it through thought, idea, knowledge and crucially the imagination, that part of our creative being which is often misunderstood and mostly unexplored.

For many people to talk about the imagination is to say things are not 'true'. But the imagination is, perhaps, the most decisive characteristic of what it is to be human; it facilitates the peeling away of conscious thought to connect us with a mostly unknown universe within, whose understanding we have barely touched. Imaging the imagination allows us to transcend from the material world to engage with our unconscious and to uncover the deepest feelings about the mystery of life. I consider the imagination to be the workshop of the mind that facilitates the conscious mind to access the unconscious and the subconscious through the act of creatively making the invisible visible. I strive in my images to show the feelings that lie behind so-called reality, experiences not illustrated but symbolised, seeking a bridge which leads from the invisible to the visible to bring into being memories, emotions and sensual unspoken feelings in a created world that exists symbolically.

To make images involves a great deal of preparation, numerous drawings, colour studies and notations and are developed from my personal experience in my drawing book/journal. When an image begins to form the process of drawing and writing down words, sometimes as poems, in my drawing book/journal eliminates what is not needed to capture the core idea; it's a form of précising and

odau'r Pabi / Poppies
ew ar gynfas / oil on canvas
x 74 cm

seilwaith y ganolfan yng Nghaerdydd. Mae'n druenus nad yw'r cyfle hwn ar gael bellach i fenywod yng Nghymru, nac yn unlle arall ym Mhrydain.

Ym 1997 sefydlwyd Archif Menywod Cymru ym Mhrifysgol Morgannwg, Pontypridd, fel yr oedd ar y pryd, er mwyn annog pobl i ddiogelu archifau'n ymwneud â hanes menywod Cymru o bob cefndir, diwydiannol, gwledig, lleiafrifol ac LGBT. Er diwedd y 1970au, mae llyfrau am hanes cudd menywod o Gymru wedi gwneud lawer mwy o fywydau yn weladwy; mae'n hanfodol adeiladu ar sail y momentwm a grëwyd gan arloeswyr hawliau menywod, a bod yr archif hon yn parhau i gofnodi hanes hynod bywydau menywod Cymru. Er enghraifft, ym 1981 trefnodd Ann Pettitt, artist cerameg o Lanpumsaint, orymdaith brotest o Gaerdydd i Gomin Greenham yn Berkshire lle cawsai taflegrau Cruise o'r UD eu lleoli ers 1979. Bu'n allweddol mewn sefydlu Gwersyll Heddwch Menywod a fu yno tan 2000. Sefydlwyd gwersylloedd heddwch eraill yng Nghymru rhwng 1984 a 1985 yn y Porth, y Rhondda, a Llanisien yng Nghaerdydd a hefyd ym Mreudeth, Sir Benfro, lle sefydlais i ac artistiaid eraill wersyll er mwyn creu peintiadau o'r dirwedd o'u cwmpas. Gwerthwyd y lluniau i gefnogi mudiad heddwch y menywod – Menywod dros Fywyd ar y Ddaear.

Gan ddefnyddio fy nychymyg, ond gan wreiddio pethau'n gadarn mewn profiadau bob dydd, byddaf yn archwilio drwy ddelweddau a geiriau'r berthynas rhwng byd allanol a byd mewnol â'r nod o wneud yr anweledig yn weladwy. Dwi wedi datblygu grŵp o gymeriadau benywaidd sy'n trigo yn fy nelweddaeth, ac sy'n dilyn llinell naratif taith a gychwynnodd yn fy mhlentyndod. Mae'r haenau o ddylanwadau a ddatblygodd o dyfu i fyny yn fenyw yng nghymoedd diwydiannol dwyrain de Cymru, ac ymdeimlad o Gymreictod o fewn diwylliant Cristnogol, yn ffurfio cefnlen y bydd pob cymeriad yn perfformio o'i blaen. Mae fy nelweddau'n cynnwys symbolau a motiffau sy'n ailddehongli'r gynrychiolaeth symbolaidd draddodiadol o fenywod, i ddatgelu ymgais barhaus y cymeriadau i fynd yn oddrych ac nid gwrthrych y ddelwedd, ynghyd â delweddaeth sy'n archwilio'r rhyngwyneb rhwng y materol a'r ysbrydol, trwy'r dychymyg. Mae creu'r cymeriadau a'r bydoedd benywaidd hyn iddynt drigo ynddynt yn eu galluogi i symud trwy amser a gofod, rhwng y gorffennol, y presennol a'r dyfodol yn aml mewn cynrychiolaeth barhaus, gan ddod yn dywyswyr a negeseuwyr yn archwilio'r bydoedd eraill hyn. Mae'r rhannau y mae fy nghymeriadau yn eu chwarae yn fy ngalluogi i ymbellhau oddi wrthyf fy hun a mynegi fy syniadau trwyddynt. Dwi'n ymwybodol bod y broses o greu'r cymeriadau benywaidd, sy'n mynd gyda mi ar y daith hon o hunan-ddarganfyddiad, wedi bod yn ffordd angenrheidiol o ddatrys cyfyngderau personol, moesol ac ysbrydol ac y byddai'r dehongliad gweledol hwn yn ffurfio cofiant gweledol seicolegol. Ategir fy mhroses greadigol gan ddatblygiad iaith weledol a aned o naratif personol, gan gasglu gwybodaeth am y byd materol a'i gymathu trwy feddwl, syniadau, gwybodaeth ac, yn hollbwysig, y dychymyg, y rhan honno o'n bodolaeth greadigol sy'n aml yn cael ei gamddeall a'i adael heb ei archwilio.

I lawer o bobl, mae siarad am y dychymyg yn golygu dweud nad yw pethau'n 'wir'. Ond dichon mai'r dychymyg yw nodwedd fwyaf dyngedfennol yr hyn mae bod yn ddynol yn ei olygu; mae'n helpu i'n rhyddhau o feddwl ymwybodol i'n cysylltu â bydysawd mewnol, anhysbys ar y cyfan, nad ydym wedi prin ddechrau ei ddeall. Mae delweddu'r dychymyg yn ein galluogi i godi y tu hwnt i'r byd materol i ymgysylltu â'n hanymwybod a dadorchuddio'r teimladau dyfnaf am ddirgelwch bywyd. Credaf mai'r dychymyg yw gweithdy'r meddwl, yn hwyluso'r meddwl ymwybodol i gyrchu'r anymwybod a'r isymwybod trwy'r weithred greadigol o wneud yr anweledig yn weledig. Yn fy nelweddau ceisiaf ddangos y teimladau sydd y tu ôl i'r hyn a elwir yn realiti, profiadau heb eu darlunio ond wedi'u symboleiddio; dwi'n chwilio am bont sy'n arwain o'r anweledig at y gweladwy i esgor ar atgofion, emosiynau a theimladau synhwyrus

Heddwch / Peace
olew ar gynfas / oil on canvas
61 x 91.5 cm

honing back to the essentials. At the beginning the title of the image, in Welsh and English, is important, it is the seed from which my imagination can grow. As the work progresses the title becomes less important as my visual language takes over and the structure of the image built on the abstract qualities of point, line, plane, curve, mass, weight, density is transformed into symbols, signs and colour all of which need to be considered for the image to become complete. Rhythm dominates my perception. The faces of my characters, their bodies and limbs, in movement and stillness, reveal balance and counter-balance; seemingly vagrant colours, lines and forms hesitate, rest, anchor themselves to harmony, grow restless, resume their adventures, light on structure, sometimes revealing, sometimes disguising the physical and spiritual bond we have with the world around us, with nature. It is always my intention that this rhythm be realised in my painting and drawing – from observation through conception to the physical act of making marks. Often, when I am surprised by some unintended effect in a painting of a particular combination of colours, forms or some movement in or out of the picture plane, I revise my intention – the preliminary drawings and studies, the detailed planning are reassessed, maybe adjusted, amended, demoted or accented; areas are re-worked. What has disappeared is not absent, but a new stance has been adopted. Fresh insights bring their own obligations, surprise and discovery are important elements as the work develops. Re-adjustments are constant in a progressing work. Each mark alters what has gone before, all must be appraised, the past altered by the present, the present fresh, unexpected, stimulating. This for me makes a living thing out of the painting and drawing. Finally, something says 'this is real'. Then I stop. The conception, the planning, the act of painting and drawing, I find the entire process satisfies a need, I feel whole.

The images for my six touring exhibitions included the group of women characters who inhabit my imaginary worlds and who had

nas lleisiwyd, mewn byd creëdig sy'n bodoli'n symbolaidd.

Mae gwneud delweddau yn golygu llawer iawn o baratoi, llu o luniadau, astudiaethau lliw a nodiadau a ddatblygir o'm profiad personol yn fy llyfr lluniadu/dyddiadur. Pan fydd delwedd yn dechrau ymffurfio, mae'r broses o luniadu a nodi geiriau, weithiau fel cerddi, yn dileu'r hyn nad oes ei angen er mwyn dal y syniad craidd; mae'n ffurf ar grynhoi a naddu'n ôl i'r hanfodion. Ar y cychwyn mae teitl y ddelwedd, yn Gymraeg a Saesneg, yn bwysig; dyma'r hedyn y gall fy nychymyg dyfu ohono. Wrth i'r gwaith fynd yn ei flaen, â'r teitl yn llai pwysig wrth i'm hiaith weledol gymryd drosodd ac mae strwythur y ddelwedd sy'n seiliedig ar rinweddau haniaethol pwynt, llinell, plân, cromlin, màs, pwysau, dwysedd yn cael ei drawsnewid yn symbolau, arwyddion a lliw, y mae gofyn eu hystyried oll er mwyn i'r ddelwedd ddod yn gyflawn. Rhythm sy'n rheoli fy nghanfyddiad. Mae wynebau fy nghymeriadau, eu cyrff a'u haelodau, wrth symud ac yn llonydd, yn datgelu cydbwysedd a gwrth-gydbwysedd; mae lliwiau, llinellau a ffurfiau lled grwydrol yn petruso, yn gorffwys, yn angori eu hunain i gytgord, yn mynd yn anhywaith, yn ailgychwyn ar eu hanturiaethau, yn ysgafn eu strwythur, weithiau'n datgelu, weithiau'n cuddio'r cwlwm corfforol ac ysbrydol sydd gennym gyda'r byd o'n cwmpas, gyda natur. Fy mwriad bob amser yw i'r rhythm hwn gael ei wireddu yn fy mheintio a'm lluniadu – o arsylwi i genhedlu i'r weithred gorfforol o wneud marciau. Yn aml, pan gaf fy synnu gan ryw effaith anfwriadol mewn peintiad o gyfuniad arbennig o liwiau, ffurfiau neu ryw symudiad i mewn neu allan o blân y llun, byddaf yn diwygio fy mwriad – caiff y lluniadau a'r astudiaethau rhagarweiniol, y cynllunio manwl, eu hailasesu ac efallai eu haddasu, eu diwygio, eu hisraddio neu eu pwysleisio; caiff rhannau eu hail-weithio. Dydy'r hyn a ddiflannodd ddim yn absennol, ond mewn osgo newydd. Daw pob mewnwelediad ffres â'i oblygiadau ei hun; mae syndod a darganfyddiad yn elfennau pwysig wrth i'r gwaith ddatblygu. Ceir ail-addasu cyson yn y gwaith sydd ar y gweill. Mae pob marc yn

newid yr hyn a aeth o'i flaen, rhaid gwerthuso'r cyfan, y gorffennol wedi'i newid gan y presennol, y presennol yn ffres, yn annisgwyl, yn ysgogol. Mae hyn i mi yn gwneud peth byw o'r peintio a'r lluniadu. O'r diwedd, mae rhywbeth yn dweud 'mae hyn yn real'. Dwi'n stopio. Y cenhedlu, y cynllunio, y weithred o beintio a lluniadu, caf fod yr holl broses yn diwallu angen. Dwi'n teimlo'n gyflawn.

Cynhwysai'r delweddau ar gyfer fy chwe arddangosfa deithiol y grŵp o gymeriadau benywaidd sy'n trigo yn fy myd dychmygol ac a oedd wedi tyfu o bortreadau o fenywod a wnaed gennyf ar gyfer arddangosfa 'Cymreictod – Menywod Cymru/Women of Wales'. Mae creu'r cymeriadau hyn, y mae rhai ohonynt yn dal i ymddangos yn fy ngwaith cyfredol, yn ffordd o chwilio am wirionedd, fy ngwirionedd i, yn y bydoedd cyfochrog dwi'n eu creu. Daeth y gofod 'rhwng' yn symbol pwysig oherwydd ei fod yn rhan o'm hymwybyddiaeth fel plentyn yn tyfu i fyny yn Sir Fynwy, a ganfyddwn fel *bwlch* oherwydd nad oedd yn cael ei hystyried yn rhan o Gymru na Lloegr ar y pryd, yn ogystal â'r *bwlch* y byddem yn ymwthio drwyddo yn blant i chwarae mewn bydoedd dychmygol o dan fwâu caeëdig y draphont a rychwantai'r dyffryn rhwng Maes-y-Cwm a Chwmynyscoy, a oedd bob amser yn ymddangos fel lle llawn posibiliadau anfesuradwy. Wrth sefydlu, trefnu a dysgu cwrs mewn datblygiad creadigol ger Siena, Tuscany, cefais fy nghyfareddu gan beintiadau o'r *Cyfarchiad* gan arlunwyr cynnar Siena. Mae'r cyfansoddiad yn dal yr un fath fel arfer, yr angel ar y chwith a'r Forwyn Fair ar y dde, ond gwelwn mai'r bwlch rhyngddynt oedd lle gallai'r artist ddewis pa destun y byddai 'ef' yn ei beintio, gan mai dynion, yn bennaf, a beintiai'r lluniau hyn. Mae'r bwlch hwn yn y peintiadau o'r *Cyfarchiad* yn parhau i fod yn symbol pwysig yn fy ngwaith; dyma lle mae fy nghymeriadau benywaidd yn cael bod yn nhw'u hunain, yn oddrych yn hytrach na gwrthrych y peintiad.

Daeth pŵer iachusol creadigrwydd hyd yn oed yn fwy amlwg i mi ar ôl i fy mhartner oes Bryan, fy mam, a thri o'r bobl agosaf ataf

grown out of portraits of women I had made for the 'Cymreictod – Menywod Cymru/Women of Wales' exhibition. Creating these characters, some of whom still appear in my current work, are a way of searching for a truth, my truth, in the parallel worlds I create. The space 'between' became an important symbol because it had been part of my consciousness as a child growing up in Monmouthshire, which I perceived as a *gap* in view of the fact it was not considered to be part of Wales or England at the time, as well as the *gap* we squeezed though as children to play in imaginary worlds under the boarded-up arches of the viaduct that spanned the valley between Maes-y-Cwm and Cwmynyscoy; they always seemed to be a place of immeasurable possibilities. Initiating, organising and teaching a course in creative development near Siena, Tuscany, I had become fascinated by the paintings of the *Annunciation* by the early Sienese artists. The composition usually remains the same, the angel on the left and the Virgin Mary on the right, but I recognised that the gap between them was where the artist could choose what subject 'he' painted, as it was, in the main, men who painted these pictures. The gap I had identified in the paintings of the *Annunciation* continues to be an important symbol in my work and has become the place where my women characters become themselves and the subject, instead of the object of the painting.

The healing power of creativity became even more apparent to me after my life partner Bryan, my mother and three of the people closest to me died within very a short period of time. The grief of loss was overwhelming and I felt my emotions had become so out of control that I was unable to function day to day. In early 2005 I moved, with great expectations, into a barn I had converted which I called Pont-yr-Adwy/Bridging the Gap and my new studio. It was the first time I had been still and quiet for a long time and instead of my creative spirit feeling free and exhilarated about achieving my goal, the whole of my being was overcome by a feeling of

exhaustion in body and mind. In reality I felt I had become two people: there was my body that felt empty and another 'me' moving in parallel – I knew that I would need to find a way of traversing this divide. It was at this point my focus changed and I needed more personal characters in my images to help me to bridge the gap between the two personas I felt I had become. This was very different to the way I had consciously created the characters to distance myself from myself in my previous paintings and drawings. The feeling of separation was coming from a place in my psyche and was a state of mind. Somehow, I needed to bring these personas together to feel whole again and I knew the only way I could change was to draw, paint and write, but now my creativity needed to be from a deeply personal psychological source in an attempt to understand what was happening to me physically and mentally.

I had been working on a large triptych called *Ymddiddan/ Colloquy* but on a bright sunlight day while working on the first large canvas I realised the figure that was emerging out of the darkness represented the angst of my grief that had unleashed a depressive state into which I had been drawn. The sun had become 'black', which had happened on numerous occasions previously but each of those times I was able to find a way of working creatively to change my state of mind. But this time I knew I was in a very dangerous place and that I had two options: either to be drawn into a swirling vortex of negativity that I might not return from or I could begin to face the unconscious emotions created by memories that I had been trying so hard to suppress. This was very different to the imaginary world that I had created for my women characters; this was a parallel world that had been created by a psychological trauma caused by my feelings of grief. My emotions had become central to my need to be creative and so my characters needed take a different path. In the paintings and drawings for the *Ymddiddan/Colloquy* exhibition the *gap* performed

farw o fewn cyfnod byr iawn. Roedd galar y golled yn aruthrol ac theimlwn fod fy emosiynau allan o reolaeth i'r fath raddau fel na allwn weithredu o ddydd i ddydd. Yn gynnar yn 2005 symudais, â disgwyliadau mawr, i mewn i ysgubor wedi'i haddasu, sef Pont-yr-Adwy, a'm stiwdio newydd. Hwn oedd y tro cyntaf i mi fod yn llonydd ac yn dawel ers amser maith, ond yn lle bod fy ysbryd creadigol yn teimlo'n rhydd ac yn llawn cynnwrf o fod wedi cyrraedd fy nod, llethwyd fy holl fodolaeth gan deimlad o flinder corff a meddwl. Mewn gwirionedd, teimlwn fel pe bawn wedi troi'n ddau berson: fy nghorff, a deimlai'n wag, a 'fi' arall yn symud yn gyfochrog â hynny – gwyddwn y byddai'n rhaid i mi ddod o hyd i ffordd o bontio'r rhwyg yma. Dyna pryd y newidiodd fy ffocws ac y teimlais bod arnaf angen mwy o gymeriadau personol yn fy nelweddau i'm helpu i bontio'r bwlch rhwng y ddau bersona. Roedd hyn yn wahanol iawn i'r ffordd y buaswn yn creu cymeriadau yn ymwybodol er mwyn ymbellhau fy hun oddi wrth fy hun yn fy mheintiadau a'm lluniadau blaenorol. Roedd y teimlad o ymwahanu yn dod o le yn fy seici ac roedd yn gyflwr meddwl. Rywsut, roedd angen i mi ddod â'r personâu hyn at ei gilydd er mwyn teimlo'n gyfan eto a gwyddwn mai'r unig ffordd y gallwn newid oedd trwy luniadu, peintio a sgrifennu, ond bod angen bellach i'm creadigrwydd ddod o ffynhonnell seicolegol bersonol dros ben mewn ymgais i ddeall beth oedd digwydd i mi yn gorfforol ac yn feddyliol.

Roeddwn i wedi bod yn gweithio ar driptych mawr o'r enw *Ymddiddan/Colloquy* ond ar ddiwrnod heulog, disglair wrth weithio ar y cynfas mawr cyntaf, sylweddolais fod y ffigwr a oedd yn ymddangos o'r tywyllwch yn cynrychioli ing fy ngofid a oedd wedi agor llifddorau'r iselder a'm sugnodd i mewn iddo. Roedd yr haul wedi mynd yn 'ddu', peth a oedd wedi digwydd droeon o'r blaen ond bob tro roeddwn wedi gallu canfod ffordd o weithio'n greadigol i newid fy nghyflwr meddwl. Ond y tro hwn gwyddwn fy mod mewn lle peryglus iawn a bod gen i ddau ddewis: naill ai i gael

fy nhynnu i mewn i drobwll dwfn o negyddiaeth na fyddwn efallai yn dychwelyd ohono neu ddechrau wynebu'r emosiynau isymwybodol a grëwyd gan atgofion y bûm yn ceisio mor daer i'w mygu. Roedd hyn yn wahanol iawn i'r byd dychmygol roeddwn wedi'i greu ar gyfer fy nghymeriadau benywaidd; roedd yn fyd cyfochrog wedi'i greu gan drawma seicolegol a achoswyd gan fy nheimladau o alar. Roedd fy emosiynau wedi mynd yn ganolog i'm hangen i fod yn greadigol ac felly rhaid i'm cymeriadau ddilyn llwybr gwahanol. Yn y peintadau a'r darluniau ar gyfer *Ymddiddan/Colloquy* cyflawnai'r *bwlch* swyddogaeth arall. Roedd angen i mi gynnwys y symbol hwn fel rhan o strwythur y cyfansoddiad a llenwi'r *bwlch* â chymeriad a fyddai'n fy helpu i ailgysylltu dwy ochr y rhwyg emosiynol hwn. Cyn gynted ag y ceisiais gofleidio'r teimladau hyn, dechreuais symud, yn araf bach, yn ôl i mewn i'm corff a dechreuodd y ddau ddod yn un eto – wel, bron.

Nid yw lluniadu a sgrifennu, yn cynnwys cerddi, yn fy llyfr lluniadu/ dyddiadur yn ymwneud â hunanfynegiant ond â hunan-ddarganfyddiad; mae'n ffordd o gael sgwrs fewnol. Mae'r lluniau yn fy llyfrau yn dangos cyfres o ddelweddau sy'n cynnwys tair o'r cymeriadau benywaidd, un yn ei heistedd, un yn cerdded ac un yn sefyll roeddwn wedi eu datblygu yn flaenorol. Roedd y tri chymeriad yn ganolog i naratif fy mheintiadau a'm lluniadau â theitlau fel *Yr Adwy/The Gap, Deffroad/Awakening, Disgwyliad/Waiting, Diorseddiad/Deposition, Dadeni/Rebirth* yn ogystal ag *Ymddiddan/Colloquy*. I mi, mae peintio a barddoniaeth yn dod o'r un ffynhonnell, mae'n ffordd o archwilio sut i newid ein ffordd o feddwl, ein perthynas â'n hunain, ag eraill, ac â'n bydoedd mewnol ac allanol. Roedd y cerddi roeddwn yn ei sgrifennu ar yr adeg hon yn rhan gynhenid o'm proses greadigol ac felly penderfynais gynnwys pum cerdd yn arddangosfa *Ymddiddan/Colloquy*. Yn ôl fy arfer, trois at ddarllen barddoniaeth er mwyn ceisio deall a chofleidio fy nheimladau ymhellach, gan

Llun llonydd o ffilm / Film Still – *Taith/A Journey*

another function. I needed to incorporate this symbol as part of the structure of the composition and inhabit the *gap* with a character that would help me to connect the two sides of this emotional divide. As soon as I attempted to embrace these feelings I slowly, slowly began to move back into my body and the two started to become one again – well nearly.

Drawing and writing, which included poetry, in my drawing book/journal is not about self-expression but about self-discovery, a way of having an interior conversation. The drawings in my books show a series of images which include three of the women characters, the seated, the walking and the standing character which I had previously developed. These three characters were central to the narrative of my paintings and drawings with titles such as *Yr Adwy/The Gap, Deffroad/Awakening, Disgwyliad/Waiting, Diorseddiad/Deposition, Dadeni/Rebirth* as well as *Ymddiddan/Colloquy*. For me, painting and poetry comes from the same source, it is a way of exploring how to change the way we think, relate to ourselves, to others and to our inner and outer worlds. The poetry I was writing at this time was an intrinsic part of my creative process and so I decided I would include five of my poems in the *Ymddiddan/Colloquy* exhibition. As usual, I turned to reading poetry in an attempt to further understand and embrace my feelings and I re-read the poetry of Henry Vaughan whose search for the '*house of light*' in the present moment and in nature and also his description of '*A deep, but dazzling darkness*' was a concept I felt

ailddarllen barddoniaeth Henry Vaughan, lle'r oedd chwilio am '*dŷr goleuni*' yn y foment bresennol ac ym myd natur, a hefyd ei ddisgrifiad o '*dywyllwch dwfn, ond disglair*' yn gysyniad a atseiniai gyda fy angen i ddod o hyd i gysur a chreu canolbwynt o *dywyllwch disglair* ynof fy hun, fel y gallwn, trwy greadigrwydd, ddechrau gwella'r clwyf dwfn yng nghanol fy mod, a darganfod ffordd o gefnu ar y cyflwr isel hwn. Yn y broses roeddwn am greu lle llawn goleuni a ffordd o ddychwelyd at yr hyn a fyddai'n fangre o berthyn tawel lle cawn heddwch ac iachâd, a fyddai hefyd yn ganol llonydd ar gyfer myfyrdod y gallwn ddychwelyd iddo fel y mynnwn.

Er na fu cyfeiriad Henry Vaughan at 'dduw' yn y cysyniad Cristnogol deuol o grefydd erioed yn rhan o'm bywyd ysbrydol, roedd ei gysyniad o sut mae goleuni yn bodoli mewn tywyllwch os ydym yn agored iddo yn ffordd i mi weld sut y gallai creadigrwydd ddechrau'r broses o iachâu seicolegol. Roedd arna'i angen dod o hyd i gymeriadau heblaw'r menywod a oedd yn eistedd, yn sefyll ac yn cerdded ac felly dechreuais ddatblygu adlewyrchiadau ohonyn nhw, a phennau yn edrych y ddwy ffordd fel ffigwr chwedlonol Janus. Roedd un sylw a wnaed am y peintiadau yn fy arddangosfa *Llais/Voice* yn awgrymu bod fy nghymeriadau'n gweithredu fel Negeseuwyr a Thywyswyr i mewn ac allan o'r bydoedd eraill roeddwn i'n eu creu. Arhosodd y sylw gyda mi ac fe sgrifennais yn fy llyfr lluniadu/dyddiadur: 'Dwi wedi bod yn gweithio ar dri pheintiad o'r enw Messenger. Edrychais am y gair Cymraeg a dod o hyd i'r gair bendigedig 'Llateies' sy'n golygu negesydd cariad benywaidd', gair perffaith am yr hyn roeddwn yn ceisio'i gyfleu. Daeth y Llateies yn gymeriad newydd a ymgorfforai gariad fel ei neges o iachâd ac a fyddai'n symbol o ffordd o ddwyn ynghyd agweddau anghydweddol y person y teimlwn yr oeddwn i bellach, yn ogystal â ffordd o gysylltu â phobl eraill.

Ond roedd yna un ar goll o hyd: pwy fyddai'n chwarae rhan y Tywysydd? Edrychais yn ôl dros y delweddau roeddwn i wedi'u cynhyrchu yn fy llyfrau lluniadu/dyddiaduron, peintiadau a lluniadau a gweld bod cymeriad Soffia/Doethineb wedi codi dro ar ôl tro mewn gwahanol ffurfiau yn fy nghelfyddyd dros flynyddoedd lawer, a'i bod hi'n bryd iddi hi chwarae prif ran. Mae'r Efengylau Gnostig, yr ymddiddorais ynddynt ers blynyddoedd lawer, yn dehongli Soffia/Doethineb fel agwedd fenywaidd y duwdod, sy'n cwympo oddi wrth ras oherwydd iddi feiddio gweithredu'n annibynnol ar Dduw a'i wrthwynebwyr pwerus mewn ymgais i ennill gwybodaeth, ac sy'n cael ei halltudio i'r byd materol. Mewn rhyferthwy o anhrefn, ac â hithau'n esgymun, mae'n chwilio am gartref; mewn rhai fersiynau hi yw enaid y byd ac mewn eraill yr enaid dynol. Ei bwriad yw cychwyn deffroad ysbrydol er mwyn adfer ymwybyddiaeth gyfanfydol a gollwyd gan yr ymunigoli a ddeilliodd o ymddieithriad y ddynolryw oddi wrth y byd naturiol a'r cyfanwaith organig.

Fel rhan o'r chwedloniaeth Gnostig gellir dehongli'r alegori hon mewn perthynas â'n hoes o bryder fel ffordd o adfer yr anymwybod torfol wedi'r gwahanu, yr ynysu a'r darnio a fu, a'n gwneud yn ymwybodol o'r dwyfol y tu fewn i ni ein hunain, mewn pobl eraill, ym myd natur a'n lle yn y bydysawd. Aeth Soffia/Doethineb yn rhan o'm hiaith weledol ynghyd â'i *syzygy* y Llateies yn y symbolaeth roeddwn i'n ei datblygu. Fy nod oedd cysylltu fy anymwybod yn greadigol â'r teimladau ac emosiynau a grëwyd ynof gan golled a galar. Er mwyn adlewyrchu proses o iacháu a chysylltiad â'm bywyd ysbrydol y tu allan i gyfyngiadau cul crefydd ddogmatig, roeddwn i am ddod o hyd i iaith weledol i adrodd fy stori, i gysylltu â menywod eraill a'u hannog i adrodd eu stori yn weledol drwy greadigrwydd a'r dychymyg, a all agor sianeli cyfathrebu gan archwilio beth yw bod yn ddynol, ym mhob agwedd ar ein bodolaeth. Gyda chyflwyno'r Llateies a Sophia/Doethineb i mewn i'm peintiadau a'm lluniadau, gallwn ddychwelyd, yn y man, at y peintiadau mawr *Ymddiddan/Colloquy* a datblygu cyfres o symbolau a oedd yn dynodi presenoldeb y cymeriad newydd a thrwyddynt ddod o hyd i iaith weledol i fynd â mi i mewn i fyd

resonated with my need to find solace and to create a centre of *dazzling darkness* within myself, so that I could begin, through creativity, to heal the deep wound at the centre of my being and find a way of emerging from this depressive state. In the process I wanted to create a place of light and a way of returning to what would be a place of silent belonging to find peace and healing, which would also be a centre for meditation, and where I could return to at will. Although Henry Vaughan's reference to 'god' in terms of the dualistic Christian concept of religion has never been part of my spiritual life, the way he describes his concept of how light exists in darkness if we are open to it, was a way for me to see how creativity could begin the psychological healing process. I needed find characters other than the seated, standing and walking women and so I began to develop mirror images or reflections of them and heads looking both ways like the mythical figure Janus. A comment made to me about my paintings in my exhibition *Llais/Voice* suggested that my characters were acting as Messengers and Guides into and out of the other worlds I was creating This comment stayed with me and I wrote this entry in my drawing book/journal, 'I have been working on three paintings which I called Messenger I've looked up the word in Welsh and found the wonderful word *Llateies* which means female love messenger'. It was a perfect word for what I was trying to convey. Llateies became a new character who embodied love as her message of healing and who would symbolise a way of bringing together the disparate aspects of who I felt I had become as well as a way of connecting with other people.

But there was still some one missing: who would take the role as a Guide? I looked back over the images I had produced in my drawing books/journals, paintings and drawings and recognised that the character of Sophia/Wisdom had reoccurred in various forms in my art over many years and that it was time for her to play a major role. The Gnostic Gospels, which I had been interested in for many years, interprets Sophia/Wisdom as the female aspect of the godhead, who falls from grace because she presumes to act independently of God and his powerful adversaries in an attempt to gain knowledge and is banished to the material world. Engulfed by chaos and treated as an outcast, she searches to find a home; in some versions she becomes the world soul and in others the human soul. Her intention is to initiate a spiritual awakening in order to redeem a universal consciousness that had been lost by the individuation of humanity's alienation from the natural world and the organic whole. As part of the Gnostic mythology this allegory can be interpreted with reference to our age of anxiety as a way of recovering the collective unconscious from separation, isolation and fragmentation and making us aware of the divine within ourselves, in other people, in nature and our place in the cosmos. Sophia/Wisdom became part of my visual language together with her syzygy Lateies in the symbolism I was developing. My aim was to creatively connect my unconscious with my feelings and emotions created by loss and grief. In order to reflect a process of healing and a connection with my spiritual life, outside the narrow confines of a dogmatic religion, I wanted find a visual language to tell my story, to connect with other women and encourage them to visually tell their story through creativity and the imagination which can open channels of communication exploring what it is to be human, in all aspects of our existence. With the initial introduction of the characters of Llateies and Sophia/Wisdom into my paintings and drawings I was able, eventually, to return to the large *Ymddiddan/Colloquy* paintings and develop a series of symbols that signified the new character's presence and through them to find a visual language to take me into another imaginary world. The development of my women characters and creating the worlds they explore has been an important part of my creative process and a way of supporting my need to uncover and visualise a positive perspective on my life.

dychmygol arall. Mae datblygu fy nghymeriadau benywaidd a chreu'r bydoedd maen nhw'n eu harchwilio wedi bod yn rhan bwysig o'm proses greadigol ac yn ffordd o ategu angen am ddatguddio a delweddu persbectif cadarnhaol ar fy mywyd.

Dechreuais feddwl am fynd â chynnwys fy mheintiadau i mewn i gyfrwng gwahanol, a ffilm oedd yr un amlycaf. Er mwyn addasu fy nghymeriadau a'm bydoedd gweledol i iaith ffilm gydag actorion benywaidd yn chwarae'r cymeriadau yn fy mheintiadau, datblygais storifwrdd gyda ffotograffau o beintiadau a lluniadau.

Trefnais ddilyniant y lluniau fel bod y ffilm yn dilyn y cymeriadau Eistedd, Cerdded a Sefyll a gynrychiolai'r Tywysydd a'r Llateies fel y Negesydd ar daith ddefodol a symbolaidd, mewn gofod real ac mewn amser real. Byddai'r delweddau ffilmig hyn yn cynrychioli'r cyferbyniad rhwng rôl menywod mewn diwylliannau cyn-Gristnogol a Christnogol. Teitl y ffilm yw *Taith/A Journey* a furfiodd hon, ynghyd â'm peintiadau a'm lluniadau, yr arddangosfa 'Gwirionedd, Celwyddau ac Alibïau/Truth, Lies & Alibis'.

Mae fy nelweddau yn parhau i fod yn ffordd o *Ddwyn Tystiolaeth* i'r cam-drin rhywiol a ddioddefir gan fenywod, ynghyd â'r gwahaniaethu annheg a ddioddefir gan lawer o fenywod ledled y byd, sydd wedi eu cau allan o gyfranogaeth lawn mewn cymdeithas am i'w lleisiau gael eu distewi. Fy nod yw rhannu fy mhrofiad yn greadigol yn y gobaith o weithio gyda menywod eraill i greu llwyfan er mwyn i ni i gyd gael llais ac adrodd ein straeon ein hunain.

Gwylnos / Vigil
olew ar gynfas / oil on canvas
61 x 91.5 cm

1. Wassily Kandinsky, *Concerning the Spiritual in Art* (Dover Publications, 1977).
2. Wassily Kandinsky a Hilla Rebay, *Point and Line to Plane* (Dover Publications, 1979).

152

I began to think about taking the subject matter of my paintings into a different medium and film seemed the most obvious. To adapt my characters and visual worlds into the language of film with women actors playing the characters in my paintings, I developed a storyboard with photographs of paintings and drawings.

I designed the sequence of the pictures so that the film would follow the Seated, Walking and Standing characters who represented the Tywysydd/Guide and Llateies as the Messenger on a ritual and symbolic journey, in real space and in real time. These filmic images would represent the contrast between the role of women in pre-Christian and Christian cultures. The film is called *Taith/A Journey* and together with my paintings and drawings became the exhibition 'Gwirionedd, Celwyddau & Alibïau / Truth, Lies & Alibis'.

My images continue to be a way of *Dwyn Tystiolaeth/Bearing Witness* to the sexual abuse perpetrated against women, together with the discrimination many women suffer across the world who are excluded from fully participating in society because their voices have been silenced. My aim is to creatively share my experience in the hope of working with other women to create a platform for us all to have a voice and tell our own stories.

1. Wassily Kandinsky, *Concerning the Spiritual in Art* (Dover Publications, 1977).
2. Wassily Kandinsky and Hilla Rebay, *Point and Line to Plane* (Dover Publications, 1979).

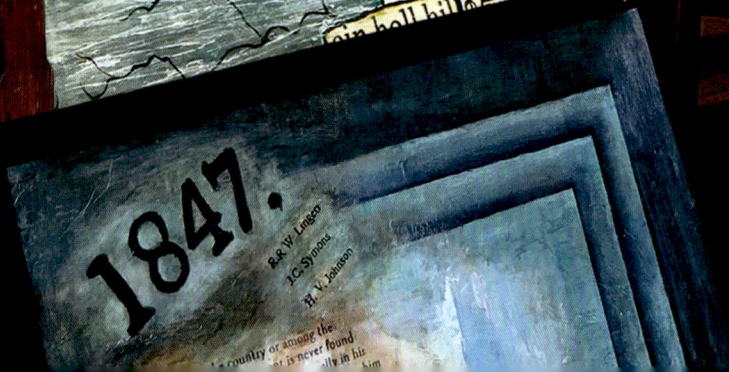

SIAN
PARRI

HON

Cyfieithiad llythrennol teitl y llyfr yma, 'Hon', ydi 'This', ond oherwydd bod pob gwrthrych yn y Gymraeg yn fenywaidd neu wrywaidd mae ei ystyr yn nes at 'this female'. Fe ŵyr y rhai ohonom sy'n siarad Cymraeg fod yr iaith Gymraeg a Chymru ei hun yn fenywaidd a chânt eu portreadu felly yn ein celfyddyd weledol a llenyddol. Un o'r cerddi Cymraeg mwyaf adnabyddus ydi 'Hon' (T.H. Parry-Williams) sydd yn diweddu:

'Ac mi glywaf grafangau Cymru'n dirdynnu fy mron.
Duw a'm gwaredo, ni allaf ddianc rhag hon.'

Yn ei anerchiad fel Llywydd y Dydd yn Eisteddfod Genedlaethol 1987 dywedodd fy nhad 'Mae rhai ohonom, gwaetha'r modd, yn prysur fynd yn hen bobl. Ond mae'n bwysig cofio ein bod ni i gyd yn bobl hen'. Erbyn hyn mae ei eiriau'n ddigon gwir amdana' innau, ond mae'r cyfeiriad atom ni'r Cymry fel 'pobl hen' yn cwmpasu fy ngwaith celf, sydd yn ymdrechu i gyflwyno mawredd yr etifeddiaeth Gymreig. Cyswllt di-dor y genedl a'r iaith efo'r talp yma o dir a adnabyddir heddiw fel Prydain. Gwerth yr iaith Gymraeg sydd yn allwedd i agor y drws ar Gymreictod er mwyn gweld y byd drwy lygaid y Cymro.

Ystyr y gair Cymraeg 'Cymry', sydd yn deillio o iaith Geltaidd y Brythoniaid o Brydain, ydi cyfeillion neu gydwladwyr, ac o edrych drwy lygaid y Cymro a deall drwy gyfrwng yr iaith Gymraeg, dyna ydan ni i'n gilydd. Ystyr y gair Saesneg 'Welsh', sydd yn deillio o iaith Germaneg y Barbariaid o Ewrop, ydi dieithriaid neu estroniaid, ac o edrych drwy lygaid y Sais a deall drwy gyfrwng yr iaith Saesneg, dyna ydan ni iddyn nhw. Egluraf yn y cyfieithiad Saesneg o'r cyflwyniad yma, ei fod yn anorfod fod peth o ystyr a theimlad y gwreiddiol yn cael ei golli o'i gyfieithu.

Cofnodwyd y gair 'Celt' yn gyntaf gan y Groegiaid tua 500CC a'i ystyr oedd pobl a chanddynt ddiwylliant, materol ac ysbrydol. Mae darganfyddiadau archeolegol diweddar ynghyd â chanlyniadau'r astudiaeth enynnol wedi arwain at ddarganfyddiadau rhyfeddol. Maent yn cadarnhau fod cyndeidiau Celtaidd y Cymry wedi bodoli

ar y talp yma o ddaear o'r cyfnod cynharaf. Mae'r map genynnol bron â bod yn union yr un â'r map ieithyddol a dengys mai pobl Gwynedd, sydd yn gadarnle'r Gymraeg, ydi'r rhai hynaf o'r hen. Dangosant ein bod ni i gyd, erbyn heddiw, yn bobl gymysg drwy'n gilydd, ond dangosant yr un mor glir ein bod yn bobl wahanol hefyd. Dywed yr Athro Peter Donnelly o Brifysgol Rhydychen y gellid olrhain tras y Cymry'n ôl i Oes yr Iâ 10,000 o flynyddoedd yn ôl, ymhell cyn cyfnod y Rhufeiniaid a oedd tua OC50 i OC400. O'r cyfnod yma datblygodd y Frythoneg i fod yn Gymraeg, tua'r un pryd yr ymwthiodd llwythi Germanaidd yr Eingl a'r Sacsoniaid i'r tir o'r dwyrain ac yn eu sgil nhw y daeth y Saesneg.

Dyna gadarnhau fy namcaniaeth, dros ddeng mlynedd ar hugain yn ôl, yn fy arddangosfa Gradd BA 'Gwreiddiau Ymwybod', fy mod yn teimlo ym mêr fy esgyrn ac yn gwybod yn fy isymwybod, fy mod yn perthyn i bobl y bryngaerau ac yn siarad iaith sydd yn perthyn i'w hiaith nhw. Nhw oedd yma'n ymddiddan wrth y tân yn y tai crynion ac olion eu credoau nhw sydd ar gopaon a llethrau'r mynyddoedd ac yn y dyffrynnoedd. Roedd yr arddangosfa'n datblygu o anobaith i obaith, gan awgrymu y gall darganfod ein gwreiddiau yn ein gorffennol pell, arwain at hyder a balchder ynom ein hunain a pharch tuag atom ac at yr iaith yn y dyfodol.

Mae cyflwyno fy ngwaith yn y llyfr yma wedi gwneud i mi edrych yn ôl, chwilota drwy hen bapurau, cofio am bethau yr oeddwn wedi hen anghofio amdanynt ac edrych ar y dylanwadau arnaf. Mae'r iaith a'r fro Gymraeg lle'm magwyd yn rhan greiddiol ohonof; mae'r gwaith yn adlewyrchu hynny ac mae'r iaith ei hun yn rhan weledol a chlywadwy ohono. Mae'n cyflwyno ein hanes a'r cyfrifoldeb sydd arnom i gynnal a gwarchod ein treftadaeth, sydd er ein gwaethaf yn dadfeilio'n ddyddiol o'n cwmpas. Mae ynddo themâu o gylchoedd, coed, cerrig, deuoliaethau a gwrthgyferbyniadau fel dyn a natur, gwlad a thref, Cymraeg a Saesneg, ffurfiau crwn natur a llinellau caled dyn.

Cefais fy magu yng nghanol Cymreictod calon y Fro Gymraeg ym

The literal translation of this book's title, 'Hon' is 'This', but because every object in Welsh is either feminine or masculine, its meaning is closer to 'this female'. Those of us who speak Welsh know that the Welsh language and Wales itself are both feminine; they are portrayed as such in our visual and literary art. 'Hon', by T.H. Parry-Williams, is one of our best-known poems and concludes:

'And I feel the claws of Wales wrenching at my heart. God save me, I cannot escape her.'

As President of the day at the 1987 National Eisteddfod my father said, 'Some of us are, unfortunately, rapidly becoming old people. But it's important to remember that we are all an old people.' His words are now sadly true of myself but the reference to us, the Welsh, as 'an old people' encompasses my artwork, which strives to present the splendour of our Welsh heritage, and our continuous connection with this land known today as Britain. The Welsh language is the key that opens the door to Cymreictod (Welshness), allowing one to look at the world and see it through Welsh eyes.

The Welsh word 'Cymry' that derives from the Celtic language of the Brythonic people of Ancient Britain means friends or fellow countrymen, and whilst looking through the eyes of the Welsh and understanding through the medium of the Welsh language, that's what we are to each other. But the English word 'Welsh' that derives from the Germanic language of the European Barbarians means strangers or foreigners, and whilst looking through the eyes of the English and understanding through the medium of the English language, that's what we are to them. I have written this presentation in Welsh and it is inevitable that some of the meaning and feeling will undoubtedly be lost in translation.

The word Celt was first recorded by the Greeks around 500BC and it meant people with a material and spiritual culture. Recent archaeological discoveries and advances in genetic study have led to astonishing findings. They confirm that the Celtic ancestors of the Welsh existed on this land from very early times. The gene map is almost identical with the linguistic map and it shows that the people of Gwynedd, which is the stronghold of the language, are the oldest of the old. They show that we are all, today, mixed people, but they also show clearly our distinctiveness. Professor Peter Donnelly of Oxford University says that Welsh ancestry could be traced back to the Ice Age 10,000 years ago, well before the Roman period of about AD50 to AD400. It is from this time that the Brythonic language developed into Welsh. It was also during this period that the Germanic Anglo-Saxon tribes invaded from the east, bringing their language that developed into English.

This confirms my assertion of over thirty years ago, in my BA Degree exhibition entitled 'Roots of Identity', that I feel in my bones and know in my subconscious that I am related to the people of the hill forts and speak a language that is related to theirs. They were the ones sitting around the fires in the roundhouses, and it is traces of their beliefs that can be found on the mountains and echoing through the valleys. The exhibition developed from despair to hope, suggesting that discovering our roots in our distant past can lead to confidence and pride in ourselves and respect towards us and the language in the future.

Presenting my work in this book has made me look back, remember things I had long forgotten, and understand who and what have influenced me. The Welsh language and community where I grew up is a core part of me; my work reflects this and the language itself is a visual and audible part of it. My work presents our history and our responsibility to maintain and protect our heritage, which is disappearing around us daily. It has themes of circles, trees, stones, dualities and contrasts such as man and nature, country and town, Welsh and English, the rounded forms of nature and the hard lines of man.

I was brought up at Pencraig Fawr, Sarn Mellteyrn, in the Welsh

158

Gobaith (Hope) – amlgyfrwng/mixed media

heartland of the Llŷn Peninsula where I lived with my mother and father, Cit and Gruffudd Parry, my grandparents and two sisters Enid and Mai. A home in the middle of fields far from everywhere, surrounded by old deciduous trees: I believed it was the best place in the world. My mother's family had lived in Pencraig for four generations. My grandmother and her two sisters were left orphaned very young, my grandmother at sixteen, Jên fourteen and Annie twelve. As a child I loved to hear the stories of rediscovering the old fireplace of the original cottage, then extending to the side and the room above, seeing where the grain still fell between the joists from the old corn loft, and the stories of everyone who had lived there before us. So it was instilled in me, a strong sense of belonging, of being part of the tradition of the generations that had gone before. They say there's an attraction in the soil in Llŷn that keeps us here. I knew from the outset that my roots were here and that this was where I wanted to be *'fel y cadwer i'r oesau a ddel y glendid a fu'* (so that the the splendour that was shall be saved for the ages to come).

My father was born and raised in Carmel on the slopes of Eryri, but his mother Jane was originally from Penbont, Llangwnnadl in Llŷn. She was one of the 609 who had voted for Plaid Genedlaethol Cymru in its first election in 1929. According to Dafydd Glyn Jones another relative, she was a kind and jovial woman of strong character. My father and his two brothers, Thomas and Richard, spent every summer holiday with their grandmother in Llŷn. The two communities were as Welsh as each other, with religion central to the close-knit, compassionate communities. It is said that it takes three generations for someone from outside Llŷn to be accepted as a native. So when my father got a teaching post at Ysgol Botwnnog and moved here to live in 1939, he received a warm-hearted welcome as one of the family who had come back to his roots.

That close-knit, compassionate society is long gone and most chapels have closed. When I bought Pen y Graig Chapel in Llangwnnadl in 1998, my father asked me if I realized that I was returning to his roots, even though there are only three miles between Pencraig and Penbont. It is this close relationship to our square mile that has kept us here from generation to generation and is recognized in the recent genetic study. Looking at Facebook, I realized that I was looking at a photograph of my father's grandparents and created the piece *O Genhedlaeth I Genhedlaeth* (From Generation to Generation). An old torn image, in which I saw the waves of the sea and two faces from my distant past

O Genhedlaeth i Genhedlaeth. (From Generation to Generation)
Richard Williams 1837-1908, Ann Roberts 1849-1926
39 x 33 cm – amlgyfrwng/mixed media

Mhenrhyn Llŷn, ar aelwyd Pencraig Fawr, Sarn Mellteyrn, lle roeddwn yn byw efo fy mam a fy nhad Gruffudd a Cit Parry, fy nain a 'nhaid a'm dwy chwaer Enid a Mai. Cartref yng nghanol caeau ymhell o bob man a choed mawr o'i gwmpas, a chredwn i fawr fod yna unlle brafiach yn y byd. Roedd fy nheulu o ochr fy mam wedi byw ym Mhencraig ers pedair cenhedlaeth. Tyddyn ar rent oedd o ar y dechrau pan oedd bywyd yn anodd iawn; gadawyd fy nain a'i dwy chwaer yn amddifad yn ifanc, fy nain yn un ar bymtheg, Jên yn bedair ar ddeg ag Anni yn ddeuddeg. Yn blentyn mi fyddwn wrth fy modd clywed hanes ailddarganfod yr hen le tân, wedyn yr ymestyn i'r ochor a'r ystafell uwchben a dangos lle roedd y gwenith yn dal i ddisgyn rhwng y distiau o hen lofft yr ŷd a hanes pawb oedd wedi byw yno o 'mlaen. Felly y sefydlwyd ynof ymdeimlad cry' o berthyn, o fod yn rhan o draddodiad y cenedlaethau. Dywedir fod yma dynfa yn y pridd yn Llŷn sydd yn ein cadw ni yma a gwyddwn o'r dechrau mai yma roedd fy ngwreiddiau ac mai yma yr oeddwn am fod 'fel y cadwer i'r oesau a ddêl y glendid a fu'.

Magwyd fy nhad yng Ngharmel ar lethrau Eryri ond roedd ei fam, Jane, yn wreiddiol o Benbont, Llangwnnadl yn Llŷn. Roedd hi'n un o'r 609 a bleidleisiodd i Blaid Genedlaethol Cymru yn ei hetholiad cyntaf, 1929. Yn ôl Dafydd Glyn Jones sy'n berthynas arall inni, roedd yn ddynes hwyliog, groesawus a chryf o gymeriad. Treuliai fy nhad a'i ddau frawd, Thomas a Richard, bob gwyliau haf efo'u nain yn Llŷn. Roedd y ddwy ardal mor Gymreig â'i gilydd, crefydd yn rhan ganolog o fywyd mewn cymdeithas gymwynasgar glòs, yn fwrlwm o weithgarwch Cymraeg. Dywedir y cymer dair cenhedlaeth i rywun o'r tu allan i Lŷn gael ei dderbyn fel un o'r brodorion. Felly pan gafodd fy nhad swydd athro yn Ysgol Botwnnog a symud yma i fyw yn 1939, fe gafodd groeso twymgalon fel un o'r teulu oedd wedi dŵad yn ôl at ei wreiddiau.

Mae'r gymdeithas gymwynasgar glòs honno wedi hen ddiflannu ac mae mwyafrif y capeli wedi cau. Pan brynais i Gapel Pen y Graig yn Llangwnnadl yn 1998, gofynnodd fy nhad i mi a oeddwn yn

sylweddoli fy mod yn mynd yn ôl at ei wreiddiau o, er mai cwta dair milltir sydd yna rhwng Pencraig Fawr a Phenbont. Y berthynas agos yma efo'n milltir sgwâr sydd wedi ein cadw ni yma o genhedlaeth i genhedlaeth ac sydd i'w weld yng nghanlyniadau'r astudiaeth enynnol ddiweddar. Wrth edrych ar dudalennau gweplun ar y we y sylweddolais fy mod yn edrych ar ffotograff o nain a thaid fy nhad a chreu'r darn 'O Genhedlaeth i Genhedlaeth'. Hen lun wedi rhwygo, a gwelais ynddo donnau'r môr a dau wyneb o fy ngorffennol pell yn edrych arna i drwy dymhestloedd eu bywyd.

Athro, awdur, garddwr, cogydd ac amrywiaeth amryddawn o bethau eraill oedd fy nhad a fo uwchlaw pawb sydd wedi cael y dylanwad pennaf arnaf ac ar fy ngwaith. Gweithiodd i gynnal a gwarchod y 'pethau' ar hyd ei oes, bu'n aelod ac arweinydd ar sawl mudiad, cymdeithas, sefydliad, protest ac ymgyrch. Ysgrifennodd y gyfrol Crwydro Llŷn ac Eifionydd sydd yn gofnod o Lŷn fel yr oedd yng nghanol y ganrif ddiwethaf. Cofnodwyd fod yma ryw ddwsin o Gymry Cymraeg uniaith yn Llŷn mor ddiweddar â 1971. Bellach mae'r Cymry uniaith wedi peidio â bod ac mae'r ganran Gymraeg o boblogaeth Cymru'n ddwyieithog, tra mae'r ganran Saesneg wedi parhau'n gyndyn uniaith. Mae hawliau cyfreithiol cyfartal i'r Saesneg a'r Gymraeg, mewn sefyllfa mor anghyfartal, yn anghyfiawn. Mewn dwyieithrwydd, gwelai Saunders Lewis 'farwolaeth barchus ac esmwyth, ac angladd ddialar i'r Gymraeg' a dywedodd fod parhad yr iaith yn Llŷn, sy'n ddi-dor ers y chweched ganrif, yn fater o fyw neu farw i Gymru.

Roedd Saunders Lewis yn ymgyrchydd gwleidyddol, bardd, dramodydd ac yn un o sylfaenwyr Plaid Genedlaethol Cymru yn 1925. Pan chwalwyd Penyberth a oedd yn hen dŷ hanesyddol o bwys gan Lywodraeth Loegr er mwyn sefydlu gwersyll bomio, roedd yn un o'r tri a benderfynodd losgi adeiladau'r gwersyll. Dyma'r 'Tân yn Llŷn' a oedd yn un o'r digwyddiadau mwyaf arwyddocaol yn hanes Cymru ers cyfnod Owain Glyndŵr. Dyma'r digwyddiad hanesyddol sydd yn cael ei gyflwyno yn y darn

looking at me through the squalls of life.

My father was a teacher, writer, gardener, cook and a multitude of other things: he has been the greatest influence on me and on my work. Throughout his life, he worked tirelessly to protect our heritage, a member or leader of many organizations, societies, pressure groups, protests and campaigns. He wrote the book *Crwydro Llŷn ac Eifionydd,* a record of Llŷn as it was in the middle of the last century. It was recorded that about a dozen monoglot Welsh speakers still survived in Llŷn in 1971. Today the Welsh-speaking percentage of the population of Wales is bilingual, while the English monoglots have remained stubbornly so. Equal legal rights to both English and Welsh languages, in such an unequal situation is unjust. In bilingualism, Saunders Lewis saw 'a quiet and respectful death, and a funeral without grief for the Welsh language'. He also said that the continuation of the language in Llŷn, which has been unbroken since the sixth century, is a matter of life or death for Wales.

Saunders Lewis was a political activist, poet, playwright and founder member of Plaid Genedlaethol Cymru in 1925. When the old historic Penyberth house was demolished by the English Government to set up a bombing range, he was one of three who decided to burn the buildings. This is known as '*Y Tân yn Llŷn*' (The Fire in Llŷn) and was one of the most significant events in Welsh history since the time of Owain Glyndŵr. This historic event is depicted in my piece *Penyberth* which contains an extract from Saunders Lewis's report to the Court, 'Why We Burned the Bombing School', and contains the door of the old house, the telegram sent noting that they had received a nine month prison sentence, prison bars, flames , the year and the names of the three. In the year of my birth,1962 he delivered his lecture 'Tynged yr Iaith' (Fate of the Language) calling for a revolution to save the Welsh language. It led to a patriotic awakening in Wales and the establishing of Cymdeithas yr Iaith Gymraeg and a new generation

sang protest songs and were imprisoned over language rights. In 1965 the Welsh village of Capel Celyn was flooded to create a reservoir for the city of Liverpool. The basis of my piece *Tryweryn* is a copy of the map by the Liverpool Corporation where the rivers represent cracks in walls under the water. It contains an extract from Saunders Lewis's Tynged yr Iaith'. In the bottom corner are the names of farms and homes, and words from Gerallt Lloyd Owen's poem 'Tryweryn' – 'Tis not one place but our whole race', that is drowning today. The year of the explosion is painted in white on the red wall reminiscent of the famous 'Cofiwch Dryweryn'. In 1969 came the insult of the investiture at the castle of our conqueror Edward I in Caernarfon. There was also paramilitary activity, and although I was young I was very aware of all these things.

In 1968 it was reported that Caernarvonshire County Council had decided, contrary to the parents' wishes, to close Bryncroes School, where I was a pupil. The opposition grew into a national campaign, but the school still closed. The parents opened an independent school in a chapel vestry, before occupying the official school seven weeks later. During the summer holidays of 1970 the Council installed new locks on the doors and chained the gates. The parents advertised a teacher's post and on September 2nd members of Cymdeithas yr Iaith came to reclaim the school. Hundreds of people from all over Wales attended a public meeting in Bryncroes on October 3rd. Those two years of campaigning influenced me a great deal, and I have been involved in campaigns ever since.

The concern was the same at Bryncroes as with every other battle, concern for the lack of support for the Welsh-speaking heartlands, by the authorities that allowed and facilitate the relentless march of Anglicisation. After the turmoil of being part of the battle of Bryncroes, it was nice to be just an ordinary pupil at Pont y Gof primary school; to learn about such things as the

'Penyberth'. Mae ynddo ddetholiad o adroddiad Saunders Lewis i'r Llys, 'Paham y Llosgasom yr Ysgol Fomio', a cheir ynddo ddrws yr hen dŷ, y telegram a anfonwyd yn nodi iddynt dderbyn dedfryd o garchar am naw mis, bariau'r carchar, fflamau, y flwyddyn ac enwau'r tri. Ym mlwyddyn fy ngeni traddododd ei ddarlith 'Tynged yr Iaith' yn galw am chwyldro er mwyn achub y Gymraeg. Arweiniodd at ddeffroad gwladgarol yng Nghymru, sefydlwyd Cymdeithas yr Iaith Gymraeg a gwelwyd cenhedlaeth newydd yn canu caneuon protest ac yn mynd i garchar dros hawliau'r iaith. Yn 1965 boddwyd pentref Cymraeg Capel Celyn er mwyn creu cronfa ddŵr i ddinas Lerpwl. Sail y darn 'Tryweryn' ydi hen gopi o fap o gynllun Corfforaeth Lerpwl lle mae'r afonydd yn troi'n graciau yn y waliau o dan y dŵr. Mae'r detholiad ynddo o 'Tynged yr Iaith' Saunders Lewis. Yn y gornel isaf y mae enwau'r ffermydd a geiriau o gerdd 'Tryweryn' Gerallt Lloyd Owen – 'Nid un lle ond ein holl hil', sydd yn boddi heddiw. Daeth sarhad yr arwisgiad yng nghastell ein concwerwr Edward 1 yng Nghaernarfon yn 1969. Gwelwyd gweithgarwch parafilwrol a finnau'n blentyn yn ymwybodol iawn o'r pethau yma i gyd.

Yn 1968 daeth sôn fod Cyngor Sir Gaernarfon, yn groes i ddymuniadau'r rhieni, am gau Ysgol Bryncroes, a finnau yno'n chwech oed. Tyfodd y gwrthwynebiad yn ymgyrch genedlaethol, ond er hyn caewyd yr ysgol. Agorodd y rhieni ysgol annibynnol yn yr hen Ysgoldy Bach, cyn meddiannu ysgol y Cyngor Sir ymhen saith wythnos wedyn. Yn ystod gwyliau'r haf 1970 rhoddodd y Cyngor Sir glo newydd ar y drysau a chadwyn ar y giatiau. Hysbysebodd y rhieni swydd athro neu athrawes ac ar Fedi 2il daeth aelodau o Gymdeithas yr Iaith yno i ailfeddiannu'r ysgol. Daeth cannoedd o bobl o bob rhan o Gymru i gyfarfod cyhoeddus ym Mryncroes ar Hydref 3ydd. Dysgais lawer am ymgyrchu yn y ddwy flynedd a chafodd y profiad gryn ddylanwad arnaf; rwyf wedi bod yn rhan o ryw frwydr neu'i gilydd ar hyd fy oes.

Yr un oedd y pryder ym Mryncroes a phob brwydr arall, pryder

Penyberth 60 x 60 cm – amlgyfrwng/mixed media

am y diffyg cefnogaeth i'r bröydd Cymraeg gan yr awdurdodau sydd wedi caniatáu a hwyluso'r Seisnigo didrugaredd. Wedi'r cynnwrf o fod yn rhan o frwydr Bryncroes, roedd yn braf cael bod yn ddim ond disgybl cyffredin yn ysgol gynradd Pont y Gof. Cael dysgu am bethau hynod ddifyr fel chwedlau'r Mabinogi efo Mr Geraint Lloyd Owen a dŵad yn ffrindiau efo genod Garnfadryn a chael mynd i chwarae efo nhw ar lethrau'r Garn ar y Sadyrnau.

Ymlaen wedyn i Ysgol Botwnnog a phan gyrhaeddais yno roedd fy nhad o fewn dwy flynedd i ymddeol. Roedd yr ysgol bryd hynny'n gwbl Gymreig ei naws. Er bod yno leiafrif bychan o ddisgyblion o aelwydydd Saesneg, buan yr oedden nhw'n ymdoddi i fwrlwm o Gymreictod. Sefyllfa wahanol iawn oedd hi pan gyrhaeddodd fy nhad yno ym 1939, iaith yr aelwydydd i gyd yn Gymraeg, ond

Mabinogi with Mr Geraint Lloyd Owen and to become friends with the Garnfadryn girls and spend my Saturdays with them.

From there to Ysgol Botwnnog, where my father was within two years of retiring. The school at that time was entirely Welsh: although there were some pupils from English homes, they soon blended into a sea of Welshness. It was a very different situation when my father arrived there in 1939: the language of all the homes was Welsh, but the lessons were in English, and the sour taste of the 'Welsh Not' and the 'Treachery of the Blue Books' lingered.

R.R.W. Lingen, A.C. Symons and H.R. Vaughan Johnson were the three commissioned to conduct a report on education in Wales, published in 1847 in 'The Blue Books'. They were barristers and monoglot Englishmen, questioning monoglot Welsh children, and concluding that the Welsh people were lazy, ignorant and immoral because of the language. The following year, in an article in his magazine Y Traethodydd, Dr Lewis Edwards said that 'It was unreasonable to expect a correct understanding of the state of our country from a study over three or four months by men who were as ignorant of us as any of the inhabitants of the newly discovered planet Neptune.' Although the report was undoubtedly unreasonable, the majority of Welsh people accepted the criticisms of the three Englishmen and were willing to deny and reject the native language of their forefathers. It was in this context that Saunders Lewis said that the Welsh should not allow English actions to blind us from seeing the monumental harm the Welsh themselves can

cause. The piece titled 'Brad' contains a quote from Saunders Lewis and in the background are the corners of the Blue Books reports published in three volumes.

It is ironic that the Blue Books report was commissioned because of Welsh Chartist activity. There were six aims presented in the People's Charter: votes for all men over the age of 21; secret ballots; annual elections; salaries for Members of Parliament; equal numbers of voters in every constituency; that being a landowner

Tryweryn 60 x 60 cm – amlgyfrwng/mixed media

Saesneg oedd cyfrwng y gwersi a blas chwerw'r 'Welsh Not' a 'Brad y Llyfrau Gleision' yn parhau.

R.R.W. Lingen, A.C. Symons a H.R. Vaughan Johnson oedd y tri a gomisiynwyd i wneud yr adroddiad ar addysg yng Nghymru a gyhoeddwyd yn 1847 yn 'Y Llyfrau Gleision'. Saeson uniaith oedden nhw, yn holi plant o Gymry Cymraeg yn Saesneg a chasglu fod y Cymry'n ddiog, yn anwybodus ac yn anfoesol oherwydd y Gymraeg. Mewn erthygl yn ei gylchgrawn *Y Traethodydd* y flwyddyn ganlynol eglura'r Dr Lewis Edwards mai 'Afresymol ... oedd disgwyl dealltwriaeth cywir am ansawdd ein gwlad mewn tri mis neu bedwar oddi wrth ddynion oedd ychydig cyn hynny mor anwybodus o honom a neb o drigolion y blaned newydd Neptune'. Ond er mor afresymol, bu mwyafrif o'r Cymry'n barod iawn i dderbyn beirniadaeth y tri Sais a bodloni i wadu iaith eu gwlad a'u cyndeidiau. Yn y cyd-destun yma y dywedodd Saunders Lewis 'Trown gan hynny at y Cymry eu hunain, rhag bod brycheuyn yn llygad y Sais yn peri na welom y trawst yn llygad y Cymro'. Mae'r darn *Brad* yn cynnwys dyfyniad o'r adroddiadau y mae Saunders Lewis yn cyfeirio ato ac yn dweud 'wedi tair canrif o'u cadw gyda'r diawl o dan yr hatsus yn sownd co bach dan glo.' Y sail cefndirol ydi corneli'r adroddiad a oedd mewn tair rhan, sef y Llyfrau Gleision.

Eironig ydyw, fod arolwg y Llyfrau Gleision wedi ei gomisynnu oherwydd gweithgarwch y Siartwyr Cymreig. Roedd chwech o ofynion yn Siarter y Bobl: pleidlais i bob dyn dros 21 oed; pleidlais ddirgel; etholiadau blynyddol; cyflogau i Aelodau Seneddol; nifer cyfartal o bleidleiswyr ym mhob etholaeth; dim rhaid perchenogi tir i fod yn Aelod Seneddol. O fewn canrif, roedd pump o'r chwech o ofynion, rhesymol, y Siarter wedi eu derbyn fel cyfraith gan Lywodraeth Loegr.

Yn Ysgol Botwnnog yng ngwersi Mr Leonard Humphreys y datblygodd fy hoff bethau, sef 'gwneud llunia,' a 'chwara 'fo clai', i fod yn Gelfyddyd. Dysgais am wahanol gyfnodau mewn hanes celfyddyd, o gyfnod y Dadeni i gelf gyfoes a chysyniadol. Dechrau

trafod ac ystyried, pwrpas, dylanwad, effaith a chyd-destun y broses greadigol, boed yn weledol, yn llenyddol, yn gerddorol, yn osodiad, yn berfformiad neu'n rhan greiddiol o fywyd bob dydd, fel ag y mae mewn crefydd neu yng ngwaith y crefftwyr. Mae'n ffordd o gofnodi a chyfathrebu ers cyfnod cynharaf y lluniau ar waliau'r ogofâu. Mae'n rhan o hunaniaeth unigolion a diwylliant cenhedloedd ac y mae iddi werth ysbrydol. Mae'n gyfrwng i gyflwyno syniadau newydd a chyfleu teimladau dyfnaf a meddyliau dwysaf un person i gynulleidfa eang o bobl. Y mae celfyddyd boliticaidd yn ymateb i anghyfiawnderau cymdeithasol a gall greu chwyldro.

Mae brwydrau a hanes y genedl a'r iaith Gymraeg yn themâu cyson yn ein llenyddiaeth. Yng ngwersi Llenyddiaeth Gymraeg Mr Emyr Pritchard y sylweddolais fod cefndryd fy nhad o ochr ei dad, R. Williams Parry a T.H Parry-Williams, ymhlith rhai o feirdd enwocaf Cymru a bod ein llyfr gosod '*Hanes Llenyddiaeth Gymraeg hyd 1900*' wedi ei ysgrifennu gan Thomas Parry, brawd fy nhad. Wrth gyflwyno'r llyfr hwnw i ni yr eglurodd Emyr Pritchard mai'r iaith Frythoneg oedd mam iaith y Gymraeg, y Gernyweg a'r Llydaweg ac mai hanes yr iaith ydi hanes y genedl hefyd. Felly, oherwydd llyfr fy Yncl Tom, ac er gwaethaf y cwricwlwm addysg, y dysgais am hanes Cymru, gan nad ydi ein hanes yn cael ei ddysgu i ni yn yr ysgolion hyd heddiw. Oni ddylai'r gwir hanes, o Gôr y Cewri i'r Mabinogi a'r iaith Gymraeg, gael ei ddysgu i'r holl bobl sydd yn byw ym Mhrydain heddiw, oherwydd fod ein hiaith a'n hanes ni yn perthyn i'r tir sydd o dan eu traed hwythau hefyd?

Perthyn llenyddiaeth hynaf Cymru i diriogaeth 'Yr Hen Ogledd' sef deheudir yr Alban a gogledd Lloegr. Mae gwaith y beirdd Taliesin ac Aneirin yn dyddio'n ôl i'r chweched ganrif ac yn cofnodi'r gwrthdaro ffyrnig rhwng y Brythoniaid a'r Eingl-Sacsoniaid, gyda'r gerdd 'Y Gododdin' yn cofnodi hanes brwydr waedlyd Catraeth. *Yr Hen Ogledd* ydi teitl y darn sy'n cyflwyno'r hanes.

O Ysgol Botwnnog i'r Cwrs Celf Sylfaenol ym Mangor yn 1983.

1847.

R.R W. Lingen

J.C. Symons

H. V. Johnson

"Whether in the country or among the
furnaces, the Welsh element is never found
at the top of the social scale ... Equally in his
new as in his old home, the language keeps him
under the hatches, being one in which he can neither
acquire nor communicate the necessary information. It
is a language of old-fashioned agriculture, of theology, and
of simple rustic life, while all the world about him is English...
His superiors are content, for the most part, simply to ignore
his existence...He is left to live in an underworld of his own,
and the march of society goes so completely over his head."

REPORTS

blunders

ignorant

which must
capacity in

ignorant,

English language

were very

ignorance of English

Brad (Treachery) 60 x 60 cm – amlgyfrwng/mixed media

Roedd Peter Prendergast yno'n dysgu paentio a darlunio ac roedd yn ymwybodol iawn o'i wreiddiau Celtaidd. Dywedai ei fod yn paentio tirwedd Cymru am ei fod yn perthyn iddi a'i fod yn paentio fel Celt yn hytrach na fel 'English Country Gentleman'. Paul Davies oedd yn dysgu cerflunio a threuliai'r ddau ohonom y rhan fwyaf o amser y gwersi yn trafod gwleidyddiaeth a ffyrdd gwell o ddehongli'r genedl nag efo daffodils, defaid a phêl rygbi. Nid oedd y delweddau bach del yma'n adlewyrchu'r ysbryd gwladgarol yng Nghymru ar y pryd. Roedd deffroad y chwedegau wedi arwain at yr ymgyrch losgi tai haf a ddechreuodd pan losgwyd pedwar tŷ ar 12 Rhagfyr 1979. Bu dros ddau gant o ymosodiadau yng ngogledd a chanolbarth Cymru, dros gyfnod o ddeuddeng mlynedd. Dyna

Yr Hen Ogledd (The Old North) 75 x 58 cm – amlgyfrwng/mixed media

gefndir a difrifoldeb y cyfnod y gofynnodd Paul i mi ymuno efo Grŵp Beca, er mwyn ysgogi celfyddyd genedlatholgar Gymreig.

Yn yr wythdegau y bu'r deffroad Cymreig ym myd celfyddyd weledol yng Nghymru ac yr oeddwn innau yno yn ei ganol. Yn Eisteddfod Genedlaethol Wrecsam 1977, safodd Paul Davies y tu allan i'r 'Lle Celf' gan godi hen sliper rheilffordd uwch ei ben efo'r llythrennau WN arno. Perfformiad o brotest oedd, am fod Celf yn cael ei ystyried fel rhywbeth y tu allan i Gymreictod gweddill yr Eisteddfod, yn perthyn i lwyfan 'rhyngwladol' Saesneg, yn amherthnasol i Gymru. Sefydlodd y Grŵp Beca efo'i frawd Peter ac ymunodd Ifor Davies a finnau'n ddiweddarach. Nid cymdeithas ffurfiol oedd Beca ond ymgyrch i ysgogi celfyddyd genedlatholgar Gymreig drwy gydweithio ar ddarnau o gelf ac arddangos yn enw Beca. Yn un o bwyllgorau'r Academi Gymreig yn 1984 sefydlwyd 'Gweled' efo'r amcan o hybu traddodiad byw yn y gelfyddyd weledol yn Nghymru drwy gyfrwng yr iaith Gymraeg, a bûm yn aelod o'r pwyllgor. Cafodd fy ngwaith ei arddangos fel aelod o Beca a Gweled yn arddangosfa 'Ystâd Cymru' a drefnwyd i gyd-fynd ag Eisteddfod Genedlaethol Casnewydd. Da o beth fod gweledigaeth Beca'n parhau i ysgogi artistiaid ifainc fel Sara Rhoslyn Moore heddiw.

Yng Nghynhadledd Gweled yn 1985, trefnwyd darlith gan yr Athro Dewi-Prys Thomas, o dan y teitl 'Llygaid y Cymro'. Dywedodd ei hanes yn mynd i gysgu wrth gynllunio Pencadlys Cyngor Sir Gwynedd yng Nghaernarfon ac yna deffro i weld fod y cynlluniau wedi eu cwblhau. 'Nid fy llaw i, mewn ffordd o siarad, a wnaeth hwn... Duw a ŵyr pwy oedd gyda mi yn fy ystafell o'r canrifoedd gynt.' Cyfeiriodd at ryfeddod y cromlechi a galwodd arnom yn weledol ac yn ysbrydol i fod yn fwy triw i'n gorffennol ac edrych ar y byd drwy 'Lygaid y Cymro'. Mae geiriau a dawn dweud y cawr yma o Gymro yn fyw yn fy nghof hyd heddiw a chredaf fod rhai o'i gyfeillion o'r canrifoedd gynt wedi dŵad adra efo mi'r diwrnod hwnnw ac wedi aros efo mi byth.

should not be a prerequisite to becoming a Member of Parliament. Within a century, five of the six Charter requirements had been incorporated into English law.

It was at Ysgol Botwnnog in Mr Leonard Humphreys's lessons that my favourite things, 'drawing pictures' and 'playing with clay' became Art. I learnt about different periods in art history, from the Renaissance to contemporary and conceptual Art. I began to consider the purpose, influence, impact and context of the creative process, whether visual, literary, musical, as installation, as performance or as an integral part of daily life, as it is in religion or in the work of craftsmen. From the earliest times of the paintings on cavern walls it has been a way of recording and communicating. It is a part of a people's identity and of a nation's culture and it has a spiritual value. It is a way of presenting new ideas and conveying one person's deepest feelings and thoughts to a wide audience. Political art responds to social injustices and can create revolutions.

The struggles and history of the nation and the Welsh language are constant themes in our literature. It was in Mr Emyr Pritchard's Welsh Literature lessons I realized that my father's cousins from his father's side, R. Williams Parry and T.H. Parry-Williams, were among the most famous Welsh poets, and that our textbook, *Hanes Llenyddiaeth Gymraeg hyd 1900* (A History of Welsh Literature until 1900), was written by Thomas Parry, my father's brother. Emyr Pritchard's introduction to the book explained that Welsh, Cornish and Breton evolved from the Brythonic language, and that the history of the language is also the history of Wales. So it was in the Welsh Literature lessons, because of my Uncle Tom's book and despite the curriculum that I learnt about Welsh history. Even today, our history, Welsh history, is not taught in Welsh schools. Shouldn't the true history, from Stonehenge to the Mabinogion and the Welsh language, be taught to all the people living in Britain today, because this is the history of the land that is

under their feet also?

The oldest Welsh literature belongs to the Scottish lowlands and the north of England, the 'Old North' which was Brythonic until the middle of the seventh century. The works of the poets Taliesin and Aneirin date back to the sixth century and record the fierce conflicts between the Brythonic people and the Saxons. The 'Gododdin' poem records the bloody battle of Catterick which is depicted in the piece *Yr Hen Ogledd* (The Old North).

I went from Ysgol Botwnnog to the Foundation Course at Bangor in 1983. Peter Prendergast taught painting and drawing and he was very aware of his Celtic roots. He'd say that he painted the Welsh landscape because he belonged to it and that he painted as a Celt rather than an 'English Country Gentleman'. Paul Davies taught sculpture and we spent most of the time discussing politics and better ways of interpreting the nation than with daffodils, sheep and a rugby ball. These pretty images did not reflect the patriotic spirit in Wales at the time. The awakening of the sixties led to the holiday home arson campaign that began with the burning of four houses on 12 December 1979. There were over two hundred attacks in north and mid Wales over a twelve-year period. That was the background and seriousness of the time when Paul Davies asked me to join the Beca Group that encouraged Welsh nationalist art.

There was a Welsh awakening in the visual art world in Wales in the eighties, and I was there in the midst of it. At the Wrexham National Eisteddfod in 1977 Paul Davies stood outside 'Y Lle Celf' (The Art Pavilion) holding above his head a railway sleeper with the letters WN carved on it. It was a performance protest because the Eisteddfod regarded Art as something outside of the Welshness of the rest of the Eisteddfod, belonging to an English international stage, irrelevant to Wales. He set up the Beca Group with his brother Peter, Ivor Davies soon joined as I did later. Beca was not a formal society but a campaign to inspire Welsh nationalist art by

Arweiniodd y deffroad celfyddydol Cymreig yma at ymwybyddiaeth o'n gwreiddiau Celtaidd, gan agor y drws ar holl ysblander celfyddyd weledol ein cyndeidiau. Mewn erthygl yn Barn, 1987 galwodd Peter Lord am chwalu'r hen ddelwedd negyddol o gelfyddyd Gymreig a'i hanes. Yna adeiladu delwedd wahanol ar seiliau newydd a fyddai'n edrych ar gelfyddyd o'r tu fewn i gyd-destun Cymru ac nid o'r tu allan. Mae ymroddiad Peter Lord a phawb a fu'n rhan o'r ymdrech wedi sicrhau fod yr hen ddelwedd yn deilchion a bod gennym ein hanes celfyddyd cydnabyddedig Gymreig y mae to newydd o artistiaid a haneswyr yn medru adeiladu arno ac ychwanegu ato.

Wedi i mi gwblhau'r Cwrs Sylfaen ym Mangor, siom oedd sylweddoli nad oedd yna goleg yng Nghymru yn cynnig cwrs astudio Celfyddyd Gain drwy gyfrwng y Gymraeg. Felly, penderfynais ar Gasnewydd, tref y Siartwyr, gan gredu y byddai gen i'r hawl i wneud fy ngwaith yn Gymraeg yno, am ei fod yng Nghymru. Ond pan gyrhaeddais doedd yno ddim olion o'r iaith, neb yn ei siarad, neb yn ei deall a fawr neb yn ymwybodol o'i bodolaeth. Pan ofynnwyd i mi o ba wlad yr oeddwn yn dŵad efo acen mor rhyfedd, gwyddwn fy mod mewn lle estron, dieithr ac unig sobor.

'Roedd safle'r Coleg Celf yng Nghaerllion, mewn adeilad newydd, modern, gwydr efo ffrâm fetel goch, lle golau iawn ond oeraidd a di-enaid. 'Roedd gan y staff yno obsesiwn gwag a diystyr efo'r newydd a'r gwahanol a oedd yn rwystr i ddatblygu creadigrwydd gwirioneddol a dysgu sgiliau ymarferol. Ychydig ar ôl y Pasg yn yr ail flwyddyn, gofynnais am gael cyflwyno fy nhraethawd gradd yn Gymraeg a chefais ymateb ymosodol cas gan un darlithydd. Eglurodd ei fod yn credu mewn globaleiddio, yn ystyried Saesneg yn iaith fyd-eang oedd wedi hwyluso i wareiddio holl bobloedd y byd. Gan godi ei lais yn fygythiol dywedodd ei fod yn ystyried y Gymraeg yn dramgwydd di-werth, yn fy ystyried i yn anwybodus, yn gul ac yn 'racist'. A dyna'r defnydd mwyaf amhriodol o unrhyw air rwyf wedi ei glywed erioed. Nid hil ydi iaith ac nid hiliaeth ydi

Y Gromlech 60 x 30 cm – amlgyfrwng/mixed media

collaborating on pieces of art and exhibiting in the name of Beca. In 1984 'Gweled' was launched at a Welsh Academy meeting with the aim of promoting the visual arts in Wales through the medium of the Welsh language, and I was a member of the committee. My work was exhibited as a member of Beca and Gweled in 'The State of Wales' exhibition that coincided with the Newport National Eisteddfod in 1988. It's good to see Beca's vision continues to inspire young artists such as Sara Rhoslyn Moore today.

At the Annual Conference in 1985, Gweled organized a lecture by Dewi-Prys Thomas, entitled 'Llygaid y Cymro' (Eyes of the Welsh). He told us about the time he fell asleep, while designing the Gwynedd County Council Headquarters in Caernarfon, then waking up to see that the plans were complete. 'It was not my hand, in a way of speaking that was responsible... God knows who was with me in my room from previous centuries.' He referred to the wonder of the dolmens, 'The layer that takes us back to the Stone Age'. He called on us visually and spiritually, to be truer to our past and to see the world through 'Welsh eyes'. The words and eloquence of this Welsh giant live on in my memory to this day and I believe that some of his friends from earlier centuries came home with me that day and stayed with me ever since.

The awakening in the Welsh art world led to an awareness of our Celtic roots, opening the door to all the splendour of our ancestors' art. In the December 1987 issue of *Barn*, an article appeared by Peter Lord calling for the negative image that existed in Wales of Welsh art and its history to be dispelled, and for a different image to be built on new foundations, looking at art from within Wales and not from the outside. The dedication of Peter Lord and all those involved in the effort has ensured that the old image is in tatters and that we now have our recognized Welsh art history on which a new wave of artists and historians can build.

After completing the Foundation Course in Bangor it was disappointing to find that none of the collages in Wales offered a Fine Art degree course through the medium of Welsh. Despite this, I chose Newport, the Chartist town, believing that I would be entitled to do my work in Welsh there, because it was in Wales. But when I arrived there were no traces of the language, no one speaking it, no one understood it and hardly anybody was aware of its existence. When I was asked which country I came from with such a strange and unfamiliar accent, I realized that I was in an unfamiliar, strange and very lonely place.

The Art College was in Caerllion, in a new, modern, red metal-framed glass building, a very light but cold and soulless place. There was an empty and meaningless obsession with the new and the different, which was a barrier to developing real creativity and learning practical skills. Shortly after Easter in my second year, I requested to present my thesis in Welsh and received an abusive response from one lecturer. He explained that he believed in globalization and considered English the global language that facilitated the civilization of the peoples of the world. Raising his voice aggressively he said that he considered Welsh a worthless cause, and considered me ignorant, narrow-minded and 'racist'. That was the most inappropriate use of any word I've ever heard. Language is not race and it is not racist to use the indigenous language of a country in that country. A few days later I received a phone call saying that Gwenan, my closest friend since Pont y Gof, was in hospital. She and her husband Merf were expecting their first child but she had lost the baby and was on a ventilator. That train journey from Newport to Bangor was the longest of them all. The following day on 18th April 1986 the machine was switched off. Two weeks later I was on my way back to Newport, my world shattered, having lost her and part of myself. Creativity and grief do not complement each other well and it took me many years to realize that.

I didn't have anything much to do with anybody at that ugly, cold, red glass building after that. Staying on the Fine Art course

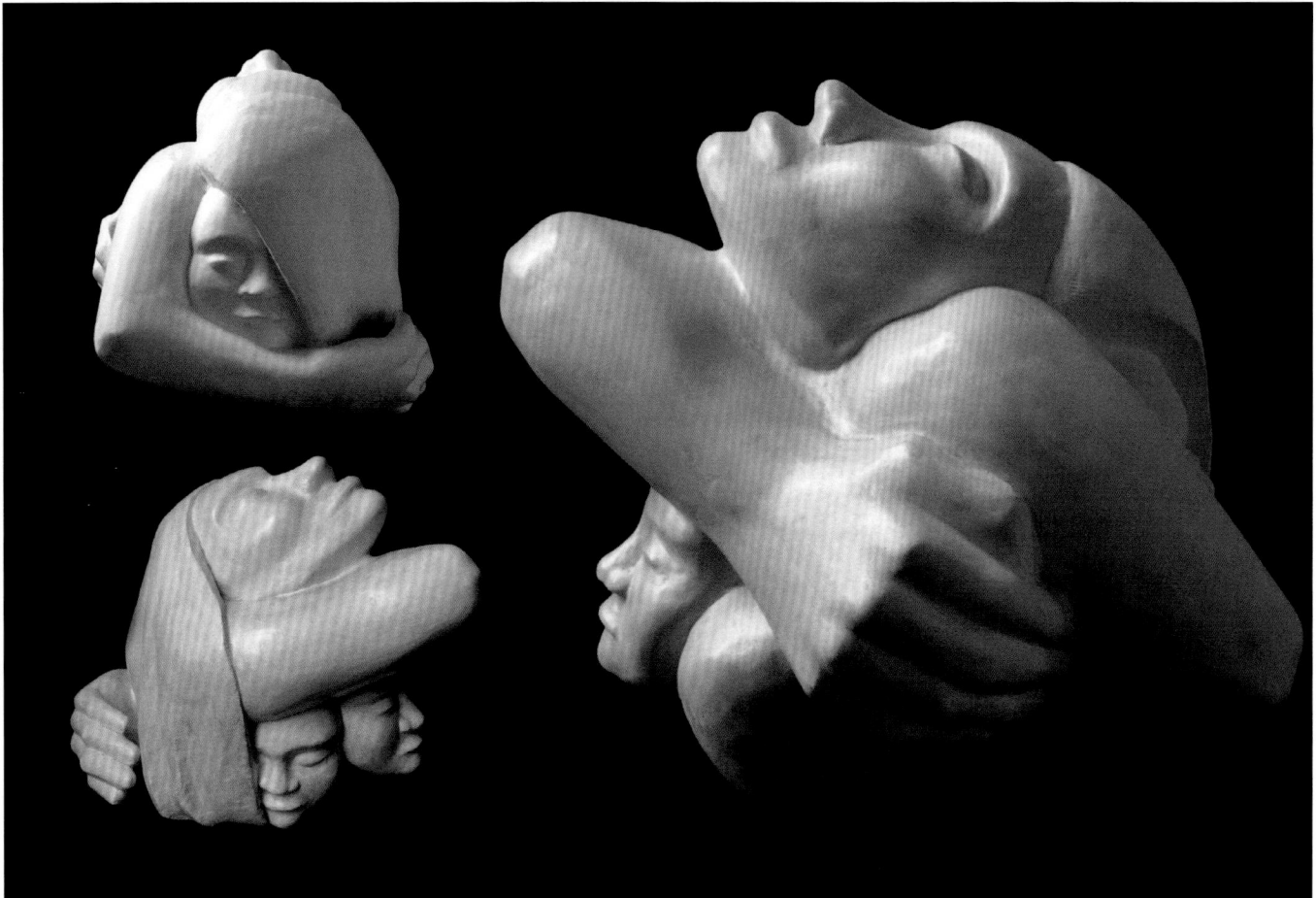

Mam, Mam Iaith a Mam Dduwies Mother, (Mother Language and Godess) plaster.

defnyddio iaith gynhenid yn eich gwlad eich hun. Ychydig ddyddiau wedyn cefais alwad ffôn yn dweud fod Gwenan, fy ffrind agosaf ers Pont y Gof, wedi mynd i'r ysbyty. Roedd hi a'i gŵr Merf yn disgwyl plentyn, ond roedd hi wedi colli Martha bach ac ar beiriant anadlu. Dyna'r daith trên o Gasnewydd i Fangor, hiraf ohonyn nhw i gyd. Drannoeth ar 18fed o Ebrill 1986 diffoddwyd y peiriant. Bythefnos wedyn roeddwn ar fy ffordd yn ôl am Gasnewydd, fy myd yn deilchion, wedi'i cholli hi a rhan ohonof fy hun. Dydi creadigrwydd a galar ddim yn gyfeillion i'w gilydd ac mi gymerodd flynyddoedd lawer i mi sylweddoli hynny.

Fûm i ddim yn ymwneud llawer â neb yn yr adeilad gwydr coch oeraidd hyll hwnnw wedyn. Aros ar y cwrs Celf Gain ond symud i weithio i'r hen goleg efo'r to crwn eiconig yng Nghasnewydd, adeilad hen ond cynnes a chroesawus yn llawn o bobl greadigol. Prynu camera a gweithio efo'r adran ffotograffiaeth ddogfennol lle cefais gefnogaeth ac arweiniad amhrisiadwy Ron McCormick. Roedd Ifor Davies yno'n dysgu Hanes Celfyddyd a Mr Mel Harris yn Brifathro a phan ddaethant hwy i ddeall am fy nghais i wneud fy ngwaith yn Gymraeg, fe wnaed trefniadau yn syth fod Leslie Jones yn ei asesu. Penderfynais ddefnyddio'r iaith ei hun yn rhan weledol, glywadwy, allweddol o'r arddangosfa, efo ffotograffau o'r hen olion cerrig o oes y Celtiaid.

but moving to work at the iconic old domed building in Newport, an old but warm and welcoming place full of creative people. I bought a camera and worked with the documentary photography department, where I received invaluable support and guidance from Ron McCormick. Ivor Davies worked at the Art History department, Mr Mel Harris was the Principal and when they heard about my request to do my work in Welsh, arrangements were made for Leslie Jones to assess it. I decided to use as a key part of the exhibition the language itself, both visually, and audibly, to coincide with photographs of the old Celtic remains.

In my final year I became aware that the younger generation in Newport felt a deep loss that they could not speak the language of their grandparents. I spent a lot of time in Neath, where my grandmother's sisters had settled after moving from Pencraig as young girls. I stayed with my auntie Jên, her sister Anne lived nearby with Nan and Lewis, my mother's cousins. Lewis was retired from the Steelworks, enjoyed mountain walking and had a keen interest in history and photography. He came with me to photograph the Celtic remains in the area, I also had a car to go back and forth between Newport and home, so my collection of photographs soon grew from all over Wales.

My exhibition was an installation of thirty-eight photographs of trees, water, dolmens, hill forts, standing stones and stone circles, with poetry beneath them, and the sound of poems such as 'Cofio', 'Hon' and 'Cilmeri' on tape and translations in hand-outs. I received a letter of appreciation that I have kept safe, from Coventry's Senior Lecturer in Art, Dick Whall, 'I delighted in your exhibitions; the lyricism, history and typographical intimacy provided me with a perspective of the Welsh Landscape and a view of the cultural and prehistoric palimpsest never experienced before. I felt privileged.' My work had succeeded in conveying its message and purpose. My mother and father came to the exhibition and we enjoyed a fortnight's holiday, before I returned home to Llŷn for good.

My thesis looked at the devastating effects of religion and education on art in Wales. I rediscovered names like Madryn, Dwyfor and Dinllaen as links to the past. I recognized patterns of curves and circles as a Celtic feature, seeing them in nature, in the round huts and stone circles, seeing them also in the patterns of cynghanedd and in the lyrical descriptions of the poets. In the elegy of Gruffudd ab yr Ynad Coch to Llywelyn the Last, the descriptions themselves paint a pattern of knot-work circles as the cynghanedd itself swirls through the words and the words are encircled in spiral imagery and meaning reflected in my painting Poni welwch chi?

Living at home, I have mostly done freelance work, which enabled me to contribute to the protection of the Welsh language as a member and leader of many organizations, societies, protests and campaigns. In 1984 my father and R.S. Thomas founded 'Cyfeillion Llŷn' (the Friends of Llŷn), that was for decades, an influential campaigning organization. I was one of the Cyfeillion from the outset and then Secretary. My father and R.S. were both at college in Bangor together, my father at the centre of Welsh activities and R.S. Thomas showing little interest at the time. It was about fifty years later, both by then retired, when R.S. visited Pencraig, having learnt the Welsh language, a committed radical nationalist, ready to act – as he did by declaring his support for the Meibion Glyndŵr arson campaign. Our greatest weakness is that we are a servile bilingual people who are too willing to speak English, and as a learner R.S. was well aware of this. He used to say that all we had to do to save the language was to speak Welsh, and nothing but Welsh, and that is what he decided to do. The most common response we get when we start a conversation in Welsh is 'English', spoken as a command, so R.S. started to respond to people that spoke to him in English with 'Cymraeg'. A slightly more courteous response is 'English! I don't speak Welsh 'so R.S. would respond with 'Cymraeg! Dwi ddim yn siarad Saesneg'. One of the greatest English poets, rejecting the global language of his own

Poni Welwch Chi? (Can't You See?) 50 x 120 cm – amlgyfrwng/mixed media

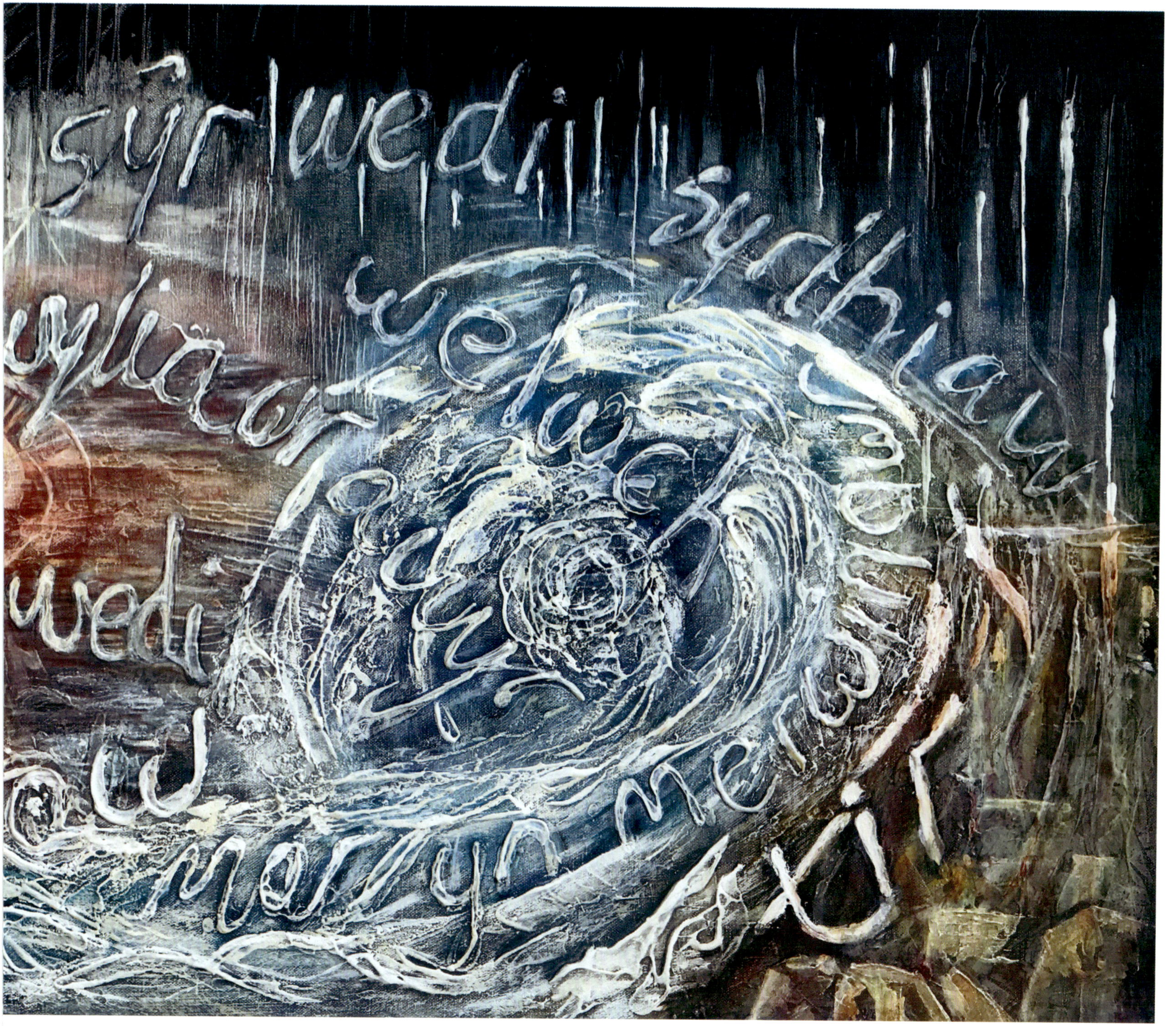
syr wedi
wedi

byd o Charlie a dwi'n diolch am yr amseroedd difyr gawsom ni efo'n gilydd.

Wedyn prynu Capel Pen y graig, Seimon a minnau'n priodi yn y festri a rhedeg cwmni Argraff yn y capal. Gwneud gwaith cynllunio ac argraffu crysauT i amrywiol gwsmeriaid, o gynlluniau Celtaidd cwmni rhyngwladol O'Shea, Mike Peters, Dafydd Iwan, Edward H., Cymdeithas yr Iaith, i gynlluniau poblogaidd crysauT Meibion Glyndŵr. Sefydlu gwefan gymunedol arloesol i Lŷn yn cyflwyno'r iaith a'r hanes. Cynllunio cloriau llyfrau i Wasg Carreg Gwalch. Y Tŷ Capel yn dwad yn gartref i Seimon a finnau ac i Lois wedyn a dyna ddechrau cyfnod newydd o 'wneud lluniau' a 'chwarae 'fo clai' a hwnnw eto'n troi'n Gelfyddyd gan fod gan Lois hefyd ddawn greadigol a dychymyg byw.

Wrth i amgylchiadau newid, daeth cyfle eto i mi wneud fy ngwaith celf. Mae yna sôn am hen ffarmwr o Lŷn yn ateb rhywun a ddywedodd fod Llŷn ymhell o bob man, drwy ddweud mai 'pob man arall sydd yn bell o Lŷn'. Mae datblygiadau technolegol y we fyd eang wedi dwad a'r byd i gyd i Lŷn. Medraf weld pob math o gelfyddyd a dysgu am wahanol ddulliau, cyfryngau a nwyddau. Pan welais yr hen lawysgrifau ar wefan y Llyfrgell Genedlaethol, y rhai roedd fy ewythr Thomas Parry wedi treulio ei oes yn eu hastudio, gwyddwn fy mod eisiau eu defnyddio yn fy ngwaith. Pwyso botwm a gwrando ar Saunders Lewis yn traddodi 'Tynged yr Iaith' fel yr oedd wedi cael ei chlywed ar y radio yn 1962. Gwrando ar Meic Stevens, Dafydd Iwan, Tecwyn Ifan, Steve Eaves, Mynediad am Ddim, Hergest, Edward H., Heather Jones, yr holl chwyldro o ganu Cymraeg cyfoes a thraddodiadol a Gerallt yn adrodd ei farddoniaeth. Ysbrydoliaeth ddi-ben-draw heb symud un cam o Lŷn.

Yn Eisteddfod Genedlaethol Llanrwst, 2019 y dewiswyd y darn *Tynged yr Iaith* i'w arddangos. Mae'r darn yn ailgyflwyno proffwydoliaeth Saunders Lewis yn ei ddarlith a ysgrifennodd ychydig cyn cyhoeddi canlyniadau cyfrifiad 1961. Roedd yn rhagweld y byddai'r 'ffigurau'n sioc ac yn siom i'r rhai ohonom sydd yn ystyried nad Cymru fydd Cymru heb y Gymraeg'. Rhybuddiodd y gallem weld terfyn ar y Gymraeg yn iaith fyw yn fuan yn nechrau'r unfed ganrif ar hugain os na fyddai chwyldro a newid ar y drefn.

Cloc ydyw efo staen arno ar ffurf yr ardaloedd oedd gyda mwy na 80% o siaradwyr Cymraeg yn 1962, ond sydd wedi diflannu bellach. Mae'r bysedd ychydig funudau cyn hanner nos, gydag enw'r gwneuthurwr S. Lewis Tynged yr Iaith a '80%, 1962' ar yr wyneb. Mae ynddo sŵn tâp o'r tu mewn efo detholiad o'r ddarlith, yn gymysg â sŵn y cloc yn tician a chalon yn curo a'r ddau'n arafu i beidio â bod. Derbyniodd y darn wobr Ifor Davies a gwobr Josef Herman.

Roeddwn yn falch o fod yn rhan o'r arddangosfa yn 2019 am fod iddi ogwydd Cymreig a chelf berthnasol i Gymru. Enillydd Y Fedal Aur oedd Daniel Trivedi efo 'Carthenni Argyfwng', patrymau'r hen garthenni Cymreig wedi eu printio ar garthen argyfwng denau, darn hynod o effeithiol a thrawiadol. Ymateb oedd i'r alwad gan Gynghrair Ffoaduriaid Cymru ar i Gymru fod yn 'Genedl Noddfa' gynta'r byd. Mae Cymru'n enwog am ei chroeso twymgalon, y croeso sydd hefyd wedi cael effaith mor ddinistriol ar ein cymunedau Cymraeg. Pa genedl a phobl a all ddeall yn well na'r Cymry beth ydi byw o dan orthrwm fel dieithriaid neu estroniaid yn ein gwlad ein hunain?

Un a brofodd groeso Cymreig oedd Josef Herman a gafodd ei eni yng Ngwlad Pwyl yn 1911. Yn arlunydd profiadol, daeth i Ystradgynlais yn 1944 a chael ei adnabod, yn hoffus, fel 'Joe Bach'. Daeth yn enwog am ei bortreadau o'r glowyr ac meddai 'Arhosais yma, am i mi ddarganfod yr oll yr oeddwn ei angen yma. Cyrhaeddais yn ddieithryn am bythefnos; aeth y pythefnos un flynedd a'r ddeg.' Dewisir y gwaith sydd i dderbyn Gwobr Josef Herman drwy bleidlais y bobl ac roedd yn fraint gwybod fod yr eisteddfodwyr wedi mwynhau'r darn a'r neges sydd ynddo.

Mae ar yr Eisteddfod Genedlaethol a'r byd celfyddydol yng

Tynged Yr Iaith (Fate of the Language) – amlgyfrwng/mixed media

Nghymru ddyled fawr i Ifor Davies. Yn Eisteddfod Genedlaethol Tyddewi yn 2002 yr enillodd y Fedal Aur efo tri darn bythgofiadwy, sef *Delw Danbaid*, *Yr Ysgrifen ar y Mur 1: Dinistr Iaith a Chymuned*, *Yr Ysgrifen ar y Mur 2: Bomio gwledydd llwm*, i gyd o dan y teitl 'Cadw'r Chwedlau'n Fyw'. Meddai Ivor 'Mae hanes bron cyn bwysiced ag iaith ac mae'r sefydliad imperialaidd Prydeinig yn diystyru gweithredoedd y Cymry. O ganlyniad, mae angen dathlu arwyr ein hen hanes ynghyd â'n hanes mwy diweddar mewn ffurfiau newydd.' Fel pe na bai'r gwaith ei hun yn rhodd ddigon hael ganddo i'r genedl, aeth gam ymhellach a rhoi'r wobr ariannol o £3,000 yn ôl i'r Eisteddfod i gael ei chyflwyno dros gyfnod o bum mlynedd yn wobr flynyddol o £600 am waith sy'n cyfleu ysbryd y frwydr dros iaith, diwylliant a gwleidyddiaeth Cymru. Bedair blynedd ar bymtheg yn ddiweddarach y derbyniais i Wobr Ifor Davies ac mae'r tair mil, wedi bod yn fwy na deng mil o gyfraniad ariannol gan Ifor, er mwyn osgogi artistiaid i edrych, gweld a chreu drwy lygaid y Cymro. Mae trafodaethau ar y gweill am i'r Eisteddfod fabwysiadu Gwobr Ifor Davies fel gwobr swyddogol yn y dyfodol.

Mae'r eisteddfodau lleol a chenedlaethol yn rhan allweddol o ddiwylliant Cymru. Mae'r Eisteddfod Genedlaethol yn wythnos i ddathlu ein Cymreictod ac mae'r Rheol Gymraeg yn ein galluogi i wneud hynny'n gyfan gwbl yn Gymraeg, heb ymboeni dim am y Saesneg. Oherwydd llwyddiant y darn 'Tynged yr Iaith' cefais wahoddiad i arddangos fy ngwaith yn Oriel Glyn y Weddw, ond daeth y pandemig. Roedd yr Eisteddfod Genedlaethol ar ei ffordd i Foduan a finau ar y Pwyllgor Celf wedi dechrau trafod dewis y beirniaid. Dewisir tri beirniad yn flynyddol i ddewis gwaith 'Y Lle Celf' ac felly eu chwaeth bersonol nhw sy'n cael ei weld gan yr eisteddfodwyr. Sioc a siom aruthrol i mi oedd deall nad oedd y gallu i siarad Cymraeg yn cael ei ystyried yn angenrheidiol i feirniaid celf ein gŵyl genedlaethol sydd yn bodoli er mwyn dathlu'r diwylliant Cymraeg. Tybed ydi'r agwedd gul yr oedd Paul Davies yn protestio yn ei herbyn yn 1977 yn para o hyd a chelfyddyd yn dal i

gael ei ystyried fel rhywbeth ar wahân a thu allan i weddill Cymreictod yr Eisteddfod?

Dywed Saunders Lewis fod diddymu'r iaith Gymraeg wedi bod yn nod gan Lywodraeth Loegr ers Deddf Uno Harri VIII yn 1536. Cyfieithwyd y Beibl gan William Morgan yn 1588 a chyfranodd hyn at achub yr iaith. Dyna sail y darn tri-dimensiwn *Llwch yr Amser Gynt*. Beibl wedi troi'n bydredd a rhosyn aur Edward I efo rhosod coch y Lancastriaid a gwyn yr Iorciaid, a unwyd yn rhosyn y Tuduriaid yn nheyrnasiad Harri VII, yn rhwygo ohono. Y rhosod yn cyfleu sarhau'r Cymry a Seisnigo'r bröydd Cymraeg. Yn gorffwys arno y mae dau lyfr, cyfrol sy'n coffáu saith gan mlwyddiant marwolaeth Llywelyn a llyfr hanes 'Cyfnod y Tuduriaid' ar agor ar ddarlun o Harri VIII. Mae'r geiriau coch yn troi'n ddagrau o waed Llywelyn gan ddwyn i gof eiriau Gerallt Lloyd Owen yn ei gerdd 'Fy Ngwlad'.

Yn Eisteddfod yr Urdd yn 1969 yr enillodd Gerallt Lloyd Owen y gadair am gasgliad o gerddi a oedd yn cynnwys y gerdd 'Fy Ngwlad'. Mae'n dechrau efo'r geiriau 'Wylit, Wylit, Lywelyn, Wylit waed pe gwelit hyn, Ein calon gan estron ŵr, Ein coron gan Goncwerwr'. Mae'r geiriau'n ddirdynnol a dywedai Gerallt, yn gellweirus falch, na fedrir fyth eu cyfieithu i'r Saesneg. Cyhoeddwyd y gerdd yn ei gyfrol *Cerddi'r Cywilydd* a ysgrifennodd mewn ymateb i sarhad arwisgiad tywysog brenhiniaeth Lloegr yng nghastell ein concwerwr Edward I yng Nghaernarfon a godwyd ar ôl gorchfygu tywysog olaf Cymru Llywelyn ap Gruffudd yn 1282. Dyma'r tro cyntaf i Gymru gael ei gorchfygu'n llwyr gan Loegr. Yn 1301 rhoddodd Edward y teitl Tywysog Cymru i'w fab ei hun, a dyna'r drefn sarhaus sy'n parhau hyd heddiw. Ymsefydlwyd Saeson i fyw ger y Castell er mwyn sicrhau dinistr llwyr y Cymry cynhenid, eu hiaith, eu diwylliant, eu ffordd o fyw a thrwy hynny eu bodolaeth. Dyma gychwyn y coloneiddio Seisnig a ddatblygodd yn ddiweddarach i fod yn Ymerodraeth Brydeinig, ac a ledaenodd dros y byd i gyd gan chwalu ieithoedd a chenhedloedd dirifedi. Rhyfedd

Llwch yr Amser Gynt (Ashes of the Past) mixed media

Boduan and I was on the Art committee that had begun to consider the judges. Three people are chosen annually to select the work of 'Y Lle Celf' and it is their personal tastes that are seen at the Eisteddfod. I was immensely disappointed to learn that the ability to speak Welsh was not considered as an essential skill for the judges at our national festival which is held in celebration of Welsh culture. I wonder if the narrow-minded attitude that Paul Davies protested against in 1977 still persists, with art still regarded as separate and outside of the Welsh ethos of the National Eisteddfod.

Saunders Lewis states that it has been the aim of the English Government to abolish the Welsh language since Henry VIII's Act of Union in 1536. In 1588 the Bible was translated by William Morgan and saved the language. This is the basis of my piece *Llwch yr Amser Gynt* (Ashes of the Past). A decaying Bible with the golden rose of Edward I, the Lancastrians red and the Yorks white roses, combined in the Tudor rose, convey the Anglicisation of the Welsh communities. Lying to rest alongside are two books, one commemorating the seventh centenary of Llywelyn's death, the other open on an image of Henry VIII. The red words turn into

ydyw fod mwy o Gymraeg yng Nghaernarfon
heddiw na'r un dref arall yng Nghymru. Mae'r
trysorau yn y British Museum yn dystiolaeth o
reibio gwledydd y byd a'r gwirionedd trist ydi fod
gwerth gwirioneddol y creiriau ynghlwm yn yr
hyn a gollwyd pan reibiwyd diwylliannau a
chrefyddau pobloedd y byd.

Wylit ydi teitl y darn o gelf sydd wedi ei
ysbrydoli gan y gerdd. Mae'r hen lawysgrifau yn
gefndir iddo efo haenau toredig amser drostynt.
Yn y gornel uchaf mae sêl Llywelyn Fawr ac mae
geiriau o dudalennau *Brut y Tywysogion* yn
ymestyn o gyfnod Llywelyn Fawr i lawr i gyfnod
Llywelyn ein Llyw Olaf. Yn y blaen mae ffurf
milwr efo geiriau'r gerdd 'Fy Ngwlad' drosto yn
awgrymu mai Llywelyn ydyw. Gwelais ffurf y
milwr o'r canrifoedd gynt, mewn staen ar gefn
un o dudalennau'r hen lawysgrifau.

Sylwadau Saunders Lewis, y byddai
dwyieithrwydd yn arwain at 'farwolaeth barchus
ac esmwyth, ac angladd ddialar i'r Gymraeg' ydi
man cychwyn y darn *Etifeddiaeth*. Y mae hefyd
yn adlais o gerdd arall gan Gerallt Lloyd Owen, o
dan yr un teitl, sy'n dechrau.

> Cawsom wlad i'w chadw,
> darn o dir yn dyst
> ein bod wedi mynnu byw.
> Cawsom genedl o genhedlaeth
> i genhedlaeth, ac anadlu
> ein hanes ni ein hunain.
> A chawsom iaith, er na cheisiem hi,
> oherwydd ei hias oedd yn y pridd eisoes
> a'i grym anniddig ar y mynyddoedd.

Wylit (You Would Weep) – amlgyfrwng/mixed media

Portread o'n hetifeddiaeth ydyw, y genedl a'r iaith yn un, fel hen
wraig mewn sachliain a lludw, sy'n cyfleu tristwch neu alar dwys am
yr hyn a gollwyd. Mae'r genedl mewn argyfwng a dyliem edifarhau
am ei hystâd. Y mae ar farw, wedi plygu o dan y straen, ond mae'r
beiblau wedi ei chynnal. Mae'r ffrâm y tu ôl iddi yn llawn
rhybuddion am ei diwedd. Mae awgrym o'r gorffennol gwell mewn
un gornel ond mae'n syrthio o'r ffrâm. Mae cyfrol *Byd a Betws*
Saunders Lewis a'r gerdd 'Y Gelain' wrth ei thraed a'r llinell gyntaf

Llywelyn's tears of blood, reminding us of Gerallt Lloyd Owen's poem 'Fy Ngwlad'.

Gerallt Lloyd Owen won the chair at the Urdd Eisteddfod in 1969 for his patriotic poem 'Fy Ngwlad' (My Country). His words are heart wrenching. Gerallt would say proudly, that his poetry's essence can't be conveyed in English. He speaks to Llywelyn saying he would weep tears of blood if he saw this, our heart given to a foreigner, our crown given to a conqueror. The poem was published in *Cerddi'r Cywilydd* (Poems of Shame), which he wrote in response to the ultimate insult of the investiture of an English prince at Caernarfon Castle. The castle built by Edward 1 after the last Welsh prince Llywelyn ap Gruffudd was defeated in 1282, the first time Wales was completely defeated by England. In 1301 Edward gave his own son the title Prince of Wales, and that is the coercive regime that continues to this day. English people were settled near the Castle in order to achieve complete destruction of the native Welsh, their language, culture, way of life and thus their existence. This was the beginning of the English colonization, which later developed into the British Empire and spread throughout the world, destroying innumerable nations and languages. It is ironic that there is more Welsh in Caernarfon today than in any other town in Wales. The treasures seen at the British Museum are evidence of the destruction and the sad reality is that the real value of the relics was lost when the cultures and religions of the world were destroyed.

Wylit is the title of the art inspired by the poem. The old manuscripts can be seen in the background, covered by the broken layers of the past. In the top corner is the seal of Llywelyn the Great and pages from Brut y Tywysogion extend from the time of Llywelyn the Great down to Llywelyn the Last. In the foreground the form of a warrior with the words 'Fy Ngwlad' over it, suggesting that it is Llywelyn the Last. I envisaged the ancient warrior, in the shape of a stain on the manuscript.

In bilingualism, Saunders Lewis saw 'a quiet and respectful death, and a funeral without grief for the Welsh language'; that is the starting point of my piece *Etifeddiaeth* (Heritage). It also echoes another poem by Gerallt Lloyd Owen, which says that we've been given a country to preserve, a piece of land testifying to our determination to survive. We've been given a nation from generation to generation and we've breathed our own history. And we've been given a language, even though we didn't request it, because her essence resonates in the soil, and her restless force echoes in the mountains. The art portrays the nation and the language as an old woman in sackcloth and ashes, conveying grief and deep sorrow for what has been lost. The nation is in crisis and we should repent because of it. Slumped under the strain, behind her, there hangs a frame full of literature and poetry warning of her peril. There's a hint of a better past in one corner but it disintegrates. At her feet is the poem 'Y Gelain' (the Corpse), by Saunders Lewis which starts 'The carcass of Wales lies abused'. Beside her on the chapel pew are books propped up like a cromlech with titles such as *Yr Iaith Gymraeg, Bro Fy Mebyd, Y Wlad, Y Mabinogi*. What will become of all the books, the literature and the poetry, if she dies?

In 1962 Saunders Lewis asked as I ask today, 'Is the situation hopeless? Yes, if we accept that it is hopeless. Nothing would be more comforting than for it to be hopeless. One could then go on to enjoy life.' The pandemic came in 2020 and who knows its effect on the Welsh language? House prices in Llŷn are out of the reach of local people, but Nefyn Town Council has campaigned for '*Hawl I fyw Adra*' (A Right to Live at Home) and it seems the Welsh First Minister has listened. Independence for Wales is gaining support and the Welsh Government aims to have one million Welsh speakers by 2050. A media story revealed that more people have been learning Welsh during the pandemic than any other language. A Canadian survey in 2019, shows a positive shift

'Mae celain Cymru'n gorwedd dan sarhaed'. Mae llyfrau fel cromlech wrth ei hochr efo teitlau fel – *Yr Iaith Gymraeg, Bro Fy Mebyd, Y Wlad – Ei Bywyd, Ei Haddysg, A'i Chrefydd, Y Mabinogi*. Be ddaw o'r holl lyfrau, llenyddiaeth a barddoniaeth os y bydd hi farw?

Meddai Saunders Lewis yn 1962 ac medda finnau heddiw, 'A ydy'r sefyllfa yn anobeithiol? Ydy, wrth gwrs, os bodlonwn ni i anobeithio. 'Does dim yn y byd yn fwy cysurus nag anobeithio. Wedyn gall dyn fynd ymlaen i fwynhau byw.' Daeth y pandemig yn 2020 a phwy a ŵyr beth fydd ei effaith ar y Gymraeg? Mae prisiau tai yn Llŷn wedi mynd ymhell o afael trigolion lleol, ond mae Cyngor Tref Nefyn wedi sefyll a galw am 'Hawl i Fyw Adref' ac mae arwyddion fod Prif Weinidog Cymru wedi gwrando. Mae mwy o gefnogaeth nag erioed i annibyniaeth yng Nghymru ac mae gan Lywodraeth Cymru nod o gael miliwn o siaradwyr Cymraeg erbyn 2050. Mae mwy o bobl wedi bod yn dysgu'r Gymraeg yn ystod y pandemig na'r un iaith arall. Mewn arolwg gan gwmni o Ganada ar agweddau tuag at wledydd Celtaidd, gwelwyd fod agweddau mwy cadarnhaol tuag at Gymru efo geiriau fel 'diwyd', 'soffistigedig', 'dysgedig', 'anturus' ac 'ecolegol' yn 2019, yn hytrach na 'tlawd', 'digalon', 'anwybodus' a 'thywyll' yn 2008. Efallai fod yna eto obaith, os y medrwn fod yn driw i'n gorffennol, edrych drwy 'Lygaid y Cymro' a chreu delwedd newydd lân loyw o Gymru Gymraeg, fydd yn tanio'r gwreichion ym Mhenyberth i ailgynnau'r Tân yn Llŷn a chodi Cymru fel ffenics o'r lludw.

Erbyn hyn y mae'n ddiwedd Awst 2022 ac mae mwy na blwyddyn a hanner o amser wedi pasio ers i mi ddechrau ysgrifennu hwn ac mae yna lawer wedi newid. Fe gynhaliwyd yr arddangosfa o fy ngwaith yn Oriel Plas Glyn y Weddw rhwng Ionawr ac Ebrill eleni, diolch i Gwyn. Fe gymerodd y gwaith ei le yn dda ac mi fuodd yna adwaith rhyfeddol iddo. Mi gefais gryn sioc wrth sylweddoli fod pobl yn mynd yn ddagreuol wrth edrych arno a dyna brofi unwaith eto fod y gwaith wedi llwyddo i gyfleu ei neges a'i bwrpas; ac fe werthwyd darnau hefyd. Yn ystod

wythnosau'r arddangosfa fe symudodd Lois i fyw i Lundain i wneud gwaith ymchwil mewn Seicoleg. Er mor rhyfedd ydi hebddi hi adra, mae Seimon a finnau mor falch o'i llwyddiant. Mi ydan ni wedi ymweld â hi ac wedi edrych ar Lundain drwy lygaid y Cymro. Yr enw Rhufeinig Londinium wedi deillio o enw Brythonaidd cynharach. Twr Llundain wedi ei leoli ar y safle yr honnir fod pen y cawr Bendigeidfran, hen frenin Ynys Prydain, wedi ei gladdu. Gweld y man y disgynnodd Gruffudd ap Llywelyn, mab Llywelyn Fawr a thad Llywelyn ein Llyw Olaf, i'w farwolaeth wrth drio dianc a dal i gofio'r amarch tuag at Lywelyn. Ymweld â gardd goffa, yn Salters Hall Court, er cof am Margaret, gwraig Owain Glyndŵr a'u dwy ferch a fu farw fel gwystlon yn y Twr yn 1413 a'r gofeb fawreddog a osodwyd yno yn 2001. Dringo i ben Bryn y Briallu at gofeb Iolo Morganwg a osodwyd yno pan oedd Robyn Lewis yn Archdderwydd a chofio fel yr oedd Iolo wedi cyfeirio at y Gymraeg fel y 'British language'. Gweld cip ar gerflun buddugoliaethus o Buddug, hen frenhines y Brythoniaid. Mae olion ein gorffennol ni mor amlwg yn Llundain ag y maen nhw yn y bryngaerau ar gopaon y mynyddoedd yn Llŷn. A dyna fan cychwyn i ddarnau newydd o gelf, gobeithio!

Yn y diwedd, yr oll sydd gennym o werth gwirioneddol ydi'r chwedlau yn ein pennau, yr atgofion am y bobl, y llefydd, y pethau, yr amseroedd a'r ymddiddan efo'n gilydd amdanyn nhw. Dyna fyd cylchog crwn ein cyndeidiau, byd y meddwl, y dychymyg, y gelfyddyd, y chwedlau a'r farddoniaeth lafar, byd o hud a lledrith wedi ei drosglwyddo o genhedlaeth i genhedlaeth. Bu fy mam fyw i fod yn naw deg ac un oed a chafodd iechyd rhyfeddol tan y ddwy flynedd olaf. Gadawodd lythyrau i'r tair ohonom ac yn fy llythyr i, diolchodd imi am bopeth, ond diolch yn arbennig am ein bod ni wedi cael Lois. Dyna'r peth gorau o ddigon yr ydw i wedi ei wneud ac a wnaf yn fy mywyd, a diolch i ti Lois. A dyna ddiwedd y mymryn yma o fy chwedl i.

in attitudes towards Wales and the Welsh language, with words such as 'industrious', 'sophisticated', 'learned', 'adventurous' and 'ecological' replacing 'poor', 'depressing', 'uneducated' and 'dark' in 2008. There is still hope, if we can be true to our past, see through Welsh eyes and create a bright new image of Welsh Wales, that will ignite the sparks of Penyberth and relight the Fire in Llŷn and we shall again see Wales rising as a phoenix from the ashes.

It is now the end of August 2022 and more than a year and a half has passed since I started writing this and a lot has changed. The exhibition of my work was held at Oriel Plas Glyn y Weddw between January and April this year, thanks to Gwyn. The work suited the space well and there was an amazing reaction to it. I was quite shocked when I saw people were tearful looking at it. This proved once again that the work had succeeded in conveying its message and purpose; and pieces were sold as well. During the weeks of the exhibition, Lois moved to London to do research work in Psychology. Although we miss her we are both very proud of her success. We have visited her and looked at London through the eyes of the Welsh. The Roman name Londinium derived from an earlier Brythonic name. The Tower of London is believed to be located on the site where the head of Bendigeidfran, the ancient king of Britain, is said to have been buried. I saw the place where Gruffudd ap Llywelyn, son of Llywelyn the Great and father of Llywelyn ein Llyw Olaf, fell to his death while trying to escape and still remembered the barbarity towards Llywelyn. I also visited a memorial garden, in Salters Hall Court, in memory of Margaret, Owain Glyndŵr's wife and their two daughters who died as hostages in the Tower in 1413 and the grand memorial placed there in 2001. I climbed Primrose Hill to the Iolo Morganwg memorial that was placed there when Robyn Lewis was Archdruid and remembered how Iolo had referred to Welsh as the 'British language'. I saw a glimpse of the triumphant statue of Buddug, the ancient queen of the Britons. The traces of our past are as evident

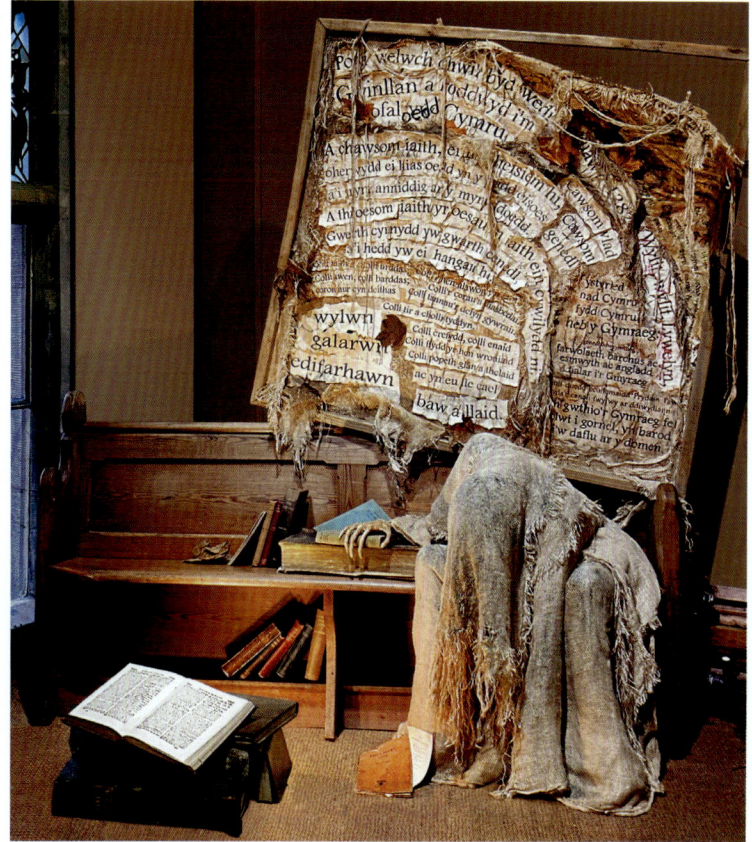

Etifeddiaeth (Heritage) – amlgyfrwng/mixed media

in London as they are in the hill forts on the mountain tops in Llŷn. And these are all starting points for new pieces of art, I hope!

At the end, all we have of real value are the legends in our heads, the memories of the people, the places, the things, the times and the shared conversation about them. This is the round circular world of our forefathers, a world of imagination, art, legends and fine poetry, a magical world preserved from generation to generation. My mother lived to be ninety-one years of age and enjoyed good health until the last two years. She left letters to my sisters and myself, and in my letter thanked me for everything, but especially because we had Lois, which is by far the best thing I have done and will do in my life. So thank you Lois.

SARAH
RHYS

HON

Mari Lwyd, Mamhilad. Perfformiad/Collage. 2016.
Mari Lwyd, Mamhilad. Performance/Collage. 2016. Photo: Frank Menger

Bu bron i mi gael fy ngeni yng Nghymru; roedd fy nheulu newydd symud i Sir Gaerfyrddin yn ystod gaeaf iasoer enwog 1962 ar ôl marwolaeth fy nhad-cu. Roedd fy mam yn awyddus i roi genedigaeth gartref, ond cafodd ei gorfodi i ddychwelyd i Lundain, funud olaf, ar ôl llithro ar lawr rhewllyd yr ystafell ymolchi. Felly cefais fy ngeni mewn tŷ yn Llundain ar ddechrau'r Gwanwyn gyda chymorth bydwraig Wyddelig, a wnaeth, pan ofynnodd fy mam, 'Wel... beth yw e'? ddatgan, '*Aderyn* yw e'! *Aderyn* yw e!' Fel mae'n digwydd, rwy'n eithaf balch o'm trwyn bwaog ac yn teimlo'n agos iawn at adar. Ychydig o wythnosau yn ddiweddarach, roeddem yn ôl yng Nghymru.

Mae cael gwahoddiad i ysgrifennu am ddylanwad Cymru – y gymdeithas a'r diwylliant – ar fy ngwaith wedi bod yn her ddiddorol. Felly dyma drosolwg a chrynodeb i chi. Rwy'n ystyried fy hun yn Gymraes/Ewropeaidd er bod gwrthdaro rhwng hanu, ond nid hanu'n llwyr, o un lle. Mae tensiwn dadleuol i'r hunaniaeth honno: Rwy'n hanu o Gymru ond nid yn frodores lwyr.

Achosodd y ffaith i mi gael fy addysgu yn Lloegr mewn ysgolion preswyl ryw afleoliad rhyfedd, ond Cymru oedd fy nghartref hyd nes i mi gyrraedd fy arddegau. Rwyf wedi byw yma ar wahanol gyfnodau dros y blynyddoedd. Ond ar hyn o bryd, rwy'n symud rhwng Bryste a Gorllewin Cymru.

Dysgais lawer am ddiwylliant Cymru drwy fy nheulu. Roedd fy nhad, a oedd yn gweithio fel cynhyrchydd theatr, yn frwd am greu canolfan ar gyfer y celfyddydau yng Nghymru a allai efallai, breuddwydiai, gynnwys Theatr Genedlaethol Cymru. Daeth ein cartref hefyd, ar gyrion Llandeilo, yn *Dynevor Art Centre* (Canolfan Celfyddydau Dynevor). (Mae bellach yn eiddo i'r Ymddiriedolaeth Genedlaethol ac wedi ei ailenwi'n *Newton House*, Dinefwr.). Mae cefndir fy mam yn y celfyddydau gweledol, a gwnaethom gynnal arddangosfeydd, gan gynnwys sioe arwyddocaol o waith y brodor o'r Rhondda, Ernest Zobole, a gafodd ei harddangos yn ystafell gerdd/theatr y tŷ yn ystod un o'r gwyliau Celfyddydol.

Rhwng 1966-8, cynhaliodd fy rhieni nifer o dymhorau gwefreiddiol o wyliau celfyddydol, a oedd yn cynnwys rhaglenni o gyngherddau jazz a chlasurol yn ogystal â sinema ryngwladol a gynhaliwyd yn y theatr fechan. Darlun diwylliannol fy mebyd, sy'n parhau i fod yn debyg heddiw, oedd bod gan Gymru lais arwyddocaol iawn yn nychymyg Ewrop, a'i bod yn genedl bwysig ac allblyg.

Pan ddaeth cyllid Cyngor y Celfyddydau i ben, nid oedd modd cynnal prosiect y gwyliau celfyddydol mwyach, felly bu'n rhaid i ni symud i fferm gyfagos a oedd yn fferm weithiol lle cynhaliwyd sioeau amaethyddol a martiau Llandeilo.

Rai blynyddoedd yn ddiweddarach, daeth hyn i ben yn sydyn pan wahanodd fy rhieni. Torrodd fy nghalon i orfod gadael. Fodd bynnag, addasais i fod yn Llundain yn ystod fy arddegau tan i mi ddychwelyd i Gymru, ac i Abertawe y tro hwn i astudio Gwydr Lliw Pensaernïol. Ailgysylltais â Chymru; Gŵyr, yr oeddwn yn ei adnabod o'm mebyd, a chyda gweithiau Dylan Thomas a darluniau gweledol pwerus Ceri Richards.

Gwelais ddetholiad ôl-syllol Ceri Richards o'r enw 'Themâu *ac* Amrywiadau' yn Amgueddfa Genedlaethol Cymru, Caerdydd yn 2002 a gwnaeth *Afal du Brogwyr* argraff arbennig arnaf, gan fy atgoffa o'r chwedl Lydewig am Eglwys Gadeiriol Danddwr Ynys Ys (*La Cathédrale Engloutie*). Fel y digwyddodd hi, bûm yn byw yn Llydaw am 7 mlynedd ar ôl fy amser yn Abertawe, yn byw ar gwr coedwig Camors gyda'm teulu ifanc.

Pan ddychwelais o Lydaw, penderfynais fyw ym Mryste, yn rhannol am ei fod mor agos at Gymru. Mae tynfa fagnetig Cymru yno o hyd ac rwyf wedi bod yn teithio'n ôl ac ymlaen byth ers hynny. Ymrwymais i wneud gradd addysgu mewn Technoleg Dylunio, a gwnaeth hyn ddatblygu ac ehangu fy nealltwriaeth a'm diddordeb mewn *deunyddiau*. Gwnaeth dysgu yn rhan-amser fy ngalluogi i wneud fy ngwaith celf.

Yn ddiweddarach, enillais MFA yn 2004 ym Mhrifysgol Bath Spa,

I was almost born in Wales; my family had recently moved to Carmarthenshire in the infamous glacial winter of 1962 after the passing of my grandfather. My mother was keen to have a homebirth there but was forced to return, last minute, to London after skidding on the frozen bathroom floor. So I was born in a house in London in early spring aided by an Irish midwife, who when my mother asked, 'Well... what is it?' declared, '*It's a burd! It's a burd!*'. As it happens, I am quite happy having a beak-like nose and I feel a kinship to birds. A couple of weeks later we were back in Wales.

Being invited to write about the influence of Wales – the society and culture – on my work has been an interesting challenge. So, here I'll give an overview and summary. I see myself as Welsh/European although there is a conflict of being from but not entirely from one place. A conflict tension to that identity: I am *from* Wales but not quite a native.

Being educated in England at boarding schools caused an odd dislocation, however Wales was my home until my teenage years. Over the years I have spent different periods living there. But currently I move between Bristol and West Wales.

I absorbed a lot of Welsh culture through my family. My father who worked as a theatre producer was passionate about creating a centre for the arts in Wales that could perhaps, he dreamed, include the Welsh National Theatre. Our home also became *Dynevor Art Centre* just outside Llandeilo. (It's now a National Trust property renamed as Newton House, Dinefwr.) My mother has a background in the visual arts and they hosted exhibitions including a significant show of the Rhondda born Ernest Zobole's work which was displayed in the music room/theatre in the house during one of the Arts festivals.

Between 1966-8 my parents ran several impressive seasons of arts festivals which included programmes of jazz and classical concerts as well as international cinema which were held in the small theatre. The cultural landscape of my upbringing, which I still feel akin to, was very much that Wales was a significant voice in the European imagination, an important and outward looking nation.

When the arts festivals project became unsustainable due to the ending of Arts Council funding, we had to move to a nearby farm where the backdrop was a working farm, the Llandeilo agricultural shows and mart.

Some years later this came to an abrupt end due to my parents' separation. I was devastated to leave. However, I adapted to being in London during teenage years until I returned to Wales, this time Swansea to study Architectural Stained Glass. I re-connected to Wales; Gower, which I had known as a child, and to the writings of Dylan Thomas and the potent visual imagery of Ceri Richards.

I saw the select retrospective of Ceri Richards called *Themes and Variations* at the National Museum of Wales, Cardiff in 2002 and '*Afal du Brogwyr*' (*Black Apple of Gower*) made a particular impression on me and was reminded of the Breton myth featuring the drowned Cathedral of Ys (*La Cathédrale Engloutie*). As it happened, I lived in Brittany for 7 years after my time in Swansea where I lived on the edge of the Camors forest with my young family.

On my return from Brittany, I chose to live in Bristol, partly due to its close proximity to Wales. The magnetic pull back to Wales is always there and I have been travelling back and forth ever since. I undertook a teaching degree in Design Technology which developed and expanded my understanding and interest in *materials*. Teaching part time enabled me to pursue my art.

Later, I gained an MFA in 2004 at Bath Spa University where my work became more conceptual and on from there I completed a postgraduate diploma in Multi-disciplinary Printmaking at the University of the West of England, Bristol in 2013. It was at UWE that I did a placement with *PLaCE International* which at the time had its base there, directed by Dr Iain Biggs and through this

lle daeth fy ngwaith yn fwy cysyniadol, ac ar ôl hyn, cwblheais ddiploma ôl-radd mewn Gwneud Printiau Amlddisgyblaethol ym Mhrifysgol Gorllewin Lloegr (UWE), Bryste yn 2013. Yn UWE, gweithiais ar leoliad gyda *PLaCE International* a oedd â'i ganolfan yno ar y pryd dan gyfarwyddyd Dr Iain Biggs, a thrwy'r rhwydwaith hwn, fe wneuthum gyfarfod ag artistiaid eraill a oedd yn astudio ymateb safleoedd drwy waith ymchwil ac ymateb, a chael fy nghyflwyno i'r syniad o *fapio dwfn* (dull amlddisgyblaethol o edrych ar le).

Ar ôl i'm tad huno, cefais fy hun yn cael fy llethu gan atgofion a *hiraeth*, cryfhaodd y cysylltiad â Chymru ac roedd llawer o'm gwaith yn adlewyrchu hyn.

Rwyf wedi dewis trafod tri o'm meysydd gwaith: *haenau a thryloywder, daeareg a thirwedd, myth a llên gwerin*.

Haenau a Thryloywder
Datblygodd *Re-emergence: Concerning Memory and Place* mewn ymateb i'r lle a fu'n gartref fy mebyd yn ystod fy mlynyddoedd ffurfiannol. Mae'r murluniau o ffigyrau benywaidd yn lledorwedd, a baentiwyd yn ystod yr Ail Ryfel Byd pan gafodd Dynevor – fel y'i gelwid bryd hynny – ei ddefnyddio fel ysbyty milwrol wedi fy swyno ers tro byd. O safbwynt plentyn bach, roeddent yn dduwiesau addfwyn, prydferth. Adwaenid y ffigyrau yn y murluniau fel 'Y Merched Peintiedig'.

Roedd y murluniau wedi eu difa'n llwyr gan yr elfennau ddegawdau ynghynt, pan gwympodd to'r cowrt i mewn ar ôl tân bychan pan ddaeth y tŷ, yn anffodus, yn agos at fod yn adfail.

Yn 2012, ar ôl dod o hyd i brintiau cyffwrdd o ffotograffau a dynnwyd yn y 1960au o'r murluniau hyn sydd bellach wedi eu colli, dechreuais weithio ar brosiect; cysylltais â'r ffotograffydd, yr enwog John Bulmer erbyn hyn, a fu'n ddigon caredig i roi'r negatifau o'i ddau ymweliad ar fenthyg i mi, a thalais y gymwynas yn ôl drwy ddigideiddio'r lluniau ar gyfer ei archifau.

Disgrifia'r athronydd Ffrengig, Gaston Bachelard, 'anferthwch personol' atgofion plentyndod. Gan fy mod wedi ystyried y ffigyrau hyn fel ryw ysbrydion a oedd yn amddiffyn y lle (*genius loci*), roeddwn eisiau ail-greu hudoliaeth y man adfeiliedig hwnnw gan ddefnyddio tafluniad. Lluniais y darlun byw drwy gyfuno'r lluniau ffotograffig â'm hatgofion o'm mhlentyndod. Mae'r ffigyrau sydd wedi eu chwyddo yn ymddangos yn araf ac yna'n diflannu'n ôl i mewn i'r waliau hindreuliedig dim ond i ailymddangos eto. Cylchred fythol o *fod a pheidio â bod*. Roeddwn wedi fy swyno gan y thema hon yng ngwaith Francesca Woodman ar y pryd.

Daeareg a Thirwedd
Dair blynedd yn ddiweddarach, yn 2015, pan oeddwn i'n byw ym Mamheilad, De-ddwyrain Cymru ble mae cyfoeth o archaeoleg ddiwydiannol yn y dirwedd amgylchynol, cefais fy ngwahodd i fod yn artist preswyl mewn partneriaeth â Sefydliad Celf Josef Herman Cymru (JHAFC), sydd yn Neuadd Lesiant Glowyr Ystradgynlais. Yma, daeth corff o waith o'r enw *Coal Tree* i'r golwg – roedd hwn yn gyfnod pwysig iawn i mi.

Roedd y *Coal Tree*, y gosodwaith ar fryn yng Nghwmgiedd, yn dderwen wag a lenwyd â thri chwarter tunnell o lo carreg lleol, y bu Undeb Cenedlaethol Glowyr yn ddigon caredig i'w roi ar fenthyg i mi. Roeddwn wedi cario llawer ohono i fyny'r bryn ar fy nghefn mewn sachau hesian. Y ddelwedd a oedd yn wynebu pobl oedd 'derwen yn esgor ar lo'. Yn ddiweddarach, fe wnaeth y bardd David Greenslade a ddaeth i'r digwyddiad ac a oedd yn gyfranogwr brwd, ysgrifennu'r gerdd *The Coal Tree*, lle y mae'n dychmygu/disgrifio

'Hallowed Hamadryad-midwife daughter
delivering her own Pre-Cambrian mother.'[1]

Cefais groeso cynnes gan y bobl yn JHAFC, ac roeddwn yn teimlo fy mod yn cael eu holl gefnogaeth; mae'r cysylltiadau cryf y gwneuthum yn parhau hyd heddiw ac mae Neuadd Lesiant y Glowyr, lle y gosodwyd y sylfaen, yn parhau i fod yn lleoliad sy'n

network met other artists who responded to site through research and response and became introduced to the idea of *deep mapping* (a multi-disciplinary approach to place).

After my father passed away, I found myself experiencing a ground swell of memories and *hiraeth*, the connection to Wales grew stronger and much of my work echoed this.

I'm choosing three areas of my work to discuss: *layers and transparency, geology and landscape, myth and folklore.*

Layers and Transparency

Re-emergence: Concerning Memory and Place evolved out of a response to the place that had been my childhood home during my formative years. I've always been fascinated by the murals of reclining female figures, painted during the Second World War when Dynevor – as it was known then – was requisitioned as a military hospital. From a small child's perspective, they were benign, beautiful goddesses. The figures on the wall paintings were known as 'The Painted Ladies'.

The murals had been completely eroded by the elements decades ago, when the courtyard roof caved in after a small fire when the house had sadly come close to dereliction.

In 2012 I began working on a project having found the contact prints of photographs taken in the 1960s of these now lost murals; I contacted the photographer, the now renowned, John Bulmer, who kindly lent me the negatives from his two visits which in return I digitised for his archives.

Re-emergence. Tafluniad liw nos. Dinefwr.
Re-emergence. Night time projection. Dinefwr.
Photo ©: Frank Menger 2012

192

Coal Tree. Gosodwaith yn y dirwedd. 2015.
Coal Tree. An installation in the landscape. 2015. Photo: Sarah Rhys

The French philosopher Gaston Bachelard describes the 'intimate immensity' of childhood memory. Since I experienced these figures as *genius loci*, I wished to create a re-enchantment of that derelict space using projection. I constructed the moving image by merging the photographic images with my childhood memory. The magnified figures slowly emerge and then disappear back into the weathered walls only to remerge again. An eternal cycle of *being and non-being*. I was fascinated by this theme in the work of Francesca Woodman at the time.

Geology and Landscape

Three years later, in 2015, whilst living in Mamhilad, South East Wales where there is a rich industrial archaeology in the surrounding landscape, I was invited to do an artist's residency in partnership with The Josef Herman Art Foundation Cymru (JHAFC) which is based at The Miners' Welfare Hall in Ystradgynlais. A body of work called *Coal Tree* emerged – this was a very significant period for me.

Coal Tree, the installation on a hill in Cwmgiedd was a hollow oak that was filled with three quarters of a ton of local anthracite, kindly loaned from the National Union of Mineworkers. I had carried much of it up the hill on my back in hessian sacks. The image that people were confronted with was an 'oak birthing coal'. David Greenslade the poet who attended the event and was an active participant, later wrote the poem *The Coal Tree*, in which he imagines/describes:

'Hallowed Hamadryad-midwife daughter
delivering her own Pre-Cambrian mother'[1]

I was embraced warmly by the people at JHAFC, and felt solidly supported; the strong connections that I made still hold today and as ever the Miners Welfare Hall where the foundation is based is a venue that hosts many culturally significant events.

Most recently I attended a talk there that Ed Thomas, of *Hinterland,* gave on his life growing up in Cwmgiedd and his site-specific immersive installations high up on Penwyllt titled *No Petrol for 12 Miles* that he set up with National Theatre Wales. The installations were there for the duration of the Cardiff run of the play *On Bear Ridge*. It was a really fascinating way of merging life, memories and landscape.

193

Charcoal Tree. Gosodwaith ym Mharc Cerfluniau Kampa, Prâg. 2016.
Charcoal Tree. Installation in Kampa Sculpture Park, Prague. 2016. Photo: Sarah Rhys

cynnal llawer o ddigwyddiadau diwylliannol pwysig.

Y peth mwyaf diweddar a fynychais yno oedd sgwrs gydag Ed Thomas, *Y Gwyll*, ar ei fywyd yn tyfu i fyny yng Nghwmgiedd a'i osodweithiau ymgolli safle-benodol ar ucheldir Penwyllt o'r enw *No Petrol for 12 Miles* y trefnodd gyda National Theatre Wales. Buont yno dros gyfnod y ddrama *On Bear Ridge* yng Nghaerdydd. Roedd yn ffordd ddiddorol iawn o uno bywyd, atgofion a thirwedd.

Datblygodd y prosiect i fod yn 'Coal Tree Salt Sea' ar ôl dychwelyd o daith ymchwil i Wlad Pwyl lle bûm yn edrych ar gloddfa halen anferth ac eithriadol yn Wieliczka. Ar ôl gwneud hyn, derbyniais wahoddiad i Prâg lle y cwblheais *Charcoal Tree* ym Mharc Cerfluniau Kampa. Roedd halen yn wrthbwys diddorol ac fel glo, mae'n ddeunydd alcemegol. Rhwng 2016-17, teithiodd 'Coal Tree Salt Sea' i leoliadau amrywiol yng Nghymru: ArcadeCampfa yng Nghaerdydd, Amgueddfa'r Fenni ac ymlaen i Oriel Q, Arberth (lle y bûm yn gweithio gyda'r cyfarwyddwr a'r curadur Lynne Crompton a lle y gwneuthum gyfarfod â Christine Kinsey).

Pan wnaeth Lynne fy ngwahodd i ddangos yr arddangosfa yn Oriel Q, penderfynais i hefyd ddefnyddio'r lle i gyflwyno sgwrs ar ddefodau halen, gan gynnwys defod lai cyfarwydd y bwytäwr pechod hanesyddol yng Nghymru.

Myth a Llên Gwerin

Wedi fy magu ger Llandeilo, wrth droed y Mynydd Du – sy'n ffurfio godre Bannau Brycheiniog – byddem yn aml yn dod ar draws gyrroedd gwyllt o ferlod mynydd Cymreig. O safbwynt plentyn, roedd yr anifeiliaid bach cryf hyn yn greaduriaid arallfydol. Rwy'n cofio unwaith, rwy'n credu y cawsom ni bicnic teuluol i fyny yn y mynyddoedd, ac roedd y merlod gwyllt hyn yn y niwl, un ohonynt yn farch gwyn â'i gynffon hir yn llusgo y tu ôl iddo gan frwsio'r tir mynydd meddal a chorslyd. Rwy'n cofio ceisio ei ddenu ataf, ond ar ôl rhai anadliadau niwlog, symudodd i ffwrdd yn araf. Y foment honno, credais mai hwn oedd y creadur prydferthaf yr oeddwn

erioed wedi ei weld... a theimlais atyniad i'w ddilyn hyd eithafoedd y ddaear. Efallai pe bawn wedi bod yn ddigon doeth/annoeth i'w ddilyn, byddem wedi cael fy hun yn yr Arallfyd.

Flynyddoedd yn ddiweddarach, tra'n byw ym Mamheilad, darganfyddais Mari Lwyd Cas-gwent a Gwasail, nad oeddwn wedi dod ar eu traws yn bersonol wrth dyfu i fyny yn Sir Gaerfyrddin. (Defod ganol gaeaf hynafol yng Nghymru yw hon lle mae rhywun, fel arfer dyn, yn cario penglog ceffyl ar bolyn tra'n cuddio o dan lieiniau gwyn). Unwaith yng Nghas-gwent, gwneuthum gyfarfod â Mari'r Dref Gopr a arweiniwyd gan David Pitt o Ŵyr. Roedd ef wedi gosod copr y tu mewn i benglog ei geffyl i gyfeirio at y diwydiant lleol yn Abertawe ers talwm.

Dechreuais ymchwilio i wreiddiau'r traddodiad hynafol hwn a chanfyddais fod cysylltiadau credadwy ag Epona, brenhines/duwies y ceffylau, a oedd yn gyfrifol am sofraniaeth a ffrwythlondeb ac a oedd yn gallu eu rhoi i eraill.

Mae *Mari Lwyd, Mamhilad* yn cynrychioli ailymddangosiad y fenyw ac yn ein hatgoffa o'r ystyr dyfnach y tu ôl i ddefodau'r gorffennol diweddar a heddiw.

*Darnau o gyfweliad/sgwrs â **Lynne Crompton** yn ei chartref yn Llanhuadain. Lynne oedd Cyfarwyddwr/Curadur Oriel Q yn Arberth tan yn ddiweddar, lle y bu hi am 15 mlynedd, a hi wnaeth guradu fy arddangosfa 'Coal Tree Salt Sea' yn 2017. Gwnaeth hefyd fy ngwahodd i ddangos y gwaith lluniau symudol,* Liminal Presence *yn yr Oriel Fach a oedd yn yr un adeilad bryd hynny.*

Daeareg a Thirwedd

Lynne Crompton: Ymddengys eich bod yn cael eich denu at ddeunydd daearegol, o le mae'r diddordeb hwn yn dod?

SR Wel, siŵr o fod o dreulio cymaint o'm mhlentyndod ar odre'r Mynydd Du ym Mannau Brycheiniog. Roedd gennyf dirwedd

The project evolved into 'Coal Tree Salt Sea' on return from a research trip to Poland where I explored a vast and extraordinary salt mine at Wieliczka. After which I accepted an invitation to Prague where I made *Charcoal Tree* in Kampa Sculpture Park. Salt was an interesting counterbalance and like coal, is an alchemical material. Between 2016-17 'Coal Tree Salt Sea' toured various venues in Wales: Arcade Cardiff, Abergavenny Museum and on to Oriel Q, Narberth (where I worked with the director and curator Lynne Crompton and met Christine Kinsey).

When Lynne invited me to show the exhibition at Oriel Q, I decided to also use the space to give a talk on the subject of salt rituals including the less well known ritual of the historical Welsh sin-eater.

Myth and Folklore

Growing up near Llandeilo, on the edge of the Black Mountain, which form the foothills to the Brecon Beacons, I often encountered wild herds of Welsh mountain ponies. These small, hardy animals were Otherworldly creatures from the viewpoint of a child. I remember one occasion, I think we had had a family picnic up in the mountains and there were these wild ponies in the mist, one a white stallion with its long tail trailing behind him brushing on the soft, boggy mountain terrain. I recall trying to coax contact with him, but after some misty breaths it slowly moved away. I felt at that moment that it was the most beautiful creature I had ever set eyes on... and I felt a lure to follow it to the ends of the earth. Perhaps if I wisely/unwisely followed I would have found myself in the Otherworld.

Years later, while living in Mamhilad, I discovered the Chepstow Mari Lwyd and Wassail which I had not personally encountered growing up in Carmarthenshire (*Y Fari Lwyd* meaning the white mare). It is an ancient Welsh mid-winter ritual where a person, usually a man, carries a horse's skull on a pole whilst concealed

under white cloths). One time in Chepstow I met the *Copper Town Mari* led by David Pitt from Gower who had inlaid his horse skull with copper, referencing the local one-time Swansea industry.

I began to research the roots of this ancient tradition and found there are credible links to Epona the horse queen/goddess, who held and bestowed sovereignty and fertility.

Mari Lwyd, Mamhilad represents a re-emergence of the female and a reminder of a deeper meaning behind the recent past and current day rituals.

*Extracts from an interview/conversation with **Lynne Crompton** at her home in Llawhaden. Until recently, Lynne was the Director/Curator at the gallery Oriel Q in Narberth, where she spent 15 years, and curated my exhibition 'Coal Tree Salt Sea' in 2017. She also invited me to show the moving image work* Liminal Presence *in Oriel Fach which was then housed in the same building.*

195

Geology and Landscape

Lynne Crompton: You seem drawn to geological material, where does this interest come from?

SR Well, I suppose, by spending so much of my childhood on the edge of the Black Mountain in the Brecon Beacons. I was surrounded by a really enigmatic landscape. The Llandeilo area is geologically dramatic due to various fault lines. The Black Mountain and Towy Valley were shaped, shifted – and carved out by – glaciers during the Ice Age. And the arresting, meandering River Towy is also nearby on the vast, post-glacial floodplain.

The Black Mountain – 'Y Mynydd Du' – that borders Carmarthenshire and Powys is named after the dark peat earth. It constitutes part of what's known as the Fforest Fawr Geopark which – like the Towy valley – was hugely affected by glaciers during the Ice Age, as well being traversed by several fault lines

enigmatig iawn o'm hamgylch. Mae gan ardal Llandeilo ddaeareg wirioneddol gyffrous oherwydd ei ffawtliniau amrywiol. Cafodd y Mynydd Du a Dyffryn Tywi eu llunio, eu symud – a'u cerfio gan – rewlifau yn ystod Oes yr Iâ. Ac mae afon Tywi droellog, drawiadol hefyd gerllaw ar y gorlifdir ôl-rewlifol enfawr.

Mae'r Mynydd Du ar ffin Sir Gaerfyrddin a Phowys wedi ei enwi ar ôl y pridd mawnog tywyll. Mae'n rhan o'r hyn a elwir yn Geoparc y Fforest Fawr a gafodd – fel Dyffryn Tywi – ei effeithio'n fawr gan rewlifau yn ystod Oes yr Iâ. Ynghyd â hyn, mae nifer o ffawtliniau yn ei groesi, fel y lleoliad dramatig syfrdanol ar gyfer castell Carreg Cennen, a elwir yn Gylchfa Ffawtio-plygu Carreg Cennen. Hen dywodfaen coch yw Bannau Brycheiniog yn bennaf i'r Gogledd, calchfaen carbonifferaidd i'r De, ynghyd â haenau glo yn y rhannau mwyaf Deheuol. Gellir dod o hyd i ffosilau trilobitau'n hawdd, sy'n ein hatgoffa mai gwely'r môr oedd y rhan honno o Gymru ar un adeg.

Pan oeddwn yn 15 oed, teithiais i Wlad yr Iâ gyda'm tad, fy chwaer fach a'm mrawd. Ar yr un diwrnod ag y gwnaethom hedfan i mewn i Reykjavik, ffrwydrodd y llosgfynydd byw, Mynydd Hekla.

Y bore wedyn, gyda'r cynlluniau gwreiddiol wedi'u difetha, fe wnaethom ni gychwyn yn y car llog bach dinesig mwyaf anaddas ar hyd y ffyrdd afreolaidd o graig folcanig goch gan yrru am filltiroedd dros yr hyn a ymdebygai i dirwedd y lleuad.

Wrth iddi nosi, aethom i le enfawr siâp basn a oedd â cholofnau fertigol rhyfedd yr olwg o lafa wedi caledi. Llyn oedd yr ardal ar un adeg; roedd lafa wedi ffrwydro drwy holltau ar y gwaelod – ac yna wedi troi'n garreg, bron ar unwaith, gan greu'r ffurfiau cerfluniol tal, rhyfedd hyn. Eto, roeddwn yn teimlo ein bod ar blaned arall, anghyfarwydd. Gallaf gofio ansawdd adleisiol y sain o hyd, yr acwsteg – y teimlad o fod ar goll; fy llais – a'i atseiniad – yn teithio yn unlle a phobman ar yr un pryd.

Roedd y tir yn parhau i gael ei lunio. Ar adeg arall, wrth edrych allan ar y machlud rhyfedd ar draws traeth o dywod folcanig du,

gallwn weld darnau newydd o dir a oedd wedi eu ffurfio'n ddiweddar ar y môr, ger yr arfordir. Roedd cymaint o olygfeydd eithriadol: ffrydiau enfawr o ddŵr berw yn saethu yn uchel i'r awyr, pyllau poeth gwyrddlas, tiroedd sylffad a oedd yn suddo.

Fe wnaethom gwrdd â rhai daearegwyr a eglurodd mai'r tir uwch yr oeddem yn sefyll arno oedd copa llosgfynydd a oedd yn anadlu, gydag arwyneb y ceudwll yn symud i fyny ac i lawr wrth i'r llosgfynydd sugno'r lafa berwedig trioglyd i lawr cyn ei saethu i fyny. Llosgfynydd a oedd yn anadlu. Sylweddolais ein bod yn cael gwybod y gallai ffrwydro ar unrhyw adeg!

Roedd y dirwedd yn fyw! Roedd y ddaear yn anadlu ac yn symud, a lafa poeth coch a cherrig mawrion yn cael eu taflu allan o geudwll Mynydd Hekla. Gwnaeth y profiadau hyn, ynghyd â cherdded ar rewlifau symudol y gallech chi eu clywed yn gwichian ac yn sgrechian, wneud argraff fythgofiadwy arnaf ac nid wyf wedi edrych ar greigiau, cerrig na thirweddau'r un fath eto.

Pan ddechreuais y prosiect *Coal Tree* yn 2015, roedd y diddordeb naturiol hwn yng nghyfansoddiad y dirwedd a sut y caiff glo ei ffurfio ar flaen fy nychymyg a'm mhroses greadigol. Euthum ati hefyd i edrych ar *Geo-Farddoneg a Mapio Dwfn*.

Fel yr ysgrifennais yn y llyfr, *Coal Tree Salt Sea*:
'Crëwyd glo yng Nghymru rhwng 315-300 miliwn o flynyddoedd yn ôl. Caiff halen ei wneud mewn cylchredau parhaus, er enghraifft, cafodd Môr anferthol, hynafol Zeichstein ei ffurfio 240 miliwn o flynyddoedd yn ôl. Roedd yn fôr a ymestynnai o'r Deyrnas Unedig i Wlad Pwyl. Cafodd y môr ei gau i mewn gan dir ac yn raddol, fe drodd y pant halen mawr hwn yn anwedd.
Cafodd haenau glo eu cynhyrchu gan y môr hallt a oedd yn gorlifo'n gyson i mewn i'r deltâu, gan foddi'r coedwigoedd a'r rhedyn a oedd yn dechrau tyfu ar y Ddaear. Byddai'r coed enfawr yn syrthio ac yna'n 'boddi' yn y corsydd prin o ocsigen, gan achosi i'r planhigion ddim ond pydru'n rhannol – ac o ganlyniad, crëwyd haenau o fawn a oedd yn troi yn lo ymhen amser wrth iddynt ildio

such as the stunning dramatic setting for Carreg Cennen castle, called The Carreg Cennen Disturbance. The Brecon Beacons are mainly old red sandstone to the north, carboniferous limestone to the south, along with coal measures in the far-south. It's easy to find trilobite fossils, a reminder that that part of Wales was once a seabed.

Aged 15, I travelled to Iceland with my father, younger sister and brother. The active volcano, Mount Hekla erupted on the same day that we flew into Reykjavik and the following morning, original plans disrupted, we set off in the most inappropriate, small-city hire car onto the makeshift non-roads made of red volcanic rock. We drove for miles over what resembled a lunar landscape.

We visited a vast basin-shaped place as dusk was approaching that had strangely-shaped vertical columns of solidified lava. The area had once been a lake; lava had erupted through fissures at the bottom of it – and then petrified, almost immediately, creating these odd, tall sculpted forms. Again, I felt like we were on another, unfamiliar planet. I can still remember the echoing quality of the sound, the acoustics – the feeling of being lost; my voice – and its reverberations – traveling nowhere and everywhere at once.

The land was still being shaped. On another occasion, looking out across a beach of black volcanic sand at the strange setting sun, I could see new landmasses that had recently formed out at sea, near the coast. There were so many extraordinary sights: geysers shooting vast plumes of water high into the air, turquoise hot thermal pools, sinking sulphate ground.

We met some geologists who explained that the raised landmass we were standing on was the breathing summit of a volcano: the crater surface was apparently moving up and down very slowly as the volcano sucked the viscous boiling lava downwards and then thrust it up. A breathing volcano. I realised that we were being informed that it could erupt at any moment!

The landscape was alive! Earth was breathing and moving, red hot lava and boulders were being thrown out of the crater of Mt Hekla. These experiences, in addition to walking on moving glaciers that you could hear squeaking and shrieking, left a lasting impression on me and I never saw rocks, stones or landscapes in the same way again.

When I started the *Coal Tree* project in 2015 this natural interest in what makes up the landscape and how coal is formed was forefront in my imagination and creative process. I also sought to explore *Geo-Poetics* and *Deep Mapping*.

As I wrote in the book *Coal Tree Salt Sea*:
'Coal in Wales was created between 315-300 million years ago. Salt is made in continuous cycles, the ancient gargantuan Zeichstein Sea for example, formed 240 million years ago. It was a sea that had reached from the United Kingdom to Poland. The sea became landlocked and this vast salt pan slowly evaporated. Coal measures were produced by the salty sea periodically flooding into the deltas, and swamping the forests and ferns that had begun to colonise the Earth. The immense trees would fall and then 'drown' in the oxygen-low swamps, causing the plant matter to only partially decompose – and resulting in layers of peat that eventually became coal as it yielded to enormous geological pressure.'[2]

David Davies, also known as Dafydd Ffossil, b 1871, was a miner, fossil collector and poet who was initially interested in palaeontology as an amateur but soon realised fossils could provide significant clues to understanding the geological make-up of the coal measures.

The excavation of the earth in the quest for coal also revealed fully fossilised trees and coal forests. Marie Stopes, the early pioneer of contraception and the author of *Married Love*, was foremost a Doctor of Science – a Paleo-Botanist – who classified coal types, developing a method that is still in contemporary use. She worked with Davies for some time at his home at Glifach Goch

i bwysau daearegol enfawr.[2]

Roedd David Davies, a elwid hefyd yn Dafydd Ffosil, g 1871, yn gloddiwr, yn gasglwr ffosilau ac yn fardd a oedd â'i fryd ar ddechrau ar baleontoleg fel amatur, ond sylweddolodd yn fuan y gallai ffosilau gynnig cliwiau pwysig i ddeall cyfansoddiad daearegol yr haenau glo.

Gwnaeth cloddio'r ddaear yn chwilio am lo hefyd ddatgelu coed a choedwigoedd glo cwbl ffosiledig. Roedd Marie Stopes, arloeswraig gynnar atal cenhedlu ac awdur *Married Love* yn Ddoethor Gwyddoniaeth – Paleobotanegwr – yn gyntaf oll a ddatblygodd ddull o ddosbarthu mathau o lo, sy'n parhau i gael ei ddefnyddio heddiw. Bu'n gweithio gyda Davies am beth amser yn ei gartref yn Gilfach Goch ac roedd wedi gwirioni ar ffosilau a glo.[3]

Pan wneuthum arddangos 'Coal Tree Salt Sea' yn Amgueddfa'r Fenni, bu'r curadur, Rachel Rogers, yn ddigon caredig i roi ffosiliau o'r Oes Garbonifferaidd hwyr ar fenthyg i mi fel y gallwn eu harddangos ochr yn ochr â gwrthrychau yr oeddwn wedi eu gwneud.

Haenau a Thryloywder

LC Sylwais eich bod yn defnyddio llawer o haenau a *cyfuniadau* yn eich gwaith a bod gennych chi hefyd ddiddordeb mewn darluniau microsgopaidd. A allech chi siarad am yr agwedd hon ar eich gwaith?

SR Rwyf wedi bod yn meddwl am fy nylanwadau ac yn sylweddoli mai un o'r rhain oedd y ffaith mai adferydd a chadwraethydd lluniau oedd fy mam a oedd yn aml yn gweithio ar baentiadau hanesyddol. Ar ôl i'm rhieni ysgaru, dychwelodd i wneud y gwaith hwn yn Llundain. Roedd yn ddiddorol ei gwylio wrth ei gwaith, yn archwilio'r haenau o baent yn ofalus o dan olau uwchfioled yn yr hyn a fyddai fel arall yn ystafell dywyll. Bu'n disgrifio diddordeb cynnar mewn archaeoleg yn ddiweddar, a dywedodd fod ei thad yn

teimlo'n reddfol bod llawer o elfennau tebyg rhwng hyn a chadwraeth paentiadau, gan fod paentiadau olew yn cael eu llunio mewn haenau o bigmentau, olewau a gwydreddau. Weithiau byddai rhywun yn paentio dros gynfas a ddefnyddiwyd, bryd arall yn creu darlun ac yna'n ei baentio mewn haenau. Unwaith y byddai'r paentiad wedi ei orffen, defnyddiwyd farneisiau i sicrhau arlliw cyffredinol ac er mwyn helpu i sefydlogi pigmentau penodol. Mae damar yn farnais resin organaidd sy'n tywyllu'n naturiol. Yn ddiweddarach, defnyddiwyd copal sy'n sylwedd annhoddadwy, anodd ei dynnu ymaith. Byddai'n cael ei ddefnyddio'n aml i 'oleuo' paentiadau, ond byddai hwnnw hefyd yn tywyllu ymhen amser, gan guddio'r manylion yn aml. Roedd yr haenau yn ymddwyn fel palimpsest, gan ddangos datblygiad y paentiad.

Weithiau, fe fyddwn yn helpu i dynnu'r farnais damar ymaith drwy rwbio gwlân cotwm wedi ei socian mewn aseton yn ysgafn dros rannau penodol. Yn raddol, byddai manylion yn ymddangos o'r düwch aneglur ac o bryd i'w gilydd, byddai bod dynol neu anifail yn cael ei ddatgelu'n annisgwyl a oedd yn gwbl hudolus. I mi, roedd yn debyg i'r broses o ddatblygu lluniau ffotograffig du a gwyn analog yr oeddwn yn dechrau arbrofi â hi bryd hynny.

LC A allwch chi ddisgrifio sut aethoch chi o astudio Gwydr Lliw Pensaernïol i weithio fel artist amlddisgyblaethol?

SR Wedi cwblhau fy Niploma Sylfaen yn Llundain, roeddwn yn awyddus i adael bywyd y ddinas, a phenderfynais arbenigo mewn Gwydr Lliw Pensaernïol yn Abertawe. Roedd hwn yn gyfnod ffurfiannol; bod yn ôl yng Nghymru ac ailddarganfod y lleoedd a'r diwylliannau; Gŵyr, Dylan Thomas, Vernon Watkins a Ceri Richards yn benodol. Roedd y cwrs gwydr yn unigryw a chyda chysylltiadau cryf â gwydr modern a chyfoes yr Almaen. Roeddwn wedi fy swyno hefyd gan y prosesau alcemegol canoloesol a'r ffordd y gallwn weithio gyda golau gan ddefnyddio paent plwm ocsid a staeniau

Blackboard Diptych. Ffon olew ar fwrdd du. 2004.
Blackboard Diptych. Oil stick on blackboard. 2004. Photo: Sarah Rhys

200

Dust Tapes. Ffilm wedi ei wneud â llaw. 2020.
Dust Tapes. Handmade film. 2020. Photo: Sarah Rhys

and was obsessed with fossils and coal.[3]

When I exhibited 'Coal Tree Salt Sea' in Abergavenny Museum, the curator Rachel Rogers kindly lent me fossils from the Upper Carboniferous era so that I could display them alongside objects that I had made.

Layers and Transparency

LC: I noticed that you use a lot of layers and *mergings* in your work and also you have an interest in microscopic imagery. Could you talk about this aspect of your work?

I have been reflecting on my influences and I realise that one of these was the fact that my mother was a picture restorer/conservationist who often worked on historical paintings. After my parents' divorce she returned to this line of work in London. It was interesting watching her at work, examining closely the layers of paint under ultraviolet light in an otherwise darkened room. She recently described an early interest in archaeology and said that her father intuitively felt that painting conservation had many similarities, since oil paintings are built up in layers of pigments, oils and glazes. Sometimes a used canvas was painted over, other drawings were made, then painted up in applied layers. Once the painting was finished, varnishes were used in order to ensure an overall tone and also to help stabilise certain pigments. Dammar is an organic resin varnish which darkens naturally. Later, copal was used which is non-soluble and tricky to remove. It was often applied to 'brighten up' paintings although it too darkened with time often obscuring details. The layers served as a palimpsest, manifesting the evolution of the painting.

I sometimes helped with the removal of the dammar varnish by gently rubbing cotton wool soaked in acetone over specific areas. Details would gradually appear out of the obscured darkness and on a few occasions a human figure or animal was unexpectedly

revealed which was really quite magical. For me it had something in common with the developing of analogue black and white photographic images which I was beginning to experiment with at that time.

LC: Could you describe the trajectory from studying Architectural Stained Glass to working as a multi-disciplinary artist?

SR Having completed my Foundation Diploma in London, I was keen to leave urban life, I decided to specialise in Architectural Stained Glass in Swansea. This was a formative time; being back in Wales and rediscovering the places and cultures; Gower, Dylan Thomas, Vernon Watkins and Ceri Richards in particular. The glass course was unique and had strong links to German modern and contemporary glass. I was also drawn to the medieval alchemical processes and the way that I could work with light using lead oxide paints and silver stains (silver nitrate) which would fire as yellows and ambers.

Projections of natural light through glass and onto walls or other surfaces has otherworldly and ephemeral qualities that appeal to me. Looking back, I can see that themes that I had then still show through now, particularly with my interest in transparency, photographic imagery and projection.

In fact, in my recent projects *Dust Tapes* and *Dustscapes* I worked with transparent *forensic* images of what I have termed, the *dust archaeology* of a building. I used transparent tape to collect dust from the interior surfaces. The building can be seen as a skin that constantly sheds and mixes with other dust and pollen – as well as human 'sheddings' – over the course of decades.

These *Dust Tapes*, containing minute particles of dust could then be projected and this magnification reveals their fascinating microscopic world. I showed the 16mm film *Dustscapes* at The Old Soapworks in Bristol on the walls of the space from where the dust

arian (arian nitrad) a fyddai'n tanio fel lliwiau melyn ac ambr.

Mae gan dafluniadau o olau naturiol trwy wydr ac ar waliau neu arwynebau eraill rinweddau arallfydol a byrhoedlog sy'n apelio ataf. Wrth edrych yn ôl, gallaf weld bod y themâu yr oedd gennyf bryd hynny yn parhau i ddangos drwodd nawr, yn enwedig gyda'm diddordeb mewn tryloywluniau, darluniau ffotograffig a thafluniadau.

A dweud y gwir, gweithiais gyda thryloywluniau *fforensig* yn fy mhrosiectau diweddar, *Dust Tapes* a *Dustscapes* yr wyf wedi eu galw'n *archaeoleg llwch* adeilad. Defnyddiais dâp tryloyw i gasglu llwch o'r arwynebau tu mewn. Gellir edrych ar yr adeilad fel hen groen sy'n cael ei ddiosg yn gyson ac sy'n cymysgu â llwch a pheilliau – yn ogystal â 'hen groen' dynol – dros ddegawdau.

Gallai'r *Dust Tapes* hyn wedyn, a oedd yn cynnwys gronynnau bychain o lwch, gael eu taflunio, a byddai'r chwyddiad hwn yn datgelu eu byd microsgopig cyfareddol. Dangosais y ffilm 16mm, *Dustscapes*, yn yr 'Old Soapworks' ym Mryste ar waliau'r lleoliad lle hanodd y llwch ohono. (*Centre of Gravity* 2020).

Roedd gan y prosiect hwnnw bethau yn gyffredin â rhai o'm gweithiau gyda halen. Trwy gymysgu llwch glo a halen craig gyda'i gilydd, tyfais grisialau mewn 24 o ffiolau gwydr hynafol ar gyfer y gosodiad *Allah Chemia*. Roeddwn wedi fy nghyfareddu gan y siapau amrywiol yr oedd y crisialau yn eu ffurfio, yn ogystal â gallu amryffurf, ymledol yr halen. Fe wneuthum hefyd gyfres o ddarluniau wedi eu chwyddo o'r arbrofion hyn a ffilm o'r enw *Miniature Landscape*, a gafodd ei harddangos yn *Coal Tree Salt Sea*.

Mythau a Llên Gwerin

LC Wrth astudio hen fyth y Fari Lwyd, chwedl werin Gymreig, rydych chi'n ei gysylltu â mythau eraill sy'n ymwneud â cheffylau. Sut mae hyn wedi llywio eich gwaith?

SR Rwy'n credu bod ffilm 16mm Rebecca Horn ar yr *Einhorn*

(Ungorn) hanner-noeth yn waith trawiadol, llawn dirgelwch. Ffigwr benywaidd yn cerdded i lawr lôn â choed bob ochr iddi ac yna ar draws cae o wenith sy'n aeddfedu.

Mae'r darlun llonydd yn siŵr o fod yn fwy adnabyddus na'r ffilm, ond mae'n werth ei gwylio, gan fod y ffigwr yn ymddangos a bron yn diflannu wrth iddi gerdded i mewn ac allan o'r golau brith. Wrth gwrs, mae'r ungorn yn greadur symbolaidd a chyfriniol tu hwnt. Gall y corn hir, troellog traddodiadol ar ungyrn ymddangos yn wrywaidd neu'n fenywaidd, ac yn aml, bydd yr ungorn yn androgynaidd yr olwg. Yn y gwaith hwn, fodd bynnag - darn perfformiadol a berfformir gan fenyw ifanc sy'n gwisgo dim ond strapiau i ddal y corn hir iawn yn ei le. Gall bod yn noeth ymddangos yn bechadurus, ond pan gaiff ei berfformio heb fod yn hunanymwybodol, mae'n pelydru pŵer tawel. Fel y dywedodd ffrind wrthyf y diwrnod o'r blaen, 'mae noethni yn weithred o dryloywedd'. Ceir traddodiad ffeministaidd cryf o'r corff benywaidd noeth mewn tirluniau a elwir weithiau yn 'ffeministiaeth gorfforol'.

Yn fy narlun, *Mari Lwyd, Mamhilad*, gwnaeth y perfformiad dalu gwrogaeth i wreiddiau cudd y gaseg wen a'i chysylltiadau ag Epona, duwies gynnar y ceffylau. Defod ganolgaeaf yw'r Fari Lwyd draddodiadol a berfformir ar adeg yr Heulsaf. Dros y canrifoedd, mae'r Heulsaf wedi bod yn arwydd o farwolaeth yr haul, diwedd cylchred flynyddol hau, twf, helaethrwydd a phydredd.

Mae Epona wedi cael ei chysylltu'n aml â Rhiannon, a ddisgrifir yn y *Mabinogion* fel y dduwies ffrwythlondeb Geltaidd o'r Arallfyd neu 'Annwfn'. Dywedwyd ei bod wedi marchogaeth ceffyl gwyn golau. Caiff Epona ei phortreadu'n aml fel menyw yn marchogaeth ar gyfrwy untuog; caiff Rhiannon hefyd ei phortreadu'n aml ar gefn ceffyl. Mae gwreiddyn y gair Epona yn ddiddorol, hefyd: daw o'r gair Brythonig *epo-s* ceffyl(au). Mae'r enw lle 'Epynt', o Fynydd Epynt, yn disgrifio 'ble mae ceffylau yn crwydro', neu 'gynefin y ceffyl'. Daw'r gair *pony* hefyd o'r gwreiddyn Celtaidd hwn.

Allah Chemia. Gosodwaith. 24 o ffiolau, halen a llwch glo. 2016.
Allah Chemia. Installation. 24 glass phials, salt and coal dust. 2016.
Photo: Sarah Rhys

had come. (*Centre of Gravity 2020*).

That project had commonalities with some of my work with salt. Mixing coal dust and rock salt together, I grew crystals in 24 antique glass phials for the installation *Allah Chemia*. I was fascinated by the variety of forms the crystals adopted, as well as the polymorphous, creeping qualities of the salt. I also made a series of magnified images from these experiments and a film called *Miniature Landscape*, which was exhibited in *Coal Tree Salt Sea*.

Myth and Folklore

LC When researching the ancient myth of the Mari Lwyd, a Welsh folklore tale, you link it to other horse-based myths. How has this informed your work?

SR I find Rebecca Horn's half-naked *Einhorn* (Unicorn) 16mm film is a very striking and enigmatic work. A female figure shown walking down a lane flanked by trees and then across a ripening field of wheat.

The still image is probably better known than the film, but it's worth watching, as the figure appears and almost disappears as she walks in and out of the dappled light. Of course, the unicorn is a highly symbolic, mystical creature. The traditional long spiralling horn on unicorns can be seen as both male and female, often the unicorn seems to have an androgynous appearance.

However, in this work – a performative piece enacted by a young woman who is clad merely in straps holding the very long horn in place. Being naked might be seen as transgressive, although performed un-self-consciously, it emanates a silent power. As a friend said to me the other day, 'nudity is an act of transparency'. There's a rich feminist tradition of the naked female body in landscape sometimes called 'corporeal feminism'.

In my image *Mari Lwyd, Mamhilad* the performance paid homage to the hidden origins of the white mare and her links to Epona, the early horse goddess. The traditional Mari Lwyd is a midwinter ritual that is performed around the Solstice. Over the centuries, the Solstice has been heralded as the death of the sun, the end of the annual cycle of seed, growth, abundance and decay.

Epona has often been associated with Rhiannon who is described in the *Mabinogion*, as the Celtic goddess of fertility, from the 'Otherworld'. She was known to have ridden a pale-white horse. Epona, is often portrayed as a woman riding side-saddle; Rhiannon, too is often depicted on horseback. The etymology of

LC Beth oedd 'genesis' eich syniad ar gyfer *Coal Apples*?

SR Mae'n ddiddorol eich bod yn defnyddio'r gair *genesis*, y cyfeiriad Beiblaidd hwnnw oedd yng nghefn fy meddwl. Mae'r afal yn symbol mythig, cyntefig sy'n symboleiddio gwybodaeth, potensial a gweddnewidiad – yn ogystal â thrachwant.

Mae *Coal Apples* wedi eu creu o borslen heb ei danio a glo carreg. Clai caolin wedi ei buro yw porslen, ac mae ganddo hanes diwylliannol diddorol tu hwnt.

O'r wythïen lo carreg benodol hon o Dde Cymru y deilliodd glo sydd bron yn garbon pur, 98%.

Coal Apples. Porslen a glo carreg. 2018.
Coal Apples. Porcelain and anthracite. 2018. Photo: Sarah Rhys

Crëwyd ef yn ystod yr Oes Garbonifferaidd pan oedd planhigion a choed yn enfawr o ganlyniad i'r cyflenwad anhygoel o ocsigen. Pan gaiff ei losgi, mae'n rhyddhau ei holl CO_2. Gellir hefyd ystyried *Coal Apples* fel sylw ar or-garboneiddio sydd wedi ei achosi gan gloddio cyfalafol eithafol.

Mae afalau duon yn ddarlun alcemegol grymus a chawsant eu portreadu felly yn y gyfres fetaffisegol o baentiadau, *Afal du Brogwyr*, a luniwyd gan yr artist Ceri Richards yn y 1950au. Cafodd Carl Gustav Jung ei blesio gymaint gan fandala afal du sialc a dyfrlliw ar bren a roddwyd iddo gan gyfaill iddynt ill dau, fel yr ysgrifennodd lythyr at Ceri Richards.

'(Mae'r cefndir [pren] yn cyfeirio at sylwedd ac felly at y cyfrwng lle gellir dod o hyd i'r peth crwn a'r hyn y mae'n cyferbynnu ag ef. Mae'r peth yn un o lawer. Mae wedi ei lenwi'n rhyfeddol â llygredigaeth, ffieidd-dra a ffrwydroldeb cywasgedig. Mae'n sylwedd du pur, yr hyn a elwid yn *nigredo* gan yr hen alcemyddion, hynny yw düwch, a ddëellir fel nos, anhrefn, drwg a hanfod llygredigaeth, ond eto *prima materia* aur, yr haul a'r anllygredigaeth fythol. Dehonglaf eich llun fel cyffes o bŵer cudd ein hoes.' Ymatebodd Ceri Richards, 'y darlun crwn...yw'r metaffor sy'n mynegi grym eginol prudd byd natur.'[4] Gan gyfeirio at ddirgelion alcemegol *nigredo* yr Haul Du.

Yn y graig fetamorffaidd llawn carbon, glo carreg, y mae'r egni dwys y mae Jung yn cyfeirio ato. Defnyddir y syniad cyferbyniol o'r afal pur hefyd yn ei wrthdroad fel rhywbeth â photensial

Epona is interesting, too: It comes from the Brythonic word epo-s horse(s). The place name 'Epynt' of Epynt Mountain describes 'where horses roam' or alternatively, 'the haunt of the horse'. The word pony also comes from this Celtic root.

LC What is the genesis of your idea behind *Coal Apples*?

SR Interesting that you use the word *genesis*, that Biblical reference was something that was at the back of my mind. The apple is a mythical, primal symbol which symbolises knowledge, potential and transformation – as well as greed.

Coal Apples are made of unfired porcelain and anthracite. Porcelain is a purified kaolin-based clay that has a really fascinating cultural history. This particular South Walian anthracite seam gave rise to coal that is almost pure carbon, 98%.

It was created during the Carboniferous era when plants and trees were huge due to the incredible amounts of oxygen. Once burned it releases all its CO_2. *Coal Apples* can also be seen as a comment on over-carbonisation caused by extreme capitalistic extraction.

Black apples are a potent alchemical image and were portrayed as such in the metaphysical series of paintings '*Afal du Brogwyr*' (Black Apple of Gower) made by the artist Ceri Richards in the 1950s. Carl Gustav Jung was so impressed when he was given a chalk and watercolour black apple mandala on wood by a mutual friend, he penned a letter to Ceri Richards:

'The background [wood] points to matter and thus to the medium in which the round thing is to be found and with which it contrasts. The round thing is one of many. It is astonishingly filled with compressed corruption, abomination and explosiveness. It is pure black substance, which the old alchemists called *nigredo*, that is: blackness, and understood as night, chaos, evil and the essence of corruption, yet the *prima*

materia of gold, sun, and the eternal incorruptibility. I understand your picture as a confession of the secret power of our time'.

Ceri Richards responded, 'The circular image…is the metaphor expressing the sombre germinating force of nature',[4] referring to the alchemical mysteries of the *nigredo* of the Black Sun.

The carbon-rich metamorphic rock, anthracite, holds the intense energy referred to by Jung. The contrasting idea of the pure apple is also used in its inversion as having destructive potential. Was the black apple in Ceri Richard's work a reference to the atomic bomb, as some have inferred? I personally think so.

LC Talking about coal and rocks, I'm really interested in acoustic geology and a geologist friend of mine has been analysing particular Preseli stones that have been found on the route to Stonehenge. We now know that the original Stonehenge was erected in the Preseli mountains – not far from the quarry of their origin. Centuries later the stone circle was transported to its second iteration. The route travelled roughly matches what is now the A40. These 'acoustic' rocks ring when struck, so in effect they were used as musical instruments – due to their particular crystalline structure. My friend also reckons that when ancient people gathered in caves for significant events, they would bring various instruments. People may also have orientated themselves by using echoes to navigate the space.

SR That's really interesting; caves as acoustic chambers! I read an article recently which suggests that the cave wall paintings would have appeared as moving images, since the only way they could have been observed would have been with firelight which constantly jumps and flickers. I imagine that people visited these sacred places for specific occasions. It brings to mind how much we enjoy immersive experiences such as cinema.

the Preseli Hills. The children around here learn these myths and particularly the one about Pwyll, Prince of Dyfed trying to catch up with Rhiannon on her horse. And ultimately, he sent all his troops out to achieve this without success. There's a place called Prince's Gate, near Narberth where it's all supposed to have happened.

Again, in the Mabinogi the *twrch* (wild boar) came running through Preseli Hills from Ireland and, as you know, there are many cultural connections between Wales and Ireland in the Mabinogion. A lot of these myths are thought to have some traces of history here and these can be seen in place names.

SR I did start to learn Welsh for a couple of years when living in Mamhilad; one of the reasons I wanted to learn was to recognise and understand place names.

When I was spending time in Ystradgynlais I would often stay with a friend in the village of Upper Cwmtwrch. The river 'Twrch' was apparently named after the same wild boar that ran amok up there too. It adds another dimension to the experience of being in here Wales, a mythic and more visual one. You start to recognise references to the myths in the landscape. Again, near Ystradgynlais there is *The Cribarth*, said to be a sleeping giant; once you have seen it you can't un-see it!

Interestingly, in the historic centre of Bristol there is a spectacular hill called Brandon Hill and it is said to be named after Brân or Bendigeidfran (Brân the Blessed), the giant king of Ancient Britain in the Mabinogi, whose decapitated head is said to have been thrown across the River Severn where it landed in the centre of Bristol forming the iconic hill overlooking the River Avon. Bran had Ravens as his associated creatures.

LC So let's talk about the Mari Lwyd further.

SR I'm sure some of the culture of the Mari Lwyd in more recent

times has been a marker and celebration of the death/end of the farming year. People have always been fearful of death and by being raucous and singing, you are frightening away the bad spirits. I think there's a cleansing that happens as well making space for the new, for spring and new life. There are a lot of folkloric traditions that involve people dressed up as flora or fauna; flower queens and kings, antler dancers and figures like The Strawman or The Burryman. The Green Man on Mayday traditionally does a long walkabout and ends up being symbolically and ritually sacrificed, the branches and the foliage are then shared out to those that have followed the procession. It is synonymous with the idea of killing the king and eating the flesh. It's a symbolic cannibalism and perhaps the pagan roots of the Catholic Eucharist where the wine and the bread are taken to be eating the body and drinking the blood of the Christ figure, who took on our sins and died to absolve them.

The Mari Lwyd event, as it is in Chepstow, is sometimes combined with an orchard Wassail which involves the blessing of an orchard of apple trees with bread soaked in cider. The dampened bread is attached to branches of the trees. The Mari Lwyd tradition in Chepstow has expanded in recent years and now involves Maris from all over Wales and even the Padstow 'obby horse' comes up from Cornwall on occasion. It is a really fun and raucous event. The pubs as well as the town hall are visited for a rhyme contest called a *pwnco*. The Mari troup traditionally wins this battle of wits and is then let in to share a drink.

Gerald of Wales (Giraldus Cambrensis) wrote about a 'monstrous' event that he witnessed in Ireland. He writes about it as if this really happened, i.e it was not just a symbolic rite, and he was deeply shocked. He witnessed a copulation between a yet to be inaugurated king and a white mare in public. The mare was then slaughtered, after which the king then bathed in a cauldron of her blood and flesh, he drank from it and the attending people ate the

yn profi eich bod yn fwy gwahanol neu'n ddewrach na phawb arall. Yn rhyfedd iawn, mae myth tebyg iawn yn India, uniad rhwng Brenin a chaseg rasio wen brydferth, ac roedd hyn eto i sicrhau cnydau ffrwythlon.

Mewn llawer o ddiwylliannau, mae croesrywiad symbolaidd neu gysylltiad ag anifail neu aderyn penodol yn digwydd er mwyn amsugno rhinweddau'r creadur. Mewn rhai diwylliannau Siamanaidd yn Ne America, fel llinach y Tolteciaid o Fecsico, gwneir hyn drwy wŷr neu wragedd hysbys sy'n cymryd sylweddau seicotropig ac yn caniatáu i'r uniad hwn ddigwydd ar lefel arall ac yna'n dod â'r profiad neu'r doethineb hwn yn ôl gyda nhw.

LC Rydych chi'n gweithio gyda beirdd a cherddorion weithiau, sut mae hyn wedi digwydd?

SR Ydw, gwahoddais feirdd a cherddorion i ddod i ddigwyddiad i ddathlu *Coal Tree*, a oedd yn anrhydeddu'r gwanwyn, y dderwen a'r deunydd daearegol, glo. Rwy'n dwli ar hen draddodiad barddol Cymru. Gwnaeth Dan Morris, ffrind o Landeilo, chwarae cerddoriaeth gwerin Gymreig swynol tu hwnt ar ei fiolín a gwnaeth David Greenslade, y bardd, adrodd cerddi yn Gymraeg a Saesneg.

Rai blynyddoedd yn ôl, cefais fy ngwahodd gan Penny Hallas a Lyndon Davies o Brosiect Glasfryn i gymryd rhan mewn darn byrfyryr cydweithredol, aml-genre fel rhan o'r digwyddiad penwythnos, '*Black Mountain College, a Celebration in the Black Mountains*'. Roedd hyn yn 2018. Tafluniais dryloywluniau o ddarnau o sgorau cerddorol John Cage yn ogystal â ffilm wedi ei wneud â llaw a gwrthrychau gwydr, wrth i'r artistiaid Penny Hallas a Nicole Peyrafitte berfformio ynghyd â'r beirdd Camilla Nelson, Lyndon Davies ac Allen Fisher.

LC Beth ydych chi'n gweithio arno ar hyn o bryd?

SR Rwyf newydd gyflwyno gwaith i brosiect llyfr artistiaid cydweithredol o'r enw *Without Borders* gydag artistiaid a beirdd, a llawer o'r rhain yn gysylltiedig â Phrosiect Glasfryn. Bydd hwn yn cael ei ddangos yn Oriel Elysium cyn iddo deithio i leoliadau rhyngwladol, gan gynnwys Japan, yr Eidal, Canada a tri lleoliad yn America.

Ymddengys fod yna draddodiad arbennig o gryf yng Nghymru o gyfuno barddoniaeth a'r celfyddydau gweledol.

Rwyf hefyd wedi cael gwahoddiad i ar ddangos o gwaith rwyf wedi bod yn ei ddatblygu mewn partneriaeth â Gardd Fotaneg Genedlaethol Cymru o'r enw 'Cryptic Landscape' a fydd yn cael ei ddangos ar ddiwedd 2021-2022. Mae'r gwaith, a arddangosir mewn cabinetau amgueddfa amrywiol, yn gyfres o gasgliadau o gastiau porslen o gennau a mwsogl lleol wedi'u tanio a rhai heb eu tanio ynghyd â darnau cerfluniedig bach eraill. Mae'r eitemau hyn yn amlygu gwydnwch yr organebau hynafol hyn yn ogystal â'u breuder.

1. Sarah Rhys, *Coal Tree Salt Sea* (Gwasg Coal Tree, 2017) 21.
2. id., t. 12.
3. Barry A. Thomas, *In Search of Fossil Plants: The Life and Work of David Davies* (Gilfach Goch) (Amgueddfa Genedlaethol Cymru, 1986) 23, 24.
4. Richard Burns, *Ceri Richards and Dylan Thomas: Keys to Transformation* (Gwasg Enitharmon, 1981).
5. Ciara Healey, *Thin Place* (Oriel Myrddin, 2016) 7.
6. Hywel Goch o Fuellt, *Llyfr Coch Hergest* (1375-1425).
7. Sioned Davies a Nerys Ann Jones (gol.), *The Horse in Celtic Culture: Medieval Welsh Perspectives* (GPC, 1997) 11.
8. Patrick Ford, *The Mabinogi and other Medieval Welsh Tales* (University of California Press, 2008. 2ail arg.).

217

Coal Tree Celebration. Digwyddiad yn y dirwedd, Cwmgiedd. 2015.
Coal Tree Celebration. Event in the landscape, Cwmgiedd. 2015. Photo ©: Frank Menger 2015

CATRIN WEBSTER

HON

A Gesture Against the Wild, after RS Thomas' poem:
'The Garden' oil on linen, 300 cm x 195 cm, 2001.
Photograph by the artist.

Cyn bod modd i mi ddechrau, i ystyried lle rydw i nawr, mae'n hanfodol ailfeddwl y strwythurau a'r ieithoedd a etifeddwyd gennym, er mwyn deall yn well sut y maent yn cyfleu llais penodol, a stori neilltuol iawn. Mae'r rhethreg sefydledig hon wedi ei phlannu mor ddwfn nes ei bod bron yn anweledig, ac wedi'i phwytho'n dynn i mewn wead ein diwylliant; mae bron yn amhosibl ei datbwytho a'i datod. A rhoddir y lliain diwylliannol hwn i ni fel yr unig un hyfyw ac ystyrlon, hyd yn oed os na welwn ein hunain wedi ein cynrychioli ynddo, nac unrhyw ofod rhwng y pwythau lle gallem ychwanegu ein hedefynnau ein hunain.

Mae tirlun yn lliain o'r math, dyfais wneuthuriedig o waith llaw dyn. Daeth y term i fodolaeth ar ddechrau'r 17eg ganrif i ddisgrifio math newydd o beintiad, a ddatblygodd allan o gyfnod o newid ac ailfeddwl y berthynas rhwng celf, crefydd a nawdd: cyfnod o ehangu, datblygu a gwladychu gan wladwriaethau Ewrop yn y Dwyrain ac yng nghyfandiroedd America a ddaeth â chyfoeth mawr yn ôl i Ewrop. Roedd gofod peintiadau a fu, ers canrifoedd cyn y Dadeni, yn diriogaeth y cysegredig, yn cael ei ail-ddelweddu, ei seciwlareiddio, trwy edrych yn ôl at Rufain a Groeg hynafol a welwyd yn y cyfuniad o alegori, y Clasuron ac, yn ystod yr 17eg ganrif, golygfeydd naturiolaidd. Yng nghyd-destun de Ewrop, roedd y rhain yn bennaf yn olygfeydd ffantasïol, cyfuniad o arsylwadau o leoedd, coed, mynyddoedd, afonydd ac wybrennau, a ddatblygwyd i ddarlunio byd dychmygol y Clasuron, fel y gwelir ym mheintiadau Claude Lorrain, er enghraifft *Landscape with Ascanius Shooting the Stag of Sylvia* (1682), a *Landscape with Orpheus and Eurydice* (1650–51) Nicolas Poussin neu, yng Ngogledd Ewrop, i ddarlunio golygfeydd go iawn, gwastatiroedd yr Iseldiroedd, golygfeydd ar draws dŵr a chaeau, megis gwaith Jacob van Ruisdael, a pheintiadau fel *A Panoramic View of Amsterdam looking towards the IJ* (1665-70), yn dangos y porthladd ymledol, yn cysylltu'r Iseldiroedd â masnach newydd Amsterdam yn yr 17eg ganrif.

Er nad yw'r syniad o newid o'r fath, o safbwyntiau crefyddol i rai chwedlonol a naturiolaidd, efallai'n ymddangos o fawr o bwys heddiw mewn byd lle mae delweddau newydd di-rif yn cael eu creu'n ddyddiol trwy dechnolegau digidol, yr oedd, fodd bynnag, yn cynrychioli symudiad tuag at gelfyddyd a fyddai'n ymwneud â'r presennol a natur faterol y byd a phrofiad y ddynolryw o fyw yn y fath fyd. Ni ddylid diystyru arwyddocâd peintio dros y gofod hwn, a oedd unwaith yn gysegredig i'r saint, i ddarluniau o'r Forwyn a damhegion o'r Beibl, i awdurdod, gallu a chyfoeth yr Eglwys. Yn yr un modd ag y codwyd eglwysi Cristnogol ar safleoedd crefyddau hynafol, gan gynnwys meini hirion a ymgorfforwyd ym muriau eglwys Gymreig, neu y trowyd y Pantheon yn eglwys Gatholig, roedd y safleoedd hyn yn llefydd o bwys cyn iddynt gael eu hailgylchu Cristnogol, yr ailymwelid â nhw gan wahanol genedlaethau ac enwadau o bererinion mewn ymgais i gysylltu â'u duw arbennig nhw, â defod, neu â phŵer ysbrydol y lle penodol hwnnw. Roedd gofod peintiad wedi ei gynysgaeddu ag ystyr, nid yn rhywbeth a oedd wedi dod o nunlle, ond yn safle i ddychwelyd iddo, yn rhychwantu cenedlaethau o wylwyr, gan gysylltu'r gorffennol â'r presennol ac ymlaen i'r dyfodol. Yr un gofod yw plân y llun dros y milenia, gofod sy'n codi uwchlaw ffeithiau sylfaenol ei briodoledd faterol o gynnal, boed ar bren, wal neu gynfas ac yn awgrymu neu'n dwyn i gof fyd amgen o rith, barddoniaeth a myfyrdod; gofod ysbrydol, hudolus a wnaed yn lle i'r ddynolryw ac sy'n agored, mi gredaf, i ailgyfanheddu amgen.

Yn y 18fed ganrif, yn Ewrop, daeth yr oleuedigaeth, diwydiannaeth a'r twf dinesig cysylltiedig ag ystyron ac ystyriaethau newydd o'r Tirlun mewn athroniaeth, llenyddiaeth, barddoniaeth a pheintio. I'r athronydd o'r Almaen, Immanuel Kant, a'r Prydeiniwr, Edmund Burke, y Tirlun oedd theatr yr Aruchel[1] a'r gofod trosiannol o'r Clasurol i'r Rhamantaidd. I Kant, yr Aruchel oedd adlewyrchiad mawr y deall gwrywaidd, i'w ganfod ym mhŵer ac arswyd natur, ac yn ngallu rhesymeg dyn i gaffael adnabyddiaeth o'r anwybodadwy. Roedd hon nid yn unig yn agwedd ryweddol ond yn

efore it is possible for me to begin; to consider where I am now, it is imperative to rethink the structures and languages which have been inherited, to better understand how they speak a singular voice, and very particular story. So imbedded is this established rhetoric that it is almost invisible and so tightly stitched into the fabric of our culture; almost impossible to unpick and unravel. And we are given this cloth of culture as if it is the only viable and meaningful one, even if we do not see ourselves represented in it, nor any space between the stiches into which we might add our own threads.

Landscape is such a cloth, it is a man-made, manufactured, construct. The term came into being at the outset of the 17th century to describe a new type of painting, developed out of a time of change and rethinking of the relationship between art, religion and patronage; a time of the expansion, development and establishment of colonies by European states into the East and Americas which brought great wealth back into Europe. The space of paintings which had, for centuries prior to the Renaissance, been the territory of the sacred, was being reimaged, secularized, through the reflecting back to ancient Rome and Greece manifesting in the combination of allegory, the Classics and during the 17th century, naturalistic scenery. In a Southern European context, these were primarily fantastical scenes made from composite observation of places, trees, mountains, rivers and skies, developed to depict the imagined world of the Classics, as seen in the paintings of Claude Lorrain, for example, *Landscape with Ascanius Shooting the Stag of Sylvia*, 1682 and Nicolas Poussin's *Landscape with Orpheus and Eurydice*, 1650-51 or in Northern Europe to depict actual scenes, the flat lands of Netherlands, views across water and fields, such as the work of Jacob van Ruisdael and paintings like *A Panoramic View of Amsterdam looking towards the IJ*, 1665-70, showing the expanding port, linking Holland to the new trade of 17th-century Amsterdam.

Though today, in a world in which countless new images are created daily through digital technologies, the notion of a such a change, from religious to mythical and naturalistic views, may seem of little significance, however it marked a move towards an art which would relate to the here and now and the material nature of the world and man's lived experience of such a world. To paint over this space, which once was the preserve of saints; of depictions of christianity the Virgin and parables from the bible; the authority, power and wealth of the Church, should not be underestimated. In the same way that Christian churches were built over ancient religions sites, including standing stones incorporated into the walls of a Welsh church, or the appropriation of the Pantheon into a Roman Catholic church, these sites were places of significance before they were repurposed as Christian, revisited by different generations and denominations of pilgrim, seeking to connect with their particular god, to ritual, or to the spiritual power of that particular place; the space of a painting was invested with meaning, it did not come from nowhere, but is a site of return, which surpasses generations of viewers, connecting the past, to the present into the future. The picture plane is the same space over millennia; a space which transcends the basic facts of its material property, of wood support, wall or canvas and suggests or evokes an alternative world of illusion, poetry and reflection; a spiritual, magical space made into the place of man and open, I believe, for alternative resettlement.

Into the 18th century, in Europe, the enlightenment, industrialization and the associated urbanization, brought new meanings and considerations of Landscape in philosophy, literature, poetry and painting. For 18th-century German philosopher Immanuel Kant and the British, Edmund Burke, Landscape was the theatre of the Sublime[1] and the transitional space from the Classical into the Romantic. For Kant the Sublime was a great mirroring of male intellect, perceivable in the powers

224

Llun/Image 2.
Walk Painting: Aberystwyth to Borth,
oil on canvas,
195 cm x 195 cm, 1991.
Photograph by the artist.

I choose it, I choose it to be alone, to be with nature, to escape from where I am and to return to where I came from. Like Daphne pursued by Apollo, I aim to escape, turn into nature, to escape the persistent male heteronormative gaze, I choose to become nature, to think beyond the given construct of Landscape and all that that means. Where is my place, where is my language? For 35 years, I walk, I cycle, I sleep outside, I draw and paint with twigs and moss and natural dyes. The wetness of the earth gives fluidity to my paint and the wetness of the air, adds droplets of water, time speckles the painted surface, the landscape is a body of stuff that we are in and part of. I paint with my fingers and my hands. I render myself invisible in the spaces of nature, in green coats, or camouflage, I seek to disappear, to sink in. How else is it possible to begin, when the space of landscape is claustrophobically mapped out, a tapestry with warp and weft of reasoned, poetic responses and rational insight, is it irrational to choose to not follow a reasoned approach, or is it non-rational, non-Cartesian, to seek an embodied understanding of a place, beyond thought and structure? I walk, not a straight line like Richard Long, but a meandering path like the cattle would walk to market, I walk besides the hill and into the wood, I leave no trace. And I remember now, the walks I made as a child, alone, into steep wooded valley behind my parents' house and then later as a painting student at the Slade, walks around the hinterland of Aberystwyth, walks for hours or days, of no specific time nor ambition, other than to be in place (image 2). And in the London studio, I used my hands, to apply the poultice of paint to the surface of the canvas, to re-embody through the oily pastes of pigment, hand to surface, onto the weave of this space, onto the grid of the cotton surface, blobs, handfuls, fists of paint; a muddy remembering of a self somewhere. I build the canvas frames to be just bigger than my outreached arms, 6'6" or 195cm square, to be me and more than me, to be you and more than you. Square to help neutralize the inherited rectangular history of Landscape and I

wanted to jolt the surface, this ancient magical painting surface, from a depiction of distance into a space of presence (images 1 and 3).

The historical construct of Landscape painting also establishes the connection of land to ownership; it is a fixing of things, of the status quo, such as in the famous Thomas Gainsborough's early painting of *Mr and Mrs Andrews*, c.1750, which depicts Mr and Mrs Andrews to the left with a pastoral landscape unravelling from mowed lawn to distant hills. This is Mr Andrews' landscape, Mr Andrews' wife, Mr Andrews' gun dog and Mr Andrews' hunting rifle: Mr Andrews' painting. This image fixes his lot in life, in perpetuity. I aim to pull out some threads from this constructed image of Landscape as fixed, and then to begin to pull through different threads of an alternative less certain approach, I weave in a minor narrative into the majoritive structure.[4] Landscape as fixed, is established as a norm, a comfort, especially to the status quo who own the land. Those who live life on the move, travelling through landscape, from place to place, through choice or necessity are often seen with suspicious fear, even/often hostility. By walking from place to place as part of painting, then living and working in a van aims to question those constructs and former imperatives of the established Landscape tradition as a process of fixing the way things are forever.

The distance of painting and of Landscape are things of equal perplexity and intrinsic to this established weaving of Landscape. The illusion of paint, to suggest something other than what it is, Henri Magritte, *The Treachery of Images* or *This is not a Pipe* (1929), is the distance of the painting, it is not a pipe, yet we know pipe from the painting, but we will never have it; hold it. Landscape is over there, in pictures, beyond the architecture, sweeping away from Mr and Mrs Andrews and dog, away from the frame, beyond the silhouette of the trees, as if Landscape is an allegory of painting's ability to slip beyond reach. Yet painting is also here and

Slade, troeon o amgylch perfeddwlad Aberystwyth, cerdded am oriau neu ddyddiau, heb amser nac uchelgais penodol, heblaw bod mewn lle (Llun2). Ac yn y stiwdio yn Llundain, defnyddio fy nwylo i daenu'r powtis paent ar wyneb y cynfas, i ail-ymgorffori trwy bastau olewog lliw, o law i arwyneb, ar wead y gofod hwn, ar grid arwyneb y cotwm, smotiau, dyrnaid, dyrneidiau o baent; atgof mwdlyd o hunan yn rhywle. Dwi'n adeiladu'r fframiau cynfas i fod ychydig yn fwy na lled fy mreichiau, sgwâr 6'6" neu 195cm o faint, i fod yn fi ac yn fwy na fi, i fod yn chi ac yn fwy na chi. Sgwâr i helpu i niwtraleiddio etifeddiaeth hanes petryal y Tirlun, ac roeddwn am ysgwyd yr arwyneb, yr arwyneb peintio hynafol hudolus hwn, o ddarlunio pellter i fod yn ofod o bresenoldeb (Llunia 1 a 3).

Mae lluniad hanesyddol peintio Tirlun hefyd yn sefydlu cysylltiad tir â pherchenogaeth; mae'n sefydlogi pethau, y *status quo*, megis yn narlun cynnar enwog Thomas Gainsborough o *Mr and Mrs Andrews* (c.1750), sy'n darlunio Mr a Mrs Andrews ar y chwith gyda thirlun bugeiliol yn ymddolennu o lawnt gymen tuag at fryniau pell. Wele dirlun Mr Andrews, gwraig Mr Andrews, ci adar Mr Andrews, dryll hela Mr Andrews, peintiad Mr Andrews. Mae'r ddelwedd hon yn sefydlogi ei amodau byw, am byth. Fy nod i yw tynnu edefynnau o'r ddelwedd adeiledig hon o Dirlun fel rhywbeth sefydlog, ac yna dechrau tynnu gwahanol edefynnau o ffordd amgen, lai sicr, o fynd ati: gweu naratif lleiafrifol i mewn i'r strwythur mwyafrifol.[4] Mae tirlun fel peth sefydlog wedi'i dderbyn fel norm, yn gysur, yn enwedig i'r status quo tirfeddiannol. Mae'r rheini sy'n byw bywyd symudol, sy'n teithio trwy dirwedd, o le i le, trwy ddewis neu o reidrwydd, yn aml yn cael eu llygadu ag ofn, amheuaeth, hyd yn oed/yn aml gelyniaeth. Wrth gerdded o le i le fel rhan o beintio, ac yna byw a gweithio mewn fan, dwi'n ceisio cwestiynu cysyniadau gorchmynnol blaenorol traddodiad sefydledig y Tirlun fel proses o sefydlogi'r ffordd y mae pethau am byth.

Mae tirwedd draw fan acw mewn lluniau, y tu hwnt i'r bensaernïaeth sy'n ysgubo ymaith oddi wrth Mr a Mrs Andrews a'r ci, i ffwrdd o'r ffrâm, y tu hwnt i silwét y coed, fel pe bai Tirlun yn alegori o allu peintio i lithro y tu hwnt i gyrraedd. Ac eto mae peintio yma hefyd, yn bresennol iawn yn ei realiti gludiog, menynaidd, sgleiniog, aromatig. Mae paent yn beth i ddal gafael ynddo, ac yn beth i wneud rhywbeth gydag ef. Gwn hyn am baent, ei sylwedd a'r hyn a wna, ei weithrediad a'i berthynas uniongyrchol â disgyrchiant, mae pwysau ynddo. Rwyf am geisio dileu'r pellter, ddim ond am ychydig, dim ond i weld sut brofiad ydyw, os daliwch chi baent yn eich dwylo, os byddwch yn peintio ac yn byw yn y dirwedd, os ydych chi'n peintio yn yr eiliad o fodoli, a chysgu wedyn yn ymyl eich peintiad yn y lle y cafodd ei beintio. Agosrwydd yw'r peth gorau i wrthweithio pellter, gweithredu i gymryd lle bwriad, lliw arall i'w bwytho i mewn i luniad Tirlun. Dwi'n sgwario i mewn i'r Tirlun, yn torri i lawr yr olygfa estynedig sy'n pwyntio ar hyd ei ymyl petryal hir tuag at 'draw fan acw'. Am 35 mlynedd dwi wedi peintio ar sgwariau; ai dyma fydd fy ffordd i mewn, trwy geometreg wahanol trwy gydnabod sylwedd y paent hwn yn fy nwylo?

Mae geometreg hefyd yn chwarae rhan fawr yn y modd y caiff pethau eu sefydlogi yn y Tirlun – mewn peintio, gan ei fod yn awgrymu ein bod yn gweld y byd trwy bensaernïaeth. Yn Eidaleg, gair am beintiad yw *quadro* sy'n golygu yn llythrennol ffurf geometrig bedair-ochrog. Cyn y defnyddid paneli pren cludadwy a lliain estynedig, byddai'r artist yn peintio'n uniongyrchol ar wal, neu'n hytrach i mewn i'r rendro, trwy roi lliw yn y plastr calch gwlyb. Trwy wneud hynny, âi'r peintio yn rhan o'r ffurf bensaernïol, ac yn aml roedd gan furluniau, o'r cyfnod Rhufeinig tan y Dadeni Dysg, fframiau unionlin wedi'u peintio o'u cwmpas, megis yn Pompeii c.79 neu weithiau Giotto yn Arezzo c.1297-99 ac Assisi c.1295-1300. Cafodd y geometreg yma ei gymlethu ymhellach pan ailddarganfu'r pensaer Filippo Brunelleschi bersbectif llinellol tua 1420. Yn awr gellid gosod popeth yn y gofod darluniadol yn ôl trefn fathemategol a thrwy wneud hynny, gellid llunio rhith

very present in its sticky, buttery, shiny, aromatic reality. Paint is a noun and a verb, a thing to hold and a thing to do. I know this about paint, its thinginess and its doing, its agency and direct correspondence with gravity, it is a thing with mass. I want to try to take out the distance, just for a while, just to see what it is like, if you hold paint in your hands, if you paint and live in the landscape, if you paint in the moment of being, then sleep next to your painting in the place it was painted. Closeness and proximity are optimum to counteract distance; action to replace intent, another colour in my stitching into the construct of Landscape. I square up into Landscape, I cut down the expanded view, pointing along its long rectangular edge to 'over there', here it is for now, an unfolded frame of sagging cloth, buckling paper and watery ink. For 35 years I paint mostly on squares, will it be my way in, though a different geometry through the acknowledgement of the thingness of this paint in my hands?

Geometry too plays a big part in how things are fixed in Landscape; in painting, as it suggests we see the world though architecture. In Italian, *quadro*, is a word for a painting and literally means a four-sided geometric form. Painting was, before the employment of portable wooden panels and stretched linen, done directly onto a wall, or rather into the render, through the application of pigment into the wet lime plaster, in so doing painting was part of the architectural form, and frescos, from the ancient Roman to the Renaissance, often had rectilinear frames painted around them, such as in Pompeii c. AD79 or the frescos of Giotto in Arezzo c.1297-99 and Assisi c.1295-1300. This geometry was further complicated on the rediscovery of linear perspective by architect, Filippo Brunelleschi c.1420. Now all things could be fixed in pictorial space according to a mathematical order and in so doing, a convincing illusion of the relationship of architectural forms in a particular space could be realized. However, for such an illusion to work then certain aspects about lived experienced had

to be adapted or edited; you had to be totally still and monoptic, keeping the open eye as fixed as possible, as demonstrated in the famous woodcut prints by Albrecht Dürer of *A Draftsman Making a Perspective Drawing of A Woman* (c.1600), which shows a contorted semi-nude woman, compressed onto the rectangle of a table top, being viewed by the craftsman through a grid, who keeps his eye in place by aligning it to a pole fixed at a precise point in front of him. This system does not allow for movement, nor for the biopic embodied nature of vision, and it is told that in Brunelleschi's first painting to test perspective, which depicted the Baptistry in Florence, the sky of this painting was made of polished silver leaf, to mirror and reflect the actual sky, as the anamorphic changing nature of the sky was beyond the scope of his perspectival mathematical system.

Furthermore, linear perspective is present in the photographic image, and carried with us as part of our mobile phones. The photographic camera, like the mathematical perspective system has one eye: the lens and is fixed in time and static. The photographic image has a vanishing point where architectural lines converge. It is mostly not possible to observe the illusion of mathematical perspective in nature, you can only see it at work where there are mathematical systems at play, such as in the planting of trees along the edge of a road. The road is a geometric form; it is a very, very long rectangle, especially the Roman type. A road is architecture. Importantly, the camera is architecture. The original cameras, pre the fixing of the image through chemical process, has been part of art practice for hundreds of years, Leonardo da Vinci was known to have experimented with them in 1515. The word camera stems from the Latin and Italian, *la camera*, the room. This is because the earliest cameras where just that, a darkened room or *camera obscura*; a room which is totally blacked out, apart from a tiny aperture in one of the sides, through which light reflected from the surfaces in the outside, passes through

argyhoeddiadol o berthynas ffurfiau pensaernïol mewn gofod neilltuol. Fodd bynnag, er mwyn i'r fath rith weithio, roedd yn rhaid addasu neu olygu rhai agweddau ar brofiadau bywyd; roedd yn rhaid i chi fod yn hollol lonydd a chau un llygad, tra'n cadw'r llygad agored mor llonydd â phosib, fel y gwelir ym mhrintiau torlun pren enwog Albrecht Dürer, *A Draftsman Making a Perspective Drawing of A Woman* c.1600. Dangosir menyw hanner-noeth wyrgam wedi'i chywasgu i mewn i ben bwrdd petryal, gyda'r crefftwr yn edrych arni trwy grid, gan gadw'i lygad yn ei lle trwy ei halinio wrth bolyn a osodwyd ar y pwynt cywir o'i flaen. Nid yw'r system hon yn caniatáu ar gyfer symud, nac ar gyfer natur gynhenid ddau-lygeidiog golwg, a dywedir y gwnaed yr wybren ym mheintiad cyntaf Brunelleschi i roi prawf ar bersbectif, llun o'r Fedyddfa yn Fflorens, o ddeilen arian ddisglair, er mwyn adlewyrchu'r awyr go iawn, gan fod natur gyfnewidiol anamorffig yr awyr y tu hwnt i gwmpas ei system fathemategol bersbectifol.

Mae persbectif llinellol yn bresennol yn y ddelwedd ffotograffig, a chaiff ei gario gyda ni fel rhan o'n ffonau symudol. Mae gan y camera ffotograffig, fel y system bersbectif mathemategol, un llygad – y lens – ac mae'n sefydlog mewn amser ac yn statig. Mae gan y ddelwedd ffotograffig ddiflanbwynt lle mae llinellau pensaernïol yn cydgyfarfod. Ar y cyfan nid yw'n bosibl gweld rhith persbectif mathemategol ym myd natur; dim ond lle mae systemau mathemategol yn gweithredu y gallwch chi ei weld ar waith, megis wrth blannu coed ar hyd ymyl ffordd. Mae'r ffordd yn ffurf geometrig; petryal hir iawn, iawn ydyw, yn enwedig y math Rhufeinig. Mae ffordd yn bensaernïaeth. Mae'n bwysig cofio bod y camera hefyd yn bensaernïaeth. Mae'r camerâu gwreiddiol, cyn sefydlogi'r ddelwedd trwy broses gemegol, wedi bod yn rhan o ymarfer celf ers cannoedd o flynyddoedd; roedd yn hysbys bod Leonardo da Vinci wedi arbrofi â nhw yn 1515. Mae'r gair camera yn deillio o'r Lladin ac Eidaleg, *la camera*, y stafell. Mae hyn oherwydd mai dyna oedd y camerâu cynharaf, ystafell dywyll neu *camera*

obscura; ystafell gwbl ddu fel y fagddu, ac eithrio un agoriad bach ar un ochr. Â'r golau a adlewyrchir o'r arwynebau y tu allan tryw'r gofod mewnol tywyll, a chael ei daflunio ar y wal gyferbyn y tu mewn i'r gofod tywyll gan ddangos yr olygfa a adlewyrchir o'r tu allan wyneb-i-waered ar wal fewnol y stafell. Yn ddiweddarach rhoddwyd lens dros yr agorfa i unioni'r ddelwedd a'i ffocysu. Er mwyn gwneud *camera obscura* yn fwy defnyddiol, fe'u lleihawyd i faint blychau cludadwy yn ystod y 1600au, a ffurfiodd gorff y camera cemegol yn y man, ym 1832. Mae'r camera yn bensaernïaeth, er ei fod wedi ei grebachu i mewn i ofod bychan blwch ac wedi cael ei ailddyfeisio'n rhywbeth tra gwahanol trwy dechnolegau digidol. Felly, mae edrych ar y dirwedd trwy'r camera neu'r ffotograff sy'n deillio o hynny yn golygu gweld y byd o safbwynt pensaernïaeth; rydych chi'n gweld y byd o bersbectif pensaernïaeth, fel darn o bensaernïaeth. Nid yw'r camera yn gweld y byd fel y gwnawn ni ond, yn hytrach, mae'n sefydlogi'r byd fel rhith mathemategol. Mae'n ymestyn y modd y darlunir y byd o ailddarganfod persbectif Brunelleschi i mewn i'r cyfoes; mae'n edrych ar y byd trwy ei ffenestr ac yn gadael y golau i mewn i'w siambr trwy agor caead y ffenestr honno; mae'n fframio ac yn tocio'r byd, ac yn golygu profiad yn gyfres o betryalau.

Mae'r ffordd yma o adeiladu delwedd sydd, er datblygiad ffotograffiaeth yn 1832, wedi tra-arglwyddiaethu ar beintio, mewn llawer o wahanol ffyrdd,[5] wedi bod yn rhan fawr o'm hymchwil. Dwi am ddeall effeithiau ffotograffiaeth ar sut yr ydym yn amgyffred y byd, er mwyn fy ngalluogi i wneud dewisiadau gwahanol yn fy ngwaith celf ac mewn peintio yn enwedig. Dwi felly wedi bod yn archwilio'r ddelwedd ffotograffig a symudol, mewn modd cysyniadol, er mwyn sefydlu dealltwriaeth oddrychol o'r gwahaniaeth rhwng delwedd sy'n seiliedig ar lens a phrofiad ac i ystyried sut y gallai peintio ymateb. Er mwyn galluogi archwiliad i natur y ddelwedd ffotograffig neu ffilm a'r edrychiad ymgorfforedig, rwy'n defnyddio'r haptig, yn enwedig lluniadu, fel

Llun/Image 3.
*Landmarks
series: London,*
oil on canvas,
195 cm x 195 cm,
1993.
Photograph by
the artist.

Image 4. *Television Drawings 1 and 2: Cold Case Files*, touch screen digital drawing, 2019

modd o ddatblygu dealltwriaeth weledol ymgorfforedig (Llun 4).

Ers rhyw 15 mlynedd, dwi wedi bod yn lluniadu delweddau teledu, a ddechreuodd gyda lluniadu ffilmiau a wnaed gennyf tra'n gyrru fy stiwdio symudol ac sydd bellach yn cynnwys darnau a gynhyrchwyd o ffilm deledu. Fel y nododd Walter Benjamin yn ei draethawd arloesol ym 1936, 'The Work of Art in the Age of Mechanical Reproduction',[6] mae'r ffilm sinematig a olygwyd ac a gynhyrchwyd yn cynrychioli 'darnau lluosog sy'n cael eu cydosod o dan gyfraith newydd',[7] ac rydym wedi dysgu dad-weld y cysyniadau o'r genre, megis llu o ddiflanbwyntiau a grëir gan onglau camera lluosog a gwrthrychau sy'n cael eu tocio ac sydd i mewn neu allan o ffocws. Dim ond yng nghyd-destun masgynhyrchu y gall y sinematig fodoli ac mae'r gallu hwn i dynnu ar safbwyntiau lluosog yn hytrach nag unigol yn helpu i greu rhwyg mewn canfyddiad, mewn dealltwriaeth ddiwylliannol ac yng ngwead traddodiad. Mae Benjamin, fel Marcsydd, yn adrodd sut mae delweddau o'r fath, o fewn y sinematig, yn cyrraedd cynulleidfa dorfol, ac yn tarfu ar hierarchaeth delweddau. Mae hyn yn arwyddocaol, oherwydd trwy ddealltwriaeth well o'r dulliau ffilmig hyn y gobeithiaf sigo ymhellach ganfyddiad y sefydliad o'r Tirlun.

O 2005 hyd heddiw, dwi wedi bod yn astudio ac yn ystyried y sinematig trwy beintio a lluniadu, gwaith sy'n cynnwys peintiadau fel *In Transit: Hafod: Landscape after Television Drawings* yng nghasgliad Oriel Glynn Vivian a *Walking in Rome after Television drawings* sydd yng nghasgliad Amgueddfa Genedlaethol Cymru, sydd hefyd yn cynnwys darluniau digidol fel *Television Drawings: Cold Case Files* (Llun 4), a arddangoswyd yng Ngwobr Lluniadu Trinity Buoy Wharf yn 2020. Yr amcan yw ailfeddwl peintio o fewn y cyd-destun ôl-ddigidol cyfoes, fel modd i ddatgymalu ymhellach gysyniadau o'r Tirlun, i dynnu allan yr edefynnau sy'n ei ddal ynghyd, ac ystyried hwn fel man lle gall profiadau benywaidd, LGBTQi a lleiafrifol eraill fod yn bresennol. Mae hon yn broses barhaus sydd, os caf yn awr neidio i'r presennol, yn cael ei harchwilio trwy waith ar y cyd â Roy Efrat, dawnsiwr, coreograffydd ac artist fideo/peintio.

Fel y dywedwyd yn gynharach, dwi'n awgrymu fod gofod peintio, y gofod trothwyol hwnnw rhyngddo fel gwrthrych, fel sylwedd materol, a'i briodoleddau atgofus neu rhithiol, yn ofod sy'n agored i amlygiadau newydd. Megis adeiladu ar safle hynafol, gan ymgysylltu â phwrpas a bwriad y gofod yn y gorffennol, gall peintiad fod yn safle lle gallwn ail-ddychmygu ac ailfeddwl y strwythurau a'r cysyniadau a roddwyd i ni gan ddarlleniad penodol iawn o hanes. Noda Baudelaire fod 'y peintiwr beunydd yn tueddu fwyfwy i beintio nid yr hyn a freuddwydia ond yr hyn a wêl', cyflwr dynol

into the dark interior space, this is projected onto the opposite wall inside the dark space, showing the scene reflected from the surfaces outside, upside-down, inside the room. Later a lens is placed over the aperture to right and focus the image. To make *camera obscura* more useful, they were reduced in size to portable boxes during the 1600s, which eventually formed the body of the chemical camera in 1832. The camera is architecture, albeit, shrunken into the small room of a box, and reinvented into something quite different through digital technologies. Therefore, looking at landscape through the camera or resulting photograph, is viewing the world from the view point of architecture; you are seeing the world from the perspective of architecture, as architecture. The camera does not see the world as we do, but rather it fixes the world as a mathematical illusion. It extends the depicting of the world from Brunelleschi's rediscovery of perspective into the contemporary, it views the world through its window and lets the light in to its chamber by opening that window's shutter; it frames and crops the world, editing experience into a series of rectangles.

This way to construct an image through framing and cropping, which post the development of photography in 1832 has dominated painting, in many different ways,[5] and has formed a large part of my research. I want to understand the impacts of photography on how we apprehend the world, to enable me to make different choices in my art practice and in painting in particular. I have therefore, been exploring the photographic and moving image, in a conceptual manner and, to establish a subjective understanding of the difference between lens-based image and experience and to consider how painting might respond. To enable an exploration into the nature of the photographic or filmic image and embodied looking, I use the haptic, especially drawing as a means to develop embodied visual understanding, (Image 4).

For the past 15 years or so, I have been drawing television images, which started with drawing films I made while driving my mobile studio and now incorporates produced television footage. As Walter Benjamin points out in his 1936 seminal essay '*The Work of Art in the Age of Mechanical Reproduction*',[6] the edited and produced cinematic film represents 'multiple fragments which are assembled under a new law',[7] and we have learnt to unsee the conceits of the genre, such as numerous vanishing points created by multiple camera angles and objects which are cropped and in or out of focus. The cinematic can only exist in the context of mass production and this ability to draw on multiple rather than individual viewpoints helps to create a rupture in perception, cultural understanding and in the fabric of tradition. Benjamin, as a Marxist relates how such images, within the cinematic, reach a mass audience, and disrupt the hierarches of images. This is significant, as through a better understanding of these filmic approaches I hope to further fracture the establishment view of Landscape.

From 2005 to the present day, I have been employing, studying and considering the cinematic through painting and drawing, which includes paintings such, *In Transit: Hafod: Landscape after Television Drawings* in the Glynn Vivian collection and *Walking in Rome after Television Drawings* held in the collection at the National Museum of Wales, which also includes digital drawings such as *Television Drawings: Cold Case Files* (images 4), exhibited in the Trinity Buoy Wharf Drawing Prize in 2020. My aim is to rethink painting within the contemporary post digital context, as a means to further deconstruct notions of Landscape, to pull out the threads which hold it together and to consider this a place where female, LGBTQi and other minority experiences can be present. This is an ongoing process that, if I now jump to the present, is being explored through collaboration with Roy Efrat, dancer, choreographer and video/painting artist.

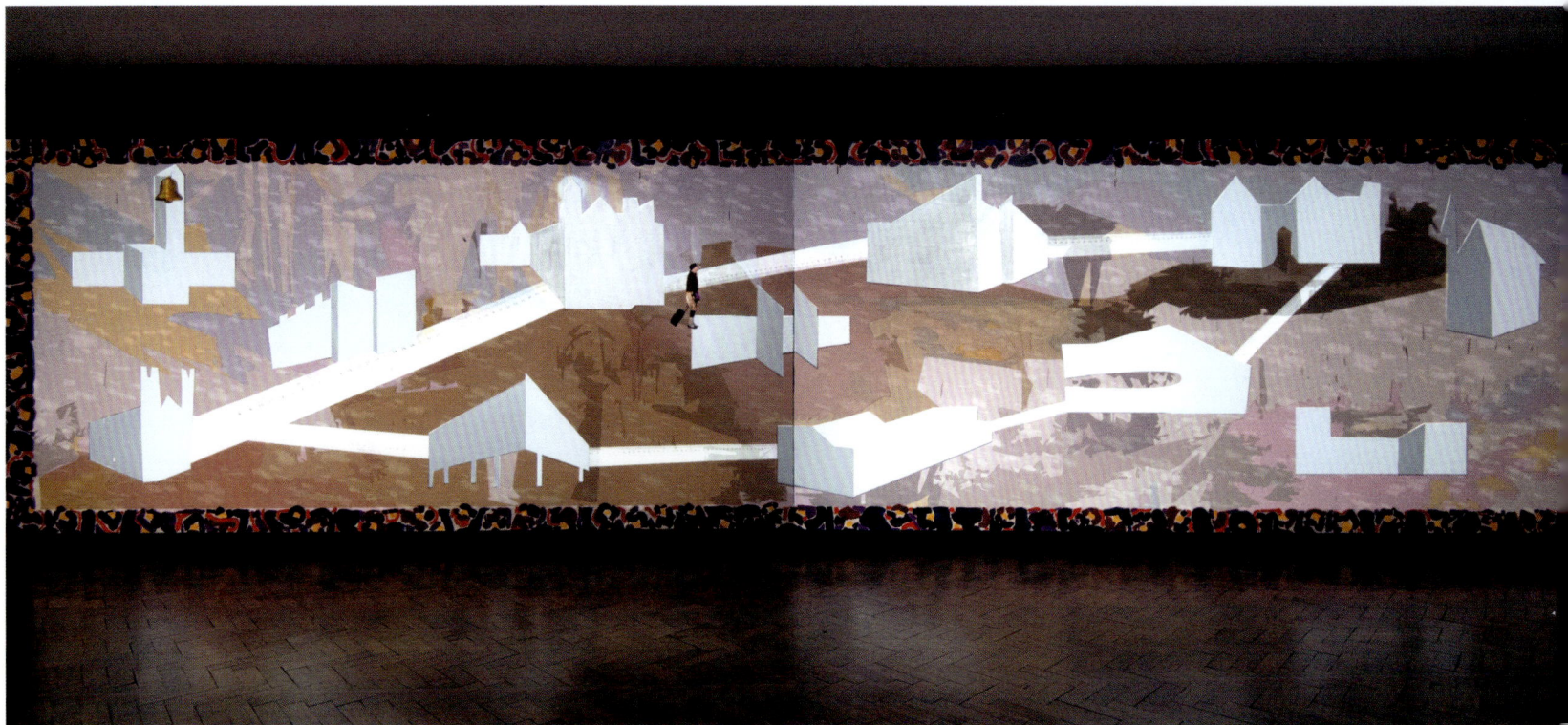

Llun/Image 5. Roy Efrat and Catrin Webster, extract from *Pansy: Diptych*, Video painting, 1080 cm by 270 cm, 2 Channel video projection and oil on canvas with sound. Duration 12:07 minute loop. 2020. Music: DnA, Delyth & Angharad Jenkins, Creating Performers: Gareth Mole, Mami Shimazaki, Costume design: Adam Kalderon, Curated by Katy Freer, with support from the Arts Council Wales. Photograph by Poly Thomas

sy'n ganlyniad i dwf toreithiog y ddelwedd ffotograffig a 'gwyddoniaeth faterol'. Mae colli'r gallu i 'freuddwydio' trwy beintio o ddiddordeb a phwys mawr, oherwydd pe bai'r gelfyddyd yn rhan olaf y 19eg ganrif ac, yn wir, llawer o'r cyfnod cyfoes diweddar, heb ganolbwyntio ar ddelweddau ffotograffig, byddai peintio mewn lle gwahanol iawn. Efallai bod yr obsesiwn hwn â'r ffotograffig wedi mynd â pheintio ar drywydd maith a chyfeiliornus, sydd wedi ceisio, oherwydd ei barch tuag at ffotograffiaeth, sefydlu ymhellach flaenoriaeth y persbectif ffrâm-rewedig sefydlog ffotograffig llinellol a 'chanlyniadau gwyddoniaeth faterol' yn ein hymwybyddiaeth a'n ffyrdd Gorllewinol o weled. Mae'r agwedd 'gwyddoniaeth faterol' yma yn ymlynu'n llwyr â'r Oleuedigaeth a hyd yn oed, efallai, â'r trefedigaethol,[8] ac awydd i ddeall a chatalogio, i gadw a chasglu. Efallai mai dyfodol peintio, yn rhannol,

fydd 'adennill yr hud', fel yr awgrymodd Yinka Shonibare yn ei weledigaeth ar gyfer Arddangosfa Haf yr Academi Frenhinol eleni, ac anghofio am ffotograffiaeth a phopeth y mae'n ei gynrychioli a'r hyn y mae wedi ei wneud i ddiwylliant gweledol dros y 180 mlynedd diwethaf.[9]

Am y tro, dwi'n parhau i gwestiynu a chroesholi'r ffilmig a'r ffotograffig a'u defnyddio yn fy ngwaith. Fy mwriad yw i'r peintiadau fod yn fwy na chyfanswm eu rhannau, gan ddatblygu gosodweithiau ymdrwythol trwy gyfuno delweddau wedi eu taflunio a'u peintio, lliw, coreograffi a sain. Y nod yw datblygu profiad affeithiol o beintio y mae angen ei brofi: fel y noda O'Sullivan, 'ni allwch ddarllen affeithiau, ni allwch ond eu profi'.[10] Mae hyn yn mynd â'r gwaith celf y tu hwnt i faes y gofodau rhesymegol, amlinellol, mathemategol eu cyfluniad, a drafodwyd

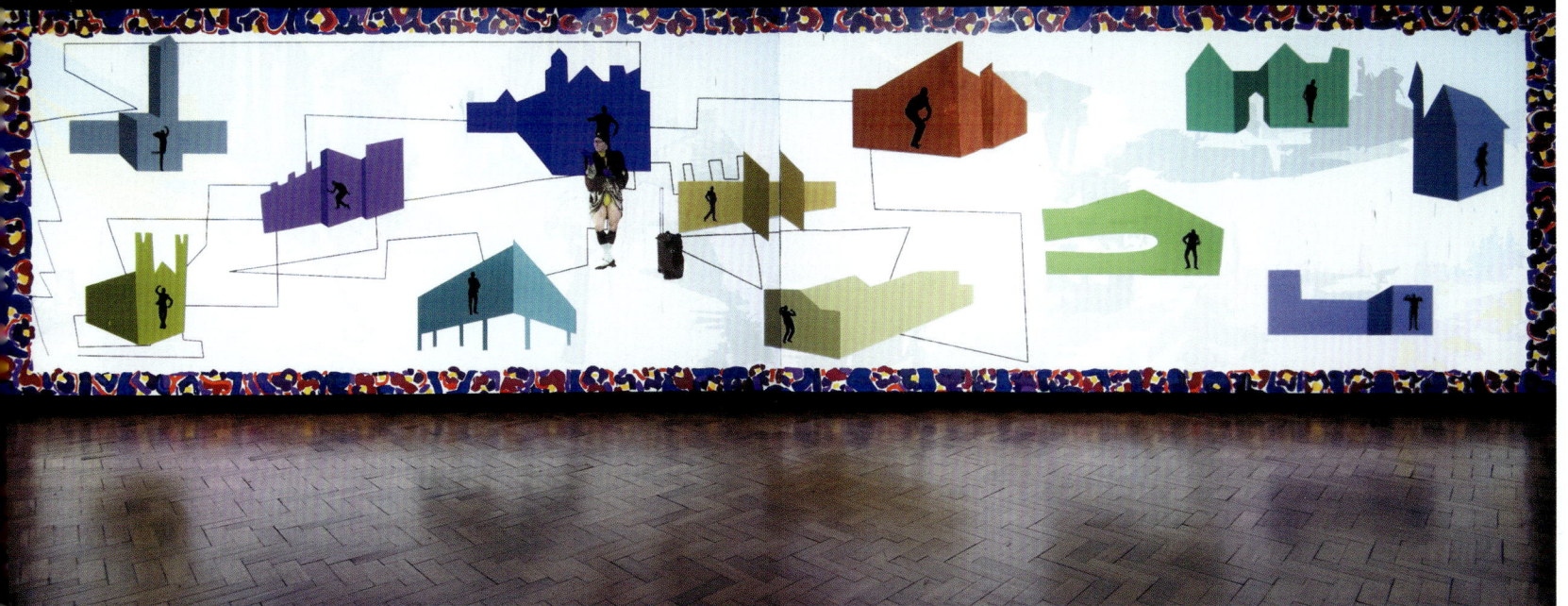

Llun/Image 6. Roy Efrat and Catrin Webster, extract from *Pansy: Diptych*, Video painting

As suggested earlier, I propose that the space of painting, the liminal space, between it as an object, a material substance and its evocative or illusionistic properties, is a space open for new manifestations. Like building on an ancient site, linking back to the past purpose and intent of the space, a painting can be the site in which we can reimagine, and rethink the structures and constructs which we have been given, by a very particular reading of history. Baudelaire's remarks, 'each day the painter becomes more and more given to painting not what he dreams but what he sees a condition of humanity which is the result of the proliferation of the photographic image and 'material science'.[8] This loss of the ability to 'dream' through painting, is of great interest and consequence, for if painting in the latter part of the 19th century and indeed much of the recent contemporary and current period, had not fixated on photographic images, painting would be in a very

different place. Perhaps even, this fixation with the photographic has been a long and hopeless distraction for painting, which has sought to, through its reverence of photography, further established the pre-eminence of the freeze-framed, fixed photographic, linear perspective and the 'results of material science' on our consciousness and Western ways of seeing. This 'material science' approach is firmly aligned to the Enlightenment and even, perhaps, to colonialism, to desires to understand and catalogue, to preserve and collect. Perhaps to the future of painting is, in part, to 'reclaim the magic', as proposed by Yinka Shonibare, in his vision for this year's Royal Academy Summer Exhibition 2021, and forget photography and everything it represents and has done to visual culture over the past 189 years?[9]

For now, I continue to question, interrogate, and employ the filmic and photographic in my work. It is my intention that the

Llun/Image 7. Roy Efrat and Catrin Webster, extract from *Pansy: Diptych*, Video painting

eisoes, er mwyn dyfeisio dewis amgen yn lle'r Tirlun. Fel rhan o'r broses hon, er mwyn symud oddi wrth y model canonaidd, bûm yn gweithio ar y cyd neu mewn dialog, o *Travel Project* 2006-7 â'i ymrwymiad cymdeithasol, *1000 Colours Blue*, gosodwaith a pherfformiadau corawl (2010-2019) ac, yn fwyaf diweddar, wrth greu *Pansy* (2019-20) gyda Roy Efrat. Mae'r broses o weithio ar y cyd yn caniatáu i amrywiaeth o safbwyntiau a ffyrdd o fynd ati i ymddangos, yn hytrach nag un llais unigol. Bu gweithio gydag Efrat yn gyfrwng datgymalu cysyniadau personol, gan agor ffyrdd newydd radical o feddwl, gwneuthur a dychmygu. Ymgorfforwyd hyn yn ein peintio: perfformiadau, coreograffi yn dod â'r corff i mewn i'r peintiad, golygu sgrin-werdd, peintio digidol, mapio sain a fideo, a pheintio olew ar gynfas.

Mae'r peintiadau *Pansy* yn dechrau yn yr amgylchedd, yn benodol yn yr ardd, rhan ffurfiol o draddodiad a naratif mawreddog y Tirlun y dymunaf ymyrryd ag ef trwy ddefnyddio fy nwylo i dyfu pansis ar raddfa fach. Cychwynnodd y prosesau hyn gyda fi'n tyfu nifer fawr o blanhigion pansi, mewn potiau a chynwysyddion ad hoc, i'w hastudio'n ddiweddarach. Mae'r rhain yn bethau sy'n tyfu, y gellir eu cyffwrdd, eu harogli a'u gweld. Lliw a goleuni yw'r priodoleddau gweledol sylfaenol a ddefnyddir wrth beintio. Mae lliw nid yn unig yn ailgyflwyno pethau a welwyd ond yn atgofus ac yn awgrymog; mae'n iaith ynddo'i hun, fel yr ystyria Ludwig Wittgenstein yn *Remarks on Colour* (1977).[11] Mae lliw yn oddrychol, fel y gwelir yn y casgliad *1000 Colours Blue*, sy'n dwyn ynghyd lu o ddehongliadau unigol o'r lliw glas, o binc, i borffor, i ddulas ac ymlaen i wyrdd. Mae natur oddrychol lliw, ac absenoldeb un profiad unigryw, o ddiddordeb mawr gan ei fod yn rhoi gallu

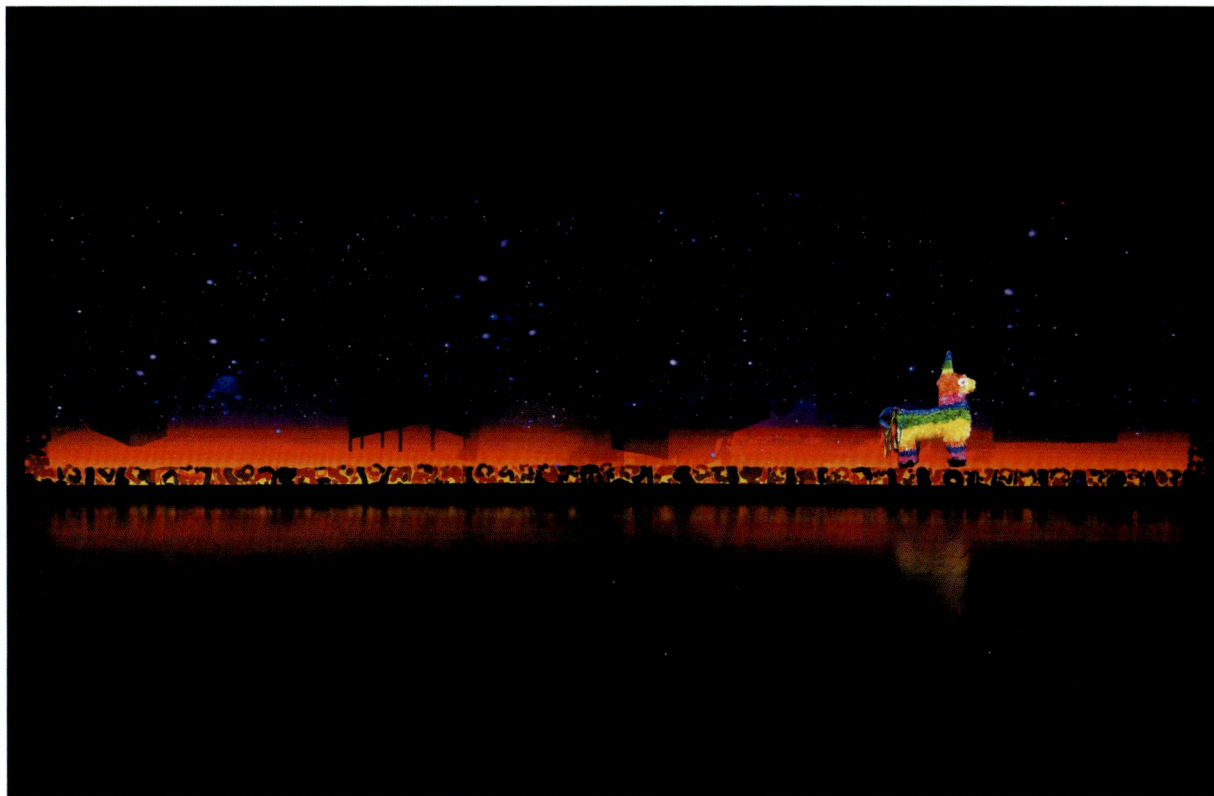

Llun/Image 8. Roy Efrat and
Catrin Webster, extract from
Pansy: Diptych, Video painting

paintings become, more than a sum of their parts through the development of immersive installation, combining projected and painted image, colour, choreography and sound. The aim is to develop an affective experience of painting which needs to be encountered, as O'Sullivan writes, 'you cannot read affects, you can only experience them'.[10] This is to take the art work beyond the realm of the rational, delineated, mathematically configured spaces, discussed earlier in this chapter, in order to invent an alternative to Landscape. As part of the this process, to move away from the canonical model, I have been working in collaboration or in dialogue, since the socially engaged *Travel Project* in 2006-7, and *1000 Colours Blue*, 2010-2019 installation and choral performance and most recently in the creation of *Pansy* 2019-20, with Roy Efrat (images 5-10). The collaborative process enables multiple perspectives and approaches to emerge, rather than a single voice.

Working with Efrat, dismantled personal constructs, opening up radical new ways of thinking, making and imagining. This incorporated into our painting practice: performance, choreography bringing the body into the painting, greenscreen editing, digital painting, sound and video mapping, and oil painting on canvas.

The *Pansy* paintings begin in the environment, and specifically in the garden, a formal part of the tradition and grand narrative of Landscape which I seek to intervene though my small-scale hands-on pansy propagation. These processes started with me growing a large number of pansy plants, in ad hoc pots and containers, to later study. These are tangible growing things, touchable, smellable, seeable things. Colour and light are the fundamental visual properties employed in painting. Colour does not simply re-present things observed but evokes and suggests; it is a language of its own, as Ludwig Wittgenstein considers in *Remarks on Colour*,

237

Llun/Image 9. Roy Efrat and Catrin Webster, extract from *Pansy: Diptych*, Video painting

unigol i'r brofiad o beintio. Mae'r profiad hwn yn cael ei ffurfio gan liw'r goleuni sy'n cael ei adlewyrchu oddi ar, er enghraifft, liw peintiedig. Mae lliw peintiedig a lliw goleuni yn gweithredu mewn gwahanol ffyrdd: er enghraifft, ym mhetalau blodyn, mae'r lliw hwn yn cael ei adlewyrchu'n rhannol o'r petal, ac yn rhannol, mae'r goleuni'n gwneud y petal yn dryloyw. Yn wir mae astudiaethau gwyddonol diweddar wedi dangos bod petal hefyd yn gallu creu goleuni symudliw sydd ond yn weladwy i bryfed, a all fod yn lliw gwahanol iawn i'r petal fel y'i canfyddir gan lygad dynol; er enghraifft, gallai petal melyn planhigyn neilltuol greu symudliw glas.[12] Mae'r lliw hwn, boed yn ganfyddadwy ai peidio, yn ffisegol. Ac fel yr awgrymwyd yn *Remarks on Colour* a gwaith Johann Wolfgang von Goethe, nid cysyniad yw lliw ond profiad. Er mwyn i liw fod yn brofiad, rhaid iddo fod yn llachar ac yn gywir, fel y blodau sy'n ysbrydoliaeth yma. Mae'r syniad yn dechrau'n syml iawn: os ydw i'n peintio lliw blodyn, ac yna'n taflunio goleuni o liw gwahanol ar y peintiad hwnnw, yna bydd y lliw canfyddedig yn newid. Archwilir hyn yn y gyfres o beintiadau sy'n ffurfio gosodwaith *Ecosystem* (Llun 12). Mae'r peintiadau wedi'u creu ar sail astudiaethau dyddiol o'r blodau pansi yn tyfu, wedi'u trosglwyddo i baneli lliain gan ddefnyddio'r pigment lliw puraf a oedd gen i. Mae'r dilyniant fideo/peintio yn taflunio lliwiau amgen ar y peintiadau, yn mapio delweddau amgen, symudiadau a syniadau ar y cynfasau peintiedig o'r pansi. Mae lliwiau goleuni'r project hwn yn newid lliw canfyddedig y peintiadau, gan eu cadw i symud ac adlinellu beunydd, ac wrth iddynt wneud hynny does ganddyn nhw byth lliw sefydlog: mae melyn yn troi'n wyrdd, glas yn troi'n ddu cochlyd, oren yn disgleirio ac yna'n pylu.

Ni ddewiswyd y pansi ar hap, mae'n flodyn sydd, fel llawer o flodau, ag iddo ystyron trosiadol. I ddechrau, roedd yn gysylltiedig â'r syniad o synfyfyrion gwib, os dychmygir nifer o flodau pansi gyda'i gilydd, o wahanol liwiau a ffurfiau tebyg, a'r modd y gallech edrych o'r naill i'r llall mewn ffordd fyfyriol. Mae eu henw yn deillio

o'r gair Ffrangeg *pensée*; mae iddo hefyd ystyr arall, myfyrio ar rywbeth, cofio – yn wir, roedd y pansi yn symbol o goffâd, a daw hyn yn rhan o fideo/peintiad *Pansy: Diptych*. Fodd bynnag, mae hefyd yn air slang Saesneg sarhaus am ddyn cyfunrywiol, a ddefnyddir i awgrymu gwendid ac os caiff ei yngan yn y modd hwn mae'n arwydd o ragfarn. Yn *Ecosystem*, mae taflunio lliw ar y peintiadau yn broses sy'n rhagbennu lleoliad; mae'r lliw a welir yn seiliedig ar y goleuni, neu'r persbectif y caiff ei weld ynddo. Mae *Ecosystem* yn sefydlu, fel 'allwedd', y syniad o gyd-destun a phersbectif diwylliannol sy'n sylfaenol i holl gyfres *Pansy*, sy'n cynnwys nifer o beintiadau sydd wedi'u ffurfweddu'n wahanol. Mae'r 'pansi gardd', fel y noda Allen yn nhraethawd y catalog, 'yn gyfuniad o sawl rhywogaeth ac mae'r cyfeiriad cynnil hwn at y cymysgryw yn ymddangos yn arwyddocaol mewn arddangosfa sy'n pendilio rhwng iaith y tu mewn a'r tu allan, yr heterorywiol a'r cyfunrywiol, mwyafrifyddol a lleiafrifyddol.'[13] Mae'r ffordd hon o fynd ati yn sylfaenol i'r gosodwaith fideo/peintio mawr, *Pansy: Diptych* sy'n defnyddio mapio fideo ar y cynfasau peintiedig i ddatblygu naratif dolennog 12 munud o hyd.

Tirlun olew 1,500 cm x 270 cm ar gynfas yw *Pansy: Diptych* (Llunia 5-10); fodd bynnag, yn wahanol i'r cysyniad o Dirlun, a drafodwyd yn gynharach, fe'i ffurfiwyd, fel ffilm, o amryw olygfeydd. Daw'r golygfeydd hyn, yn eu tro, o luniau llonydd o wyth ffilm LGBTQi, i greu tirlun croesryw o safbwyntiau prin eu cynrychiolaeth. Mae'r ffilmiau wedi eu dramateiddio ond yn adlewyrchu straeon bywyd go iawn a'r frwydr o fod yn LGBTQi mewn cymdeithas heteronormadol, Orllewinol. Y ffilmiau yw: *The Killing of Sister George, Hedwig and the Angry Inch, Moonlight, Brokeback Mountain, Carol, Boys Don't Cry*, yn seiliedig ar stori wir, ddirdynnol, *AWOL, A Single Man*. Mae'r tirlun hwn sy'n gorchuddio'r cynfas, yn mynd yn ffabrig newydd yn y peintiad, yn gosod allan ei fwriad a'i bersbectif ac yn hwn rhoddir cyfres o ffurfiau pensaernïol wedi eu symleiddio, a ysbrydolwyd gan Giotto, i gyfleu strwythurau

1977.[11] Colour, is subjective, as seen in the collection *1000 Colours Blue*, which brings together numerous individual interpretations of the colour blue, from pink, through purple to ultramarine and on to green. This subjective nature of colour, and the lack of a singular experience is of great interest as gives individual agency to experience of painting. This experience is shaped by the colour of the light which is reflected from, for example a painted colour. Painted colour and the colour of light operate in different ways and in for example, the petals of a flower, this colour is in part reflected from the petal, and in part, the light makes the petal translucent; indeed recent scientific studies have shown that petal can also make iridescent light, only visible to insects, with could be quite a different colour from the petal as perceived by a human eye.[12] For example, a yellow petal of a particular plant might create a blue iridescence: this colour, perceptible or not, is physical. And as suggested in *Remarks on Colour* and the Johann Wolfgang von Goethe theory it reflects on, colour is not concept but experience. For this to be the case, for colour to be experiential, it must be vivid and true, like the flowers, which are inspiration here. The idea begins quite simply that if I paint a colour from a flower, and then project a different colour light onto that painting, then the perceived colour will change. This is explored in the series of paintings, which form the *Ecosystem* installation (image 12). The paintings are made from daily studies of the growing Pansy flowers, transferred to linen panels using the purest pigmented colour I had. The video/painting sequence, projects alternative colours onto the paintings, mapping alternative images too, movements and ideas onto the painted pansy inspired canvasses. The colours of this project light, changes the perceived colour of the paintings, keeping them in constant motion and realignment, and in so doing they never have a fixed colour, yellow becomes green, blue becomes reddish black, orange becomes vivid then fades.

The Pansy flower is not selected randomly, it is a flower, like many flowers, which has metaphorical meanings. Originally it related to the idea of fleeting thoughts, if you imagine a number of pansy flowers together, different colours, similar forms, and how you might look from one to the other in a meditative way. Their name is derived from the French word *pensée*, it also has another meaning, to reflect upon, to remember, indeed the Pansy was a symbol of remembrance, and this becomes part of the *Pansy: Diptych* video/painting. However, it is also a slang derogatory word for a homosexual man, used to suggest weakness and if spoken in this way demonstrates prejudice. In *Ecosystem*, the use of projected colour onto the paintings is a process, which preforms positionality; the colour that is seen is based on the light, or perspective in which it is seen. *Ecosystem* establishes, like a 'key' the notion of context and cultural perspective which is fundamental to all of the *Pansy* series, comprising of a number of differently configured paintings. The 'garden Pansy', as Allen points out in the catalogue essay, 'is a hybrid of several species and this subtle reference to hybridity appears to be of significance in an exhibition which oscillates between the language of inside and outside, heterosexual and homosexual, majoritarian and minoritarian.'[13] This approach is fundamental to the large video/Painting installation, *Pansy: Diptych*, (images 5-10 inclusive), which employs video mapping onto the painted canvases to develop a 12-minute looped narrative.

The *Pansy: Diptych* is a painted Landscape, 1050 cm by 270 cm, oil on canvas; however, unlike the construct of Landscape, discussed earlier in this chapter, it is composed, like a film, of multiple views. These views, in turn, are taken from stills drawn from eight LGBTQi films, to create a hybrid landscape from underrepresented perspectives. The films are all dramatisations but reflect life stories and the struggles of being LGBTQi in a heteronormative, Western society. The films are: *The Killing of Sister George, Hedwig and the Angry Inch, Moonlight, Brokeback*

240

Llun/Image 10. Roy Efrat and Catrin Webster, extract from *Pansy: Diptych*, Video painting

Mountain, Carol, Boys Don't Cry, based on a harrowing true story, *AWOL, A Single Man*. This landscape overlying the canvas becomes a new fabric of the painting, sets out its intent and perspective, into which are placed and painted series of simplified architectural forms, inspired by Giotto, to convey three-dimension structures but without mathematical perspective. These jar against the flatness of the background and suggest a system of perspective but are all individually configured to float on top of the landscape behind, detached but dominant, austere in their conforming concrete grey hue. This painting is a stage, a screen, into which a narrative is mapped, a life lived and exposed. It metamorphoses constantly as the projected image draws out or imposes alternate forms and compositions, layers of video painting unfolding onto the painted canvases as seen in the images 5, 6, 7 and 8, Roy Efrat, Catrin Webster, *Pansy: Diptych*, video projection and oil on canvas with sound, 12 minute loop , 1050 cm x 270 cm, 2020, each of which shows a different moment in the *Pansy* projection. The aim, though technology is applied here, is to seek out the magic of the canvas, the 'dream' of which Baudelaire speaks.

The narrative of this video/painting makes deliberate connections to Franz Kafka's *The Castle*, and to the notion of a minor voice within a majoritarian structure considered in Gilles Deleuze and Felix Guattari's 1975 text, *Kafka: Towards a Minor Literature*. The buildings represented are not just symbolic of actual institutions, but are also representative of the constructs of society, and how it is made to retain a power structure, a status quo, at all costs. The Pansy character, relentlessly challenges these authoritarianisms, as Allen elaborates as follows:

> Pansy (diptych) includes a series of pronounced references to Franz Kafka's 1926 novel The Castle in which the author's otherwise nameless protagonist is simply known as 'K'. In the work of Efrat and Webster 'P' replaces Kafka's 'K' as a reference to the sexual 'other'; the pansy. The work includes the opening

tri-dimensiwn ond heb bersbectif mathemategol. Mae'r rhain yn anesmwyth yn erbyn gwastadrwydd y cefndir ac yn awgrymu system o bersbectif, ond cyfluniwyd pob un i arnofio ar ben y tirlun yn y cefndir, ar wahân iddo ond yn tra-arglwyddiaethu arno, yn llym eu lliw llwyd-concrit, cydffurfiol. Mae'r peintiad yn llwyfan, yn sgrîn, lle caiff naratif ei fapio i fewn iddo, a chaiff bywyd ei fyw a'i ddinoethi. Mae'n gweddnewid beunydd wrth i'r ddelwedd a dafluniwyd ddatgelu neu arosod ffurfiau a chyfansoddiadau amgen, gyda haenau o beintio fideo yn amlygu eu hunain ar y cynfasau peintiedig, pob un yn dangos moment wahanol yn y *Pansy* tafluniedig (Lluniau 5-10). Y nod, er gwaetha'r defnydd o dechnoleg yma, yw ceisio hud y cynfas, y 'freuddwyd', chwedl Baudelaire.

Mae naratif y fideo/peintiad hwn yn gwneud cysylltiadau bwriadol â *The Castle* gan Franz Kafka, ac â'r syniad o lais lleiafrifol o fewn strwythur mwyafrifol a ystyriwyd yn nhestun Gilles Deleuze a Felix Guattari, *Kafka: Towards a Minor Literature* (1975). Mae'r adeiladau a gynrychiolir nid yn unig yn symbolaidd o sefydliadau go iawn, ond hefyd lluniadau/cysyniadau cymdeithas, a sut y mae am gadw strwythur pŵer, neu *status quo*, ar bob cyfrif. Mae cymeriad Pansy yn herio'r awdurdodaeth yma yn ddidostur, fel y dengys Allen:

Mae Pansy (diptych) yn cynnwys cyfres o gyfeiriadau amlwg at nofel Franz Kafka o 1926, *The Castle*, lle adwaenir y prif gymeriad sydd fel arall yn ddienw fel 'K' yn unig. Yng ngwaith Efrat a Webster mae 'P' yn disodli 'K' Kafka fel cyfeiriad at yr 'arall' rhywiol; y pansi. Mae'r gwaith yn cynnwys llinell agoriadol nofel Kafka gyda'r newid cymeriad arwyddocaol hwn: 'Roedd hi'n hwyr y nos pan gyrhaeddodd P'. Mae'r naratif yn darlunio ymdrechion gwastadol P i dorri trwy reolaeth fiwrocrataidd y Castell ac agor Das Schloss.

Mae pensaernïaeth y Castell yn llythrennol ac yn drosiadol, yn cynrychioli rheolaeth systematig ac yn dangos sut mae hynny'n rheoli gweithredoedd pawb o dan ei awdurdod. Gall P gynrychioli

unrhyw grŵp lleiafrifol; cyfunrywiol, mewnfudwyr, menywod ac ati. O fewn peintiadau cymysgryw Efrat a Webster mae carchar, llys barn, neuadd sir, prifysgol ac eglwys y ddinas yn ymddangos fel trosiadau ar gyfer biwrocratiaeth Kafkaesque lle mae'r rhai ag awdurdod yn dal yn anodd eu canfod. Mae delwedd holl-bresennol y Castell yn dominyddu tirwedd lonydd y peintiadau hyn [...] Yn Pansy (diptych), mae prif gymeriad Efrat a Webster yn symud rhwng y strwythurau hegemonaidd, yn ymgorfforiad o grwydryn di-wreiddiau y rhwystrir pob ymdrech ganddo i fynd i mewn i'r Castell. [...] Gwelwn y pontydd rhwng adeiladau yn ymddangos ac yn diflannu fel y mynnant, gan sicrhau bod pob llwybr i'r Castell ar gau i'r rheini sydd y tu allan.'[14]

Daw delwedd 8 ag arwyneb y cynfas yn ôl i mewn i ffocws, fel dogfen dystiolaeth. Llun llonydd ydyw o ddilyniant tua diwedd y ddolen fideo 12-munud, sy'n dangos llofnodion wedi eu sgrifennu ar draws y peintiad, pob un yn enw rhywun a garcharwyd, a ddioddefodd ymosodiad neu a laddwyd oherwydd eu rhywioldeb neu rywedd, gan gynnwys Brandon Teena, a lofruddiwyd yn 1993, ac yr adroddir ei stori yn ffilm Kimberly Peirce, *Boys don't Cry* (1999). Mae Delwedd 9 yn dangos cannoedd o bennau blodau pansi o fy ngardd, fel coffâd. Llofnod arall yw llofnod Oscar Wilde, a gafwyd yn euog o anwedduster difrifol ym 1895 a'i ddedfrydu i ddwy flynedd o lafur caled. Er i'r Ddeddf Troseddau Rhywiol gyfreithloni gweithredoedd cyfunrywiol cydsyniol rhwng oedolion dros 21 oed yn y DU ym 1967, nid dyna ben ar ddeddfwriaeth negyddol ac awdurdodaidd dros fywydau pobl hoyw yn y DU. Ym 1988, deddfodd llywodraeth Geidwadol Thatcher Adran 28, a oedd yn gwahardd cynghorau ac ysgolion rhag 'hybu dysgu bod cyfunrywioldeb yn dderbyniol, fel perthynas deuluol ffug', a gafodd effaith sylweddol ar ganfyddiad pobl o bobl hoyw yn y DU ac a arweiniodd at lawer o fwlio, cam-drin corfforol a geiriol yn ystod y 25 mlynedd y bu mewn grym.[15] Mae presenoldeb yr adeiladau amrywiol hyn yn y peintiad, megis yr eglwys, y llys barn a'r carchar

Llun/Image 11. Catrin Webster, *Pansy: Cinematic Painting*, oil on canvas, 1200 cm x 380 cm, 2020, installation view Glynn Vivian Gallery, with support from the Arts Council Wales. Photography by Poly Thomas

Llun/Image 12. Roy Efrat and Catrin Webster, *Pansy: Ecosystem*, video painting, comprising 14 interconnected paintings 42 cm by 30 cm, oil on linen with a single channel video projection and sound. Duration1:10 minute loop, 2020. Created with support from the Arts Council Wales. Photography by Poly Thomas

yn symbol o sefydliadau sydd wedi gorthrymu lleiafrifoedd. Mae popeth yn *Pansy: Diptych* yn gyfnewidiol ac yn agored i gynrychioliadau amgen, fel y gwelir yn nelwedd 5 lle mae'r 'cestyll' yn cael eu perfformio fel proses o fesur a chau tir. Nid Tirlun unigol mo hwn, ond cymuned o ofodau.

Yn ogystal â'r fideo/peintiadau *Pansy*, crëwyd peintiad olew sinematig ar raddfa fawr, sy'n archwilio gofodau sinematig *Pansy: Diptych*. Animeiddir arwyneb y peintiad enfawr hwn (1,200cm x 380cm) trwy beintio'r wyth ffilm a gyflwynir yn *Pansy: Diptych* fel lluniau llonydd, yma. Yn *Pansy: Cinematic Painting*, mae'r ffilmiau hyn yn cael eu peintio mewn amser real, ar wyneb y cynfas; gwylir pob un ac yna caiff ei animeiddio â llinell baent, llinell olwg trwy'r ffilm, ymgorfforiad plastig o'r ffilm trwy beintio. Â'r ffilmiau hyn yn ffabrig y peintiad, a grogwyd fel tapestri o falconi'r oriel. Roedd muriau llwyd yr oriel yn cyfeirio at yr adeiladau llwyd yn y peintiad. Gallwch gerdded y tu ôl i'r peintiad hwn: nid gwaith celf rhithiol mohono, nid yw'n ceisio ennyn persbectif mathemategol; ymgorfforiad materol o'r ffilmiau ydyw. Yn y modd yma, caiff gwead y ffilmiau ei arosod ar wead y cynfas hwn.

Cafodd y syniadau a archwiliwyd yng ngosodweithiau Pansy eu cario ymlaen i ail osodwaith, yn ddiweddarach yn 2020, yn Art Lacuna, Llundain. Nod y gwaith newydd hwn oedd tarfu ymhellach ar y gofod peintio, trwy ddryllio cynfas yn ddarnau, gan osod cyfres o baneli i sefyll yn rhydd yn y gofod, y gellid cerdded y tu ôl iddynt. Mae'r darn, *Passing*, Roy Efrat a Catrin Webster 2020 (Llun 13), yn gwneud nifer o gyfeiriadau cymhleth, archwiliadol sy'n cyfuno'r potensial ar gyfer newid a naratif o syniadau, adar ac amser yn mynd heibio. Mae darnau o awyr yn cael eu dal rhwng adeiladau amgylchynol y Swyddfa Gartref. Yr wybren yn ei thro yw lle'r adar sydd, trwy eu mudo, yn cysylltu, er enghraifft, yr Aifft ag Ynysoedd Prydain. Mae ymddangosiad adar, yr arddangosfa o blu, eu hedfan gwyrthiol, y symbolaeth y mae diwylliannau byd-eang wedi ei phriodoli iddynt, yn gwneud gwylio adar yn brofiad llesmeiriol. Mae hyn hefyd yn cael ei archwilio yn y gosodwaith, wrth i adar o wahanol fathau ymddangos a diflannu, a chael eu gweld fel animeiddiad neu fel rhan o hieroglyff o'r hen Aifft, sy'n awgrymu nid yn unig symud trwy ofod ond hefyd trwy amser. Gall aderyn fod yn gyfarfyddiad â ffenomenon annisgwyl sy'n mynd heibio;

line from Kafka's novel with this significant character change: 'It was late in the evening when P arrived'. The narrative depicts P's perpetual attempts to break through the Castle's bureaucratic control and open Das Schloss; the lock.

The architecture of the Castle is both literal and metaphoric, representing systematic control and articulating how such control governs the actions of those under its jurisdiction. Viewed from this perspective, P can represent any minority group; homosexual, immigrant, woman, et al. Within Efrat and Webster's hybrid paintings the city's prison, courtroom, county-hall, university and church appear as metaphors for a Kafkaesque bureaucracy wherein those in authority remain elusive. The omnipresent image of the Castle dominates the static landscape in these paintings, emerging as fixed icons of power. In *Pansy* (diptych), Efrat and Webster's protagonist moves between these hegemonic structures and appears to embody a rootless wanderer whose attempts to enter the Castle are consistently thwarted. [..]We witness the bridges between buildings appear and disappear at will, thus ensuring that all paths to the Castle are barred to those who occupy the spaces outside.[14]

Image 9, brings back into focus, the surface of the canvas, which now acts as a document of witness. It is a still from a sequence towards the end of the 12-minute video loop, showing signatures, which are written across the painting: each is a name of someone who has been imprisoned, attacked or killed because of their sexuality or gender, including Brandon Teena, murdered in 1993, and whose story is told in the film *Boys don't Cry,* 1999, directed by Kimberly Peirce. Later, Image 9 shows hundreds of Pansy flower heads, from my garden, as a remembrance. Another signature is that of Oscar Wilde, who in 1895 was convicted of gross indecency and sentenced to two years' hard labour. Even though, in the UK, in 1967, the Sexual Offences Act legalised homosexual acts between consenting adults over 21, thus decriminalising homosexuality in the UK, this was not the end of negative legislation and authoritarianism over the lives of LGBQi people in the UK. In 1988, Thatcher's Conservative government brought in Section 28, which prohibited councils and schools 'promoting the teaching of the acceptability of homosexuality as a pretended family relationship', which had a tangible impact on the perception of LGBTQi people in the UK and led to much bullying, physical and verbal abuse during its 25 years of enforcement.[15] The presence of these various buildings in the painting, such as the church, law court and prison symbolise institutions that have oppressed minorities. Everything in *Pansy: Diptych* is mutable and open to alternative representations, as seen in image 5 where the 'castles' are performed as a process of measure and enclosure. This is not a

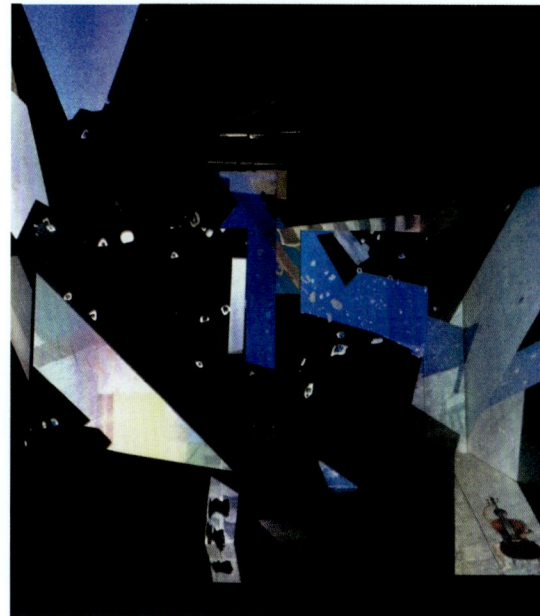

Llun/Image 13. Roy Efrat and Catrin Webster, *Passing*, video painting installation at Art Lacuna, London, comprising 5 canvases with a single channel video projection and sound, 300 cm x 300 cm x 500 cm. Duration 4:28 minute loop. Creating Performer: Adam Kalderon, 2020. Created with support from Art Lacuna, photograph by the artists

crynhoir yr effaith, a all fod yn barhaol, yn nofel fer 1987 Patrick Suskind, *The Pigeon*, lle mae presenoldeb aderyn yn y cyntedd yn tarfu mor ddinistriol ar y 'normal' nes taflu rhythm gormesol bywyd oddi ar ei echel yn llwyr.

Neu fe gyflwynir ystyr amgen yn y *The Raven*, cerdd 1845 Edgar Allen Poe; yma, mae'r aderyn efallai'n cynrychioli treigl bywyd wrth i ninnau hefyd fynd heibio. Crwydrwn y ddinas, yn perfformio ein hunaniaeth, ein rhywedd, ein rhywioldeb a'n bywydau byrhoedlog. Yn y gosodwaith fideo/peintio hwn, mae coreograffi a naratif yn cyfuno trwy daflunio a pheintio olew, gan ddatblygu dialog rhwng symud a stasis, lle cawn gip ar syniadau wrth iddynt basio fel cymylau yn y darnau jig-soaidd yma o'r awyr. Mae'r dilyniant terfynol yn datgymalu'r gosodwaith yn ddarnau, yn deilchion, sy'n gwasgaru ac yn hydoddi i ddim-bydrwydd yr awyr, ac yna mae'r ddolen yn dechrau eto, a'r peintiad yn cael ei ail-berfformio.

Mae hyn i gyd yn arbrofol, wedi'i greu i roi prawf ar ffiniau'r cysyniadau sefydliedig, i wyrdroi, datgymalu, rhyngweithio. Mae llawer ohono'n reddfol ac yn ymatebol. Mae llawer i'w wneud, ac mae ei wneud yn fater brys, parhau i ailymweld ag arwyneb y peintiad, defnydd y paent a'r posibiliadau o ail-lunio Tirlun fel gofod amgen. Yn awr, gyda syniadau newydd am fetamorffosis gan Ovid, y *Mabinogi*, Kafka ac *Orlando*, nofel 1928 Virginia Woolf, mae ystyried cyfnewidioldeb ac amhendantrwydd yr hyn ydym ni a sut y gallwn fynegi hynny, a defnyddio ffurfiau eraill o wneud delweddau, fel realiti estynedig, yn anorffenedig yn ddiddiwedd ... (Llun 14)

singular Landscape, but a community of spaces.

In addition to the *Pansy* video/paintings, a large scale cinematic oil painting was created, which explores the cinematic spaces of the *Pansy: Diptych*. The surface of this huge painting, (Image 11), 1200cm by 380cm, is animated through the painting of the eight films presented in *Pansy: Diptych* as stills; here, in *Pansy: Cinematic Painting*, these films are painted in real time, onto the surface of the canvas. Each is watched and then animated with a painted line, a sightline through the film, a plastic embodiment of the film through painting. These films become the fabric of the painting, which was hung like a tapestry from the balcony of the gallery. The grey walls of the gallery interior referencing the grey buildings in the painting. You can walk behind this painting, it is not an illusionist artwork, it does not try to evoke mathematical perspective, but is a material embodiment of the films. Thus the weave of this canvas is superimposed by the weave of the films, by their narratives and painterly embodiment.

The ideas explored in the *Pansy* installations were carried forward into a second installation, later in 2020, at Art Lacuna, London. This new work, further aimed to disrupt the space of painting, by fragmenting a canvas into sections placing a series of panels to free stand in the space, these could be walked behind. The piece, *Passing,* Roy Efrat and Catrin Webster (Image 13), makes a number of complex, explorative references. The installation which combines potential for change, for a narrative of passing ideas, of birds and time. Fragments of sky are caught between the enclosing buildings of the Home Office. These skies in turn are the place of birds who through their migration, connect, for example, Egypt to the British Isles. The appearance of birds, the spectacle of plumage, their miraculous flight, the symbolism which global cultures associated to them, make watching birds a mesmeric occupation, this too is explored in the installation, as birds of various kinds appear and disappear, and are seen as animation or as part of an ancient Egyptian hieroglyph, suggesting not just movement through space but also through time. A bird can be an encounter with a passing unexpected phenomenon: its potential irreversible impact is encapsulated in the 1987 novella *The Pigeon* by Patrick Suskind, where the presence of a bird in the hallway is such as devastating disruption of the 'normal' that it completely derails the exacting rhythm of life. Or an alternative meaning is presented in the *The Raven*, Edgar Allen Poe's 1845 poem; here, perhaps, the bird represents the passing of life as we too are passing. We wander through the city, performing our identities, our gender, our sexuality and fleeting lives. In this video/painting installation, choreography and narrative combine through projection and oil painting, developing a dialogue between movement and stasis, where ideas are glimpsed as they pass like clouds in these jigsaw fragments of sky. The final sequence, image 13, deconstructs the installation into shards, fragments, which scatter and dissolve into the nothingness of the sky, and then the loop begins again, the painting is reperformed.

All of this is experimental, created to test the boundaries of the given constructs, to subvert, deconstruct, to interact. Much of it is intuitive and responsive. There is much to do, and there is an urgency to do it, to keep revisiting the surface of the painting, the material of the paint and the possibilities to remake Landscape as an alternative space. Now with new ideas of metamorphosis from Ovid, the *Mabinogion*, Kafka and *Orlando*, Virginia Woolf's 1928 novel, to consider the mutability and fluidity of who we are and how we can express that, and the use of other forms of image making such as augmented reality is endlessly unfinished ... (Image 14).

SARAH WILLIAMS

HON

Archdeipiau. Cyfryngau Cymysg, 2019
Archetypes. Mixed Media, 2019.

Y Lle Bach Hon
'Mae Bryn-Villa ar Dân'

Un o efeilliaid 'dw i. Cefais i a'm brawd eu geni yn Hwlffordd, Sir Benfro. Yn 9 mis oed symudon ni i fyw yn Lloegr. Roedd fy nhad yn drydanwr yng nghangen Awyrennau'r Llynges Frenhinol. Dyna pam roedden ni'n symud o un man i'r llall. Yn un o'r cartrefi hyn gadawodd fy mam i ni wneud darluniau ar y waliau er mwyn ein cadw'n ddifyr. Byddai hi'n paentio'r wal cyn i ni symud tŷ.

Un o'm hatgofion cynharaf i yw sefyll tu fas ciosg ffôn coch yn gwrando ar fy mam yn dweud 'Mae Bryn-Villa ar dân!' Y gaeaf oedd hi, 'roeddwn i a fy mrawd yn 4 blwydd oed ac yn byw yn Wyton yn Swydd Caergrawnt. 'Roedd fy mam yn siarad gyda'i chwaer Patty yng Ngogledd Sir Benfro. 'Roedd y cartref lle' i magwyd wedi llosgi yn ulw. Cafodd neb o'r teulu niwed. Ymweld a'm ânti Patty oedd fy hen fodryb Eunice, tra roedd ei chwaer Hannah yn ymweld a'i ffrind yn y tŷ gyferbyn â'i chartref. 'Roedd fy nhadcu Dats ar ei ffordd adref o'r gwaith. Yr unig bethau a oedd wedi goroesi'r tân oedd un carped, y lle tân a bathodyn 'Bristol City Rovers' ac o'r dydd hwnnw ymlaen gwisgodd anti Eunice y bathodyn yn ei het gyda balchder.

'Doedd neb yn gwybod llawer am glefyd Alzheimer yn y dyddiau hynny, credai eu theulu fod anti Hannah yn 'anghofus iawn'. 'Roedd hi'n coginio swper ar y pentan ac wedi mynd mas a gadael y bwyd i goginio ar y stôf. Tra'n eistedd ym mharlwr ei ffrind Bessie, gwelsant 'Bryn-Villa' yn fflamau o dân. Bu rhaid i Hannah a'i chwaer fyddar Eunice, fynd i fyw mewn tŷ cyngor lan y ffordd. Arhosodd Dats mewn carafan ar safle yr hen gartref. Dechreuodd greu sail i ailadeiladu cartref yno bob nos ar ôl gwaith. Nid oes un wal syth yn y lle.

Tua'r amser hwn, gyrrodd fy nhad ni 'nôl i Sir Benfro ac er i mi gael fy magu yn Sir Benfro, 'doedd gen i ddim atgof o'r lle. Cofiaf eistedd yn sedd ôl y car, yn edrych ar y lloer a oedd fel petai yn ein dilyn yn ôl i Gymru. Dechreuais gyfri'r sêr ac yna syrthais i gysgu. Arhoson ni gyda Hannah a Eunice yn eu tŷ newydd, rhif 5 Pen-y-Groes Villas. Aeth fy nhad 'nôl i Loegr, a gwelais i ddim mohono fe am 30 mlynedd. 'Roedd e'n ddieithr i ni a bu farw mewn amser byr ar ôl i fi ymweld ag e.

Daeth newid mawr i'n bywydau; 'roedd pedair cenhedlaeth yn byw o dan yr un tô. Dechreuon fynychu'r ysgol gynradd leol a mynd i'r ysgol Sul, 'roedd yr iaith Gymraeg o'n cwmpas, yn y cartref, yr ysgol a'r capel. Cofiaf fynd i'r capel bob Sul a byddwn i, fy mrawd a fy nghyfnither yn ceisio dyfalu pa un o'r diaconiaid oedd yn gweiddi 'Amen' a pham oedd e'n gwneud yng nghanol y gweddio? 'Roedd fy llygaid ar gau yr holl amser gan fod Duw yn gwylio ac ni ddatgelwyd i fi pa un oedd y troseddwr.

Tua'r un amser gwirionais ar lun oedd yn hongian mewn tŷ cymydog achos byddai menyw y tŷ yn dweud wrtho i am edrych am y diafol yn siol y fenyw yn y llun. Edrychwn i mewn i'r patrwm paisley yn y siol gan edrych am gyrn, dannedd miniog neu farf du ond fedrwn i ddim eu gweld. Clywais lawer o straeon am y fenyw yn y llun; 'roedd rhaid iddi adael y capel am ei bod wedi cwmpo mas gyda'r fenyw a eisteddai yn y set tu ôl iddi. 'Roedd hi wedi pechu, yn ffroenuchel, paradan o gwmpas y capel fel peunes yn ei siol newydd. Yng nghefndir y llun, mae bachgen bach yn edrych ar yr olygfa yn y capel trwy ffenest, mae e ar yr ymyl, ar wahân?

Flynyddoedd yn hwyrach gwelais i'r llun hwn tra'n astudio Celf ym Mhrifysgol Aberystwyth. Dewisais wneud cwrs, 'Celf yng Nghymru 1' ac fe ymddangosodd y llun gyda'r fenyw yn y siol paisley unwaith eto mewn stafell ddarlith, yn fawr ar y sgrin. Wyddwn i ddim fod pob cartref yng Nghymru ar ddechrau yr ugeinfed ganrif yn berchen ar brint o *Salem*. Sydney Curnow Vosper oedd yr arlunydd. Yn 1909; prynodd y diwydiannwr William Hesketh Lever y llun a'i ddefnyddio i hysbysebu 'Sebon Sunlight y Brodyr Lever'. Roedd y cwsmer a brynai'r sebon hwn yn cael taleb

This Small Place
'Bryn-Villa is on Fire!'

'm one of twins. I was born in Haverfordwest, Pembrokeshire. At 9 months old we left Wales to go and live in England. My father was an electrician in the Fleet Air Arm, an aviation branch of the Royal Navy, which meant we had to move from place to place. In one of the houses my mother used to let us draw all over one of the walls to keep us occupied. She would paint over the drawings before we left.

One of my earliest memories is of standing outside a red telephone kiosk listening to my mother saying 'Mae Bryn-Villa ar dân!' ('Bryn-Villa is on fire!'). It was winter. We were 4 years old, living in Wyton in Cambridgeshire. My mother was talking on the phone to her sister Patty in North Pembrokeshire. Their childhood home had burnt down. Nobody had been hurt. Eunice my great great aunt was visiting my auntie Patty, Hannah who was Eunice's sister was across the road and my grandfather Dats was on the bus coming back home from work. All that remained of Bryn-Villa was the hearth, one carpet and a Bristol City Rovers badge. From that day onwards, Eunice wore it proudly on her hat.

Not much was known about Alzheimer's in the 1970s, everyone thought that Hannah 'had a bad memory'. She had put the chip pan on and gone out for a chat with Bessie, a relation across the road. Whilst sitting in the parlwr, they witnessed Bryn-Villa going up in flames. Hannah and her sister Eunice, who had been born deaf, had to be re-housed in a council house just up the road. Dats, who was losing his sight, decided that he would live in a caravan on top of the buried ashes of the old house. He started to dig the new footings of the house after work each night. There's not a straight wall in the place.

Around this time, my father drove us back to Pembrokeshire. Although I was born in Pembrokeshire, I had no recollection of the place. I can remember sitting in the back of the car, looking up at the crescent moon that seemed to follow us all the way back to Wales. I started to count the stars and then I fell asleep. We stayed with Hannah and Eunice at their new home, number 5 Pen-y-Groes Villas. My father returned to England, never to return. He seemed to vanish into thin air. I didn't see him again until 30 years later. He was always a stranger to me and died a few years later.

Our lives had changed; there were now four generations living under one roof. We started going to the local primary school, the Welsh language was all around us, at home and at Sunday school. I remember going to chapel every Sunday and my brother, my cousin and I would try to figure which of the men in the front row (the deacons) was shouting 'Amen' and why was he doing it in the middle of prayers? I never found out, as I was too scared to open my eyes in case I got told off and I knew that God was always watching.

Around the same time I became obsessed with a picture that hung in a neighbour's front room simply because she used to ask me to find the devil in the woman's shawl. I'd stare into the paisley patterned creases looking for horns, sharp teeth or a black beard but I couldn't see it. I was told different stories about the woman; she had to leave chapel because she had quarreled with the woman sitting in the pew behind her. She had sinned; she was vain, parading around chapel like a peacock in her beautiful new shawl. In the background of the picture, there is a boy observing the scene through a window, on the edge, detached?

Years later this painting came back to haunt me at Aberystwyth University, where I was studying for a degree in Fine Art. I had chosen to take a course, 'Art in Wales 1' and she appeared again in a lecture room, enlarged on a projection screen. I didn't know that every household of a certain generation in Wales had a print of *Salem*. Painted in 1909 by Sydney Curnow Vosper, the industrialist William Hesketh Lever had bought the painting and decided to use

ac ar ôl prynu saith pwys o'r sebon byddai yn cael digon i gael print o *Salem* am ddim. *Salem* oedd yr unig lun i'w weld ar furiau nifer o gartrefi yng Nghymru ar ddechrau'r ugeinfed ganrif.

Yr Ellyllon

Yng Ngogledd Sir Benfro yr unig orielau celf oedd yn agos atom yn y saithdegau weddoriel John Knapp-Fisher yng Nghroesgoch, John Rogers yn Nhyddewi ac Alun 'Ush' Davies ym Mhorthgain. Erbyn hyn mae dros fil o artistiaid yn byw yn Sir Benfro gydag orielau ym mhob tref a phentref. Yn oriel Alun Davies darllenais farddoniaeth R.S. Thomas am y tro cyntaf, ar un o'r waliau 'roedd y gerdd 'Welsh Landscape'. Yn ferch ifanc, meddyliais fod y bardd yn cyfeirio at Borthgain, a'i adfeilion atgofus o'r gwaith brics a oedd yn hongian dros yr harbwr bach a'i bentref o bysgotwyr. Ni fedrwch chi osgoi'r gorffennol yng Nghymru.

'Roedd Dats wedi dod i ben ag adeiladu'r cartref newydd. Aeth fy mam, fi a fy mrawd ato ef i fyw gan fod ei olwg yn dirywio yn gloi iawn. Ychydig fisoedd ar ôl hyn, llosgodd dau dŷ ar arfordir y gogledd yn ulw. Cofiaf y dydd ar ôl y llosgi yn dda gan mai dyna ddydd penblwydd fy nhadcu yn 66 oed, ar y 13eg o Ragfyr 1979. Clywon ni yn y bore fod 6 o dai haf wedi eu llosgi ar hyd arfordir gorllewinol Cymru. Digwyddodd hyn ar benblwydd marwolaeth Llywelyn Ein Llyw Olaf yn Cilmeri, 1282.

Llosgwyd y tai hynny mewn adwaith i'r ffaith fod prisoedd tai yn yr ardal wedi codi gymaint fel na allai y bobl lleol eu prynu, cymunedau yn marw, a'r bleidlas 'Na' yn y referendwm ar senedd i Gymru. 'Roedd rhai Cymry yn teimlo'n grac ac yn rhwystredig. Cofiaf weld yr arwydd am bentref Trefin gyda'i enw saesneg Trevine wedi groesi mas mewn paent gwyrdd.

Cefais wahoddiad gan yr arlunydd enwog Christine Kinsey, 33 o flynyddoedd ar ôl y digwyddiaid hwn, i gymryd rhan yn yr arddangosfa 'Cyfatebiaeth'. Cynhaliwyd yr arddangosfa yn Oriel Plas Glyn-y-Weddw ar Benrhyn Llŷn i ddathlu canmlwyddiant y bardd

R.S. Thomas. Gofynnwyd i fi greu tri o beintiadau mewn ymateb i fywyd a gwaith llên R.S. Ail ddarllenais ei gerdd 'Welsh Landscape', ei lenyddiaeth a hanes y bardd gyda chwilfrydedd. Tynnwyd fy sylw yn enwedig at ei berthynas cymleth iawn gyda Chymru a'i hiaith.

Barnwyd R.S. Thomas am nad oedd wedi siarad yn erbyn yr ymosodiadau ar dai haf yng Nghymru. 'Roedd wedi siarad yn hytrach yn erbyn y Cymry a oedd yn gwerthu ei tai. Llosgwyd fy nghartref i a'm gŵr Tim a Nellie ei ferch ychydig cyn yr arddangosfa, mae tân fel petai yn dilyn fy nheulu. Ond yn ffodus chafodd yr un enaid byw niwed yn y tanau hyn.

Enw un o'r paentiadau a greais ar gyfer yr arddangosfa 'Cyfatebiaeth' oedd '12fed o Ragfyr 1979'. Mae ar ffurf triptych ac yn ymateb i waith R.S. Thomas fel Offeiriad Anglicanaidd. Yn y panel cyntaf o'r llun mae plant yn dawnsio dawns werin. 'Roedd sibrydion yn mynd o gwmpas yr ardal fod dyn lleol a oedd wedi dysgu dawnsfeydd gwerin i ni blant wedi bod ynghlwm â llosgi'r tai haf yn yr ardal. Yn un o ganeuon R.S. Thomas, 'Children's Song', mae e'n dweud fod plant yn byw mewn byd o ddiniweidrwydd, byd y mae oedolion yn crefu i fynd iddo.

Eistedda fy nhadcu ar ei gadair freichiau yn y llun canol ymysg adfeilion ein cartref, heb dô uwch ei ben, a'r lloer yn amlwg. Dychmygaf gael sgwrs gydag e, gan ofyn iddo y cwestiynau dylwn i fod wedi holi pan oedd yn fyw. 'Sut deimlad oedd hi i ddod adref i weld dy gartref yn losg ulw?' Yn y trydydd panel saif fy mam ar ymyl y llun, yn gwylio drosto. Lliwiaf y cynfas yn goch, du a gwyn, lliwiau alcemi a thrawsffurfiad. Rwy'n amgylchynu'r lliw coch, sydd yn symboleiddio'r tân gyda phaent gwyrddlas, lliw y môr sy'n amgylchynu'r penrhynau o Ben Llŷn i Benfro.

Defnyddiais yr un lliwiau ar gyfer y paentiad *No Truce With The Furies*, y trydydd llun a arddangosais yn yr arddangosfa. Daw'r geiriau o linell o farddoniaeth R.S. Thomas sef 'Reflections' teitl ei gasgliad olaf o'i farddoniaeth. Ym Mytholeg Groeg, tair duwies neu tri ysbryd dialedd a thair chwaer yw'r *furies*. Alecto sydd yn cosbi

it to promote 'Lever Brothers' Sunlight Soap'; their soap bars came with collectable tokens and if you bought seven pounds of soap you would have enough tokens to get a print of *Salem*. For quite a few households in Wales this was the only piece of visual art they had hanging on their walls.

The Furies

In North Pembrokeshire the only galleries that were near us in the 1970s were John Knapp-Fisher in Croesgoch, John Rogers in St. Davids and Alun 'Ush' Davies in Porthgain. Now there are over a thousand artists living in Pembrokeshire with galleries in every town and village. It was in Alun Davies's gallery that I first read the poetry of R.S. Thomas. Alun had placed the poem 'Welsh Landscape' on to his gallery wall. I was only young, but I remember thinking that R.S. Thomas had written the poem about Porthgain, with the haunting ruins of the brick works looming over the small harbour and fishing village. You can't escape the past in Wales.

My grandfather had finished building the house at Bryn-Villa. My mother, my brother and I went to live with him as his sight was deteriorating rapidly. A few months later, two houses nearby were burnt to the ground. I can remember the morning after very clearly; it was the 13th of December 1979, Dats' 66th birthday. We woke up to the news that 6 holiday homes across the west coast of Wales had burnt down. The previous night's attack took place on the anniversary of Llywelyn Ein Llyw Olaf's (Llywelyn the Last) death in Cilmeri, 1282.

Those houses had been destroyed as a response to the spiralling house prices that locals could not afford, communities dying and the 1979 'No Vote' in the referendum on devolution. People were getting angry and frustrated. I can remember seeing the sign for the village of Trefin with its English translation Trevine crossed out in green paint.

Thirty three years later I was invited by the artist Christine Kinsey to take part in the 'Cyfatebiaeth' (Correspondences) exhibition. The exhibition was held at Oriel Plas Glyn-y-Weddw in the Llŷn Peninsula to celebrate the centenary of the poet R.S. Thomas. We were asked to create 3 paintings, they had to be a personal response to the life and writings of the Welsh poet. I revisited the poem, 'Welsh Landscape' and its poet with a bit more curiosity; I read anything I could get my hands on. I was particularly drawn to his complicated relationship with Wales and its language.

At the time, R.S. Thomas had been criticised for not speaking out against the attacks on the holiday homes. Instead he spoke out against the Welsh selling their houses. Not long before this exhibition the home I shared with my husband Tim and his daughter Nellie burnt down; nobody was hurt. Fire seems to follow my family around.

One of the paintings I created for the 'Cyfatebiaeth' exhibition is called *12th of December 1979*. The painting is a triptych, a nod to R.S. Thomas' work as an Anglican Priest. In the first panel children are folk dancing. Rumours had been going around that a local man who taught us to dance had been responsible for setting the holiday homes on fire. In R.S Thomas' poem 'Children's Song', the children live in an innocent world, one that the adults crave to return to.

My grandfather sits on his armchair in the central panel of the painting, amidst the ruins of our home. No roof above him, just a crescent moon. I imagine having a conversation with him, asking him questions I should have asked when he was alive. 'What did it feel like to come home aged 63 and see your home destroyed?' In the third panel my mother stands on the perimeter, watching over him. I paint the canvas red, black and white, the colours of alchemy and transformation. I surround the colour red, symbolizing the fire, with blue-green paint, the colour of the sea that surrounds the peninsulas of Pen Llŷn and Pembrokeshire.

I used the same colours for the painting of *No Truce With The*

torcyfreithiau moesol; Megaera sy'n cosbi pobl anffyddlon a thorwyr llwon a Tisiphone sy'n cosbi llofruddwyr. Cofiais fod torf o adar du yn adnabyddus fel 'a murder of crows', hyn wedi seilio ar straeon gwerin ac ofergoelion.

Tu fas i bentref yng Ngogledd Ffrainc, tua thri mis cyn yr arddangosfa gwelais fagl ysgol, cyfarpar a ddefnyddwyd i ddal brain a piod. 'Roedd darnau o ŷd melys yn gorwedd ar waelod y gaets i ddenu'r adar. Roedd brân yn symud ei hadennydd yn ofnus er mwyn rhyddhau ei hunan, eraill heb symyd, wedi rhoi'r gorau i'r ymladd. Mae darllen 'Reflections' yn dwyn yr atgof hwn yn ôl i fi. Dyma'r ellyllon! Peintiais y ddelwedd hon ar banel ganol y llun.

Gwyddwn fod gan R.S Thomas gariad angerddol tuag at adar a'i fod wedi teithio ar draws y byd yn gwylio adar. Meddyliais am y gair Cymraeg 'Brân' ac yna am y chwedl am Bendigeidfran yn ail gainc y Mabinogi. Mae'r stori am frwydr fawr yn Iwerddon, ac mae saith marchog Cymreig yn mynd â phenglog siaradus Brân i Ynys Gwales ar arfordir Penfro. Arhosant ar yr ynys am wyth deg mlynedd ag Adar Rhiannon yn canu iddynt. Mae Ynys Gwales yn gartref yn awr i 39,000 pâr o fulfrain gwynion; hedfanant mor bell ag ynys Iwerddon. Dyma'r rheswm i mi glymu mytholeg Roeg a Celtaidd a pheintio Ynys Gwales a'r fulfran wen ar y trydydd panel o'r triptych.

Peintiais lun o frân ar y panel cyntaf. Mae'r frân yn canu tra'n sefyll ar ben bryn gwyn gyda hanner darlun o fap o Gymru arno. Mae'r frân yn symboleiddio R.S. Thomas yn pregethu o'r pwlpit gyda'r tair ellyll yn ymdroi uwch ei ben. Mae'r tri dot ar y map yn cynrychioli y tair ardal lle bu R.S. yn pregethu: Manafon, Eglwysfach ac Aberdaron. Mae'r bryn gwyn yn cynrychioli Gwynfryn, lle saif Tŵr Llundain yn awr, y lle y credir oedd gorffwysfa olaf pen Brân, y cawr.

'Siaradwch Gymraeg!'
Yn saith mlwydd oed cefais fathodyn Mr Urdd yn anrheg Nadolig. Bathodyn glas golau â llun Mr Urdd arno mewn du. 'Roedd y

12fed o Ragfyr 1979.
Acrylig, 2013
12th of December
1979. Acrylic, 2013.

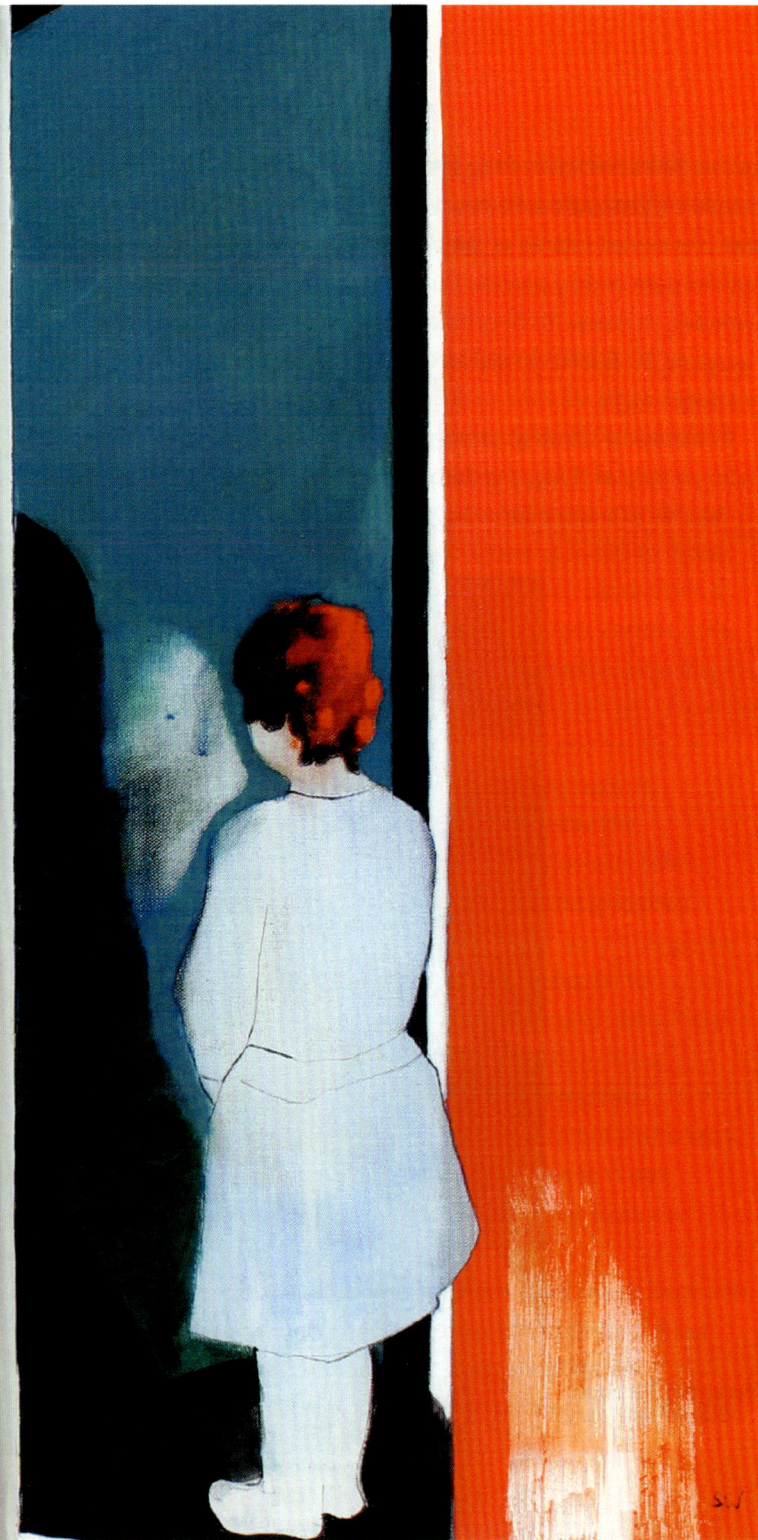

Yn 2019, gofynnodd yr awdures, Menna Elfyn, i mi ddarlunio eu barddoniaeth ar gyfer ei chyfrol *Cwsg*. Seiliwyd y cerddi a'r straeon ar gasglaid o brofiadau pobl am gysgu. Mae *Cwsg* yn ein arwain ar daith o gwmpas y byd. 'Roedd y dasg hon yn un heriol ac fe roddodd y cyfle i fi ddarlunio cymeriadau o nifer fawr o ddiwylliannau amrywiol: o fenywod o'r India yn brwydro dros eu hawliau i gysgu mewn mannau diogel, i famau yn y Plaza de Mayo, yr Ariannin yn holi am eu plant oedd wedi mynd ar goll.

'Ydych chi'n credu yn Nuw?'

Credaf fod yr ardaloedd lle mae plant yn cael eu codi, y tirlun a'r bobl, yn ffurfio eu cymeriad. Treuliais oriau yn blentyn ar draeth Abereiddi gyda fy mrawd. Chwiliai Simon am ffosiliau ymysg y creigiau a'r tywod llech tywyll. Chwarae yn y pyllau creigiau oeddwn i a dringo hen forglawdd Abereiddi nes bod fy nwylo yn ddu o dar. Pan oeddem yn ein harddegau, mas o chwilfrydedd, darllenais ddyddiadur fy mrawd. 'Roedd yn llawn ffeithiau gwyddonol: 'Gorffennaf 23ain, 17 gradd canradd, cymylog, glaw mân, ag ati'. A oedd e'n ysgrifennu mewn cod?

Aeth fy mrawd i Brifysgol yng Nghaerdydd i wneud gradd mewn Daeareg, tra i Goleg Celf Caerfyrddin es i. Cofiaf y cyfweliad i Goleg Caerfyrddin yn glir iawn. Ar y daith adref yn y trên, gofynnodd fy nghyfnither Gwenda i fi am y cyfweliad. Dywedais wrth hi fod rhywbeth annisgwyl wedi digwydd. Tra 'rown ni'n tynnu fy lluniau mas o'r portffolio cerddodd dyn i mewn i'r ystafell. Dechreuodd ofyn cwestiynau imi. 'Ydych chi'n credu yn Nuw?' Atebais yn swil 'Dwi'n credu yn rhywbeth'. Dyma fe'n taflu cwestiwn ar ôl cwestiwn ata i: 'Beth oedd y ffilm ddiwetha weloch chi, beth oedd y llyfr diwetha ddarllenoch chi?' ag ati. Pymtheg munud wedi iddo fynd, daeth dau ddarlithydd arall i'm cyfweld. Hwn oedd y tro cyntaf i mi gwrdd ag Osi Rhys Osmond, fe oedd y dyn a'm holodd ar ddechrau'r cyfweliad ac a fyddai yn fy nysgu am y ddwy flynedd nesaf.

Gwrando ar y Tirlun

Yn 2015 es i i ddarlith gan Mererid Hopwood yn Neuadd y Pentref, Tremarchog, 'Listening to the landscape' a ddysgodd i mi wrando ar y 'tirlun'. Mae Sir Benfro yn enwog am ei harddwch a'r golau arbennig sy'n denu arlunwyr i'r ardal. Cymharodd Graham Sutherland y golau hwn gyda fflach o gamera. Dywedodd Mererid Hopwood yn ei haraith mai trwy wrando ar yr enwau lleoedd Cymraeg gwreiddiol a storiau a chwedlau am ein cymunedau yr ydym yn cael dealltwriaeth ddwfn am ein diwylliant a'r iaith Gymraeg.

Dechreuodd Tim adeiladu stiwdio animeiddio yn ei sied tua'r adeg hyn. Penderfynon ni greu ffilm symudol bum-munud. Dechreuais gynllunio a sgetsio syniadau. Datblygodd rhan o'r stori fwrdd yn beintiad a teitl y llun oedd *Y Lle Bach Hon*. Defnyddiais baent oren-goch am y pridd a glaswyrdd i'r afordir sydd gyda llaw yn cael ei draflyncu gan donnau'r môr. Mae 'Clawdd Cam', draenen ddu gam, wedi ei siapo gan y gwynt cryf yn sefyll mas yn y darlun. Cymharodd y bardd Myrddin ap Dafydd yn un o'i gerddi i ddraenen ddu, sy'n cael eu phlygu a'i ffurfio gan amser cyfnewidiol.

Yn *Y Lle Bach Hon*, sgwrsiaf am gau y swyddfeydd post, siopau bach, tafarndai a'r ysgolion bach yn y pentrefi lleol. Cynulleidfaoedd yn y capeli a'r eglwysi yn mynd yn llai; morglawdd Abereiddi sydd wedi cwympo mewn i'r môr. Mae canoli wedi difetha ein cymunedau gwledig a gall pryderon am yr amgylchedd a phwysau gwleidyddol Brexit arwain at fwy o neilltuaeth i'n heconomi leol.

Dechreuais ar y gwaith o wrando ar sgyrsiau pobl lleol a rhai oedd newydd symud i fyw i'r ardal. Yn ystod y sgyrsiau, cafwyd lot o syniadau am 'sut yr oedd pethau arfer bod'. Soniwyd am y gwahaniaeth rhwng rôl y plentyn yn y gymuned flynyddoedd yn ôl ac heddiw. Gwyddai pawb 'slawer dydd 'ble yn union 'roedd ei plant' ac 'roedd 'hawl gan oedolion i ddisgyblu plentyn rhywun arall.' Cofiai rhai am yr Indiaid Cochion a'r cowbois; eraill am ffrindiau dychmygol. Dysgais lawer am fywydau y bobl hyn.

out of my comfort zone and gave me the opportunity to create characters from different cultures. From women in India fighting for the right to be able to sleep safely in public spaces, to Argentina, where the Mothers of the Plaza de Mayo meet to demand information about their missing children.

'Do You Believe in God?'

I strongly believe that the environment we are brought up in shapes us. As children, my brother and I used to spend hours on Abereiddi beach. Simon would look endlessly for fossils in the black sand while I would explore the rockpools and climb up and down the old sea wall until my hands were covered in tar. One day, when we were teenagers, I read his diary out of curiosity. It was all so scientific; 'July 23rd, 17 degrees centigrade, cloudy, light precipitation, etc.' Was it written in code?

Simon went on to study Geology at Cardiff University and I went to Carmarthen College of Art. I remember going for the interview, my cousin Gwenda went with me. Afterwards on the train journey home, she asked me how it went. I told her that something strange had happened. When I was taking my paintings out of the portfolio a man wandered into the room. He started asking me questions. 'Do you believe in God?' he said. 'I believe something is out there', I mumbled shyly. Then he asked, 'What was the last film you saw... what was the last book you read?' He continued to bombard me with questions, and then he left the room. Fifteen minutes later, two other people came in and interviewed me. Little did I know, but that was my first encounter with Osi Rhys Osmond, who would go on to teach me for the next two years.

Listen to the Landscape

In 2015 I went to a lecture given by Mererid Hopwood at Tremarchog Village Hall called 'Listening to the landscape'. Pembrokeshire is renowned for its beauty. People always 'talk about the light'. The artist Graham Sutherland compared it to the flash of a camera. However, Mererid Hopwood teaches us that it is through listening to original Welsh place names and hearing stories from our native communities that we gain a deeper understanding of our local culture and language.

It was at this time that Tim started to build an animation studio in our barn. We had decided to create a 5-minute stop motion film. I started planning and sketching out the ideas. Part of the storyboard evolved into a painting titled *Y Lle Bach Hon* (This Small Place). I used red-orange paint for the earth and blue-green for the coastline which is being slowly swallowed up by the sea. A 'Clawdd Cam' (a crooked blackthorn tree shaped by the wind) dominates the painting. The poet Myrddin ap Dafydd once compared the people of Wales to the blackthorn, bending and shaped by the changing times.

In *Y Lle Bach Hon*, I talk about the closure of post offices and the end of small village schools and local shops. 'Time!' is called in the village pub. Chapel and church congregations dwindle. Abereiddi's wall has fallen into the sea. Centralization has drained the life from our rural communities. Environmental concerns and the political pressures of Brexit may soon lead to even more isolation for our local economy.

We began to record lots of local people, even those who had only recently moved into the area. During the interviews, people talked a lot about 'how things used to be'. People talked about how a child's place in the community was so different years ago. 'Everyone knew where you were' and how 'back then, parents were allowed to discipline other people's kids'. Some reminisced about cowboys and Indians; others talked about imaginary friends. We gained amazing insights into their lives.

Sharron Harries, a filmmaker from Pembroke helped us edit the film and a musician friend, Mason Neely, scored the soundtrack and added the dialogue. We called the 5-minute film, *Un Funud*

Y Lle Bach Hon. Acrylig, 2015. *This Small Place.* Acrylic, 2015.

Cafodd Tim a mi help i gynhrychu'r ffilm gan Sharron Harries o Benfro. Mason Neely sgoriodd y trac sain i ni ac ychwanegu'r deialog. Galwon ni'r ffilm yn *Un Funud Fach* o'r gerdd 'Cofio' gan Waldo Williams, y bardd enwog Cymraeg. Arddangoswyd y ffilm yn Oriel Q, yn Neuadd y Frenhines, Arberth, ym mis Mai. Lynne Crompton yw Curadur yr oriel.

Sgyrsiau

Yn ystod y blynyddoedd diwethaf (cyn-Covid) 'dw i wedi sgwrsio gyda mwy o bobl lleol yn eu cymunedau a cofnodi eu sgyrsiau ar dâp. Gofynnais iddynt am y diwylliant Cymreig, am eu bywyd yn Sir Benfo ac am eu perthynas nhw â'r iaith Gymraeg. Holais nhw am eu gobeithion a'u pryderon am ddyfodol yr iaith a'r diwylliant Cymraeg.

Y sgyrsiau hyn yw asgwrn cefn fy ngwaith diweddaraf. Dyma rai enghreifftiau o'r sgyrsiau a gefais gan Delyth Owen, Meredydd Barker, Gerald Miles a Grace Davies. Yn dilyn y sgyrsiau mae esboniad o'r gwaith celf a greais mewn ymateb i'r sgyrsiau.

Delyth Owen

Mae Delyth Owen yn dod o Gwm Gwaun yn wreiddiol. Cydweithia gyda'i chwaer yn trwsio dillad y bobl yn ei chymuned. Sgwrsiais â Delyth yn ei chartref yng Nghasmorys dros baned o de.

C. Gofynnais iddi pam mae llai o bobl yn siarad Cymraeg yn Sir Benfro nawr na deugain mlynedd yn ôl. Holais hi hefyd am ei barn am ddyfodol yr iaith.

Fach (One Short Moment). The title was taken from the first line of the great poem 'Cofio' (Remembrance), by the poet Waldo Williams. The installation and film were exhibited at Oriel Q, in the Queens Hall, Narberth, in May that year. Lynne Crompton is the Curator.

Conversations

Over the last few years (pre-Covid) I have continued to go out into the local communities recording people's stories about their lives in Pembrokeshire. This time however, I have been exploring their relationship with the Welsh language and culture. I have been asking them about their hopes, fears and concerns for the future and why keeping it alive is so important.

In recent years these conversations have formed the backbone of my work. Here are some extracts from the conversations I've had with Delyth Owen, Meredydd Barker, Gerald Miles and Grace Davies, followed by an explanation of the artwork I have created as a direct response to their words.

Delyth Owen

Delyth Owen, originally from the Gwaun Valley is a seamstress. She works with her sister mending clothes for the people in her community. I talked to Delyth over a cup of tea at her home in Castlemorris.

Q. I asked Delyth why there are fewer people speaking Welsh in

Stiwdio animeiddio a rhan o'r set *Un Funud Fach*. Pren a Chyfryngau Cymysg, 2015
Animation studio and part of the set of *One Short Moment*. Wood and Mixed Media, 2015.

264

Ti'n mynd i gael mwy o wahaniaeth nawr, llai o bobl yn siarad Cymraeg achos mae mwy o bobl wedi symud mewn i'r ardal a sdim y teuluoedd mawr. Ni'n cael 2 neu 3 o blant yn lle dwsin neu hanner dwsin ond hefyd mae pobl yn symud mewn i'r ardal ac efallai mae plant 'da nhw ac mae nhw eisiau dysgu Cymraeg. 'Drycha ar Hwlfford; yr ysgol Gymraeg newydd.

'Smo'r Iaith Gymraeg yn mynd i beni. Dw'i o Gwm Gwaun a dw i'n credu bydd wastod Cymraeg yn y Cwm, os ti'n cael ffermydd ac mae plant nhw yn ffermio neu efallai bydd rhai o nhw eisiau mynd bant a byth eisiau dod nôl ond mae wastod un sydd eisiau aros. Sdim pob un yn gallu byw yng nghefn gwlad. Mae pobl yn dwad ar eu gwyliau i Sir Benfro a mae nhw'n meddwl *'it's the best thing on earth, it's heaven'*, ond rhowch nhw fanhyn yn y gaeaf, mae'n galed.

Ces i fy magu ar fferm; roedd mam a dad yn gweithio'n galed, wedd ddim lot o amser sbar 'da nhw. *'Seen and not heard'*, dyna sut oedden wedi gael ein magu. Pan oeddwn i yn dwad gartre o'r ysgol 'roedd rhaid i ni mofyn y gwartheg godro, oet ti ddim yn gallu eistedd lawr ac edrych ar y teledu.

Es i ysgol Llanychlwydog, wedd 13 neu 14 yn yr ysgol pan oeddwn i 'na a wedd pawb yn siarad Cymraeg ar yr iard ac yn y dosbarth. Yn y Cwm we ni'n cael diwrnod bant o'r ysgol, pob Ionawr, y 13eg i ddathlu'r 'Hen Galan'. Mynd rownd y tai wedyn i ganu a chasglu calennig. Wedd cân 'da ni, 'Blwyddyn Newydd Dda i bawb sydd yn y tŷ...' Mynd rownd wedyn a cerdded, cerdded milltiroedd; mae'r ffermydd yn bell. 'Roeddwn ni yn cerdded mor bell â Fagwr Goch ac wedyn rownd i Tri Iet, Erw Lon, Fagwr Las a lan y feidr i Cul Cuffern draw mor bell a Cul Rhedyn, nôl rownd Bonc yr Rhedyn, nôl trwy'r cwm wedyn i Hen Llan, Derry a Tŷ Gwyn, canu yn uchel fel y gallai pawb glywed ni.

Ar ôl gorffen ysgol uwchradd es i winio yn ffactori 'Slimma' yn Wdig. Gweithiais i fynna am dros ugain mlynedd. Caeodd e wedyn a wedd fy mhlant i yn ifanc ac wedyn penderfynais i a fy chwaer ddechrau busnes bach. *'Word of mouth'*, 'na gyd mae wedi bod, mae jyst wedi tyfu a tyfu. Sdim neb yn gallu gwinio dim mwy; neb ddim yn gallu gwinio botwm ar grys!

Cyn i mi adael cartref Delyth, rhoddod hi lyfr o esiamplau o ffabrig i mi a llyfrau am Gwm Gwaun a ysgrifennwyd gan fenyw leol.

Ar ôl cwpl o ddiwrnodau, gwrandewais ar y recordiadau a wnes i o sgwrs Delyth. Ysgrifenais nodiadau a dechreuais i sgetsio syniadau. Creais doriad mawr wedi'i beintio o Delyth yn gwinio map o Gwm Gwaun. Yn syth o flaen y toriad o Delyth gosodais hen ffwrdd gwinio, bocs gwinio, cwpan a soser a thoriad o hen beiriant

Pembrokeshire than there were forty years ago and does she think the Welsh language could survive?

There is going to be a lot of differences now, less people speaking Welsh because there are more people that have moved into the area and there aren't any big families anymore. Now we have 2 to 3 children instead of a dozen or half a dozen but there are also people moving to Pembrokeshire and maybe they have children and they might want them to learn Welsh. Look at the new Welsh School in Haverfordwest.

The Welsh language isn't going to die out. I am from the Gwaun Valley and I believe that there will always be Welsh there, as long as there are farms and the children of the farmers stay in farming. Some of the children might want to move away and never come back but there is always someone that stays. Not everyone can live in the countryside. People come on their holidays to Pembrokeshire thinking it's the best thing on earth, that it's heaven, but put them here in the winter and it's tough.

I was brought up on a farm; my parents worked hard and didn't have much spare time. Children didn't come first, 'seen and not heard', that was how we were brought up. After we came back from school we didn't sit in front of the television, we had to go out and bring in the cows for milking.

There were 13 or 14 pupils in my school at Llanychlwydog and everyone spoke Welsh on the yard and in the classroom. In the Gwaun Valley we would have a day off from school every January the 13th to celebrate 'Hen Galan' (The Old New Year). We would go around all the houses collecting Calennig (a New Years gift of sweets or money) and we would sing ' Blwyddyn Newydd Dda i bawb sydd yn y ty...' (Happy New Year to everyone in the house). We would walk for miles; the farms are quite a distance apart. Sometimes we would walk as far as Fagwr Goch and then around to Tri Iet, Erw Lon, Fagwr Las, down the lane to Cul Cuffern and then as far as Cul Rhedyn, then back and around to Bonc yr Rhedyn, through the valley to Hen Llan, Derry and Tŷ Gwyn, singing at the top of our voices so that everyone could hear us.

After finishing secondary school I went to sew in a factory called 'Slimma' in Goodwick. I worked there for over 20 years. It closed then and my children were still young, so my sister and I decided to start a business of our own. Word of mouth, that's all it has ever been and the business just grew and grew. Nobody can sew anymore; they can't even sew on a button!

Just before I left Delyth's home she generously gave me a fabric sample book and a couple of books about the Gwaun Valley, written by a local lady.

A few days later I listened back to the recordings I had made of Delyth's conversation. I wrote some notes and did some drawings. I then began to make a life-size painted cut-out of her sewing a map of the Gwaun Valley. Directly in front of the cut-out of Delyth I placed an old Jones's sewing table, a sewing box, a cup and saucer and a cut-out of an old sewing machine. To the left of Delyth I made another cut-out of a lady called Lilwen McAllister. I interviewed Lilwen, who is also from the Gwaun Valley at Delyth's recommendation; she runs a B&B, has a beautiful singing voice and is quite a character.

Above the cut-outs of Delyth and Lilwen I hung a picture of a collage that I had made out of the fabric that Delyth had given me. The picture is called *Hen Galan*. There are children singing outside a doorway. The figures are left unfinished, to show the liminal space they occupy, and their state of partial transformation. To the right of the children is the 'Mari Lwyd'; a mare's skull, mounted on a pole and carried by a person hidden under a white sheet. Red ribbons that decorate the horse's skull flow out of the picture, down towards the map that Delyth is sewing, then up to the sewing machine and the table that Lilwen leans on. Songs and words that

mini lliw aur, gyda ffôn symudol mewn un llaw a photel o win yn ei llaw arall. 'Roedd rhaid i'r Fenyw Ddoniol fod fy ngyfnither achos mae hi'n gwneud i fi chwerthin cymaint ac mae'n hoffi gwisgo lan mewn gwisg ffansi. Nid yw'r Fenyw Gymreig (mewn gwisg draddodiadol Gymreig) yn rhy anodd i'w ddarganfod. Mae delweddau ohoni ym mhobman; ar gardiau post, yn eistedd wrth ochr cestyll wedi'u hamgylchynu gan gennin pedr. Seilir y Fenyw Blwyfol, yr olaf o'r archdeipiau, ar fenyw sy'n dod i gneifio ein defaid bob blwyddyn. Penderfynais i greu chwe thoriad mawr o'r menywod hyn.

Dewisais greu toriadau mawr achos 'roeddwn i eisiau tynnu sylw pobl. Doeddwn i ddim eisiau paentio lluniau ohonyn nhw a'u gosod ar y wal. 'Roeddwn i eisiau pobl i gerdded o'u cwmpas a rhyngddynt a rhoi sbotolau arnyn nhw, fel eu bod yn aros yn fwy gweladwy. Nid oedd y mwyafrif o'r menywod yn fy nghymuned wedi cael eu codi i dynnu sylw at eu hunain. Welwch chi ddim gwragedd ar bwyllgorau. Ein 'Arwresau Anwledig' yn gweithio yn galed yn y cefndir oedden nhw.

'Roeddwn i eisiau herio'r archdeipiau hyn, gan fy mod i'n gwybod eu bod nhw o'n cwmpas ni, mewn storïau a mythau yn dylanwadu arno ni yn ein hisymwybod; pan feddyliwn ni am yr archdeipiau mae nhw o hyd yn gymeriadau un dimensiwn ond mae sawl haen i bersonoliaeth unigolyn. Darlleniais rhywle mai er mwyn dod i adnabod person yn dda, rhaid i chi fynd yn ôl dair cenhedlaeth.

Pum Milltir
Daeth y sgyrsiau i ben gyda dyfodiad y pandemig Covid. Nid oedd yn ddiogel i fynd allan i'r gymuned i recordio lleisiau. Dros flwyddyn bellach, mae pob un ohonom wedi bod yn byw mewn sefyllfa drothwyol. Mae'r gair trothwyol neu ar y trothwy yn fy atgoffa i o'r geiriau ddefnyddiais i ddisgrifio'r plant a ddarluniais i tu allan i ddrws tŷ, yn y llun o'r enw *Hen Galan* – 'Mae'r ffigurau wedi cael eu

gadael yn anorffenedig, i ddangos y gofod trothwyol maent yn meddiannu, a'u cyflwr o drawsffurfiad rhannol'.

'Roeddwn i eisiau adlewyrchu y cyfnod trothwyol hwn yn fy ngwaith felly pan es i allan i gerdded bob dydd archwiliais leoedd sydd ar y trothwy. Afonydd, ogofeydd, traethau, lle mae'r tir yn cwrdd â'r môr a'r môr yn cwrdd â'r awyr. Edrychiais i ar fapiau o Sir Benfro. Trwy fforio map, 'roeddwn i'n gallu teithio ymhellach nag unrhyw radiws pum milltir. Y lleiaf y gwelais y bobl, y lleiaf y gwnaethant feddiannu fy ngwaith. Gadawais fylchau o fannau gwyn, anorffenedig yn fy mhaentiadau. Daeth fy ngwaith yn fwy haniaethol a llai ffigurol. Rhoddais y gorau i gyfeirio at dirnodau adnabyddus, a throais fy sylw at heidiau o gornchwiglod, piod y môr a morfil pigfain yn gaeth ar y traeth.

Y cwestiwn nawr yw, beth sydd tu hwnt i'r drws i'r arferol newydd? Pan fyddwn yn gadael y sefyllfa drothwyol, a ddychwelwn ni yn ôl i'n hen ffyrdd o fyw neu a wnawn ni gofleidio ffordd newydd? 'Rydym ar drothwy cynifer o bethau; argyfwng amgylcheddol, effaith Brexit a'r posibilrwydd o wahanu gwledydd y Deyrnas Unedig. Fydd y Cymry yn cael y cyfle i bleidleisio ie neu na dros annibyniaeth?

Milltir Sgwâr. Acrylig, 2020/1
Square Mile. Acrylic, 2020/1

SARAH YOUNAN

The Saint, soap and found objects,
Tabernacle Chapel, Llandudno, 2016

Heb ei Harddangos Mwyach

Braf cael gwahoddiad i gyfrannu i'r gyfrol hon. Ar ôl pedair blynedd heb gynhyrchu neu arddangos gweithiau celf, ddim ar ystyr gonfensiynol o leiaf, mae'n braf dal i gael fy nghydnabod fel 'artist'. Mae 'artist' yn deitl rwy'n ei garu, un y mae llawer o'm hunaniaeth ynghlwm ag ef ac sy'n chwarae rhan fawr yn fy agwedd a'm bydolwg. Ond mae hefyd yn deitl dwi wedi gorfod ei archwilio.

Fel, a ydy'r esgid yn dal i ffitio?

Dros y blynyddoedd, po fwyaf yr aeddfedais fel artist, y mwyaf y symudais i ffwrdd oddi wrth greu gwaith corfforol. Ac o'r syniad o'r unigolyn unigryw ac ysbrydoledig – yr artist fel unigolyn hynod emosiynol, mewn gwewyr, â rhyw fath o ysbrydoliaeth ddwyfol, sy'n taflu paent o gwmpas. Mae'n gweithio i rai, ond i mi mae lefel o hunan-gyfranogi yn yr hunaniaeth-artist honno sy'n teimlo'n anghyfforddus. Nid na chefais fy nghyfran deg o wewyr emosiynol (mae'n rhan o'r cyflwr dynol wedi'r cyfan) ond ni allaf dderbyn y syniad o fod yn arbennig rywsut. Neu o fod â barn unigryw. Mae gan hyn lawer i'w wneud â chefndir a magwraeth dwi'n meddwl – wrth dyfu i fyny fel 'mzungu' yn Kenya roeddwn bob amser yn hynod ymwybodol o ffiniau fy mewnwelediad a'm diwylliant fy hun, o'r pethau nad oeddwn yn eu profi, y sefyllfa gymharol freintiedig roeddwn yn byw ynddi. Newidiodd pethau pan symudais i Orllewin Ewrop ac yn ddiweddarach i Gymru, ond dwi wedi parhau i weld y posibilrwydd y gallwn ymwneud â'r celfyddydau fel braint eithriadol. Hyd yn oed pan oeddwn yn dlawd ac yn gorfod gweithio mewn swyddi eraill, roedd yn dal yn fraint. Mae rhai yn tybio bod braint yn air brwnt, ond dwi ddim yn credu hynny. Sut y byddwn ni'n ymddwyn gyda'n breintiau, pa mor ymwybodol ydyn ni ohonyn nhw, ac i ba ddiben y byddwn yn eu defnyddio sy'n bwysig. Dywedir

yn yr Almaeneg, 'Eine Gabe ist eine Aufgabe' – o'i gyfieithu, 'yr hyn a roddir i chi (h.y. eich bendithion) yw eich dyletswydd hefyd'. Ac felly mae'r syniad o gelf bob amser ynghlwm â'r teimlad o orfod ei ennill. Mae'n siŵr bod fy nghefndir Lwtheraidd caeth ar ochr fy mam (gwrthgilwyr Uniongred Asyriaidd yw teulu 'nhad yn Libanus) wedi cyfrannu at y meddylfryd hwn hefyd. Nid 'mod i'n grefyddol ond mae rhai syniadau am ddyletswydd a pheidio â bod yn hunanol yn dal i ddylanwadu. Beth bynnag, does gen i ddim diddordeb mewn celf nad yw'n chwarae rhan gymdeithasol neu wleidyddol. Erbyn hyn, dwi wedi trawsnewid i fod yn gyfrwng sy'n cysylltu pobl, agor drysau, sgrifennu cynigion a chydlynu projectau.

Dwi'n galw fy hun yn fethiant fel artist, â hanner gwên. Ond dydy hyn ddim yn wir, go iawn. Dichon nad ydw i bellach yn cynhyrchu pethau a all addurno silff neu wal, neu fod mewn amgueddfa neu oriel, ond fûm mi erioed yn fwy cynhyrchiol.

Nac yn fwy creadigol.

Dwi'n credu wrth i ni aeddfedu fel artistiaid, ein bod yn dod o hyd i ffordd. 'Ffordd yr artist.' Ac mae'n daith unigol a phersonol iawn. Gwn mai'r hyn sy'n fy ngwneud yn artist yw'r cymhelliant a'r gred y gallaf newid y byd o'm cwmpas. Y gellir rhoi sylwedd i bethau sy'n bodoli yn y dychymyg. Bod y dychymyg yn ddigon cryf i ddatblygu gweledigaeth o sut y gall pethau fod yn wahanol, ond bod angen iddo hefyd fod yn ddigon pragmatig wedyn i drawsnewid syniadau yn weithredoedd. Nid yw artistiaid yn cymryd pethau'n ganiataol ac mae gennym y gred naïf (neu drahaus) y gallwn greu newid.

Ac yn aml fe wnawn.

Peth arall sy'n fy ngwneud i'n artist, sydd wastad wedi bod yn rhan o'm hymarfer creadigol a'm system gred yw'r gallu i ollwng gafael a dilyn llif pethau. Serendipedd – gair prydferth sy'n diferu o'r tafod

No Longer on Display.

t is nice to be invited to contribute to this book. After 4 years of not producing or exhibiting artworks, at least not in the conventional sense. It is nice to still be recognised as 'an artist'. And 'artist' is a title I love, that much of my identity is structured around, and that plays a big role in my outlook and worldview. But it is also a title I have had to investigate.

Like, does the shoe still fit?

Over the years, the more I matured as an artist, the more I moved away from the creation of physical work. And from the idea of the unique and inspired individual – you know, the artist as a tormented and highly emotional individual with some kind of divine inspiration who chucks paint around. It works for some, but for me there is a level of self-involvement in that artist-identity that feels uncomfortable. Not that I have not had my fair share of emotional torment (it's a part of the human condition after all) but I can't buy into the idea of somehow being special. Or having a unique view. It's got a lot to do with my background and upbringing I think – growing up as a 'mzungu' in Kenya I was always acutely aware of the boundaries of my own insights and culture, of the things I wasn't experiencing, the relative privilege I lived in. Things shifted when I moved to Western Europe and later to Wales, but I have continued to see the possibility for me to engage in the arts as an extreme privilege. Even when I was broke and working side jobs it always remained a privilege. People often think privilege is a dirty word, but I do not think so. It is more about how we engage with our privileges that matters and how aware we are of them, what we use them for. In German there's a saying 'Eine Gabe ist eine Aufgabe' – that translates to 'what is given to you (i.e. your blessings) is also your duty'. And so the idea of art has always been tied in with the feeling of having to earn it, and to think beyond myself. My strict Lutheran background from my mom's side (dad's family in Lebanon are lapsed Assyrian Orthodox) has probably also contributed to this mindset. Not that I am religious but there's certain ideas around duty and not being selfish that I've soaked up that continue to resonate. Anyway, I am not really interested in art that doesn't play a social or political role. These days I have transformed into a conduit, connecting people, opening doors, writing proposals and coordinating projects.

I talk about myself as a failed artist now, half-jokingly. But that is not true, not really. I may no longer make physical things that will one day grace a shelf or wall, or find their way into museums and galleries, but I have never been more productive.

Or more creative.

I think as we mature as artists, we find a way. 'The way of the artist.' And it is a very individual and personal journey. For me, I know that what makes me an artist is the motivation and belief that I can change the world around me. That things which exist in the imagination can become reality. That imagination is strong enough to develop a vision of things being different, but also needs to be pragmatic enough to then transform ideas into actions. Artists do not take things for granted and we have the naïve (or arrogant) belief that we can create change.

And often we do.

Another thing that makes me an artist, has always been part of my creative practice and belief system, is the ability to let go and follow the flow of things. Serendipity – it's a beautiful word that drops of the tongue in rhythmic little syllables; Se-Ren-Di-Pi-Ty. For me it means that you have to let stuff happen, follow where your gut

mewn sillafau bach rhythmig; Se-Ren-Di-Pedd. I mi mae'n golygu bod yn rhaid gadael i bethau ddigwydd, dilyn lle mae'ch greddf yn mynd â chi, a pheidio â gorfeddwl.

Nid y chi sydd â rheolaeth.

Efallai y bu hi'n hawdd rhoi'r gorau i'r syniad o fod yn grëwr a gwneuthurwr, yr artist unigol ysbrydoledig, am nad felly y gwelwn i fy hun. Daw syniadau ac ysbrydoliaeth o hyd i'w ffordd pan adewch iddyn nhw wneud. Wrth roi'r gorau i'r angen am fod yn unigolyn ysbrydoledig a dechrau gwrando'n wirioneddol ar syniadau, meddyliau a safbwyntiau'r rhai o'ch cwmpas a'u gwerthfawrogi, gallwch chithau fynd yn sianel sy'n dod ag eraill i mewn i brosesau creadigol. Wrth brosesau creadigol, dwi'n golygu unrhyw sgwrs neu weithred sy'n achosi newidiadau bach i realiti, a all newid sut y gwelwn ni bethau, sut yr ymgysylltwn â nhw ac yn olaf, sut y mae pethau. Dwi'n gweithio yn Amgueddfa Genedlaethol Cymru nawr, ac felly wedi dechrau ymddiddori'n fawr yn y modd y caiff realiti ei greu drwy dreftadaeth. Nid yw hanes yn gynnyrch gorffenedig, mae'n broses gyson o archwilio, dehongli a chreu ystyr. Mae honno'n broses greadigol. Dwi'n gweithio gyda phobl ifanc a chymunedau i archwilio beth mae treftadaeth yn ei olygu iddyn nhw, pa straeon y mae angen eu hadrodd a pha newidiadau diwylliannol ddylai ddigwydd. Weithiau mae hynny'n fy arwain at stwff sefydliadol fel polisïau, sgrifennu ceisiadau, gwerthuso, strwythurau gwaith – ond rhaid i artistiaid ofalu am eu hoffer. Os ydych chi'n gerflunydd coed, yna bydd angen i chi hogi'ch cyllyll cerfio. Dwi'n gweithio gyda phobl, diwylliant ac fel rhan o sefydliad mawr, felly mae'r prosesau hyn hefyd yn arfau mae'n rhaid gofalu amdanynt, eu hogi a dysgu sut i'w defnyddio. Dwi'n siarad, yn sgrifennu, ac yn creu gwe rhwng pobl a syniadau; mae a wnelo â chymuned heddiw, am y ffabrig cymdeithasol sy'n ein cysylltu.

Doedd hi ddim felly bob amser.

Wrth gwrs pan fentrais i faes celf gyntaf oll, roedd yn archwiliad personol iawn. Fel cymaint o fyfyrwyr celf, roedd fy ngwaith cynnar yn llawn rhyw, ing a chryn dipyn o groen. Ond roedd ynddo eisoes oslef o gwestiynu a chwilio am hunaniaeth a'm lle yn y byd. Daeth fy nhad i'r Almaen yn ei arddegau fel ffoadur, yn ffoi rhag rhyfel cartref Libanus. Flynyddoedd wedyn, aeth yn filfeddyg da byw, priododd fy mam, merch fferm benfelen, a chawsant dair merch. Ac yna cleciodd rhywbeth yn ymennydd dad. Buom yn trafod hyn ychydig yn ôl a dywedodd wrthyf 'Pe bawn i heb dy wahanu oddi wrth bopeth cyfarwydd, fyddet ti byth wedi fy neall i, nac o ble rwyt ti'n dod.' Wn i ddim os yw hynny'n syniad hunanol neu'n un hael. Y ddau, efallai. Felly pan oeddwn i'n naw oed, fe'n symudodd ni i gyd i Kenya. Doedd hi ddim yn hawdd, roedd yna heriau mawr, sioc ddiwylliannol, chwalodd ein huned deuluol a dyw hi byth wedi mendio'n iawn. Ond fe ddysgais a thyfu o'r profiad. Os gofynnwch i mi nawr un o ble ydw i, byddaf bob amser yn adrodd straeon – dyw'r ateb ddim yn syml.

Ac felly pan symudais i'r DU gyntaf penderfynais fod yn debot.

Roedd hyn cyn i mi dyfu'n fwy ymwybodol o'r gwahaniaethau rhwng Cymru a Lloegr. Wyddwn i fawr ddim am y DU ond gwyddwn 'mod i eisiau cael fy nerbyn a, wel, roedd pawb fel petaen nhw'n caru te. Mae rhywbeth trefedigaethol am hyn hefyd – mae treftadaeth te ymhleth â'r Ymerodraeth Brydeinig. Wedi'i gymryd o China, ei blannu yn India ac Affrica, ei felysu â siwgr o blanhigfeydd caethweision ... Ac ar draws y gyn-ymerodraeth, mae te yn dipyn o beth. Yn Kenya, 'chai' yw'r enw arno a chaiff y dail eu berwi gyda'r llaeth a'r dŵr. Felly roedd te yn gyfarwydd ac yn ffordd o gydweddu, ond hefyd yn symbol y gallwn drwyddo archwilio rhywbeth am y DU a oedd yn fy ngwneud yn anghysurus iawn.

feeling takes you, not overthink.

You are not in charge.

Perhaps it has been so easy to let go of the idea of being the creator and maker, the inspired individual artist, because I never saw myself as that. Ideas and inspiration find their way when you let them. And when you let go of the need to be an inspired individual and start to truly listen to and value the ideas, thoughts and points of view of those around you, you can kind of become this conduit that brings others into creative processes. And by creative processes I mean any conversation or action that causes slight shifts in reality, that can alter how we see things and then how we engage with them and finally, how things are. I work at the National Museum of Wales now, and so I have become very interested in how reality is created through heritage. History is not a finished product, it is a constant process of exploration, interpretation and meaning making. That is a creative process. I work with young people and communities to explore what heritage means to them, what stories need to be told and what cultural shifts need to happen. Sometimes that leads me into really institutional stuff like policies, application writing, evaluation, work structures – but every artist needs to look after their tools. If you're a sculptor and you work with wood, then you need to sharpen your carving knives. I work with people, culture and as part of a large organisation so these processes are also tools that I need to look after, sharpen, and learn to wield. I talk, I write, and I create webs between people and ideas, it is about community now, about the social fabric that connects us.

Wasn't always like that.

Of course when I first got into art, it was a highly personal exploration. Like so many art students, my early work contained sex, a bit of angst and a fair amount of skin. But there was already an undertone of questioning and searching for identity and my place in the world. See my father came to Germany in his teens as a refugee, fleeing the Lebanese civil war. Years later he became a livestock vet, married my mom, a blonde farmer's daughter and they had 3 daughters. And then something went snap in dad's brain. We talked about this a while ago and he told me 'If I hadn't separated you from everything you know, you would have never understood me, or where you come from.' And I do not know if that's a selfish or generous thought. Maybe both. So when I was nine he moved us all to Kenya. It was not easy, there were major challenges, culture shock, our family unit cracked and has never really mended since. But I learned and grew from it. If you ask me where I am from now I'll always end up telling stories – the answer isn't simple.

And so when I first moved to the UK I decided to become a teapot.

This was before I became more aware of the distinctions between Wales and England. I didn't know much about the UK but I knew that I wanted to be accepted, and well, everyone seemed to love tea. There is something colonial about this too – the heritage of tea is entwined with the British Empire. Taken from China, planted in India and Africa, sweetened with sugar from slave plantations... And across the former empire, tea is a thing. In Kenya we call it 'chai' and the leaves are boiled together with the milk and water. So tea was familiar and a way of fitting in, but also a symbol with which of explore something about the UK that made me deeply un-comfortable. 'A nice cuppa' – people say it without much thought and the work I did on the 'teapot' project was almost iconoclastic. I crept into my teapot sculpture and wore it, filmed myself, performed in it, dragged it around to sing, dance and squirt tea. The piece even made it to the British Ceramic Biennial. I must have

'Paned fach' – mae pobl yn dweud hynny'n ddi-hid, ac roedd y gwaith a wnes i ar y project 'tebot' yn dryllio'r delwau braidd. Byddwn yn cropian i mewn i'm cerflun o debot a'i wisgo, ffilmio fy hun, perfformio ynddo, ei lusgo o gwmpas i ganu, dawnsio a chwistrellu te. Fe gyrhaeddodd y darn Biennale Cerameg Prydain, hyd yn oed. Rhaid 'mod i wedi taro nerf.

Dydy pobl ddim o reidrwydd yn darllen gweithiau celf â'r ystyr y rhydd artistiaid iddynt – ond dwi'n teimlo os oes yna ystyr, yna mae gan wrthrychau wefr neilltuol sy'n rhoi nerth iddynt. Yna, daw pobl â'u dehongliadau a'u profiadau eu hunain i'r darn ac i mi, mae'r rheini yr un mor ddilys. Fy hoff ymateb gan y gynulleidfa i'r gwaith te parti oedd stori am nain rhywun. Dwi wrth fy modd pan fydd pobl yn rhannu atgofion personol yn ddigymell:

'Bu farw fy nghyfnither yn annisgwyl, roedd hi'n ifanc ac yn hardd a doedd neb wedi rhagweld hyn. Roedd y teulu i gyd gyda'i gilydd, pawb â'i baned, yn ceisio bod yn normal ond doedd dim byd yn normal bellach. Yn sydyn aeth pethau'n drech na Nain ac fe daflodd ei the ar draws y stafell. Chwalodd y cwpan yn deilchion yn erbyn wal.'

Mae'r pŵer symbolaidd hwn sydd mewn gwrthrychau wedi fy nghyfareddu erioed. Gwrthrychau, a'r hyn a wnawn ni â nhw a'r hyn a ddywed hynny amdanon ni. Wedi i ni symud i Kenya, cafodd ein dodrefn a'n hoffer o'r Almaen eu dal yn ôl ar y ffin am oesoedd, a buom yn gwersylla mewn tŷ gwag. Ac yna pan gyrhaeddodd y cynhwysydd fisoedd yn ddiweddarach, a ninnau'n ei agor a dadbacio'n holl eiddo, gwnaeth i mi sylweddoli cymaint roeddwn i wedi newid, pa mor bell oedd ein bywyd blaenorol yn yr Almaen erbyn hyn. Roedd fel beddrod neu gapsiwl amser, neu amgueddfa.

Dwi'n caru amgueddfeydd.

Hynny yw, dwi'n gwbl ymwybodol o'u hanes; y fenter o gasglu a dehongli'r byd, o ymgorffori byd-olwg mewn pileri a fframiau a

The little teapot, ceramic, 2011

Teatime, performance video, 2011

Pour Me Out, performance, 2011

hit a nerve.

People do not necessarily read artworks with the meaning that artists put in them – but I feel like if there is meaning, then objects have a certain charge and that gives them potency. People then bring their own interpretations and experiences to the piece and to me, those are just as valid. My favourite audience reaction to the tea party work was a story about someone's nan. I love it when people spontaneously share intimate memories:

'My cousin had passed away unexpectedly, she was young and beautiful and we hadn't seen it coming. The whole family was together and everyone was holding cups of tea. We were trying to be normal but nothing was normal anymore. Nan just snapped and she threw her tea across the room. The cup smashed against a wall.'

This symbolical power that resides in objects has always fascinated me. Objects and what we do with them and what that says about us. When we first settled in Kenya the container with our furniture and household from Germany was delayed in customs for ages, we camped out in an empty house. And then when the container arrived months later and we opened it and unpacked all our belongings it only made me realise how much I had changed,

how distant our former life in Germany had become. It was like a tomb or time capsule, or a museum.

I love museums.

I mean I am fully aware of their history; the enterprise of collecting and interpreting the world, of enshrining a worldview in pillars and frames and labels, all that is inherently colonial. But there is something else that happens when you cram together old stuff and art and dinosaur bones – meaning leaks out and the mind enters a state of association and daydream. During my Masters' degree I got funding from the Arts and Humanities Research Council that came with the recommendation to use digital 3D scanning. And so I had the perfect excuse to approach Amgueddfa Cymru – National Museum Wales; I had the technology to touch their untouchable objects. Andrew Renton who was then in charge of applied arts was incredibly generous and opened doors and storage spaces for me with an interested and bemused smile. About 80% of museum collections generally lie in storage, unseen and unloved.

I found myself lying in a storage cupboard in Nantgarw.

287

labeli, mae hyn oll yn gynhenid drefedigaethol. Ond mae rhywbeth arall yn digwydd wrth stwffio hen bethau a chelf ac esgyrn deinosorau ynghyd – mae ystyr yn treiglo ohonynt, ac mae'r meddwl yn dechrau cysylltu a hel meddyliau. Yn ystod fy ngradd Meistr cefais gyllid gan Gyngor Ymchwil y Celfyddydau a'r Dyniaethau, gydag argymhelliad y dylwn ddefnyddio sganio 3D digidol. Ac felly roedd gen i'r esgus perffaith i fynd ar alw Amgueddfa Cymru; roedd gen i'r dechnoleg i gyffwrdd â'u gwrthrychau anghyffyrddadwy. Bu Andrew Renton, a oedd yn gyfrifol am y celfyddydau cymhwysol ar y pryd, yn anhygoel o hael gan agor drysau a mannau storio i mi â gwên oedd yn cyfuno diddordeb a dryswch. Mae tua 80% o gasgliadau amgueddfeydd fel rheol yn gorffwys mewn stordai, heb gael eu gweld na'u caru gan neb.

Cefais fy hun yn gorwedd mewn cwpwrdd storio yn Nantgarw.

Arlliw o wên, pen heb gorff a gwaelod sy'n dadsgriwio, dal tybaco neu loshin, debyg iawn Roedd yn wag yn awr. Roeddwn wedi symud o Kenya i'r Almaen, Ffrainc, yr Iseldiroedd ac yna Cymru mewn olyniaeth anhrefnus a diamcan, yn yfed a smocio gormod, yn symud fel yo-yo o'r naill berthynas wenwynig i'r llall neu'n byw fel meudwy. Doeddwn i ddim wedi cysylltu â'r diaspora Affricanaidd yng Nghymru, yn ansicr a oedd gennyf hawl i wneud hynny. Er byw yn Kenya am flynyddoedd, mae fy Swahili yn ofnadwy ac er y gwyddwn am ofodau cymunedol Affricanaidd yng Nghymru roedd arna'i ofn mentro yno. A fyddai pobl yn fy nerbyn dim ond am i mi fod yn byw yn Nwyrain Affrica ar un adeg? A oeddwn i'n hawlio pethau ac ymwthio i ofodau lle nad oeddwn yn perthyn? Erbyn heddiw, dwi wedi ailgysylltu, a dwi'n mynd i ofodau'r diaspora, caffis a bwytai bach lle mae pobl yn ymgynnull, dwi'n ymuno yn y dadleuon ac yn ymuno yn y ddawns. Dwi wedi dod i sylweddoli cymaint oedd dylanwad fy mhlentyndod a'm hieuenctid arnaf a

faint o ddiwylliant a amsugnais, ac yn teimlo'n ddigon sefydlog i allu cysylltu â'r rhan honno o'm hanes yma yng Nghymru; mae arna'i ddyled fawr i fy mhartner, sydd o Tanzania, am fy helpu i oresgyn y ffiniau roeddwn i fy hun wedi'u codi. Beth bynnag, bryd hynny doedd gen i mo'r sylfaen honno, ac roedd pethau'n anghytbwys ac felly daeth yn genhadaeth i mi ddyrchafu'r ddynes flwch-snisin fechan hon. Penderfynais ddod â hi allan o storfa a'i dyrchafu, fel y gallai mwy o bobl weld harddwch ac ystyr y gwrthrych domestig bach hwn i mi.

Felly bûm yn ei sganio hi a gwneud copïau, yn obsesiynol.

A minnau yng nghanol pennod hynod ddatgysylltiedig yn fy mywyd, dechreuais wneud cadwyni a bachau ceramig hefyd, gan weu gwe pry cop o bennau, cadwyni a bachau a allai ddringo waliau a lapio'i hun o gylch corneli, a oedd yn llenwi gofod er mor fregus ydoedd. Bachu gwe o bennau bach, hunaniaethau a chymeriadau bach bregus. Roedd yr holl beth yn edrych fel pe bai am chwalu unrhyw funud, ac weithiau fe wnâi. Y diwrnod cyn i mi raddio cefais y wraig

The Bonbonniere, museum object and 3D scans, 2013

Talking Head, ceramic, 2013

a ysgubai'r gofod arddangos yn ei dagrau; prin gyffwrdd ag un o'r cadwyni a wnaeth hi ac roedd metrau ohono wedi cwympo'n chwâl ar lawr. Na phoener, meddwn, mae'r llwch toredig yn rhan o'r darn bellach. Ac roedd gen i fetrau o gadwyn yn sbâr o hyd.

Llwch fyddai fy 'mheth' nesaf.

Pwysau a breuder fy narnau a'm gwthiodd oddi wrth gerameg. Wrth i mi symud a llusgo fy narnau o gwmpas, gan geisio eu cael i mewn i sioeau ac arddangosfeydd, byddent yn torri. Roedden nhw'n drwm ac yn cymryd lle a chasglu llwch. Cofier hefyd y seilwaith o odynau, gofodau gweithdy a bagiau mawr trwm o glai, na allwn eu fforddio ar ôl y brifysgol. Arhosais yn y brifysgol cyhyd ag y gallwn; gydag ysgoloriaeth gallwn gael dau ben llinyn ynghyd. Yn y pen draw, daeth fy mywyd estynedig fel myfyrwraig i ben a graddiais gyda PhD yn 2015 a gallaswn fod wedi ymgeisio am swyddi academaidd fy hun. Ond wnes i ddim dilyn gyrfa academaidd. Ar ôl blynyddoedd yn y byd academaidd, roedd arna'i angen seibiant, ac roedd rhywbeth digyswllt am y trafodaethau diwylliannol mewn llawer o'r cynadleddau a'r lleoliadau academaidd a fynychwn. Dwi'n cofio mynd i ddigwyddiad am y 'maes cerameg estynedig' ac roedd a wnelo'r cyfan â ph'run ai celf neu grefft yw cerameg, a sut oedd y sgwrs honno'n esblygu. Ymddangosodd y prif siaradwr Theaster Gates a dweud ei fod yn gwrthod siarad am faes estynedig pan fo'r rhan fwyaf o gelf ceramig yn wyn ac yn ddosbarth-canol, pan nad oes gan brifysgolion sy'n dysgu cyrsiau cerameg feithrinfa ar gyfer mamau sengl a phan fo'r celfyddydau eu hunain ymhell o fod yn faes estynedig. Roedd hynny'n canu cloch. Doeddwn i ddim yn barod i gael fy sugno i mewn i sgyrsiau aruchel, roeddwn i eisiau rhywbeth wedi ei dirio'n gadarn. Ac am na wyddwn ble i droi nesaf, gan fod gennyf yr holl gymwysterau academaidd ond nemor ddim i'w ddangos o ran gwaith cymunedol, dechreuais weithio yn y sector gofal. Roedd fy nhrefn ddyddiol yn cynnwys cadachau i oedolion, pobl a esgeuluswyd, gofodau toredig lle gweithiwn ar gyflog isafswm. Dyma'r realiti oer ar ôl blynyddoedd o Ysgol Gelf lle byddem yn trafod themâu fel a *yw harddwch yn gelf a chelf yn harddwch*? Syrthiais allan o gariad, nid â chelf ond â'r fflwff a'r rhwysg o'i chwmpas. Rhaid bod ffordd arall.

Roeddwn yn dal i fod yn artist. Roedd yn rhaid i mi fod.

Ac os nad celf oedd yr hyn a wnawn drwy'r dydd bellach, yna roedd yn rhaid i'r gwaith roeddwn yn ei wneud fel gweithreg ofal a chymorth – glanhau, tacluso, gwisgo a golchi cyrff bregus, eu rhoi i'r gwely a'u bwydo, tacluso eu cartrefi – rhaid i hynny droi'n gelfyddyd.

Ball and Chain, ceramic installation, 2013

Ball and Chain, ceramic installation, 2013

Smiling faintly, a head with no body that unscrewed at the bottom, likely used to hold tobacco or sweets. It was empty now. At this point, I'd moved from Kenya to Germany, France, the Netherlands and then Wales in chaotic and aimless succession. I drank and smoked too much and yo-yoed between toxic relationships and living like a recluse. I had not connected to the African diaspora community in Wales yet, and I wasn't sure if I had the right to. Despite years living in Kenya my Swahili is terrible, and even though I was aware of African community spaces in Wales I was scared to go. Would people accept me simply because I had once lived in East Africa? Was I claiming things and pushing into spaces where I did not belong? These days I have reconnected, and I go to diaspora spaces, cafes and little restaurants where people gather, I join in the debates and I join in the dance. I have come to realise how much my childhood and youth has shaped me and how much culture I soaked up, it feels grounded to be able to connect with that part of my story here in Wales and I owe a lot to my partner, who is from Tanzania, for helping me to overcome the boundaries I had put up for myself. Anyway, back then I didn't have that grounding, and things were out of balance and so it became my mission to elevate this little snuffbox lady. I decided to bring her out of storage and elevate her, so that more people could see the beauty and meaning that this little domestic artefact held for me.

So I scanned her and made copies, obsessively.

Being in the middle of a very disconnected episode in my life, I also started making ceramic chains and hooks, weaving together a spiderweb of heads, chains and hooks that could climb up walls and wrap itself around corners, that occupied space despite its fragility. Hooking together a web of little heads, fragile little identities and personas. The whole thing looked like it would crash

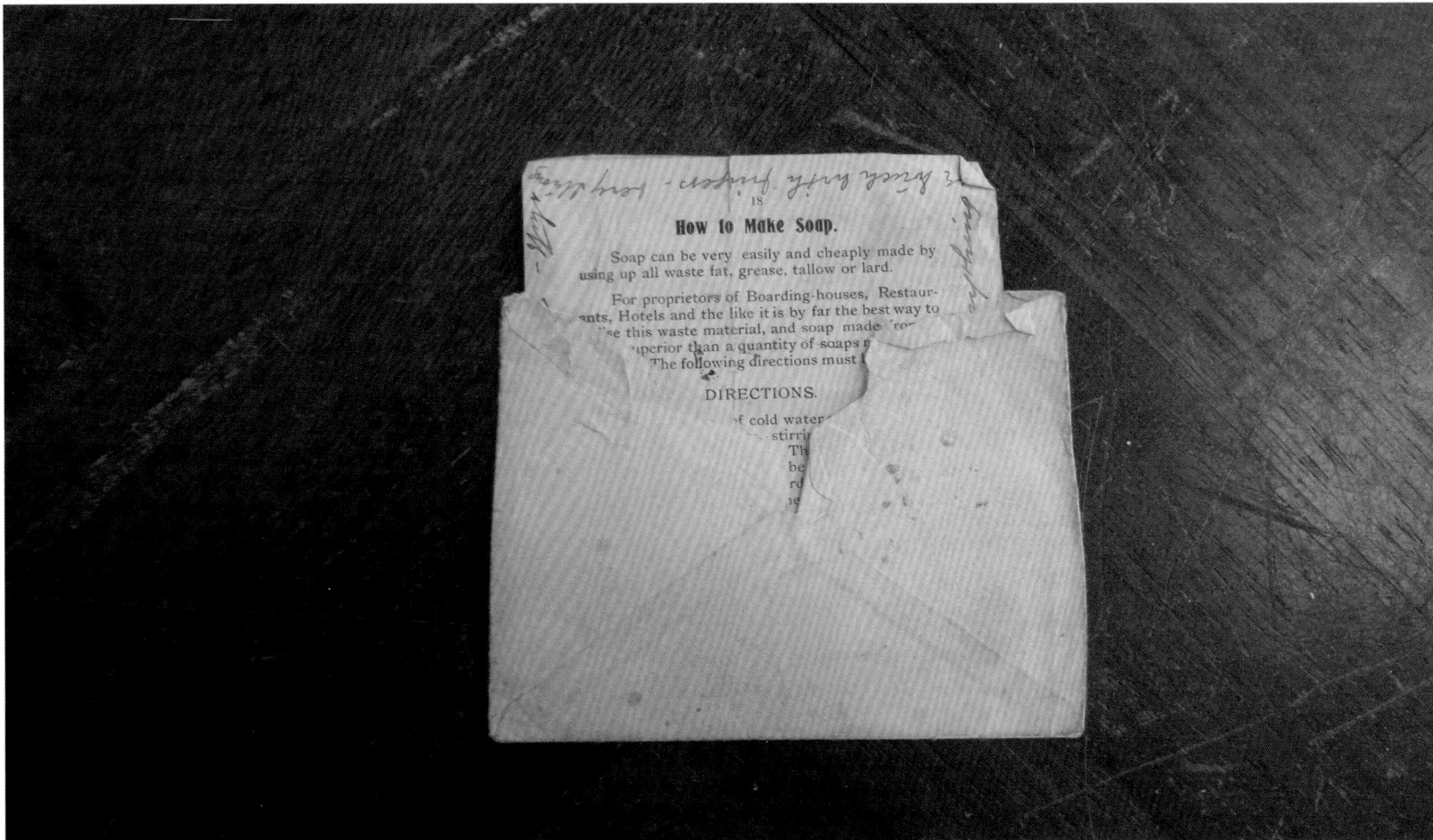

Soap Recipe, found object, Museum of Dust, Tabernacle Chapel, Llandudno, 2016

Yr adeg yma treuliais gyfnod preswyl yng Nghapel y Tabernacl, Llandudno. Y gofyniad oedd i artist animeiddio'r gofod trwy berfformiad. Dadleuais, mewn cyn-addoldy, mai dim ond dau lwybr y gallai artist eu dilyn: dryllio delwau neu adfer. Mae'n eitha hawdd dod i mewn i hen eglwys a chwarae gyda phechu, ond roeddwn i am wneud y gwrthwyneb – dyrchafu a gofalu am yr hen gapel. Gan weithio o'r syniad mai glendid sydd agosaf at dduwioldeb, dyma gychwyn arni â'r broses alcemegol o wneud sebon gan droi saim yn sebon yn y capel. Bûm wedyn yn glanhau a sgwrio'r holl le am fis, gan sgleinio â'r cwyr gwenyn roeddwn wedi ei wneud a sgwrio'r

diawl allan o'r capel. Rhoddodd yr holl lanhau a sgrwbio syndrom twnnel carpal i mi, sy'n dal i fynd a dod hyd heddiw. Bûm yn byw buchedd fynachaidd hunanorfodol am fis, a throi fy hun yn urdd lleianod fechan o ddim ond un – Chwaer Sarah y Glanweithdra.

Mae llawer y gellir ei ddysgu gan faw. Bydd ymchwilwyr preifat yn chwilmentan drwy eich sbwriel, i dyrchu tystiolaeth o odineb, defnydd cyffuriau, ac ati. Mae'ch baw yn llythrennol yn cynnwys tystiolaeth o'ch holl gyfrinachau bach brwnt. Mae carthbyllau a thomenni hynafol yn ddarganfyddiadau gwerthfawr i archaeolegwyr. Doedd y capel ddim yn cael ei ddefnyddio i addoli

down any minute, and sometimes it did. The day before my graduation I found the lady who swept out the exhibition space in tears; she had only touched one of the chains lightly and metres of it had crashed on the floor. Not to worry, I told her, the broken dust was part of the piece now. And I still had metres of chain spare.

Dust would become my next 'thing'.

It was the heaviness and fragility of my pieces that pushed me away from ceramics. As I moved and dragged my work around, trying to get into shows and exhibitions, they broke. They were heavy and took up space and gathered dust. And there was also the infrastructure of kilns, workshop spaces and big heavy bags of clay, none of which I was able to afford beyond university. I stayed in university as long as I could, with a scholarship funded studentship I was able to make ends meet. Eventually I hit the end of my prolonged student life and graduated with a PhD in 2015 and could have applied for academic roles myself. But I did not pursue an academic career. After years in academia, I needed a break, and there was something removed about the cultural discussions in many of the conferences and academic settings I'd attended. I remember going to this event about the 'expanded field of ceramics' and it was all about whether ceramics is art or craft and how that conversation was evolving. But the keynote speaker Theaster Gates came on and said that he refused to speak about an expanded field when most ceramic art is white and middle class, when universities that teach ceramic courses do not have creches for single moms and when the arts themselves are far from an expanded field. That struck a note. I wasn't ready to get sucked into lofty conversations, I wanted something more grounded. And because I did not know where to turn next, because I had all the academic qualifications but little to show in terms of community

work, I began working in the care sector. My daily routine involved adult diapers, neglected people and broken spaces that I tended to for minimum wage. It was a cold reality check after years in Art School where we would discuss themes like *is beauty art and is art beauty?* I fell out of love, not with art but with the fluff and pomp around it. There had to be another way.

I was still an artist. I had to be.

And if art was not what I did all day anymore, then the work I did as a care and support worker – cleaning, tidying, dressing and washing vulnerable bodies, putting them to bed and feeding them, tidying up their homes – then that had to become art.

It was around this time I landed a residency at the Tabernacle Chapel in Llandudno. The call-out was for an artist to animate the space through performance. I argued that as a former place of worship, there were essentially two routes an artist could take with the space: iconoclasm or restoration. You can come into an old church and play with transgression quite easily, but I wanted to do the opposite – to elevate and look after the old Tabernacle Chapel. Working from the idea that cleanliness is next to godliness, I began with the alchemic process of soap-making and rendered lard into soap in the chapel. Then I cleaned and scrubbed the entire place for a month, made my own beeswax polish and scrubbed the hell out of that chapel. All the cleaning and scrubbing gave me carpal tunnel syndrome, which still comes and goes to this day. I lived a self-imposed monastic lifestyle for a month, became my own little nun's order of one. Sister Sarah of Cleanliness.

There is a lot you can learn from dirt. Apparently private investigators will go through your trash if they are on your case, to dig out evidence of adultery, drug use, etc. Your dirt literally contains evidence of all your dirty little secrets. Ancient cesspits and dumps are a real find for archaeologists. The Chapel wasn't

bellach, ond yn y baw a godais roedd olion gweithgaredd blaenorol o hyd; darnau o arian a phapurau loshin o dan y seti. Ac roedd tystiolaeth gorfforol o natur yn cropian yn ôl i mewn; clêr a phryfed cop, gweoedd a dail sych yn chwythu i mewn drwy'r craciau. Ac dyna fi'n glanhau a chasglu, sgubo a mopio a sgleinio a hel y cliwiau a'r olion hyn.

Dechreuais sefydlu amgueddfa lwch.

Doeddwn i ddim yn gwneud gwrthrychau newydd bellach, dim ond glanhau, cynnal a chadw, a chasglu pethau. Wel, dydy hynny ddim yn hollol wir, fe wnes i gerfio sgerbwd o dalpiau o sebon, crair, fy sant personol. Teg dweud i mi fynd ychydig dros ben llestri â'r holl beth, byddai pobl yn dod i mewn heb wybod a oeddent yn profi celf, gwallgofrwydd neu ryw fath o weithred grefyddol. Dwi ddim mor siŵr fy hun, gall perfformiad fod yn fwy nag act, gall fynd yn ddefod, a gwnaeth fy mis yn Llandudno ddyblu fel therapi, 'detox' a

The Saint, durational performance, Tabernacle Chapel, Llandudno, 2016

phenyd. Am fis fe orchuddiais fy ngwallt a gwisgo gwyn, rhoi'r gorau i ddefnyddio fy ffôn neu wisgo colur, a byw ar gawl a chynnig golchi traed unrhyw un a ddeuai i ymweld a'u hiro ag olew yn y fedyddfa. Unwaith eto, rhannwyd straeon yng nghlosrwydd a sancteiddrwydd rhyfedd yr ymwneud hyn. Dychwelodd gŵr oedrannus a oedd â thraed mor wyn â llaeth sawl gwaith:

'Dwi'n credu ei bod hi'n dda i mi gael cyffwrdd fy nhraed, wyddoch chi. Doedd mam ddim yn briod pan gafodd hi fi, roedd yn sgandal bryd hynny ac roedd pobl yn fy ngalw i'n fastard bach. Roeddwn i'n arfer tynnu holl ewinedd bysedd fy nhraed, fesul un.'

Wedi gadael y Tabernacl, ymgymerais â gwaith gofal eto. Dyna fel y mae hi yn aml gyda chyfleoedd i 'artistiaid sy'n dod i'r amlwg' – gweithio gyda sefydliadau celf a chael mentor ond byw yn y byd hwnnw fesul project yn unig, yna cael eich poeri allan eto. Sefydlais broject celf arall yn seiliedig ar lanweithdra a chanfod tri chartref yng Nghaerdydd oedd ag angen eu glanhau. Nid mater o ddwstio ysgafn oedd hyn, rydyn ni'n sôn am faw cath sych, llwydni a chymaint o annibendod fel na ellid cerdded mewn rhai stafelloedd. Cartrefi a esgeuluswyd â phobl a esgeuluswyd yn byw ynddynt. Byddwn yn cyrraedd gyda dyn camera ac yn glanhau am ddiwrnod, gan geisio ysgafnhau tipyn ar bethau a gwneud y llefydd yn fwy cyfannedd, ond doedd y model ddim yn gweithio go iawn. Cawsom rywfaint o ffilm dda, a threfnais lansiad bach wedyn – ond roedd hi'n lladdfa. Byddwn yn glanhau drwy'r dydd ac yna'n mynd i'r gwaith a chysgu i mewn ar safleoedd tai â chymorth, newid cynfasau budr ganol nos. Byddai tarth o iselder, hen aer a llwydni yn fy nilyn adref. Allwch chi ddim gwneud stwff dros bobl, na gwneud pob dim yn iawn i bobl. Rhown fymryn o sglein ar y cartrefi hyn, ond heb newid dim yn sylfaenol, na helpu'r bobl oedd yn byw yno. Gweithred symbolaidd oedd y cwbl. Mae gwerth mewn gweithredu symbolaidd, ond dwi'n cael trafferth gydag e hefyd. Mae creu ystyr gan ddefnyddio amgylchedd, gwrthrychau ac ystumiau yn bwerus,

Flies and Coins, found objects, Museum of Dust, Tabernacle Chapel, Llandudno, 2016

ac weithiau gall ystyr symbolaidd symud draw i'r byd real a bod yn ystyrlon, ond yn aml mae'n troi'n ddim byd mwy na thrafod a damcaniaethu coeg-artistig. Mae'r cwestiwn yn dal yn un nad oes gen i ateb llawn iddo; sut mae creu ystyr real gyda phobl, a symud o fater corfforol i wead cymdeithasol?

Wedi'r holl lanhau llithrais yn ôl i mewn i gerameg, gyda chyfnod preswyl 3 mis o hyd yng Nghanolfan Gwaith Cerameg Ewrop yn yr Iseldiroedd. Mae'n lle anhygoel, ag odynau digon mawr i rostio eliffant. Daeth fy amser yno yn fater o ollwng gafael, symud ymlaen, efallai o'r syniad o fod yn 'artist', tuag at fodel newydd o weithio. Llenwodd fy stiwdio â llestri defodol, ffigyrau gwarcheidiol, a darnau defosiynol. Byddwn yn gwneud ffigyrau bach ceramig gyda ffigyrau llai a llai o faint y tu fewn iddynt – fel doliau *matryoshka* roedd yn rhaid eu haberthu fesul un. Mae themâu defod a chrefydd, gweithredu symbolaidd ac addoli yn parhau i'm cyfareddu. Y darn mwyaf a wnes i oedd duwies ar raddfa ddynol gyda ratlau yn ei phen ac wyau yn ei bol. Roedd pob wy yn cynnwys doli ysbryd fechan a'r syniad oedd i chi ddymuno am rywbeth ar ôl cracio wy a rhyddhau ysbryd. Wn i ddim a weithion nhw erioed, rhoddais y rhan fwyaf ohonynt i ffwrdd. Mae un neu ddwy yn dal i eistedd mewn drôr yn rhywle.

Eu holl bwrpas oedd i gael eu dinistrio, cael eu gollwng yn rhydd.

Pan ddychwelais i Gymru, rhoddais y gorau i'r gwaith gofal ac i fuchedd yr artist dioddefus, peidiais â mynd ar drywydd cyfleoedd arddangos a chyfnodau preswyl, a chefais swydd yn yr amgueddfa, fel cydlynydd ymgysylltu â ieuenctid. Rwy'n dal i weithio yno. A minnau yn sydyn y tu mewn i sefydliad diwylliannol ac yn gweithio gyda phobl ifanc a chreadigol, aeth fy ngwaith fy hun yn eilbwys. Ar yr un pryd, cefais gyfle i symud tuag at atebion i rai o'r cwestiynau oedd gennyf. Mae amgueddfeydd yn endidau symbolaidd i raddau helaeth – maen nhw'n beiriannau creu-ystyr mawr sy'n corddi

Goddess of Fragile Things, performance, European Ceramic Work Centre, Oisterwijk, 2017

gwrthrychau, gweithiau celf, defodau, naratif a phobl ynghyd, a chwydu ystyr. Maen nhw'n rhan o greu mythau ac adeiladu hunaniaeth a chenedl. Roedd y cyfle i fod yn adeiladwr pontydd rhwng yr amgueddfa a phobl ifanc yn golygu y gallwn barhau i archwilio'r pynciau hyn, ond ar raddfa nad oedd gennyf fynediad iddi o'r blaen. Ac mae'r profiad hwnnw o ddiffyg mynediad yn parhau i ddylanwadu ar fy ngwaith; dwi'n ceisio rhoi mynediad. Nid yw'r ffaith i mi fod ar dipyn o daith yn golygu y dylai'r genhedlaeth nesaf o bobl greadigol wynebu'r un rhwystrau. Byddai'n llawer gwell gen i eu gweld yn wynebu rhwystrau a heriau newydd ac ymateb iddynt, nag ailadrodd profiadau cenedlaethau blaenorol. Ac felly dwi'n agor drysau ac yn creu cyfleoedd. Dwi'n gwneud lle i drafodaethau ac ymyriadau, ac i waith a syniadau pobl ifanc. Bu Cymru'n lle da i weithio ynddo, mae'r genedl hon yn uniaethu â'r gorthrymedig ac yn llawer mwy agored i herio naratifau hanesyddol na'n cymdogion yn Lloegr.

Dyw hanes yn ddim broject gorffenedig. Pe bai, fyddai dim angen haneswyr.

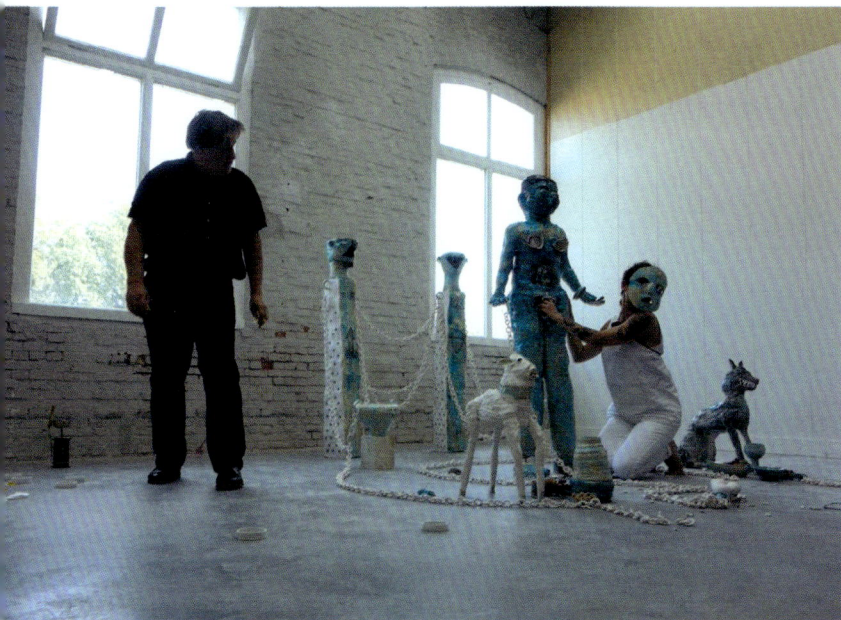

used as a space of worship anymore, but in the dirt which I picked up there were still traces of previous activity; coins and boiled sweet wrappers under the pews. And there was the physical evidence of nature crawling back in; dead flies and spiders, webs and dried leaves that blew in through the cracks. And so I cleaned and collected, sweeping and mopping and polishing and picking up these clues and traces.

I started setting up a museum of dust.

I was no longer making new things, but simply cleaning, maintaining, and collecting things I found. Well, that is not quite true, I did carve a skeleton from chunks of soap, a relic, my personal saint. It is fair to say I went a bit overboard with the whole thing, people would come in and not know if they were experiencing art, madness or some kind of religious act. I am not so sure myself: performance can be more than an act, it can become ritual, and my one-month stint in Llandudno did double up as therapy, detox and penance. For a month I covered my hair and wore white, stopped using my

phone or wearing makeup. I lived off lentil soup and offered foot washing and oiling in the Chapel's baptism basin to anyone who came to visit. Again, stories were shared in the strange intimacy and sanctity of these interactions. An elderly gentleman with feet as white as milk returned several times:

'You know I think it's good for me to have my feet touched. My mom wasn't married when she had me, it was a scandal back then and people called me a little bastard. I used to pull out all the nails on my toes, one by one.'

After leaving the Tabernacle, I took up care work again. It can be like that with 'emerging artist' opportunities – you work with art organisations and get a 'mentor' but you're in that world only on a project by project basis, then it spits you out again. I set up another cleanliness-based art project and found three homes in Cardiff that needed cleaning. We are not talking a light dusting here, we're talking dry cat poo, mould and so much hoarded clutter that you couldn't walk in some rooms. These neglected homes came with neglected people. I would turn up with a camera man and clean for a day, trying to bring some relief in and make the spaces more habitable, but the model didn't work really. We got some decent footage, and I organised a small launch afterwards – but it was draining. I would clean all day and then go to work and do sleep-ins in assisted housing situations, change soiled sheets in the middle of the night. The sticky feeling of depression, stale air and mould followed me home. You can't do stuff for people, or fix things for people. I was giving a little polish to these homes, but not making a real change, nor really helping the people living there. It was all symbolic action. I see value in symbolic action, but I also struggle with it. Making meaning using environment, objects and gestures is powerful, and sometimes symbolic meaning can shift into the real world and become meaningful. But often symbolic action just shifts into arty discussions, theory. This question is still one I have not got a full answer for; how do you create real meaning with people and

Artist with Goddess of Fragile Things, ceramic, European Ceramic Work Center, Oisterwijk, 2017

Mae pob digwyddiad hanesyddol, cymeriad, ffynhonnell, a gwrthrych yn datgelu haenau newydd o ystyr po fwyaf yr ymchwilir iddo a chan ddibynnu ar bwy sy'n ymchwilio iddo. Yn draddodiadol, mae gofodau treftadaeth fel amgueddfeydd wedi mynnu tawelwch parchus di-gwestiwn. Disgwylir i ni syllu i fyny ar wrthrychau wedi'u fframio gan gasys gwydr, plinthiau a fframiau goreurog. Naratifau hanesyddol sy'n sail i 'arbenigwyr' hefyd – pobl â graddau sydd wedi cael eu cyhoeddi. Mae a wnelo llawer o'r gwaith a wnaf gyda phobl ifanc â herio'r syniad hwn o stori sefydlog. Hynny yw, pam y dylai pobl ifanc boeni am y naratifau y cânt eu heithrio ohonynt, a ddigwyddodd cyn eu hoes?

Mae 'Ond dylai pobl ifanc ddysgu gan hanes' yn ddadl gyffredin –

bod gwersi moesol i'w dysgu o hanes. Ond dydy hynny ddim yn hollol wir, ydy e? Nid stori i blant yw hanes, mae'n cynnwys cymaint o dystiolaeth o anghyfiawnder, camfanteisio, a thrais ag o straeon am genedligrwydd, balchder, a datblygiadau. Yn aml, yr un yw'r straeon hyn. O'm rhan i, er mwyn symbylu cysylltiad rhwng pobl ifanc â hanes, ceisiaf gymryd cam mawr yn ôl a gwrando, gwir wrando ar yr hyn sydd o ddiddordeb iddyn nhw. Ni waeth os mai gemau fideo, cerddoriaeth, neu archwilio normau cymdeithasol a rhywedd yw hyn. Mae hanes yn gatalog cyfoethog, mae rhywbeth i bawb ynddo os gwyddoch sut i edrych. A dwi'n gweithio gyda phobl ifanc i geisio dod â straeon a dehongliadau newydd a chroestoriadol yn ôl i mewn i'r amgueddfa. Dyna lle mae'r ddefod, y

shift away from physical matter to social fabric?

After all the cleaning I relapsed to ceramics, with a 3-month residency at the European Ceramic Workcentre in the Netherlands. It is an amazing place, kilns big enough to roast an elephant. My time there became about letting go, moving on, perhaps from the idea of being an 'artist' and towards a new model of working. My studio filled with ritual vessels, guardian figures, and devotional pieces. I made sculptural ceramic figurines with smaller and smaller figures embedded inside. Like nestled dolls that you had to sacrifice one by one. The themes of ritual and religion, symbolic action and worship continues to fascinate me. The largest piece I made was a human-scale goddess with rattles in her head and eggs in her belly. Each egg contained a little spirit doll and the idea was that when you cracked an egg and released a spirit you could make a wish. I do not know if they ever worked, I gave most of them away. One or two are still sitting in a drawer somewhere.

Their real purpose was to be destroyed, to be let go.

When I returned to Wales, I let go of the care work and the struggling artist mode, I stopped chasing exhibition opportunities and residencies and found a job at the museum, as youth engagement coordinator. I still work there. Suddenly on the inside of a cultural institution and working with young people and emerging creatives, my own work took a back seat. At the same time, I did get the opportunity to move towards solutions with some of the questions I had. Museums are largely symbolic entities – they are big meaning-making machines that churn together objects, artworks, ritual, narrative and people, and spew out meaning. Museums are part of myth making and identity and nation building. The opportunity to become a bridge builder between the museum and young people meant that I could continue to explore these subjects, but on a scale I did not have access to before. And

that experience of lacking access continues to influence my work; I try to give access. Just because there was a journey I went through doesn't mean the next generation of creatives should face the same obstacles. I would much rather see them face new obstacles and challenges and take those on, than repeat the experiences of previous generations. And so I open doors and create opportunities. I make space for discussions and interventions and for young people's work and ideas. Wales has been a good place to work, this nation identifies with the underdog and is much more open to the challenging of historical narratives than our English neighbours.

History is not a finished project. If it were, there would be no need for historians.

Every historical event, character, source, and object reveals new layers of meaning the more we investigate it and depending on who investigates it. Traditionally, heritage spaces such as museums demand unquestioning reverential silence. We are expected to gaze up at objects framed by glass cases, plinths, and gilded frames. And historical narratives are the premise of 'experts' too – people with degrees and publications to their names. A lot of the work I do with young people is about challenging this idea of a fixed story. I mean, why should young people care about narratives from which they are excluded, that happened before their time?

'But young people should learn from history' is a common argument – that there are moral lessons to be learned from history. But that isn't quite true is it? History is not a children's story, it contains as much evidence of injustice, exploitation, and violence as it contains stories of nationhood, pride, and advancements. Often, these stories are one and the same. For me, to engage young people with history I try to take a big step back and listen, truly listen to what is of interest to them. It does not matter whether this is video games, music, or the exploration of societal and gender

creu ystyr, yr adrodd straeon yn digwydd. Pan fydd y stori newydd honno wedi dod o hyd i'w ffordd i mewn i'r amgueddfa daw'n rhan o dreftadaeth, fe'i diogelir ac fe ofalir amdani, a bydd torfeydd o blant ysgol ac ymwelwyr yn ei gweld, a'i gwneud hi'n rhan o'u realiti hwythau. Mae hynny'n bwerus.

Mae llawer o ddadlau yn y DU ar hyn o bryd, ynglŷn â sut y dylid adrodd hanes, ac a allwn ailedrych ar 'ffeithiau' ac ail-fframio naratifau. Mae fy safiad i ar y materion hyn yn eithaf cadarn. Bu gogwydd neilltuol i hanes erioed – pan ewch i mewn i amgueddfa fe welwch gyllyll a ffyrc a llwyau arian y cyfoethogion, a dim un plât cardotyn. Diogelwyd straeon a nwyddau'r goludog a'r enwog a'u trosglwyddo i raddau cwbl anghymesur, ac felly darlun anghyflawn a fu'r dreftadaeth hon erioed. Does gen i ddim amheuaeth ynghylch ceisio ychwanegu mwy o ddyfnder i'r maes. Ac ar ôl magwraeth mewn cyn-drefedigaeth Brydeinig, gwelais adleisiau trefedigaethu â'm llygaid fy hun. Mae beddau torfol di-enw amddiffynwyr rhyddid Mau Mau yn Kenya o hyd, mae yna bobl yn fyw heddiw a ymladdodd yn erbyn trefedigaethu; dydy hyn ddim mor bell yn ôl â hynny. Mae yna deuluoedd o wladychwyr croenwyn yn byw yn Kenya hyd heddiw sy'n gallu olrhain eu treftadaeth Gymreig; daethant hwythau i ddwyn tir ac i elwa ar ymerodraeth. Dwi am ddod â'r cysylltiadau hyn yn ôl i Gymru a'u gwneud yn fwy hysbys i bawb. Cafodd Cymry eu hecsbloetio a'u gormesu eu hunain, does dim dwywaith am hynny, ond dydy hynny ddim yn esgusodi'r genedl hon rhag ymchwilio i'w rhan ei hun yn y broses o ecsbloetio a gormesu eraill. Yn ddelfrydol, dylai hynny ein harfogi i ymdrin â'r materion hyn o safbwynt tosturi – a dwi yn gweld hynny'n digwydd. Mae adolygiad llywodraeth Cymru o gerfluniau ac enwau lleoedd sydd â chysylltiadau â chaethwasiaeth yn un enghraifft yn unig – mae'n broses anodd ond mae pethau'n digwydd a dwi'n falch o allu cyfrannu at y newidiadau hyn.

Rwyf wedi teithio ymhell o gerameg i weithio ym maes treftadaeth. Arferwn ddweud wrth bobl bod trais yn rhan o'r celfyddydau cerfluniol; y torri, y morthwylio, y cŷn i naddu pethau. Gyda chlai roedd rhaid i chi ddeall y pridd meddal yn eich dwylo a dod o hyd i gydbwysedd, gan ddefnyddio pwysau ysgafn, amser a gwres neu ddŵr nes ei argyhoeddi i gymryd y ffurf a ddymunech. Dwi'n dal i roi ffurf i bethau o'm cwmpas, yn ysgafn a heb rym. Dwi'n credu 'mod i'n hapus. Dwi'n credu 'mod i'n artist o hyd. Ryw ddydd, efallai y dechreuaf ddefnyddio deunyddiau corfforol eto. Am y tro, dwi'n fodlon yn gweithio gyda phobl, gyda naratifau, bod yn rhan o wneud i bethau ddigwydd. Dwi wedi ymgymryd â swyddogaethau ymddiriedolwr a chynghorydd, dwi'n sgrifennu cynigion ac yn cydlynu projectau, dwi wedi dechrau gweithio'n llawrydd fel ymgynghorydd a chynhyrchydd.

Mae'n iawn yma yn y cefndir.

Aeth creadigrwydd yn fwy na pherfformiad nawr. Dydw i a'r hyn dwi'n ei wneud ddim yn destun i'w arddangos bellach, ac yn sicr dwi ddim yn unigolyn unigryw o ysbrydoledig. Chlywch chi mohonof yn traethu'n delynegol am olion brwsh neu ffurf. Ond mae creadigrwydd mewn ceisio ymgysylltu â gwead cymdeithas, tynnu ar edefynnau hanes a hunaniaeth a cheisio creu patrymau newydd.

Pan oeddwn i'n 9, symudodd fy nhad ein teulu i Kenya. Roedd am i ni brofi newid mewn realiti, ac felly fe'n rhwygodd yn rhydd o bopeth a wyddem cynt. Dwi wedi dysgu peidio ag ofni newid, wedi dysgu bod ystyr yn cael ei greu. Dwi wedi dysgu i ollwng gafael. Wrth i mi sgrifennu hyn, mae newid mawr arall ar y gorwel; dwi 7 mis yn feichiog ac ar fin bod yn fam am y tro cyntaf. Cyn bo hir, bydd yn rhaid i mi ailnegydu pwy ydw i, beth ydw i'n ei wneud, gollwng gafael ar ddarnau o'm hen hunaniaeth a datblygu ffyrdd newydd o fod yn artist.

A fydd yr esgid yn dal i ffitio?

norms. History is a rich catalogue, there is something for everyone in there if you know how to look. And I work with young people to try and bring new and intersectional stories and interpretations back into the museum. That is where, for me, the ritual, the meaning making, the storytelling happens.

Once that new story has found its way into the museum it becomes part of heritage, it becomes enshrined and looked after and hordes of school children and visitors see it, make it part of their reality. That is powerful. There's a lot of debate in the UK at the moment, about how history should be told, about whether we can revisit 'facts' and reframe narratives. I take a pretty firm stance on these issues. History has always been skewered – when you go into a museum you see the cutlery of those born with silver spoons in their mouths, and not a single beggar's plate. The stories and goods of the rich and famous have always been disproportionately preserved and passed down and so heritage has always been this incomplete picture. I have no qualms about trying to add more depth to this field. And having grown up in a former British colony, I have seen the echoes of colonialism first hand. There are still unmarked mass graves of Mau Mau freedom fighters in Kenya, there are people alive today who fought against colonialization, it's not that long ago. There are white colonial settler families living in Kenya to this day that can trace their Welsh heritage, they too came to take land and to profit from empire. I want to bring those connections back to Wales and see them become more common knowledge. Welsh people have been exploited and supressed themselves, there's no question about that, but that doesn't absolve this nation from investigating its own role in the exploitation and suppression of others. Ideally, it should equip us to engage with these issues from a point of compassion – and I do see that happening. The Welsh government review of statues and place-names with links to slavery is just one example – there are challenges but things are happening and I am proud to be able to contribute to these changes.

I have come a long way from ceramics to working in heritage. I used to tell people that most sculptural arts involve violence; the cutting, hammering, and chiselling away at things. With clay you had to understand the soft earth in your hands and find a balance, applying soft pressure, time and heat or water until you convinced it to take the form you wanted. I am still shaping things around me, gently and without force. I think I am happy. I think I am an artist still. Maybe one day I will go back to using physical materials. For now, I am content working with people, with narratives, being part of making stuff happen. I have taken up trustee and advisory roles, I write bids and coordinate projects, I have started to freelance as a consultant and producer.

It is alright here in the background.

Creativity has become more than a performance now. My person and what I do is no longer on display, and I am certainly not a uniquely inspired individual. You won't catch me waxing lyrically about brush strokes or form. But there's creativity in trying to engage with the very fabric of society, pulling at strands of history and identity and trying to create new patterns.

When I was 9, my father moved our family to Kenya. He wanted us to experience a shift in reality, and so he broke us loose from everything we'd known before. I have learned not to be afraid of shifts, I've learned that meaning is made. I have learned to let go. As I write this, another major shift is just around the corner; I am 7 months pregnant and about to become a mother for the first time. Soon, I will have to renegotiate all over again who I am, what I do, let go of bits of my old identity and develop new ways of being an artist.

Will the shoe still fit?

Other publications from the H'mm Foundation

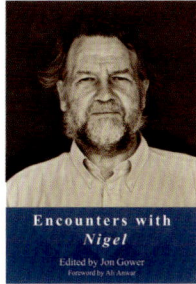

Encounters with Nigel Jenkins
Edited by Jon Gower

CONTRIBUTORS:
Edwina Hart AM, John Barnie, Stevie Davies, Steve Griffiths, Angharad Jenkins and Branwen Jenkins, Noel Witts, Deborah Llewelyn, Robert Minhinnick, Peter Finch, John Davies, Menna Elfyn, Delyth Jenkins, Daniel G. Williams, Dave Hughes, Margo Morgan, Janet Dube, Jane James, Steve Griffiths, Ivor McGregor, Benjamin Palmer, Dave Oprava, Iwan Bala and Twm Morys, Janice Moore Fuller, Mike Parker and Ceri Wyn Jones, Ifor Thomas, Jane Fraser, Martyn Jenkins, Carey Knox, Steve Dube, Humberto Gatica, Tom Jenkins, D.J. Britton, Fflur Dafydd, Anne Lauppe-Dunbar, M. Wynn Thomas, Jon Gower and Peter Gruffydd.

ISBN978-0-9927560-4-8

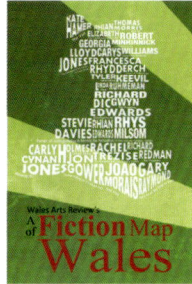

A Fiction Map of Wales
Edited by John Lavin

CONTRIBUTORS:
Rachel Trezise, Thomas Morris, Stevie Davies, Cynan Jones, Francesca Rhydderch, Joao Morais, Jon Gower, Rhian Elizabeth, Carly Holmes, Lloyd Jones, Gary Raymond, Tyler Keevil, Richard Redman, Georgia Carys Williams, Rhian Edwards, Rhys Milsom, Dic Edwards, Linda Ruhmeman, Richard Gwyn, Kate Hamer and Robert Minhinnick.

ISBN 978-0-9927560-6-2

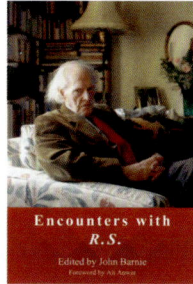

Encounters with R.S. Thomas
Edited by John Barnie

CONTRIBUTORS:
Gillian Clarke, Fflur Dafydd, Grahame Davies, Gwyneth Lewis, Peter Finch, Jon Gower, Menna Elfyn, Osi Rhys Osmond, Jeff Towns, Archbishop of Wales Barry Morgan, M. Wynn Thomas and First Minister of Scotland Alex Salmond.

ISBN 978-0-9927560-0-0

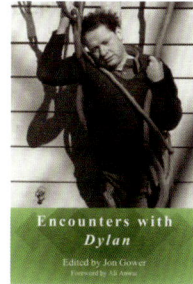

Encounters with Dylan Thomas
Edited by Jon Gower

CONTRIBUTORS:
Rachel Trezise, Michael Bogdanov, Kaite O'Reilly, D.J. Britton, Dafydd Elis-Thomas AM, Dai George, Sarah Gridley, Sarah King, Jeff Towns, George Tremlett, Steve Groves, Gary Raymond, Guy Masterson, Jon Gower, Horatio Clare and Andrew Lycett.

ISBN 978-0-9927560-2-4

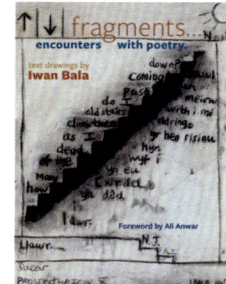

It is as if... fragments
Essays about recent work by Iwan Bala, with images and DVD of the PROsiect hAlcw performances in collaboration with musician Angharad Jenkins, based on the poetry of her father, the late Nigel Jenkins.

CONTRIBUTORS:
Iwan Bala, Dr Anne Price-Owen, Osi Rhys Osmond, Twm Morys, Aneirin Karadog and Angharad Jenkins.

ISBN 978-0-9927560-8-6

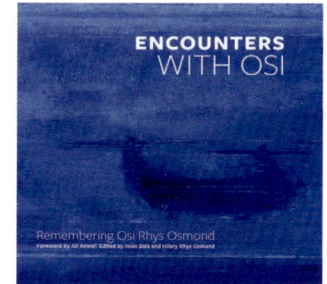

Encounters with Osi
Essays about Osi Rhys Osmond, edited by Iwan Bala and Hilary Rhys Osmond.

CONTRIBUTORS:
Iwan Bala, Hilary Rhys Osmond, Ivor Davies, David Alston, M. Wynn Thomas, John Osmond, Christine Kinsey, Dai Smith, Karl Francis, Wyn Morris, David Parfitt, Mick and Thea Arnold, Hedley Jones, Noelle Francis, Susanne Schüeli, Teilo Trimble, Bella Kerr, Steve Wilson, Sam Vicary, Tina Carr, Siân Lewis, Nathan Osmond, Sara Rhys-Martin, Luke Osmond, Simon Thirsk, Lynne Crompton, Gwenan Rhys Price, Linda Sonntag, Rolf Jucker, Ché Osmond, Macsen Osmond, Colin Brewster, Ben Dressel, Megan Crofton, Lesley Davies, Beverley Oosthuizen-Jones, John Barnie, Menna Elfyn, Richard Pawelko and Mary Simmonds, Bethan John, Mererid Hopwood, Ann Oosthuizen,

ISBN 978-0-9927560-9-3

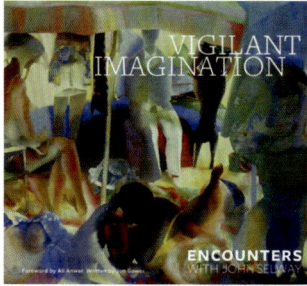

Encounters with John Selway
By Jon Gower

CONTRIBUTORS:
Paul Bowen, Derek Butler, Ivor Davies, Ken Elias, Richard Frame, Karl Francis, Brian Gardiner, Jonathan Glasbrook-Griffiths, Robert Alwyn Hughes, Alison Howard, David Hurn, Julian Meek, Phil Muirden, Osi Rhys Osmond, Brian Rice, Dai Smith, Marion Sprackling, Norman Toynton, Keith Underwood, Peter Wakelin, Phil Watkins, Roger and Den Wolfe.

ISBN 978-1-9999522-0-4

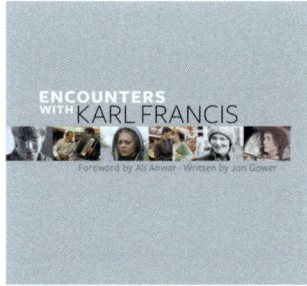

Encounters with Karl Francis

CONTRIBUTORS:
Foreword by Ali Anwar, written by Jon Gower

ISBN 978-1-9999522-1-1

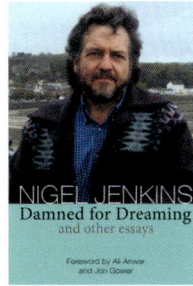

Nigel Jenkins
Damned for Dreaming and other essays

CONTRIBUTORS:
Foreword by Ali Anwar and Jon Gower

ISBN 978-1-9999522-8-0

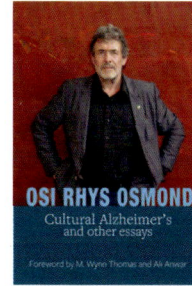

Osi Rhys Osmond
Cultural Alzheimers and other essays

CONTRIBUTORS:
Foreword by M. Wynn Thomas and Ali Anwar

ISBN 978-1-9999522-9-7

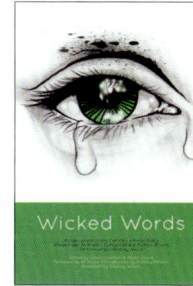

Wicked Words
£2.95

In partnership with The Wales Millenium Centre in 2015

ISBN 978-0-9927560-7-9

305

The H'mm Foundation, Grove Extension, Room 426, Swansea University, Singleton Park, SA2 8PP.
info@thehmmfoundation.co.uk
www.thehmmfoundation.co.uk